近世武家社会の奥向構造

―江戸城・大名武家屋敷の女性と職制―

福田千鶴著

吉川弘文館

近世武家社会の奥向構造　目次

序章 奥向研究の現状と課題

第一節 奥向研究の現在と問題の所在

本書は、日本近世武家社会における奥向構造について検討するものである。

筆者の時代区分では、近世は豊臣期から徳川幕府の瓦解までとみなす。日本国の最高政治権力者たる天下人となった豊臣秀吉の地位は、その死後に徳川家康へと引き継がれ、十五代江戸幕府将軍徳川慶喜の大政奉還をもって終焉を迎える。よって、近世武家社会とは、天下人を頂点とし、支配者たる武士身分によってヒエラルヒーを形成した階級社会のことを指す。天下人は家康以降、将軍権力となって諸国の大名を統合し、公儀国家を形成したが、家康は前政権の豊臣氏を中心とした政治体制を克服するために、有力国持大名と婚姻関係を結び、家の原理での公儀国家の再編成を画策した。それ故、徳川政権下で展開した婚姻政策は、公儀の意思決定に私縁を持ち込みやすい政治空間を生み出す結果となった(1)。取次の老中や御用頼みの旗本を通じて内意・指南を受けたうえで月番老中に申し入れる政治慣行に加え、表向からは願い出の難しい案件について奥向において将軍の「御耳に入れる」ことで内諾を得る内証ルートの存在である。ここに近世政治権力の特質が見出される。そこで、近世武家社会を検討するにあたっては、表向の政治空間の機能のみならず、奥向が政治的意思決定に果たした役割を解明する必要があり、そのためには奥向の構造的特質を明らかにすることが重要な課題となる。本書は、この問題に取り組むための基礎的研究と位置づけている。

　では、奥向とは何か。これを明快に定義している研究はないようである。というよりも、定義のないままに感覚的に論じられており、学問的な検証を十分に受けないまま放置されている状態だといえる。そこで、本論に入る前に従来の研究史を踏まえ、奥向を構成する諸要素を論理的に整理しておきたい。

　奥向に関する研究は、まず大奥研究として出発し、女性史研究、ジェンダー史研究、奥女中研究へと進展した。その研究史は、松崎瑠美[2]や畑尚子[3]によって既に整理がある。さらに、竹内誠・深井雅海・松尾美恵子編『徳川「大奥」事典』（東京堂出版、二〇一五年）が刊行され、江戸期最大の奥である江戸城大奥を中心とした奥向に関する研究の水準が示された[4]。そこで、網羅的な整理は右の諸研究に委ね、以下では本書における問題の所在を明確にするうえで必要な研究史を取り上げる。

　まず、大奥に関する古典的研究としては、旧幕府の事柄について旧幕臣や旧女中から聞き取りをおこなった旧事諮問会編『旧事諮問録』[5]明治二十四・二十五年（一八九一～二年）、永島今四郎・太田贇雄《よしお》編著『千代田城大奥』（朝野新聞社、一八九二年）、三田村鳶魚『御殿女中』（春陽堂出版、一九三〇年）が代表的なものといえる。現在でも、大奥関係の一般的な記述は、この三書にほとんどを依拠している。

　これに対して、歴史研究の側からは村井益男の江戸城研究や竹内誠の大奥研究等が出た[6]が、女性史研究が活性化する一九八〇年代になって本格化する。一九八二年には女性史総合研究会編『日本女性史』三近世（東京大学出版会、一九八二年）、近世女性史研究会編『江戸時代の女性たち』（吉川弘文館、一九九〇年）等が刊行された。ただし、そこでの論点は、正室・側室の役割、婚姻関係、知行問題等に置かれており、奥や大奥を取り上げたものではなかった。

一九九〇年代半ばになると、日本でもようやくジェンダー史研究が始まる。脇田晴子、S・B・ハンレー編『ジェンダーの日本史』上・下（東京大学出版会、一九九四・五年）の刊行をみたが、近世武家社会を対象とした論考は含まれていない。近世史におけるジェンダー研究の成果が出るのは、二〇〇一年である。桜井由幾・菅野則子・長野ひろ子編『ジェンダーで読み解く江戸時代』（三省堂）が刊行され、「肉体的差異に意味を付与する知」と定義したJ・W・スコットのジェンダー概念を用いて江戸時代のジェンダー史を専門的に論じた。特に、アン・ウォルソール「大奥―政治とジェンダーの比較史的考察―」が大奥研究を進めるうえでの問題の所在を簡潔に整理し、生殖、経済性、表象等、数多くの問題提起をされた。なかでも、隔離生活を送っていた女性たちの政治関与への着目があり、ジェンダー史研究におけるその後の重要な論点の一つとなっていった。

同じく二〇〇一年には、大口勇次郎編『女の社会史　一七―二〇世紀「家」とジェンダーを考える』（山川出版社）も刊行された(7)。特に、柳谷慶子「仙台藩伊達家の「奥方」―七代重村の時代を中心に―(8)」は、伊達家の「奥方」の構造と役割について、確かな記録史料から具体的に明らかにした実証研究であり、大名家の奥方研究として画期的な論考となった。

さらに畑尚子『江戸奥女中物語』（講談社現代新書、二〇〇一年）が刊行された。この研究で、奥女中は当主の子を出産しても、奥女中としての立場は変わらず、その後も奥女中の仕事を続けるという衝撃的な事実が明らかにされた。いまだに研究者ですら右の指摘を踏まえずに、当主の子を生んだ奥女中をみな「側室」とみなす誤った認識が蔓延しているのは残念だが、本書により奥女中研究が確実に進展したと位置づけられる。

二〇〇三年になると、近世史においてジェンダー史研究をけん引してきた長野ひろ子が『日本近世ジェンダー論―「家」経営体・身分・国家―』（吉川弘文館）を出版した。主に一九九七年以降に発表した論考を収録したもので、武家の女性が分離化され特殊化され「隔離」された空間である奥に居住しながらも、儀礼面を中心に政治的役割を担っていたことを指摘した。

これらの研究を背景に、畑尚子が『徳川政権下の大奥と奥女中』（岩波書店、二〇〇九年）をまとめた。従来の研究を「大名正室を中心に奥向を分析」してきたと位置づけたうえで、「大奥や奥女中を女性史やジェンダー論で捉えるのではなく、幕藩制システムの中で位置づけること」、「表向と奥向を対等に扱い、かつジェンダーによって分けない」（九頁）という二つの目標を設定した。(9)

畑は、将軍の私的な生活空間である大奥に「公儀権力」としての役割を見出そうとする。公儀の成り立ちや公儀の本来的意味を考えると、近世史研究における公儀論を踏まえた議論とは認めにくいが、表向のみで論じられてきた政治史に奥向の制度や女性の存在も位置づけて対等に論じるべき、という畑の主張に共感すべき点はある。ただし、それを強調するあまり、畑が女性史やジェンダー論から距離を置く立場をとったことは、奥向研究のあり方としては疑問を感じざるをえない。(10)

これまでの女性史やジェンダー史研究において、大奥がジェンダーによって完全に分離された閉鎖的な空間として捉えられてきた点に大きな見直しを迫りたいとする意図は理解できる。畑は、大奥には留守居、御広敷役人、医師、小普請奉行、御台所頭、大工人足、九歳以下の男子等、多くの男性が出入りしていたこと、奥と表は密接な関係のもとに運営されていたこと、幕末には江戸城大奥の政治的役割が浮上したこと等を実証的に解明しており、その点での目標は達成されている。とはいえ、奥向の問題を扱う場合に、「産む性」や性差による支配構造―ジェンダーの視点―を抜きにして語ることが可能だろうか。

また、これまでの政治史や制度史では、公儀＝表向＝男性の世界だけを論じてきた。それは間違いない。そこに奥の制度や女性の存在も位置づけて対等に論じるべき、という畑の主張はよくわかる。しかし、掲げられた目標とは裏腹に、畑の研究史整理や分析の対象は奥（女性）の世界が中心、あるいは奥（女性）の世界に限定されており、女性史やジェンダー論の枠組みから抜け切れていない。何よりも奥向といいながら、奥向を統括する用人や当主の側廻りに勤務する男性といった奥向役人の存在を位置づけておらず、奥女中が勤務する空間に限定して奥向を論じたところに最大の難点があるといわざるをえない。要するに、畑は表向・奥向をジェンダーによって分けないとしながら、結局は表向＝男性、奥向＝女性というジェンダー概念に依拠した理解になっているところに矛盾がある。奥向とは何か、ということについて明確な定義が必要であるとした所以である。

第二節　奥向とは何か

前節でまとめたように、奥向に関する研究は、大奥研究、女性史研究、ジェンダー史研究、奥女中研究へと進展した。その動向のなかで、「奥向」を論文タイトルに掲げて正面から論じたのは、筆者の「近世中期における彦根井伊家の奥向」（村井康彦編『武家の生活と教養』彦根城博物館叢書六、サンライズ出版、二〇〇五年）である。そこでの意図は、従来の研究において女性のみの閉鎖的な空間と理解されてきた「奥」や「奥方」に対して、男性役人等の存在を含める包括的な概念として「奥向」を用いるところにあった。しかし、その段階では筆者自身も「奥向」を女性中心の空間として理解する視点を克服できておらず、方法論的な未熟さを残した。

その後の研究において、「奥」や「奥方」ではなく「奥向」が用いられるようになった点での研究史的意義はあったと考えるが、単に「奥」や「奥方」の言い換えにしかなっていない場合も少なくない。さらに、研究が進展するにつれ、史料上に現れる奥向とは女性中心の空間のみを指すとは限らないことが判明した。(11)にもかかわらず、そのことに無自覚に各々が論を展開したところに、奥向の理解に混乱が生じる結果となった。

女性の日常の居場所である大名家の奥や江戸城大奥を「奥向」と称する事例は、わざわざ掲げるまでもないだろう。その一方で、奥向に着目して史料を渉猟してみると、当主の日常の居場所もまた「奥向」と称されていた事実に直面する。たとえば、筑前福岡黒田家の「奥向定」(12)は、元禄九年(一六九六)から安永元年(一七七二)までの「奥向」における法令の留書であるが、ここでいう「奥向」とは福岡城内において大名当主や世子が日常生活を営む三の丸御殿の居住空間を指し、そこに勤務する奥頭取・納戸頭以下当主付側廻りを勤める男性役人に対する規定である。加賀金沢前田家の「於江戸奥向御殿詰装束覚」(13)は、前田家の上屋敷における藩主付近習の勤務の際の装束を定めたもので、近習の詰める空間を「奥向御殿」と称している。いずれも当主の側廻りを「奥向」と称していることがわかる。つまり、大名家では、妻妾や奥女中が生活する場のみならず、男性当主が日常生活を送り、側廻りの男性役人が勤務する空間もまた奥向と理解されたのである。

しかも、これは大名家に限らない。三代将軍徳川家光の事績について、林道春が家光近臣の永井直清や柳生宗矩らから聞き取りをした『寛永小説』(14)には、次のような記事がある。

一、中根壱岐守無比類御出頭故威勢つよく、奥向にてハ老中も手をつきあひさつ也、表向へ出座之節ハ老中列座の座敷へ入候事不罷成候、是ハ上よりかやうに被成かけ候故か、右之通出頭にて候へ共、御一生の内五千石也、あまり威勢つよく候故、わさと禄ハかろく被遊被差置候か、

中根壱岐守正盛が出頭人として威勢があり、奥向では老中が手をついて挨拶せねばならないほどであったが、家光

は中根が表向に出座することを許さず、その威勢を制するために禄も低く五千石に抑えていたのではないか、という。その中根とは、同じ史料の別の箇所で、「御側衆と云ハ、牧野佐渡守（親成）・内田信濃守（正信）・久世大和守（広之）・斎藤摂津守（三友）・中根壱岐守（正盛）」と説明されたように、江戸城奥に仕える「御側衆」であった。即ち、近世前期の家光期において、将軍が日常を過ごし、側衆が勤務する江戸城の奥を「奥向」として捉え、老中列座で将軍が儀礼を営む「表向」からは分離されていたことがわかる。

明治期に松平春嶽は、「老中始諸役人ハ所謂政府ノ役人ナリ。奥向役人ノ長官ハ側衆ナリ[15]」と明言しており、表向で政治を扱う役人である老中以下に対して、奥向役人の長官が側衆であった。換言すれば、幕末になっても、江戸城の奥で将軍の側廻りを担当する役人が奥向役人であり、江戸城奥は奥向と理解されていたのである。

要するに、従来の研究では大奥のみを奥向と理解する傾向にあったが、江戸城の場合にも奥は大奥とともに奥向であるという観点からの見直しが必要なのである。逆にいえば、男性当主の日常の居場所を奥向に含めて定義してこなかったところに奥向研究の歪みが生じており、これを是正した立脚点から奥向研究を進めなければならない。そこで以下では、表と奥がどのように理解されてきたかを確認したうえで、表向と奥向の定義を確定することにしたい。

まず、奥とは武家屋敷の空間において表に対置される空間である[16]。近世史の高木昭作は、「表」は当主が「外」の者と接する空間、「奥」は当主が日常生活を営む「内」の空間と定義した[17]。これは表と奥の本質を捉えた明快な定義である。本書でもこの定義を基本に置く。

次に、中世史の秋山喜代子は、平安後期から室町期においても表と奥に相当する区別が明らかにあり、「表」はハレ（儀礼・政務・接客）の場、公の場であり、「奥」はケ（日常生活）の場、内々の場、女性のいる場であった、と指摘した。その際に、中世と近世の奥の違いを次のように説明した[18]。

奥といえば近世の大奥のイメージが強いからか、主人以外の男性は立ち入りを許されない女の世界と考えられがちであるが、中世では、男性でも主人の近臣や重臣は「奥」への出入りを許されており、「奥」は主人の常御所と女房のいる場、近臣のいる場で構成されていた。江戸幕府の奥は、将軍の日常生活の場で側衆や小姓などの将軍側近が詰める（表の諸役人や大奥の女中は入ることができなかった）中奥と、将軍の正妻たる御台所や側室、女中たちの生活の場で、将軍以外の男性の出入りが禁じられていた大奥とに分けられていたが、中世では、「奥」にそうした区別がなく、「表」と「奥」の区別さえ近世のように明確ではなかったために、「奥」に近臣たちが入ることができたと考えられる。

表と奥の基本的差異をハレ（非日常）とケ（日常）で読み解く方法は近世史研究には欠けていた視点であり、本書でも表向と奥向の本質的な差異をハレとケの違いに求めたい。ただし、江戸幕府の重臣である老中の執務室は江戸城の表向にあり、通常は側用人や側衆を通じて将軍の意向を伺ったが[19]、老中や若年寄が合議をおこなう用部屋は、五代将軍綱吉以降に将軍御座の間から引き離されたとはいえ、それでも表と奥の境、時計の間の右側、即ち奥に設けられていた。「綱吉公御代江戸城御本丸表御殿之図[20]」では、老中が詰所を出て中の口廊下を通り、桔梗の間、中の間、新番所前、御錠口を通って、時計の間を抜けて老中用部屋に入る道筋が点線で示されている。また、同図では老中と若年寄の両用部屋の周囲は「奥御廊下」を示す水色が塗られており、明らかに奥である。ここには、表の諸役人が入室することは禁止されていたため、老中と諸役人が用談する際は用部屋近くの部屋が使用された。つまり、江戸幕府においても、将軍の重臣である老中・若年寄、将軍の側廻りの世話をする近臣（側用人・側衆・小納戸・奥坊主・小姓等）が奥への出入りを許されていた。よって、奥と大奥をともに奥向とみなせば[21]、奥向（奥）が将軍の常の居場所である御座の間と女房のいる場、近臣のいる場で構成されていた、という基本的な性格は中世以来変化していないとも考えられる。

とはいえ、近世になり男子禁制という要因が現れる点に中世との差異を求めた秋山の指摘は重要だろう。妻妾がいる空間への男子禁制の方針は、遅くとも豊臣期には明確化された。天正十九年（一五九一）七月に、豊臣秀吉の養女「小姫」（織田信雄の娘）が聚楽邸で没し、続いて秀吉の嫡男鶴松も淀城で没した。同年末に秀吉は甥の秀次に関白職と聚楽邸を譲り、自らは太閤と称するようになる。その後、秀次の家族は聚楽邸に移り住んだが、「小姫」の亡霊に悩まされ、秀次の妻（「若政所」）は、京都吉田社の神職吉田兼見に「御殿」の祈禱札を届けるように要望した。これに対し兼見は「御殿」の清め祓いを提案したが、使者から次の返答を受けた（『兼見卿記』）。

御女中御座之所也、奥也、其段難成、

女中に「御」の敬称があるので、これは秀次の妻を指している。妻の御座所、即ち奥なので、清め祓いは難しいとのことであった。史料にその理由は記されないが、神職とはいえ、兼見が男性だったためだろう。そこで吉田社からは鎮札を持参して済ませた。しかし、その後も娘八百の病気が快復しないため、やむなく兼見自身に清め祓いを依頼したが、やはり奥での清め祓いなので、神人以外の男性の出入りは禁止され、道具類は女中たちによって邸内に運ばれた。これらの経緯から、関白豊臣秀次の聚楽邸の奥では、特別な理由を除き男子禁制が徹底していたことがわかる。[22]

慶長二年（一五九七）四月二十日付で豊臣秀吉が定めた大坂城の出入りに関する掟十三か条（『生駒家宝簡集』）では、大坂城本丸表御殿から奥御殿に入る際の入り口にあたる鉄門の出入りを厳重にし、秀吉の留守中は秀頼（秀吉の嫡男）の小姓であっても十歳以上の男性の出入りを禁止した。[23]後述のように、大坂城の奥御殿には広間や対面所があり、実際に徳川家康が奥御殿で秀頼に対面し、大坂の陣の際には浅井茶々（秀頼生母、淀）が軍評定を聞くこともあったというので、奥御殿の表側に秀吉や秀頼以外の男性の出入りは可能であったが、豊臣期の大坂城でも男子禁制が奥を成立させる要因となっている。

このように、表から分離された女性のいる空間としての奥は、江戸期以前に成立していた。(24)よって、一般にいわれるように、三代将軍徳川家光の乳母春日局の時代になって奥の制度が成立したわけではない。(25)ただし、近世になると奥の内部が、ジェンダーによって厳密に分離されるようになるのである。

江戸城では江戸幕府二代将軍徳川秀忠が元和四年(一六一八)に奥方法度を出し、(26)男性のいる空間と女性のいる空間の境界が厳格化されていった。大名家では、薩摩島津家において慶長十年(一六〇五)十二月十八日に奥の出入りに関する事項を定めた「留守中置目条目」が出された。松崎瑠美は、こうした奥の分離は御家の血統を乱すことを阻止するとともに、奥女中が情報を漏洩することを防ぐという二つの目的があったとしている。(27)ただし、これにより女性が政治向から排除されたわけではない。長野ひろ子が指摘する儀礼のみならず、高木昭作は奥において女性が内々のルートを通じて政治向に関与していたことを指摘した。(28)慶長期は、表と奥の役割分担が整理される時期であった。

以上をいったんまとめると、表とはハレ(非日常)の空間、奥はケ(日常)の空間であり、織豊期には奥のなかで女性のいる空間の閉鎖性を強化するようになったといえよう。その場合に、男女を分ける境界のみに注目して奥向を女性の空間のみを指すものと理解してきたところに分析上の問題があった。というのも、既述のように、奥向とは女性のいる閉鎖的な空間だけを指すわけではないからである。

一方、近世史研究において、武家屋敷は表・奥(中奥)・大奥という三つの空間に分けられると説明されてきた。江戸城の御殿研究を代表する深井雅海は、次のように解説する。

この本丸御殿は、用途により表《おもて》・奥《おく》・大奥《おおおく》に三区分されていた。表は、儀式や将軍との謁見《えっけん》に使用される大広間・書院と、日常諸役人や勤番士が詰めて執務や警備を行う座敷などからなり、幕府の中央政庁にあたる。奥は、将軍が日常生活し、また政務をみる場所であり、将軍の公邸・官邸にあたる。大奥は、将軍の正妻である御台《みだい》所《どころ》や側室、将軍生母、奥女中などの生活の場で、将軍の私邸にあたる。表と奥はひとつづきの建物であったが、奥と大奥は厳重な塀で仕切られており、将軍以外の男性は原則として大奥に入ることができなかったのである。

これは中公新書『江戸城―本丸御殿と幕府政治』の「まえがき」ではあるが、表・奥・大奥の特徴を簡潔に述べた解説として優れている(29)。なお、深井は前著『図解・江戸城をよむ』(30)では表向・中奥・大奥という三区分の名称を採用していた。ところが、中奥とは厳密には表で儀礼に使用される黒書院を指すことが判明したため(31)、これを修正して表・奥・大奥という三区分の名称を採用するに至っている(32)。

江戸城本丸図等をみると、表と奥は同じ敷地内にあり、一体の御殿空間であるようにみえる。また、奥と大奥は石垣で仕切られ、大奥は奥より一段高い敷地にあり、別空間のようにみえる。敷地面積も大奥は表と奥を合わせた広さに匹敵し、本丸の半分を占めていた。また、奥方法度が定められ、江戸城大奥への出入りが厳しく規定されたことは周知の事実である。よって、建築上の構造と規則の両面から大奥の閉鎖性を論ずることができる、という指摘は間違ってはいない。近年の研究では、大奥は女性だけの空間ではなく、広敷向における男性役人の存在や規則を守れば男性の大奥への出入りが可能であったこと等(33)、その開放性も指摘されるようになったが(34)、だからといって大奥が男女を分ける閉鎖的な空間であったという基本的性格が根本から否定されるわけではない。

松平春嶽は次のように大奥と広敷向の関係を説明する(35)。

　大奥ハ女中の部也、御広敷ハ御留守居・御広敷・御用人其外小役人居れり。ゆへに御広敷と大奥の境ニ錠口あり、男子ハ錠口の内へ入る事を禁す。女中ハ錠口外へ入る事を禁せり。

春嶽は大奥と広敷を区別し、大奥は男子禁制の区域であり、かつ女中が錠口の外に出ることを禁じられた閉鎖的な空間と理解している。

その同じ史料で、春嶽は江戸城を表・奥・大奥の三つの空間に分け、それを構成する部屋を次のように説明する。

表…大広間・白書院・黒書院・大廊下・柳の間・帝鑑の間・雁の間・その他表役人詰所

奥…老中部屋・若年寄・側衆幷小姓・小納戸・その他の部屋に、御座間・休息間・小座敷等

大奥…錠口の内、小座敷・対面所・御台様居間・女中詰所・女中部屋・広敷

つまり、ここでは大奥に広敷を含めて理解している。この認識差からわかることは、大奥の語義は一様ではない、ということである。つまり、錠口の内側にあって男女の出入りが制限された狭義の大奥と、江戸城の空間区分の観点から錠口の外側にある広敷までを含めた広義の大奥とがあった。したがって、そのどちらの認識に立っての説明なのかを抜きにして、その開放性・閉鎖性、あるいはジェンダー分業の成否を論じても、不必要に問題を混乱させるだけでしかない。

その反省のうえで、表と奥の間にも錠口があり、出入りが制限されていたことに留意したい。奥と大奥を区切る石垣や銅塀といった仕切りこそなかったが、黒書院の奥側にある御成廊下と新番所前廊下に続く時計の間が表と奥の境界で、表の役人は御座の間で将軍に目見えをする場合を除き、ここから奥へは入れなかった。将軍が表へ出御する場合、また大名・諸役人が御座の間で将軍に目見えをする場合を除いて、その出入り口である「上の錠口」にある杉戸は閉鎖され、もう一つの出入り口である「口奥」には「口奥坊主」が常駐して表の役人が奥に入らないように見張っており、夜には閉鎖された。[36] 表と奥の役人は双方への出入りを禁止されていたため、所用がある際にはそれぞれが敷居の外に座って面談した。[37] つまり、男性家臣が奉公する空間であるというジェンダーの共通性から、物理的な仕切りが厳格に設けられることはなかったとはいえ、男性といえども表の役人が奥に自由に出入りをすることは許されなかった。またその逆もしかりであり、表と奥は相互に閉鎖的な空間として機能していたのである。

以上のように、江戸城本丸御殿は表・奥・大奥が廊下でつながっているゆえに、構造上の差異が曖昧となり、三つの空間が並列的に存在するような印象を与えるが、それぞれが相互に閉鎖性を保ちつつ、並立していたのである。そして、それぞれの境界を成立させる条件は、表と奥の場合はハレとケにあり、奥と大奥の場合はジェンダーにあった。これを前提に従来の研究を見直してみると、多くの場合で後者に重点を置き、表向（表・奥）と奥向（大奥）のようにジェンダーで区分し、奥向を女性のいる空間として限定的に捉える傾向にあったといえよう。

たとえば、長野ひろ子は、次のように表と奥を説明した。(38)

公的・政治的機能をもつ将軍家・大名家の居城にあって、将軍・大名の妻娘たちおよびそれに仕える女中衆が居住し奉公していた空間は「奥」と呼ばれ、男性家臣の奉公する「表」とは峻別されていた。

ジェンダーの観点から、「表」＝男性が奉公する空間、「奥」＝女性が奉公する空間、と区分している。長野のいう「奥」とは、表・奥・大奥の三区分のうちの大奥のみを指すことは文脈から明らかである。男性が奉公する空間ということでいえば、表・奥が「表」ということになり、確かに女性は「表」から排除されている。しかし奥を奥向として捉える視点に立てば、表から排除・隔離されたのは女性だけではなかったことになる。ジェンダーで区分する立脚点にある限り、いくら女性が儀礼面で政治的な役割を果たしたことを強調したとしても、その意図とは逆に男性社会から排除された従属的な女性像しか生み出さないのではなかろうか。ジェンダーの分析視角のみで表と奥を分ける枠組みからの脱構築をはかる必要がある。

次に、畑尚子は表向・奥向という用語を対概念で用い、奥向の対象とする範囲を長野と同様に女性が奉公する空間に限定した。また、深井雅海の修正を受けて、江戸城における中奥が奥と呼ばれていたとの言及はあるが、中奥の属性については次のように説明した。(39)

表の頂点が将軍の膝元で老中をはじめとした幕閣が政治を行う江戸城本丸表（中奥を含む）であるのと同じように、奥の頂点が江戸城本丸大奥である。

つまり、江戸城を表（表向）と奥（奥向）に分けたうえで、中奥（江戸城奥）は表に含まれる、という理解を示している。ここでもジェンダーの観点から表と奥を区分することで、中奥を表に含めるという陥穽にはまっている。

要するに、表と奥を分ける第一の指標を何に求めるのか、ということだが、奥（中奥）の説明として「当主の日常の居場所」を採用するのであれば、その指標は自ずとケ（日常）になる。そして、ケという観点に立てば、大奥も同じケの範疇となる。つまり、奥向は奥（中奥）と大奥とで構成されるとすべきではないか。(40)

その点に関連して、明治期に村山鎮（徳川慶喜の元小姓）が回想した『大奥秘記』からは、表と奥の根本的な違いを読み取ることができる。(41)

何となれば田安家、一橋家なぞと、御家のあったものではなく、幕府御次男御三男が、分け前を貰って別居しているというような訳だから、御登城とはいいませんで、「御城へおはいりになる」といいました。それに大手から御玄関へは決しておはいりなく、平川口御門から御風呂屋口というへお上がりになって、全く奥へお通りになったんです。（中略）併し御表へお出でになるのは、御謡初《ぞめ》のとき、御能のときだけで、ほかには表で御礼等はないことです。

要するに、将軍家の家族である田安や一橋は、客ではないので「大手から御玄関」、つまり表玄関から入ることをせず、奥の風呂屋口から出入りをした。言い換えれば、外からの客を迎えるハレの空間である表に対し、奥は将軍家の家族が日常的に出入りをするケの空間として理解されている。つまり、表と奥を分ける第一の指標はハレ（非日常）とケ（日常）にあり、これを前提に奥の本質的性格が問われる必要がある。

そこで注目したいのは、江戸城本丸御殿の表における殿席[42]や大奥における女中の研究[43]を進めてきた松尾美恵子の見解である[44]。

武家の住まいは近世以前からまつりごとや軍議、儀式・対面など公的な部分（表）と、家族と暮らす私的な部分（奥）とに分かれており、近世においても同様であったが、江戸城本丸御殿の場合、将軍の私的生活空間（奥）が、さらに奥と大奥に分かれ、建物の構造の上でも分断されていたのである。

松尾によれば、武家屋敷はまず表と奥に分かれ、その奥がさらに奥と大奥に分かれると整理している。将軍は奥で政務を執るため、表と奥を分ける要因を将軍の公私で分ける点には、なお検討の余地があるとしても、表・奥・大奥を並列的に捉えない松尾の見解を本書は強く支持する立場にある。松尾の見解に基づいて江戸城の空間理解を概念化すれば、表向（表）と奥向（奥・大奥）ということになる。

この見解を妥当とする例証としては、豊臣秀吉が建造させた大坂城本丸御殿がある。大工頭中井家に伝来した「本丸図」[45]をみると、大坂城本丸には表御殿と奥御殿とがあり、豊臣期には既に武家屋敷における表と奥の構造上の区別が成立していたことが確認できる。しかも、表御殿と奥御殿は全く独立した建造物であり、相互の御殿に渡るためには一度外に出て門を通過せねばならない。

まず、大坂城の二の丸から桜御門を入って唐門を通過すると、表御殿がある。中井家「本丸図」では表御殿の全体が山吹色で塗られており、その範囲が表向の空間を意味していた。表御殿の玄関を入ると、遠侍間、対面所（大広間）、料理の間、台所、黒書院、文庫がある。これが江戸城でいう表の空間で、儀礼や対面がある。さらに表御殿の一番奥には御座間があり、その周囲を小部屋が取り囲んでいる。これがいわゆる江戸城の奥とされる空間であり、ここで政治（政権の意思決定）が営まれた。よって、表御殿は、大坂城の当主である豊臣秀吉が「外」の者と接する空間であり、表御殿は儀礼・対面・政治の場である。

一方、表御殿の北側にある奥御殿に入るためには、表御殿を出て番所を通り抜けて、さらに鉄門から入る。奥御殿には、玄関を入ってすぐに遠侍間があり、その右手に広間があり、遠侍間の左手にもいくつか部屋がある。これらは中井家「本丸図」では、柿色に塗られている。さらに広間の右手には対面所、広間より奥には小書院、御殿、焼火の間、御上台所、土蔵があり、最も奥まった場所に天守がある。これらの部屋は中井家「本丸図」では淡黄色に塗られている。つまり、奥御殿は大坂城の当主たる豊臣秀吉の日常生活を営む「内」の空間と定義できるが、その内部は対面・執務の空間(柿色)と秀吉が家族と過ごす生活の空間(淡黄色)の二つに分けられていた。前者は江戸城でいう奥、即ち「当主の日常の居場所」であり、後者が江戸城でいう大奥、即ち「当主の家族の日常の居場所」に相当すると整理できよう。

このように大坂城と江戸城を比較するならば、江戸城は表御殿と奥御殿が一体化した御殿空間であり、表御殿の奥側と奥御殿の表側の機能を合体あるいは入れ子にした空間が奥であるということになる。そして、このような合体によって見えにくくなっているが、江戸城の奥の基本的性格は「当主が日常生活を送る居場所」というケの空間である。大坂城でいえば奥御殿の表側にあたるが、その本質は奥御殿、即ち奥向である。

以上の論点を整理すれば、武家屋敷の機能には表御殿と奥御殿の二つがあり、それぞれの御殿を表と奥に分けることを基本とした。ところが、江戸期の武家屋敷は表御殿と奥御殿が合体的に建造され、その過程で表御殿の奥は簡略化され、奥御殿の表と同化あるいは入れ子の状態になっている。そして、御殿空間の居住者の必要、あるいは身分・格式等によって、特定の空間が肥大化あるいは縮小化することで、江戸屋敷は大名家ごとに多様性を生み出していた。同じ大名家における上屋敷、中屋敷、下屋敷等の構造の違いも、同様の観点から説明することができる。

また、大名の江戸屋敷の基本的な機能は奥御殿である。その理由は、国元のような藩庁機構を置く必要がないから、儀礼・対面・政治のための広い表御殿を必要としない。多くの屋敷図等において表と奥に二分される構造がみられるのは、奥御殿を表と奥に分けた構造が描かれているためである。奥御殿の表の基本構成は、当主の日常生活の空間である居間・寝所や対面に利用される居間書院(46)、およびそれに付随する各部屋や用人以下の詰所である。上屋敷の表側に大書院や小書院を備える場合、ここが儀礼・対面を営む表御殿とみなされるが、多くの場合はこの空間は奥御殿の表の延長として捉えられた(47)。

ただし、五代将軍徳川綱吉期までは大名家に将軍の御成があり、御成御門や饗応の場としての表御殿を必要とした(48)。また、老中など幕府役職者の武家屋敷は公邸としての政治的機能があり、政治や対客をおこなう場としての表御殿を必要とした。江戸に参府したオランダ商館長は、江戸城で将軍に対面したのちは、老中・若年寄・側用人・寺社奉行・両町奉行それぞれの屋敷に廻勤した(49)。朝鮮通信使も江戸城での儀式を終えたあと、老中屋敷への挨拶廻りをしていた(50)。

つまり、公式の来客が想定される場合には、江戸屋敷にも奥御殿とは別に表御殿が設けられたのである。たとえば、信濃松代真田家で初めて老中に就任した真田幸貫が老中役宅として拝領した大名小路屋敷では、老中が大名と対客する部屋や老中の役務を遂行するための公用方役人の部屋等がある。それまでの赤坂上屋敷や南部坂下屋敷と比較すれば、表向の空間が肥大化していることが理解できる(51)。また逆に、将軍家から妻や養子を迎えた場合には、奥側に御守殿や御住居といった奥御殿が独立に設けられて、奥が肥大化する場合もあった。

そこで留意したいのが、空間の両義性である。奥御殿の表側は、表御殿からみれば奥側に位置する奥の空間であるが、奥御殿の奥側からみれば表側に位置する空間という両義性がある。再び松平春嶽の説明を引用すると、次のような興味深い指摘がある[52]。

女中の方よりいへハ、御休息・御側衆・御小姓・御小納戸を以て御表といふ。御黒書院を始め表の役人を大御表といふ。御側衆・御小姓・御小納戸抔より、女中の方を奥といひ、表の役人、御黒書院を始をさして表といへり。

即ち、大奥にいる女中からみれば、奥は表（「御表」）、表は大表（「大御表」）と呼び、奥にいる側衆たちからみれば、大奥は奥（「奥」）、表は表（「表」）と呼んでいた、という。言い換えれば、その立場の者からみた空間が、表側にあるか奥側にあるかで呼び方が異なるという重要な指摘である。これは、史料を読解する際、あるいは史料に基づいて個々の現象を論じる際に、常に注意せねばならぬことである。つまり、史料に「表」とあるからといって、それがいわゆる表向だとは限らないのである[53]。奥向のなかの表、表向のなかの奥、という表と奥の両義性に注意を払わずに奥向を論じてきたところに、奥向の体系的理解を阻む根本的な原因がある。

表1　表向・奥向の概念整理

	表御殿	奥御殿	
武家屋敷	表向	奥向	
		表方	奥方
江戸城	表向	奥向	
		奥	大奥
基準1	ハレ（非日常）	ケ（日常）	
基準2	男	男	女

以上から、本書では近世武家屋敷の構造を次のように整理する。まず、屋敷は表御殿と奥御殿に区分される。よって、前者を表向、後者を奥向と概念化する。表向は儀礼・対面・政治の場であり、儀礼や対面を営むための大書院や小書院、政治をする書院、それに付随する部屋や表向役人の詰所等があった。奥向の表側には当主が近親者に対面する居間書院や日常の政務をとるための居間や寝所、及びそれに付随する部屋方や奥向役人の詰所があり、これを表方と概念化する。奥向の奥側には、当主の休息所や妻子が日常的に生活する空間があり、これを奥方と概念化する（表1参照）。このように整理することで、表向と奥向、あるいは表と奥といった場合に、具体的に何を指すのかが史料や

それを用いる論者によって区々であるといった研究上の支障を取り除き、共通の議論をすることが可能となろう[54]。

加えて、表向と奥向を分ける基準は、儀礼・対面・政治を営むハレの空間と当主やその家族が日常的に居住するケの空間という差異である（基準1）。さらに、奥向はジェンダーにより男当主が日常を過ごす表方と女性を中心とした家族が日常を過ごす奥方に分けられる（基準2）。この定義は武家屋敷のみならず、江戸城に対しても適応できる[55]。表方と奥方は双方の出入り口である錠口を管理することで、相互の閉鎖性が保たれた。江戸の武家屋敷の表向は縮小される傾向にあったが、表向と奥向の表方の空間が一体化しても、表向役人と奥向の表方に勤務する奥向役人との自由な接触は許されなかった。ジェンダーによる境界が錠口として可視的に設定されていた奥向の表方・奥方に較べて、表向と奥向を分けるハレとケの境界は見えにくいが、人柄の支配は厳然と区別されていたのである。

以上のような表向と奥向の関係を前提に、本論では奥向構造の検討を進めたい。

第三節　本書の分析視角と構成

前節でまとめた研究動向及び概念整理から得た分析視角を踏まえたうえで、本書の構成について簡潔に述べておく。本書は、『近世武家社会の奥向構造』と題し、本編を二部十二章に分けて考察する。その構成を示すと、次のようになる。丸カッコ内には、旧稿との関連を記した。本書をまとめるにあたり、用語の統一をはかり、内容の重複を整理し、紙幅の都合等で割愛した史料を補う等の改編を加えた。そのため、依頼原稿や共同研究の目的で書いた論文は、本書の執筆目的に基づいて大幅に書き直しており、当初の課題設定とは異なる論旨となった箇所もある。なお、研究の進展により論旨を修正した場合は、その旨を註で記すようにした。

序　章　奥向研究の現状と課題（「奥向研究の現状と課題」『メトロポリタン史学』九、二〇一三年の一部を改稿）

第一部　近世妻妾制の展開

第一章　一夫一妻の原則と世襲制（「一夫一妻制と世襲制―大名の妻の存在形態をめぐって―」『歴史評論』七四七、二〇一二年に一部加筆）

第二章　近世前期における妻妾の関係と「公界」（「榊原家史料伝来の加藤清正書状」『九州産業大学国際文化学部紀要』四三、二〇〇九年）

第三章　近世前期における庶出子の処遇（「加藤清正の娘古屋と榊原平十郎勝政」『九州産業大学国際文化学部紀要』四六、二〇一〇年）

第四章　妾の「身上がり」の条件―信濃松代真田家九代幸教生母の心戒の事例（新稿）

第五章　妾のライフサイクルの類型―筑前福岡黒田家の事例（新稿）

第二部　奥向構造の基礎的考察

第六章　奥向における大名家と将軍家の交流（新稿）

第七章　大名家相互の交流―寛政期の信濃松代真田家を中心に（「真田家の交流―寛政期を中心に―」『松代』二一、二〇〇八年）

第八章　近世中期における奥向構造―近江彦根井伊家の事例（「近世中期における彦根井伊家の奥向」村井康彦編『武家の生活と教養』彦根城博物館叢書六、サンライズ出版、二〇〇五年）

第九章　奥向女中の参勤交代(「参勤交代における女性の旅」『九州産業大学国際文化学部紀要』五三、二〇一二年)
第十章　近世後期における奥向構造—奥向女中の職制と役務(「奥女中の世界」藪田貫・柳谷慶子編『〈江戸〉の人と身分　四　身分のなかの女性』吉川弘文館、二〇一〇年)
第十一章「中奥」再考(新稿)
第十二章　奥向と表向—人柄の支配と空間の支配(新稿)
終　章　奥向の解体と奥向研究の展望(第一節は新稿、第二節は「奥向研究の現状と課題」及び『近世武家社会における奥向史料に関する基盤的研究』研究成果報告書、二〇〇八年の一部を改稿)

各章の執筆の経緯とその概要を示すと、次のようになる。

序章は二〇一二年四月二十一日にメトロポリタン史学大会シンポジウム「歴史におけるジェンダー—権力と女性—」において報告した内容をもとに、原稿化したものである。一々お名前を挙げることは控えさせていただくが、シンポジウムではジェンダー史研究の諸先学から多くの示唆を得させていただいたことに感謝したい。

第一章は、『歴史評論』の特集「「奥」からみる近世武家社会」の依頼原稿として書いたものである。この章は、豊臣期がまだ一夫多妻多妾であったことを主張した拙著『淀殿—われ太閤の妻となりて—』(ミネルヴァ書房、二〇〇七年)を踏まえ、武家社会では武家諸法度の制定により、近世初頭に婚姻許可制が導入され、一夫一妻の婚姻関係が原則化されたが、嫡出男子のみによる世襲制の維持は困難だったから、一夫一妻の原則はなし崩し的に実態と乖離していった。しかし、政策自体が放棄されることはなかったため、一夫一妻の原則のもとで、公的・法的・身分的には妾であるが、実際には妻の扱いを受ける事実妻＝側妻が成立していく過程を検証した。なお、旧稿では紙幅の都合から本妻と側妻との関係しか示せなかったので、第四節では荻生徂徠の妻妾論をもとに妾の役割を加筆し、妾の身分は奥向女中であることを論証した。(56)また、旧稿では「一夫一妻制」としていたが、「一夫一妻の原則」と全面的に改めている。

第二章では、肥後熊本の国持大名加藤清正が、娘古屋の夫榊原康勝に宛てて送った書状を分析し、徳川氏が有力大名に対して進めた婚姻政策のもとで、既存の妻(古屋の生母)が「公界」から「隠し物」の扱いを受けるようになる過程を位置づけた。

第三章では、前章を踏まえて、榊原康勝の庶出子として生まれた平十郎勝政の処遇を明らかにし、大名の実子であっても母の出自により嫡子として認められず、「隠し物」とされる実態が近世初期から存在していた事例を提示した。なお、いずれも旧稿は史料紹介に重きが置かれていたので、本書の目的に基づいて大幅に加筆している。

第四章では、信濃松代真田家八代幸貫が定めた「御妾取扱法式」の作成過程、及び九代幸教の生母心戒の格式や待遇をめぐる評議過程から、妾の「身上がり」の条件について検討した。側妾(側女中)が側妻の格式を得る等の身分上昇は極めて個人的な要素に基づくものであり、確固とした規定や社会的な規範があったわけではないが、身分上昇を正当化する論理として儒教的「孝」の観念が果たした役割にも言及した。なお、拙稿「藩主生母の格式をめぐる意思決定の史料空間―九代藩主真田幸教生母心戒の事例を中心に―」(国文学研究資料館編『近世大名のアーカイブズ資源研究―松代藩・真田家をめぐって―』思文閣出版、二〇一六年)は、本章と重複する部分もあるが、本論文は史料学的観点から側妾の格式をめぐる意思決定に、どのような記録文書を参照し、新たな記録文書が蓄積されていくのか、といった問題を取り上げているので、そうした関心に基づく分析は本論文を参照していただきたい。

第五章では、前章を踏まえ、妾の身分上昇が個人的要素に基づくとしても、その条件には何らかの法則性があると措定し、筑前福岡の国持大名黒田家の妾の履歴を紹介し、妾の呼称や格式変化から、妾のライフサイクルの類型化を試み、七類型を抽出した。これにより、全ての妾を「側室」とみなす研究状況の是正を図るとともに、世襲制の家を維持していくために妾が担った役割に対して、その生涯にわたる生活を保障し、死後の法事を営む環境を与える配慮がなされていたことを明らかにした。

第六章は、大名家の奥向と江戸城大奥との交流を分析した。第一節・第二節は、彦根藩資料調査研究委員会「武家の生活と教養」研究班における研究成果であり、二〇〇二年三月二十五日に「江戸藩邸における女性の役割(1)」として報告した内容をもとに文章化したものである。これに関連する論文として、皿海ふみ「若君の宮参りと井伊家御成―井伊家奥向との関係を中心に―」(朝尾直弘編『譜代大名井伊家の儀礼』彦根城博物館叢書五、サンライズ出版、二〇〇四年)があり、多くの学恩を受けた。全体に関わるので、参照した一つ一つに註を付けていないが、ご海容をお願いしたい。

大奥と交流できる大名家は限られていたが、井伊家では将軍若君の井伊家御成を契機に大奥との文通を開始する。その文通の手続き、内容、贈答の範囲等を確定した。このような交流は女性の間だけでなく、大名家の男性と江戸城大奥との間でも同様の交流がなされていたことを鳥取池田家の事例から指摘した。これにより、奥向における将軍家との交流は、女性のみに限るものではなく、単純にジェンダーで区分できないこと、またそれ故に奥向女中が属人的に編成される必然性があったことを導き出した。

第七章は、信濃松代真田家の表向と奥向における交流の差異を指摘することで、身分・格式に規定され、固定化した表向の交流の一方で、奥向の交流が武家社会の柔軟性を生み出していたことを指摘した。本研究は、『近世中・後期松代藩真田家代々の和歌・俳諧・漢詩文及び諸芸に関する研究』(平成十七年度～平成十九年度科学研究費補助金基盤研究B、課題番号一七三二〇〇四〇、研究代表者井上敏幸）の研究成果の一部である。

第八章は、近世中期における近江彦根井伊家の奥向構造について分析した。本書の骨格をなす章であり、それまで女性に限定された奥研究から男性の存在も視野に入れた奥向研究へと分析視角の更新を意図した論文でもあった。しかし、既述のように、奥向に男性の存在を入れて分析したとはいえ、その奥向とは本書の定義でいう奥方に限定されたものであった。それ故、本書での定義に基づいて語句を大幅に修正したが、大名家の奥向は一つではなく、当主・本妻・側妻・子のそれぞれに形成される属人的な構造を持ち、それら相互の結びつきによる構成的特質を解明しなければならない、という問題意識には変更はない。

なお、本論文は、平成十二年から同十七年まで活動した彦根藩資料調査研究委員会「武家の生活と教養」研究班における研究成果である。彦根井伊家資料を縦横に閲覧する機会を与えられたことに加え、膨大な庶子日記を研究会メンバーと読み続けたことで得られた知見は、本書における武家社会理解に不可欠の作用を及ぼしている。

第九章は、これまでに明らかとなった奥向女中の属人的性格を踏まえるならば、大名当主が参勤交代で国元に戻った際に、江戸の当主付の女中はどうしたのか、という疑問について検討したものである。結論としては、一部の女中は当主の参勤交代に伴って江戸と国元を往復したという事実を明らかにした。旧稿は、二〇一二年五月十三日に福岡市博物館において開催された第一回交通史学会（第三十八回交通史研究会）大会での報告がもとになっている。交通という観点から奥向女中の生活を見直すことで、近世の女性を把握するうえでの新たな側面を付け加えることができたのではないかと考える。

第十章は、奥向女中の職務と役割に焦点をあて、奥向構造を三類型に整理した。初出は、「〈江戸〉の人と身分」というシリーズ企画（吉川弘文館、二〇一〇年）における依頼論文である。「女性を身分として捉える」という斬新な試みであり、武家に関しては柳谷慶子「武家権力と女性―正室と側室―」が、将軍家・大名家において「正室」が当主と並ぶ公的存在であったことや、十八世紀の「側室」の身分上昇を論じている。近世史の重要なメルクマールである身分制において、女性は男性に従属的な身分としての言説が通説的地位を占めているが、男性の支配から相対的な独自性を有する身分集団としての奥向女中の研究は今後もさらに深められるべきだろう。(57)

第十一章では、武家屋敷における中奥を「当主の日常の居場所」とする「中奥」理解を再検討し、中奥は錠口の内側にある奥方の空間であることを論じた。限られた事例からの論証であり、今後も批判的検討が必要だろうが、江戸における武家屋敷は、儀礼・対面・政治を営む「表」、男当主の執務及び日常の生活空間である「中奥」、妻子が日常生活を送る「奥」という三つの構造に分けられるとする固定観念に大きな見直しを図りたい。

第十二章では、奥向の表方に勤務する男性役人の職掌について検討した。幕府職制においては、老中・若年寄等の表向役人の研究が進み、(58)側用人の分析等も進んでいる。(59)しかし、政治向に関与しない近習等についての研究蓄積はほとんどない。本書ではこれら奥向役人である当主の側廻りの家臣の役割を検討することで、奥向の総体の把握が可能になることを提起したい。

終章では、奥向の解体過程の概略を示すとともに、今後の奥向研究の課題と展望を示した。

（1）　福田千鶴「江戸幕府の成立と公儀」（『岩波講座　日本歴史』一〇・近世一、二〇一四年）。

（2）　松崎瑠美「近世武家社会のジェンダー・システムと女性の役割―近世中期の仙台藩伊達家を事例として―」（『歴史』一〇三、二〇〇四年）、同「天下統一・幕藩制確立期における武家女性の役割―仙台藩伊達家を事例として―」（『国史談話会雑誌』四五、二〇〇四年）。

（3）畑尚子『徳川政権下の大奥と奥女中』（岩波書店、二〇〇九年）。
（4）女性史研究については、女性史総合研究会編『日本女性史研究文献目録』CD-ROM版（東京大学出版会、二〇一四年）があり、既刊四冊分を含めた一八六八年から二〇〇二年までの研究史が整理されている。また、『徳川「大奥」事典』の巻末には、「徳川「大奥」関係　主要文献一覧」が掲載され、「大奥」に限らず奥向一般の研究史が網羅されている（ただし、研究史全体を参照するうえでの利便性は高いが、初版本は誤植や年代誤認等のミスがあるので、利用にあたっては注意が必要）。
（5）旧東京帝国大学史談会編『旧事諮問録』（青蛙房、一九六四年）、進士慶幹校注『旧事諮問録（上・下）―江戸幕府役人の証言―』（岩波文庫、一九八六年）。
（6）村井益男『江戸城―将軍家の生活―』（中公新書、一九六四年）、竹内誠「大奥老女の政治力」（『図説　人物日本の女性史』六、小学館、一九八〇年）等。
（7）浅倉有子「上級家臣の家と交際―越後高田藩榊原家の三家老を事例として―」は、大名陪臣家の「奥」における交流を検討し、吉田ゆり子「地侍層の「家」と女性―和泉国上神谷小谷家を素材として―」（のちに吉田『近世の家と女性』山川出版社、二〇一六年所収）は、地域社会における地侍層における女性労働（年季奉公）を分析し、中村文「幕末維新期の「家」と「家族」―「妻と夫」「母と倅」の関係性を中心に」は彦根藩の世田谷代官を勤めた大場家の年中行事や贈答儀礼を通じて、母・妻の役割を抽出する等、武家の各階層における奥の分析が進められた。
（8）柳谷慶子『近世の女性相続と介護』（吉川弘文館、二〇〇七年）所収。
（9）福田千鶴「書評　畑尚子『徳川政権下の大奥と奥女中』」（『ジェンダー史学』六、二〇一〇年）。
（10）柳谷慶子「武家のジェンダー」（大口勇次郎・成田龍一・服部早苗編『新体系日本史九　ジェンダー史』山川出版社、二〇一四年）は、膨大な研究蓄積を踏まえた概説として優れているだけでなく、この問題におけるジェンダー視点の有効性を証明している。
（11）『近世武家社会における奥向史料に関する基盤的研究』（平成16年度～19年度科学研究費補助金基盤研究C研究成果報告

書、課題番号一六五二〇三九二、研究代表者福田千鶴）、『日本近世武家社会における奥向構造に関する基礎的研究』（平成21年度〜23年度科学研究費補助金基盤研究C研究成果報告書、課題番号二一五二〇七〇二、研究代表者福田千鶴）において、奥向史料のほとんどが奥向の表方で作成された史料であり、奥方で作成された史料は限定的であることが明らかとなった。それゆえ、筆者は奥向史料として表方の『女中奉行日記』（鳥取県立博物館蔵鳥取藩政資料）の翻刻や松代真田家文書の『御側御納戸日記』（国文学研究資料館蔵信濃国松代真田家文書）の解読に取り組んだ。これは奥向に表方を含める考え方の方向性を示したものである。しかし、奥向の表方としての概念化、さらには奥向の定義を明確にしてこなかったため、奥向は奥や奥方の言い換え程度に過ぎないものとして各々が用いてきたところに奥向概念の混乱が生じていると考える。

(12)　黒田家文書一七四（福岡県立図書館蔵）。

(13)　加越能文庫特一六・二七・二二五（金沢市立玉川図書館近世史料館蔵）。

(14)　国立公文書館内閣文庫蔵。奥書によれば、八代将軍徳川吉宗の閲覧に備えるために、享保三年（一七一八）閏十月に林信篤が幕府に提出した。

(15)　「幕儀参考稿本」（『松平春嶽全集』一、原書房、一九七三年、初出一九三九年）。

(16)　公家や民間の屋敷においても奥の空間は存在するが、本書では武家社会に限定して検討する。

(17)　高木昭作『江戸幕府の制度と伝達文書』（角川書店、一九九九年）。

(18)　秋山喜代子「中世の「表」と「奥」」（五味文彦編『中世の空間を読む』吉川弘文館、一九九五年）。

(19)　松平秀治「江戸幕府老中の勤務実態について─真田幸貫の史料を中心に─」（児玉幸多先生古稀記念会編『幕府制度史の研究』吉川弘文館、一九八三年）。

(20)　小野清著・高柳金芳校注『史料徳川幕府の制度』（人物往来社、一九六八年）付図。

(21)　「御側御用取次　外国奉行の話」によれば、「そのほか御用御取次というものは奥内すべての総裁をやっていますから、（中略）かようなことで奥向の役人も随分忙しい。これらの掛りをする役人に御小納戸頭取というものがあって、奥向と称えます」（前掲『旧事諮問録』二三〇頁）とあり、側用人や小納戸たちが奥向役人であると説明し、表向の役人と区別している。

(22) 福田千鶴『江の生涯―徳川将軍家御台所の役割―』（中公新書、二〇一〇年）。

(23) 福田千鶴『淀殿―われ太閤の妻となりて―』（ミネルヴァ書房、二〇〇七年）。

(24) 江戸城大奥の成立をもって、男子禁制の女人空間が日本歴史上に出現するかのような一般的認識は正されるべきである。『日葡辞書』では、「奥」は「物の内部、心の内面、教義の奥義など」となっていて、一般的な奥の語句説明にとどまっているが、「御簾中」の説明では「奥方」としていることから、既に貴人の妻を「奥」と呼ぶ呼称の成立をみることができる。前掲秋山喜代子「中世の「表」と「奥」」によれば、「室町時代から表ということばが用いられ始め（『年中定例記』『慈照院殿年中行事』）、戦国時代から近世初頭の時期に一般化した」としており、それに伴って奥という用語も一般化したと考えられる。なお、当該期の一次的な史料から裏づけることが今後の課題だろう。

(25) 福田千鶴『春日局―今日は火宅を遁れぬるかな―』（ミネルヴァ書房、二〇一七年）。

(26) 『東武実録』元和四年正月条。『御当家令条』一六一。

(27) 松崎瑠美「中近世移行期における女性の役割と奥向―薩摩藩島津家を事例として―」（『比較家族史研究』二一、二〇〇七年）。

(28) 前掲高木昭作『江戸幕府の制度と伝達文書』。

(29) 深井雅海『江戸城―本丸御殿と幕府政治』（中公新書、二〇〇八年）。

(30) 深井雅海『図解・江戸城をよむ―大奥・中奥・表向―』（原書房、一九九七年）。

(31) これを最初に指摘したのは、松尾美恵子である（「江戸城「大奥」の空間構造」『東京人』二四二、二〇〇七年）。

(32) 深井雅海は、寛永期までは将軍家光が黒書院で執務をとることが多かったために黒書院を「中奥」と呼んでいたが、幼少の将軍家綱は儀礼以外で表に出座することがなくなり、最終的に黒書院は表の空間と意識されるようになったと推測し、「中奥」という空間は消滅したが、「中奥」という名称は、その場所＝黒書院で奉仕していた中奥小姓・中奥番という職名で残ったと結論づけている（前掲『江戸城』一二〇〜一二二頁）。
（33）江戸城留守居役は大奥を維持・運営する役割があり、日常から長局を見廻り、大奥の年中行事に参加し、火事等の非常時には御台所（将軍本妻）の機嫌伺いに出る等、大奥の広敷向のみならず、御殿向・長局向にも立ち入ったことが明らかとなっている（野本禎司「留守居からみる大奥の世界」、大石学編『時代考証の窓から―篤姫とその世界―』東京堂出版、二〇〇九年。徳川記念財団・東京都江戸東京博物館編『企画展幕末の江戸城大奥』、二〇一三年）。
（34）前掲畑尚子『徳川政権下の大奥と奥女中』第一章第一節。
（35）「前世界雑話稿」（『松平春嶽全集』一）。
（36）前掲深井雅海『図解江戸城をよむ』、39中奥の構造。
（37）村山鎮『大奥秘記』（柴田宵曲編『幕末の武家』青蛙房、一九六五年、八三〜八四頁）によれば、奥で将軍の側廻りを勤める小姓・小納戸は「奥の衆」といわれ、「表の御役人などへは、附合わぬようにしてあった」という。
（38）長野ひろ子『日本近世ジェンダー論―「家」経営体・身分・国家―』（吉川弘文館、二〇〇三年）二二二頁。
（39）前掲畑尚子『徳川政権下の大奥と奥女中』一一三頁。
（40）なお、第十一章で述べるように、この中奥は考え方としての中奥であり、このような使用法を採ることで奥向研究が混乱している点を指摘しておきたい。
（41）前掲柴田宵曲編『幕末の武家』。
（42）松尾美恵子「大名の殿席と家格」（『徳川林政史研究所研究紀要』昭和五五年度・昭和五六年度）。
（43）松尾美恵子「江戸幕府女中分限帳について」（『学習院女子短期大学紀要』三〇、一九九二年）。
（44）松尾美恵子「大奥の呼称と変化」（竹内誠・深井雅海・松尾美恵子編『徳川「大奥」事典』東京堂出版、二〇一五年）。
（45）『歴史群像　名城シリーズ大坂城』（学習研究社、二〇〇〇年）七頁掲載写真を利用。
（46）松代真田家の江戸屋敷では、当主夫妻が住む溜池上屋敷が構造上、役所のある「御表」、藩主の執務及び生活空間である「中奥」、奥方やその子供、奥女中らが生活する「御奥」に分けられるのに対し、世子夫妻の住む南部坂屋敷の「御表」は上屋敷の「御表」とは異なる側役人の詰める執務兼私的空間であり、この「御表」は実質的に中奥に位置づけられると指摘されている（北村典子「真田家南部坂下屋敷の「御奥」」（真田宝物館編『お殿様、お姫様の江戸暮し』二〇〇九年）。ただし、「中奥」の理解については本書第十一章を参照のこと。

(47) 真田家の江戸上屋敷では、表御殿に相当する書院を利用していない。しかし、大名が帰国した松代城では、大書院・小書院を用いて儀礼をおこなっている（『御側御納戸日記』）。

(48) 将軍の大名邸御成については、佐藤豊三「将軍家「御成」について」一〜十（『金鯱叢書』創刊号〜四、六〜八、一一、一三、一九七五〜一九七七、一九七九〜一九八一、一九八四、一九八六年）。また、大名邸以外も含めた包括的な御成については、山本梨加「幕藩体制下における将軍の御成―参詣を中心に―」（『皇學館史學』一七、二〇〇二年）。個別研究では、山端穂「元禄期における将軍御成と白山御殿」（大石学監修・東京学芸大学近世史研究会編『千川上水・用水と江戸・武蔵野』名著出版、二〇〇六年）、大石学「将軍綱吉の柳沢邸御成り」（同『元禄時代と赤穂事件』角川選書、二〇〇七年）、大橋毅顕「将軍綱吉の牧野邸御成り」（大石学編『高家前田家の総合的研究』東京堂出版、二〇〇八年）、川上真理「関宿藩牧野家の将軍御成りについて」（『野田市史研究』二〇、二〇〇九年）、大橋毅顕「将軍綱吉の阿部邸御成」（『埼玉県立文書館紀要』二九、二〇一六年）等。なお、元禄十五年（一七〇二）四月二十六日に催された綱吉の前田邸御成にあたって、四か月をかけて棟数四十八、建坪三千坪の御成御殿が建設された（若林喜三郎『前田綱紀』吉川弘文館、一九六一年）。これに対し、酒井忠挙は前田家のように広い敷地であれば可能だが、その他の大名では同様にはできないとして、前田家の御成を最後とするよう提案した。これが功を奏したのかは不明だが、以後の綱吉の御成は将軍側近に限定されるようになる（福留真紀『名門譜代大名・酒井忠挙の奮闘』角川学芸出版、二〇〇九年）。なお、柳沢家では、「御成書院」を「奥御殿」と理解しており（『楽只堂年録』四、一四頁）、御成御殿が表御殿かどうかは今後の検討を要する。

(49) 片桐一男『阿蘭陀通詞の研究』（吉川弘文館、一九八五年）。

(50) 高正晴子『朝鮮通信使の饗応』（明石書店、二〇〇一年）。

(51) 真田宝物館編『お殿様、お姫様の江戸暮し』（二〇〇九年）。

(52)「前世界雑話稿」(『松平春嶽全集』一、二三〇頁)。

(53)上野秀治「土方雄興日記にみる大名嫡子の生活」(『三重県史研究』二、一九八六年)は、文政十二年(一八二九)の嫡子日記を分析してその日常生活を明らかにし、「藩主たちが執務する居間を中心とした表と、藩主たちの生活の場である奥とは性格も異なるし、経済的にも別会計となっている」と説明したが、この「表」とは奥向のなかの表方と理解される。というのは、この空間を差配しているのが用人や近習といった奥向役人だからである。

(54)これは本書における定義である。実際には奥向と史料上にあっても、表方のみを指す場合、奥方のみを指す場合等があり、大名家によって多様性があることを否定するものではない。しかし、従来の研究では概念整理をしないまま論じてきたところに多くの混乱が生じた点は否定できない。本書での問題提起を踏み台にして、より適切な概念整理へと昇華していただけるなら本望である。

(55)畑尚子は、高柳金芳が大奥は「柳営(江戸城―筆者補)に限られていた」と主張したことに対し、大奥とは中奥に対する「言い分け」であって、大小問わず他の大名家にもあると主張した三田村鳶魚の説を引いたうえで、実際に薩摩島津家や尾張徳川家等で大奥の使用例があることを示し、大奥は江戸城に限らないと指摘した(前掲『徳川政権下の大奥と奥女中』)。これは、大奥といえば江戸城とする考え方を改める契機になったと評価できる。ただし、江戸城大奥も最初からそう呼ばれていたわけではない。近世前期の江戸城大奥は「奥方」と呼ばれていた。松尾美恵子によれば、『柳営日次記』の寛文十年(一六七〇)八月三日・四日の条に「奥方」と「大奥」を併用している記事があり、綱吉の時代になると「奥方」より「大奥」の使用が増え、元禄・宝永期(一六八八～一七一一)にとって変わる、と説明し、その原因を貞享元年(一六八四)に江戸城御座の間近くで大老堀田正俊が若年寄稲葉正休に殺害される事件があり、その後、将軍の居住空間である奥への出入りが厳しく制限され、表と奥の境目が明確になったことが、大奥の定着をもたらしたのではないかと推測している(前掲『徳川「大奥」事典』)。「大奥」の初出を同時代史料により確定していくことが今後の課題として残るが、概ね了承される見解だろう。よって、本書では大奥を奥方の範疇に含めて考える。

(56)武家の妻に対する言説についての分析には、関口すみ子『御一新とジェンダー――荻生徂徠から教育勅語まで――』(東京大学出版会、二〇〇五年）がある。

（57）この視点の延長線上に奥向女中を官僚として把握する柳谷慶子「大名家「女使」の任務―仙台藩伊達家を中心に―」（総合女性史学会編『女性官僚の歴史　古代女官から現代キャリアまで』吉川弘文館、二〇一三年）がある。

（58）藤井譲治『江戸幕府老中制形成過程の研究』（校倉書房、一九九〇年）、小池進『江戸幕府直轄軍団の形成』（吉川弘文館、二〇〇一年）等。

（59）深井雅海『徳川将軍政治権力の研究』（吉川弘文館、一九九一年）、福留真紀『徳川将軍側近の研究』（校倉書房、二〇〇六年）等。

第一部　近世妻妾制の展開

第一章　一夫一妻の原則と世襲制

武家社会における奥向は、性的役割分業のもとに表方と奥方に分けられていた。研究の進展により、奥方に当主以外の男性が入ることがあり、また奥方に勤める女性たちは奥向役人の長である用人（男性）の支配下に置かれていたこと等が明らかになりつつあるとしても、錠口の外と内の間の往来は自由ではなく、厳しい規制のもとに置かれ、錠口の内側にある奥方に男性が入ること、奥方から錠口の外に女性が出ることは制限されており、奥向は性差に基づく規範により制度化されたジェンダー空間として維持・管理されていた。その第一の理由は、世子を儲けるという「産む性」を確保する必要に求められることは、これまで指摘されてきた通りである。よって、奥向の問題を追究することは、近世武家社会におけるジェンダー構造を明らかにすることになり、その作業を通じて近世武家社会の特質を考えることは、総体としての近世史を把握するうえでも不可欠な課題となる。そこで本章では、大名家の奥向において「産む性」を担った妻妾を取り上げ、江戸期に成立する一夫一妻の原則の一方で、世襲制を維持していくために妾が黙認から容認、さらには制度化されていく過程を明らかにする。

ここでいう大名の妻の基本的要件とは、将軍から婚姻を認められた男当主の配偶者・家族であり、奥方の御殿向に居住することとする。妻の尊称は実家や嫁ぎ先の格式により差があり、将軍家の妻は御台所、徳川三家・三卿の妻は御簾中、徳川将軍家から三位以上の大名家に嫁した妻は御守殿（四位以下は御住居）、国持大名家に嫁した妻は御前、その他は御上・御内室等と呼び分けられた。そこで、本書では夫との間に正式な婚姻関係を結んだ妻を本妻と統一して呼ぶことにしたい。

一方、妾は男当主に性を提供する奉公人（使用人・家来）であり、男当主の配偶者・家族として扱われない。妾は一般に「側室」に置き換えられることが多いが、妾と「側室」は厳密には同じではない。「側室」とは、妾のなかで事実妻の地位を認められた者に与えられた高い格式・称号と理解するのが適切である。

また、「側室」は近世中期以降に成立する用語である。たとえば、慶長八年（一六〇三）に刊行された『日葡辞書』には、「本妻」「別妻」「妾」の立項はあるが、「正室」「側室」の立項はない。つまり、「正室」「側室」という考え方は江戸時代になってから定着したものであること、同辞書が語彙を採録した室町・戦国期には「本妻」の他に「別妻」がいるという一夫多妻で理解されていたこと、「別妻」は「妾」とは明らかに区別された存在であると認識されていたことがわかる。

ちなみに、『日本国語大辞典』（小学館、第二版）によれば、「側室」は「②貴人のめかけ。妾（しょう）。そばめ」と解説し、早期の出典として『秉燭譚』（享保十四〈一七二九〉年成立）三「側室とは門側の居をいふ。〈略〉妾のことをいふ。いずれも門側の居より転じ用るなるべし」を掲げている。つまり、「側室」は近世中期以降に現れた用語であること、また妻妾同居のもとで、奥にある妻の居室を「正室」と呼び、門側に部屋を与えられた妾を「側室」と呼びならわすようになったことが、その語源であることを示唆している。

その場合に、「室」とは妻の尊称の一つだという点に注意すべきである。従来の研究ではこの点を曖昧にしており、「側室」は妻なのか、妾なのか、について明言を避けてきたといえよう。江戸時代における一夫一妻の原則を前提にすれば、必然的に「側室」は妾でなければならないが、実際には事実妻の扱いを受ける妾の存在があった。よって、一夫一妻の原則のもとで、本妻とは別に事実妻が成立してくる過程の解明が必要なのである。

このような本妻と事実妻が並立する状況や、そこから派生する問題点については、明治になって村山鎮が回想した『大奥秘記』が示唆的である。(1)

大諸侯は勿論、六、七万石以上となると、二人妻を持つような工合で、江戸には正妻、同族より来た奥様を据えつけて、国にも妾ばかりでは取締りがつかぬから、御国御前というて、旗本の娘をもらい、国へ只の女としてやって、御国の奥様すなわち御国御前という者があった。しかし、表向きはどこまでも召使、妾であるから、子供ができても、正妻のなきうちは御届けもせず、正妻ができても、その妻に男子がなければ、養子にして嫡子にもなるけれども、もし男子出生すると、たとえ兄でも日蔭者で、大藩なら家来にもなるが、中くらいの大名ではそうはいかぬから、三、四百石の旗本へ養子にやるのです。それは出来のいいので、悪くすると一生日蔭者でしまう人もありました。

要するに、大名家では、江戸には同族のなかから正妻＝奥様＝本妻を置き、別に国元には旗本クラスの娘を選んで置き、「御国御前」と称えさせて、国元の奥様＝別妻として奥向を差配させる役割を担わせていた。しかし、「御国御前」は表面上はあくまでも使用人・妾の身分なので、子が生まれても本妻がいなければ幕府に出生届を出すこともできなかった。本妻に男子がなければ妾から生まれた子は本妻の養子となり、嫡子として扱ってもらえたが、本妻に男子が生まれれば、長男であっても一生日陰者になったとしている。

つまり、江戸時代には一夫一妻の原則のもとで別妻の地位は否定されたため、公的・法的・身分的には妾であるが、実質的には妻の扱いを受けた事実妻の存在があった。これを一般には「側室」として扱ってきたのである。

そこで、本章ではこうした妻と妾の中間にいて、「側室」「御部屋」「御国御前」等と呼ばれる事実妻の存在形態を側妻《そばめ》と概念化して論じることにしたい(2)。側室を用いない理由は、第一に妾全般を「側室」とする理解が一般化しており、これを用いることにより妻妾制の理解を混乱させるからである。第二には、近年の研究において側室は近世中期以降に成立してくる妾の高い格式・称号の一つであり、妾一般ではないことが明らかになりつつあり(3)、妻妾制を論じる際に側室を代表して用いることには慎重であるべきだからである。したがって、本書では行論上の必要に限って「側室」を用いることにする(4)。

以上により、本書における妻妾の用法を整理する。まず、妻に関しては本妻を統一的に用いる。「正妻」「正室」という用語は、「別妻」「次妻」「側室」等に対応する用語であるため用いない。また、男性当主に性を提供し、「産む性」を担った妾のうち、事実妻の扱いを受けて御殿向に居住が許された妾を側妻、事実妻の扱いは受けなかったが、実質には事実妻であった妾を側妾、「産む性」を担いながらも奉公人として仕え続けた妾については侍女と概念化して区別する。なお、単に妾と記した場合は、側妻・側妾・侍女を含んだ概念として使用する。

第一節　婚姻許可制と一夫一妻の原則

まず、江戸時代の本妻の立場について、近世初頭に成立する婚姻許可制の問題から考えてみたい(5)。

大坂夏の陣後の慶長二十年(一六一五)七月に発布された武家諸法度第八条では、「私に婚姻を締ぶべからざる事」と定められた。寛永十二年(一六三五)に発布された武家諸法度第八条では、「国主・城主・一万石以上幷近習・物頭は、私に婚姻を結ぶべからざる事」と整えられ、法の対象範囲が明確にされた。以後、国主・城主・一万石以上、及び将軍の近習や物頭等の婚姻時には将軍の許可を得ることが義務づけられ、私に婚姻を結ぶこと（私婚）が禁止された。これにより武家社会では一夫一妻になったとみなされているが、条文のみからでは将軍の許可を受ければ複数の妻を持つことも可能と理解できる。しかし、その後に重婚が処罰された事例からも、(6)これは婚姻許可制を導入することで一夫一妻の原則を成文化したものと位置づけられる。

寛文三年（一六六三）発令の武家諸法度では寛永十二年（一六三五）令本文を継承するとともに、「公家と縁辺を結ぶにおいては、向後、奉行所に達し、指図を受くべき事」とする付帯条項が定められた。天和三年（一六八三）発令の武家諸法度では、「国主・城主・一万石以上、近習幷諸奉行、諸物頭、私に婚姻を結ぶべからず、惣じて公家と縁辺を結ぶにおいては、奉行所に達し、指図を受くべき事」となり、本文と付帯条項とが一本化された。六代将軍家宣が定めた宝永七年（一七一〇）の武家諸法度第十四条では、「婚姻は凡そ万石以上、布衣以上の役人幷近習の輩等、私に相約する事をゆるさず、もしくは公家の人々と相議するにおひては、まず上裁を蒙りて後、其約を定むべし、嫁娶の儀式すべて旧制を守りて、各其分限に相随ふべき事」と、従来の条項に分限に応じた婚儀を執りおこなうべき旨を加え、さらに「近世の俗、婚を議するに、或は聘財の多少を論じ、或は資装の厚薄を論じ甚だしくしては貴賤相当らざる者、婚をなすに至る、此等の弊俗一切に禁絶すべき事」との付帯条項が加えられた。おそらく新井白石の考えを反映させたものと推察されるが、分限相応の婚儀の執行とは、付帯条項にあるように妻の持参金（聘財の多少）が成婚の条件となりつつある現状を問題視したものだろう。(7)ただし、享保二年（一七一七）発令の武家諸法度第八条では天和三年令に戻され、以後はこれが踏襲される。

以上、近世武家社会では、慶長二十年（一六一五）発令の武家諸法度以降、婚姻許可制のもとで一夫一妻が原則化したことを確認した。これにより、一万石以上の武家＝上流階級の本妻とは、将軍から公認された唯一の存在としてその立場が保障された。さらに、大名のみならず、下級の武士にいたるまで、婚姻は主人の許可を得ることを必要としたため、武家社会の本妻とは夫の主人から婚姻の許可を得た者であることが必須の要件であり、近世武家社会は婚姻許可制を通じて妻の縁＝女縁で結ばれる血縁ネットワークを管理・制限したところに特質があった。

こうした方向性の萌芽は戦国大名法に確認できるが、武家諸法度に先行する法令とされる豊臣秀吉が発令した御掟第一条には「諸大名縁辺の儀、御意を得、その上をもって申し定めるべき事」とある。つまり、大名が縁辺を結ぶ場合には、秀吉の許可を得て執行することを定めており、慶長の武家諸法度第八条と同趣旨である。

また、御掟と同時に発した御掟追加第四条には次のようにある。

一、小身衆は、本妻外、遣者一人ハ可召置、但、別に不可持家、雖為大身、手懸者不可過一両人事、

『日葡辞書』によれば、「手かけ」とは妾のことであり、「目みせ」とも同じとある。したがって、文意から「遣者」「手懸」とは、妾のことを指す。即ち、小身の者は本妻の他は妾一人を抱えるのは可だが、別家を持たせてはならない。大身の者であっても、妾は一、両人を超えてはならず、条文には明記されていないが、小身の者と同様に妻妾同居が前提であったとみなしてよいだろう。

御掟は大名・小名の規定であり、(8)御掟追加は公家・門跡・寺社、大身・小身衆の規定であるから、御掟追加は大名・小名は直接の対象外である。したがって、この段階では大名・小名の妻妾制が許容される一方で、大名・小名より格下の者たちに限ってではあるが、妾の人数を制限し、妻妾同居を義務づける方針が出されたことは注目される。

ただし、御掟・御掟追加でも、妻が一人とは規定されていない。秀吉は小田原出陣を計画するにあたり、天正十七年（一五八九）九月一日に諸国の大名に対して、京都聚楽まで「女中衆」を同道し、今後は在京させることを命じた（『多聞院日記』）。ここでいう「女中」とは妻のことであるが、「衆」という複数形尊称が付けられている。よって、妻

と侍女たちを指すとも考えられるが、複数の妻を指すとも考えられる。

いずれにせよ、妻の在京は人質を意味していた。天正十八年（一五九〇）に小田原北条氏を制圧したあとの奥羽仕置の過程でも、秀吉は諸大名に「足弱衆」（妻子）の在京を命じた。同年八月に伊達政宗は本妻を上洛させたが、敵対する蒲生氏郷は政宗が偽の妻を差し出したとして（「政宗真実の御内儀にて無之候、かりの女房衆にて候」）、政宗の離反を秀吉に訴えた。しかし、秀吉は「縦本之女房にて候ハす候共、政宗証人に上候うへハ、そのせんさくハ不入」と政宗に対する嫌疑を退けた（『伊達家文書』二―五六九）。この秀吉の対応の背景には、人質として提出した妻を夫自身の裏切りによって殺しては武士の面目が立たなくなるという武家社会の不文律を前提としていた(9)。秀吉はたとえ妻が偽物であろうと、あるいは他に政宗の妻がいようとも、証人として提出された妻を第一位の妻＝本妻として扱い、処理すればよかったのである。

しかし、秀吉の死後に家康が進めた婚姻戦略では、実娘を始めとして多くの養女が国持大名と縁組をし、本妻はその国元に送られた(10)。徳川家としては、縁者である本妻を人質として江戸城下に置く必要はなかったため、本妻に人質の役割を与えていなかった。徳川氏の進めた一夫一妻の関係は婚姻戦略とセットで展開しており、国持大名に嫁いだ本妻は、嫡出子を生み、徳川家の血筋によるネットワークを強化することが第一義的に求められたのである。

その一方で、江戸時代の本妻は、人質として江戸在住が義務づけられたとされる。既述の村山鎮は、「諸大名の妻女は、常に江戸屋敷にあるべきものという掟で、即ち法律である。まず妻女は江戸幕府の人質となった。故に道中女を厳しく取締り、御関所というものがあって、国へは決してやれないことでした」（『大奥秘記』）と述べた。また、明治期に回想録を残した浅野長勲も、「妻は江戸に人質としているわけだから、広嶋には妾がおった」と説明する。このように、本妻は人質として江戸在住が義務づけられているという認識があり、それは掟・法律であったとする理解が定着していた。

ただし、それを明文化した法が武家諸法度等で命じられていたわけではない。大名が江戸に人質を置く例は早く、慶長五年(一六〇〇)の関ヶ原合戦後に、前田利長の母芳春院が前田家の安泰のため江戸に自主的に下ったのを始め、母や妻子を自発的に江戸に置く大名もいた。とはいえ、この段階での妻の江戸在住は、将軍から命じられたわけではなかった。たとえば、慶長十九年(一六一四)の大坂冬の陣に際し在江戸を命じられた筑前福岡の国持大名黒田長政は、陣後に妻の徳川栄(家康養女、実は保科正直の娘で家康には姪、大凉院)と長女徳、三男(のちの秋月藩主黒田長興)、四男(のちの東蓮寺藩主黒田高政)を福岡から江戸に呼び寄せた(「大凉院様江戸へ御上り被成候様にと、長政様より被仰進に付」)。元和二年(一六一六)に家康が没すると、将軍秀忠より上使が派遣され、栄は帰国を許されたが、長政が断りを入れてそのまま江戸に居住させたという経緯があった(「長政様御理り被仰上、其儘御在江戸被遊候」)[11]。このように徳川家の縁者である本妻に対して、江戸在住は義務づけられていなかったのである。黒田家の人質としての役割は、長政と血縁関係のある生母照福院、あるいは証人として提出を要請された重臣の子弟たちが担っていた[12]。

ところが、元和八年(一六二二)正月には、諸大名の妻子を国元から江戸に移すことが個々に伝達された。これに基づいて、豊前小倉の国持大名細川家では屋敷普請をおこない、翌九年十月十四日に細川忠利の妻徳川千代(秀忠養女、実は小笠原秀政の娘で秀忠には姪)が小倉を出立した。千代が嫁いだのは慶長十四年(一六〇九)であり、足かけ十五年間を国元小倉で過ごしていたことになる[13]。

このように自発的に妻を江戸に呼び寄せる大名がいた一方で、寛永期になっても本妻が在国した例が知られる[14]。薩摩島津家では婿養子の家久(島津義弘の子)が妻亀寿(島津義久の娘)と不仲であったために、国元で実質的に別居状態であり、亀寿は寛永七年(一六三〇)に国元で死去した。その間、島津家の人質の役割を担ったのは家久の娘下であり、その入れ替わりとして元和五年（一六一九）には忠朗（家久の子）が江戸に下った。[15] つまり、徳川家出身ではない本妻であっても、在府は強制されていなかった。

このような経緯ののち、寛永十一年（一六三四）八月四日、上洛中の三代将軍家光は、「諸大名」が妻子を江戸に置いているので、「譜代」であっても妻子を江戸に置くように命じた。[16] つまり、国持大名のみならず譜代小名にいたるまで妻子の在府が慣例化するのは、これ以降のことである。ここにおいて、大名・小名の本妻には「江戸在住であること」が基本要件に加わることになり、幕末になるまで江戸在府が続けられることになった。

第二節　一夫多妻の実情

前節では、豊臣秀吉期には既に一夫一妻への志向性があり、本妻に求められた人質としての役割は変遷しつつも、徳川家光期に唯一の妻である本妻が人質として江戸に在住することが確定した経緯を確認した。次の問題としては、一夫一妻の原則化は当時の婚姻実態を反映したものなのか、あるいは、それまで一夫多妻であった婚姻形態を一夫一妻に制限しようとして実態の変更を迫ったものなのかを明確にしたい。

結論を先にいえば、近世初期の婚姻関係は一夫一妻ではなかった。一般に豊臣秀吉の「愛妾」として知られる浅井茶々（いわゆる淀殿・淀君）は秀吉の妻の一人であり、その他にも秀吉には複数の妻がいた。[17] これについては、ティチングが著した『日本風俗図誌』（一八二二年刊）に興味深いことが述べられている。

世の中には秀吉が淀殿と結婚したのだと主張する著述家もいるが、他方また、いや秀吉はただ彼女といっしょに暮らしたけれど、淀殿を妻にしたわけではないという者もいる。どちらにせよ、秀吉は淀殿にたいしてじっと愛情を抱き続けた。

「秀吉が淀殿と結婚したと主張する著述家」がいるというのは、即ち、江戸後期になっても茶々を秀吉の正式の妻とする認識があったということを意味する。そうした著述家が何を根拠にそう判断したのかは不明だが、実際に茶々の生存時の史料を確認しても茶々を妾・側室等と記す日本側の史料は確認できない。「淀殿」という呼称を含めて、茶々を妾・側室と記すのは、江戸時代になってからの編纂物である。一方、秀吉が「淀殿を妻にしたわけではないという者」、つまり茶々が妾であったとする理解は、江戸時代の一夫一妻を原則とする夫婦観に基づいて、北政所として知られる浅野寧を秀吉の唯一の妻とみなしたことによるのではないかと考えられる。とはいえ、秀吉が多妻であったことを肯定する認識が近世後期になっても伝承されている点に注目したい。

遡って戦国期の公家社会では、天皇を始めとして多くの公家が経済的な困窮から妻を持てない実態が日常化していたが、本来の公家社会は多妻制を前提としていた[18]。それ故、関白職に就き公家社会の頂点に立った秀吉の妻が、一人でなければならない理由はないのである。秀吉以外にも、秀吉の甥で関白職を譲られた豊臣秀次にも複数の妻がいた。このことが、逆に私的に婚姻を結ぶことを制限するという政治的課題を俎上に載せることになり、秀次の高野山追放後に御掟・御掟追加の制定となった。秀次の妻妾女中三十余名を三条河原で惨殺して見せしめとしたのも、秀吉に無許可で私婚を結ぶことは重罪に値することを周知させる意味があったのだろう[19]。

他方、中世武家社会では一夫一妻とすることで嫡庶の別を明確にしていたが[20]、戦国期の大名層が多妻であったことは、キリスト教宣教師たちの観察から窺うことができる。ルイス・フロイスによれば、高山右近は洗礼を受ける前は大勢の女を抱え、彼女らを大いに愛していたが、受洗後は最初の夫人一人だけを残すことを決意し、重立った家臣たちにも自分を範として、何人であっても一人しか婦人を抱えてはならない、と述べたという話を紹介している(『日本史』)。キリスト教では一夫一妻制を重視したから、右近は自らも一夫一妻を受け入れ、家臣たちにもそれへの同調を求めたのである。

子の多さで知られる徳川家康も、実は複数の妻がいた。最初の妻である築山は、武田氏と通じた嫌疑を織田信長からかけられ、長男信康とともに殺害された。その後、家康の第一位の妻の立場にあったのは、三男秀忠の生母西郷愛だったと思われるが、史料が少ないため明確にはしえない。ただし、長男信康亡きあとに、次男秀康をさしおいて三男秀忠が世子に定められた理由は、生母が妻か妾かの違いにあった(21)。秀康の生母万は築山に仕える女中であったが、秀忠の生母は東三河に勢力をはり徳川氏の勢力拡大に伴いその配下になった西郷氏という武家の出身である(22)。江戸時代になってからの由緒書等では「西郷局」という局号で称し、秀忠生母を妾や「側室」の扱いにしているが、同時代の史料では「西郷殿」とのみあり(『家忠日記』天正十七年五月二十一日・二十二日条)、局号は付されてない点には注意が必要となる。

こののち、秀吉は小牧・長久手合戦後に家康を懐柔するため、天正十四年(一五八六)に妹の朝日を離縁させて、家康に再嫁させた。即ち、家康は朝日を第一位の妻として迎えることになったわけである。その間、秀忠生母の動向は判然としないが、天正十七年五月十九日に何らかの事件に巻き込まれて没した。続いて同十八年には朝日も没した。これ以降、家康は妻を置かず、多くの妾がいたとされる。荻生徂徠の『政談』には、東照宮(徳川家康)の七妾の話を載せ、家康が駿府より毎年、武蔵東金に鷹野に出る時は、「御妾七人衆」が供をし、侍女を一人も連れないで馬で供をしたため、江戸に暫く滞留する時は徂徠の曾祖母のもとへ女を借りに来た。この「御妾七人衆」は「三家」(尾張・紀伊・水戸徳川)には「御実母様」で、重いことであったが、その頃はこのようであったと伝える。

しかし、これは江戸時代の一夫一妻の原則を前提とした夫婦観に基づく誤認とすべきである。たとえば、豊国社別当の神龍院梵舜の日記(『舜旧記』慶長十年三月条)では、「伏見城へ御礼罷出、十帖・扇子令進上、御内義御目見了」とある。梵舜は大名クラスの妻を「内義」と呼んでおり、「御内儀」とは呼ばない。一例を示すと、豊臣五大老の一人毛利輝元の妻を「毛利内義」と呼んでいる(『舜旧記』慶長五年七月条)。そのため、先の引用箇所は伏見城にいる家康に礼に出向いた梵舜が紙十帖と扇子を進上し、さらに家康の妻に目見えを済ませたことを意味している。慶長八年二月に家康は将軍に就任していたから、梵舜は輝元の妻にはない敬称の「御」を付けて「御内義」と呼び、家康の妻に敬意を示したとわかる。この妻が誰なのかを具体的に特定できないが、朝日の死後に家康には妻がいなかったとする理解が誤りであることの例証の一つとなる。[23]

また、京都醍醐寺座主の義演は家康の将軍就任後にその妻や子の祈禱を依頼されるようになり、亀(尾張徳川義直の生母、相応院)・万(紀伊徳川頼宣・水戸徳川頼房の生母、養珠院)・勝(水戸徳川頼房の養母、英勝院)の三人を将軍の妻の敬称である「御台」と呼んでいる(『義演准后日記』慶長九年)。これ以外にも、のちに秀忠五女和の入内に伴い、その母代となり、従一位に叙された阿茶に対しても「将軍御台御阿ちゃ」と称した(『同』慶長九年六月十二日条)。[24]この四人は秀忠にとっても特別な存在であり、秀忠が寛永九年(一六三二)正月に死去した際には各々に小判金二万両の遺産が贈られた。[25]

このように、家康にも複数の妻がいたのである。よって、慶長の武家諸法度の制定者である二代将軍秀忠は、身近にある一夫多妻の現状を認知しつつ、婚姻許可制に基づく一夫一妻の原則を導入したことになる。その背景には、家康や秀忠養女を国持大名に嫁がせて徳川家の血筋による女縁ネットワークを構築しつつある現状があり、この目的達成のためには国持大名が他家と縁戚関係を自由に結ぶことを制止しなければならなかったという政治上の問題が大きかったといえよう。徳川将軍家の血筋による女縁ネットワークは、婚姻許可制の導入による一夫一妻の原則によって支えられていたのである。

第三節　一夫一妻の原則と世襲制の矛盾

武家諸法度によって婚姻許可制を成文化し、一夫一妻の婚姻形態を採用したことにより、子は全て嫡出子（本妻から生まれた子）でなければならず、庶出子（妾から生まれた子）による家督相続は原則的には認められなかった。つまり、近世初頭に制定された新秩序のもとで、武家社会は嫡子単独相続により世襲の家を維持せねばならなくなったわけである。本妻にとっては、家督を継ぐべき男子を生まなければならない、という重責を担うことにもなったが、裏を返せば、本妻が世子を含む全ての子の母でなければならない、という大原則の成立を意味していた。

徳川秀忠の本妻浅井江は、秀忠の八人の子の母と系図上で位置づけられている。筆者はこのうち、秀忠と江の居所から、長男長丸・次女子々（珠）・三女勝・次男家光・五女和の五人は妾から生まれた庶出子であり、江は表向きの母として位置づけられたものと推定した[26]。この秀忠と江が夫婦であった時代に、庶出子の生母が表向きには存在を否定され、系図にも載せられなかった理由は、これまでみてきたように慶長・元和という時代が一夫一妻を強く志向していたという時代背景を抜きにして説明することはできないだろう。しかも、妾の存在を許せば、婚姻許可制により女縁によるネットワークを管理するという幕府の政策は実質的な効果を失うため、妾の存在を認めるわけにはいかなかった。徳川秀忠・浅井江夫妻は、一夫一妻という夫婦像の模範を世間に示さねばならなかったのである。

この大原則に対しては、大名家でも同様の対応に迫られた。たとえば、加賀金沢の国持大名前田利常に嫁いだ秀忠の次女子々は、慶長十八年（一六一三）三月九日に数えの十五歳で長女亀鶴を出産してから、元和八年（一六二二）三月三日には五女夏を出産し、同年七月三日に没した（享年二十四）。その足かけ十年間に三男五女計八人を一人で出産したとされるが、双子は一組も存在しないため、十年間に八人の子を一人で出産するのは無理がある。したがって、数人の子は庶出子だったのだろうが、前田家では将軍家出身の本妻以外の者と私縁を生じさせた事実を憚り、子々の生存中に生まれた子は全て子々を母とすることで一夫一妻の婚姻関係を遵守したかのように繕ったと推察される。

信濃高島の諏訪家（三万二千石）の場合は国持大名ではなかったが、初代諏訪頼水（一五七一～一六四一）が天正十二年（一五八四）に徳川家康の意向で本多康重（三河岡崎五万石）の娘を娶ったという経緯があった。諏訪家の記録では、頼水の「正室」貞松院（本多康重の娘）は七男九女計十六人を一人で生み、頼水には「側室」が一人もいなかったとされるが、これも表向きのこととすべきだろう。(27) 実際に、『寛政重修諸家譜』に掲げられた頼水の四男九女のうち、貞松院を母とするのは長男忠恒、次男頼郷、三男頼長のみであり、四男頼孚と女子九人はいずれも「母は某氏」と記されている。近世後期には幕府に対して、初代に妾がいたことを秘匿する必然性が弱まったという時代変化が読み取れるが、諏訪家の記録においても二代忠恒（一五九五～一六五七）以降は「側室」の存在を認めているため、初代から二代の間に妾や出生子の扱いに変化があったと推測される。頼水の代のみに子の母の記載に虚偽の記述がなされたのは、家康に対する遠慮、さらには慶長・元和期の婚姻制において一夫一妻が原則化したことが理由だろう。

また、たとえば慶長四年（一五九九）に肥後熊本の大名加藤清正は、家康養女（水野忠重の娘、家康のいとこ）を本妻として迎えた。これにより、既に清正が妻として迎えていた女性たちは表向きの場（「公界」）に出ることができなくなった。(28) 慶長十年には、さらに家康の婚姻戦略の一環として、清正の長女古屋と榊原康政（上野館林十万石）の世子康勝が婚姻を結んだ。その後、清正が康勝に与えた書状では、康勝が「むすめの母」(水野氏)に夥しい進物を贈ったことに対して、清正の「女共」＝本妻＝水野氏がこやの「表向き」の「親分」であり、「母」＝古屋の生母＝菊池氏は「公界」には出ないが、だからといって清正の本妻への義理がましい贈答は不要であり、本当に音信をしたければ大坂にいる古屋の生母に相談のうえで贈るように、と伝えている。(29) 要するに、家康・秀忠が進めた婚姻戦略のもとで、実質的に将軍(徳川氏)から認められた妻だけを本妻として扱うという一夫一妻の婚姻関係が、個別に大名家で進行している経緯が読み取れる。

さらに慶長二十年(一六一五)五月二十七日に、榊原康勝が大坂夏の陣での無理がたたり急死した。本妻古屋との間に子はなく、妾腹の男子平十郎がいたが、榊原家中は評議して「子」はないと上申した。そのため、榊原家の断絶が惜しまれ、榊原康政の嫡孫忠次(既に大須賀家を相続)に榊原家の家督を継がせることにした。(30) この件については、なぜ榊原家中は庶出子がいながら家督相続を願い出なかったのかが疑問とされてきたが、慶長二十年までに着実に進行した徳川氏による婚姻戦略のもとでの一夫一妻の婚姻関係の遵守という秩序観からみれば、「子」とは将軍から認められた唯一人の妻である本妻から生まれた嫡出子でなければならなかった、という構図がみえてくる。康勝は徳川家康の肝煎りで古屋と婚姻しており、本妻たる古屋以外の女性から生まれた庶出子を嫡子として申請することは、家康の意向に背くことに加え、私婚を禁じる政策に違背することが懸念されたのだろう。

とはいえ、本妻が健在であれば、奥方で生まれた子を全て将軍から認められた本妻から出生したように位置づけることで、表向きの一夫一妻を保つことができた。奥方を閉鎖性の高い空間にする必要があった理由の一つには、妾から生まれた子を本妻の子として位置づけることを支障なく遂行するためだった側面がある。その結果、妾や庶出子の存在は「隠し物」とされ、様々な社会の歪を生み出すことになった。

たとえば、水戸徳川頼房は本妻を迎える前、元和八年（一六二二）に長男頼重、寛永二年（一六二五）に次男亀丸（早世）、同五年に三男光圀が生まれたが、懐妊を知ると子は全て堕胎するよう命じ、出生後も届け出をしなかった。その後も頼房は本妻を迎えなかったため、これを苦慮した養母英勝院（太田勝、家康の別妻）は、同十一年五月九日に光圀を伴って江戸城奥に登り、家光に初目見えをさせ、正式に世子として公認してもらった。京都慈済院に入っていた頼重も、英勝院から秀忠に「水戸家に惣領の男子がいながら世上憚かることがあり、久しく隠し置いているので是非折をみてお耳に達したくかねがね願っていた」との旨を伝えると、秀忠から早々に呼び下すように許可を受け、寛永九年十一月に江戸の水戸藩邸に呼び戻された。[31]そのような経緯があっても、頼房は一生涯、本妻を娶ることをせず、最終的に妾との間に十一男十五女、計二十六人が生まれた。そのうち、水戸徳川家を継いだ光圀以外では、長男頼重のみが讃岐高松十二万石に取り立てられただけであった。

また、筑前福岡の国持大名黒田忠之は、元和八年（一六二二）正月に婚姻した秀忠養女（美濃大垣松平忠良の娘）が、寛永五年（一六二八）七月二十六日に没した（享年二十三）。その直前の五月十六日には国元で長男吉兵衛（のちの三代光之）が生まれていたが、忠之はこれを認めようとしなかった。忠之は幕閣との縁故を強化するために、新たな本妻を得ようと画策したが、うまくいかなかった。同年八月十日には江戸城西の丸で幕府目付豊島信満が、秀忠が信頼する年寄井上正就を殺害する事件となり、これは忠之が正就の娘との縁組の仲介を信満に頼み、正就はいったん承諾したものの変心して破談となり、面目を失った信満が正就を殺害したのでは、と噂された（『細川家史料』）。その後、黒田家では本妻不在のまま七年が過ぎたため、忠之の生母大凉院（家康養女、黒田忠之の生母）は寛永十二年正月六日に吉兵衛を同道して登城し、大奥にて家光に初目見えをさせた。その場には、大凉院、春日局、英勝院が同座した（『黒田家譜』）。大凉院は疱瘡を患っての登城であり、六日後の正月十二日に没したから、決死の覚悟だったとわかる。こののち、吉兵衛の生母坪坂氏は継室に置き直されることになった。

このように、本妻が不在の場合は、嫡出子としての届け出を表向から正式に出すことができなかったから、英勝院や春日局といった大奥女性を通じた奥向の内証ルートから家光の「御耳」に立てて、存在を隠されていた庶出子を世子として公認させる手段が講じられたのである。(32)

要するに、将軍から許可を得て婚姻した本妻から正嫡が生まれることが理想であったが、実際にはそうならない事態を招いた。これは一夫一妻の原則のもとで世襲制を続けることの矛盾といわざるをえない。将軍家においてすら、秀忠を継いだ家光は本妻に迎えた鷹司孝子が精神を患い、中の丸に別居することになり、将軍家世子が庶出子とならざるをえないことは周知の事実となっていた。家光の長女千代は寛永十四年（一六三七）閏三月五日に生まれ、その生母の振は同十七年八月二十八日に死去したが、『江戸幕府日記』には「千代姫君御方御母儀昨朝遠行ニ付諸大名登城」とあり、千代の生母が隠されている様子はない。家光の世子となる家綱の場合も、その誕生時に諸大名から生母楽にも進物が贈られており、家綱が庶出子であることは周知の事実であった。(33)

家光が死去した際の遺産分けでは、「天樹院御方」（秀忠長女千）に金一万両、「高田御方」（秀忠三女勝）に金五千両、「中丸御方」（家光本妻、鷹司孝子）に金五千両、「清泰院御方」（家光養女亀、実は水戸徳川頼房娘、前田光高本妻）に金二万両、「千代姫君御方」（家光長女千代）に金二万両、「宝珠院御方」（家光嫡子家綱の生母）に金五千両、「長松殿御袋」（家光次男綱重の生母）に金二千両、「徳松殿御袋」（家光四男綱吉の生母）に金二千両となっている（『江戸幕府日記』慶安四年六月十八日条）。四代将軍となる家綱の生母宝珠院は、家光の本妻鷹司孝子と同じ「御方」の敬称が付けられており、側妻として扱われている。庶子の綱重・綱吉の生母は世間に認知された存在ではあるが、子の生母としての位置でしかなく、扱いは側妾の立場だったと考えられる。それは敬称の差のみならず、遺産配分の違いからも読み取ることができる。

以上のように、近世初期に成文化された新しい武家秩序である婚姻許可制に伴って原則化した一夫一妻の婚姻形態は、理想と現実の間で実態を失い、妾の存在を認めざるをえなくなっていた。しかも、本妻から子が生まれることを運にまかせていては末期養子の禁にふれ、無嗣断絶という事態を招くことにもなる。これまで表向での政治的問題としてのみ扱われてきた改易を奥向の観点から見直すならば、近世前期に無嗣断絶が改易原因の第一位であった理由は、一夫一妻の原則の遵守が根本的な要因にあったことが指摘できよう。しかも、一夫一妻の婚姻形態のもとで世襲の家を維持していくことは困難であり、武家社会の持続性を危うくする最大の要因であった。そこで、近世初期には自ずと妾を隠して置くことになったが、その場合の妾は「御部屋」や「側室」といった側妻の立場ではなく、あくまでも奥向女中＝奉公人として仕えていたことを厳密に位置づけておく必要がある。[34]

第四節　荻生徂徠の妻妾論

荻生徂徠は享保年間（一七一六〜三六）に著した『政談』のなかで、妻妾に関する持論を次のように展開した（片仮名を平仮名に置き換えた、以下同じ）。

子を持たる妾を御部屋と名付て、傍輩・諸親類にも取かはしをさせ、家来には様附にさせて、其召仕の女房より諸事の格式等を本妻に左様迄違はぬ様にすること不宜事也、此五六十年以前迄は箇様にはなかりしを、御先々前御代の頃より始りて、今は世の通例の様に成たり、意訳すれば、子を持った妾を「御部屋」と名づけて、傍輩・諸親類にも挨拶をさせ、家来には「様附」にさせて、召仕いの女房と較べて諸事の格式等を本妻とほとんど同じにするのはよくないことであり、五、六十年以前まではこのようなことはなかったが、先々前代（綱吉）の頃より始まって、今は世の通例のようになっている、という。

続いて、綱吉がいまだ部屋住み（家督前の子）であった頃、家老たちが桂昌院（綱吉生母）に江戸城への登城を勧めると、桂昌院は「何と名乗って登城するのか。大猷院様（家光）の召仕いと名乗るべきか、館林殿（綱吉）の母と名乗るべきか、何れを名乗っても、大猷院様、館林殿の不名誉（御オモテブセ）である」と述べて登城しなかったという話を紹介し、家綱の頃までは「女中」であってもこのような理筋をよく承知していたものだと称賛した。

右で徂徠は、「側室」という用語を一度も使っていない。また、徂徠が問題にしたのは、子を生んだ妾に「御部屋」及び「様附」の敬称を与えて、その存在を公にすることにあった。これは、妾に本妻同様の待遇を与えて「隠し物」としなくなった風潮に対する批判である。そこで、綱吉生母桂昌院の例のように、妾はたとえ子を生んでも使用人（召仕い）であることを自覚すべき、と主張するのである。

さらに徂徠は次のように提案する。

去ば制度を立て、長子を持たる妾をば、家老などの同格にして、召仕の内の貴人と定め、其召仕ふ女中より衣服・器物・家居迄に微細に制度を立ずんば、此悪風は不可止、

つまり、長子を生んだ妾は、家老等と同格にして、使用人のなかの「貴人」と定め、召仕いの女中の衣服・器物・家居まで微細に制度を立てるべき、とする。そうしなければ、子を生んだ妾を「御部屋」と称して重く扱う悪しき風俗は停止しないと断じた。

その一方で徂徠は、世襲制のもとで家を継ぐ子の必要から妾はなくてはならないものとし、その存在そのものを否

定しない。逆に、妾が「隠し物」のように扱われることが問題だとし、妾はあくまでも使用人として扱うが、その存在を認めつつ身分に相応した礼制を立てることを主張したのである。

享保期に幕府は、婚姻政策を大きく転換させた。まず、享保九年（一七二四）に妾を猥りに妻にすることを禁じる方針を出した。ところが、同年七月には方針を撤回し、万石以上は月番老中、万石未満はその頭・支配への届け出を必要とするが、事情に応じて妾を妻に直すことを認めるように制度を変更した（『御触書寛保集成』十八、養子跡目縁組等之部九九二）。

妾を妻に仕候儀、猥にハ有之間敷事ニ候へ共、若品も有之、及其儀候ハヽ、向後万石以上ハ月番之老中、其外向々之頭支配え可被達置候、無左候得てハ、妻之忌服又ハ養母等の忌服まきらハしく候ニ付、申通候、

右之通、寄々可申通候、以上、

つまり、右の変更理由は、服忌が紛らわしいことにあった。そのような契機であったにせよ、これにより妾の存在は容認されることになった。しかも、妾が妻に格上げされる道が開かれたことは、妻妾の役割において妾は妻に準じるものという新たな認識を生み出すことにもなった。武家社会における儀礼や交流等において、当主の配偶者の存在は不可欠な側面があったが、逆に出費の原因にもなった[35]。経費削減からも、婚礼経費等を必要としない妾を本妻に置き直すことができれば、大名家にとっても利点があった[36]。

享保十八年には全ての武家に対し、今後は縁組願をして婚儀をしなければ婚姻として認めず、妾を妻にすることも同様とされた。これを山中永之佑は、「私婚禁止の全武家層への拡大」と位置づけたが、結局、それは実態を伴うものではなかった[37]。

これ以降、婚儀を伴わない妾は妻とはみなされないため、事実妻である側妾に対しては「側室」制を導入し、妾の

なかから「側室」に昇進させ、最終的に家族に準じる扱いをするようなケースをとる大名家が現れるようになる。阿波徳島の国持大名蜂須賀家では、藩主の子を生んだ妾を家臣の妻に下げていたが、寛保元年(一七四一)には「侍妾」を「側室格」として置くようになった。延享元年(一七四四)には「側室」制度を成立させ、以後は藩主の子を生んだ妾は「側室」へ格付けられ、蜂須賀家で生涯の生活を保障されるようになった。「側室」制導入後には、①侍女→妾→側室→庶姫末席が最高位への格付であり、この他に②妾から側室まで昇格するケース、③老女格にまで至るが侍女・妾として総称されるケース、の三種類があったという。①は本妻に準じた立場で家族の一員として厚遇された側妻、②は奥向女中のなかで、徂徠のいう「貴人」として厚遇された側妾、③は奥向女中のなかで高い格式を与えられた侍女と整理することができよう。③の立場はあくまでも奥向女中の扱いだが、女中の仕事からは解放される、という特権が与えられることが多い。

次に、たとえば明和九年(一七七二)に筑前福岡の黒田家で一族の法号・没年月日・菩提所等をまとめた『御追号集』[38]には、「御正統御夫人之部」「御側室之部」「御側妾之部」といった三項目があり、側室と側妾が明確に分けられている。そのうち、「側室」の扱いとなっているのは、六代継高の嫡子重政(早世)の生母智海院と九代斉隆の嫡子斉清の生母真妙院の二人のみである。「側妾」は五人だが、その一人は「長政公側室」という表記があり、解説では「御末子御女子之御実母方ハ此部に加え、御子御出生無之御方は雑の部御女子の処に加ふ」とある。つまり、本史料では黒田家の嫡子の生母のみが「側室」の扱いとされ、それ以外の生母は実際には「側室」であっても「側妾」に位置づけられ、生母ではないが黒田家で法事の対象とする女性は「雑　御女子」に入れられた。その説明でも「御側室たりといえ共、御子出生無之御方」とあり、実際には「側室」であったが、法事では「側室」の格での取り扱いとはしないということであった(本書第五章)。

要するに、同一人物の妾であっても、時期やそれを扱う人々の立場によって異なる表記になるという点に注意する必要がある。黒田家で編纂した正式な家譜である『黒田家譜』で「側室」とされた女性でも、他の史料で「側妾」やその他の扱いとなっているのは、記録の作成目的が異なったり、特に「藩主生母」たる側妾の扱われ方が時代により変化するからであり、妾の複雑な位置づけを生み出していた。

また、信濃高島の諏訪家では、妾は「御部屋」と「御伽女中」の二つに分けられ、さらに「御部屋」は「御部屋様」「御部屋」「部屋」の三ランクがあり、どう呼ぶかについては申し渡しがあったという。[39]これも「御部屋」が側妻・側妾、「御伽女中」が侍女と整理でき、側妻・側妾の貢献度により「御」「様」付、「御」付、敬称なしの三つの格式に分けられていたと理解できる。

妾が当主の家族に準じる側妻の地位を得るにあたっては、第一に子の有無があったが、子の存在は絶対条件ではなく、子がなくても当主の寵愛が深い場合は側妻となる例もあった。その逆に、当主の子を生んでも側妻になれる者は限られており、まして家族の一員として扱われるのは当主が死去し、妾本人が出家後という場合が多かった。[40]たとえば、彦根井伊家十代直幸の子を生んだ二十四人の女性のうち、側妻の扱いを受けたのは四人だけであり、その他は奥向女中のまま仕える者もいれば、家臣の妻に下げられたり、暇をとって行方知れずになったりしている。側妻のなかでも、様付の「御上成」となったのは、十一代当主直中の生母量寿院だけであった（本書第八章）。

小括

近世武家社会の奥方は、本妻とその家族の生活の場であるとともに、世襲制のもとで家の存続のための世子を儲けるという重要な役割を担っていた。その一方で、近世初頭に武家諸法度に定められた婚姻許可制の導入は、一夫一妻の原則により武家社会の婚姻制度を規定することになり、世子は正嫡（本妻から生まれた嫡出子）であることを必然化した。そのため、本妻から嫡子が生まれない場合には、無嗣断絶という大名家の危機を招くことにもなった。これを避けるために、多くの大名家では妾を奥向女中として召し抱えて奥方の組織に組み入れ、妾から生まれた庶出子を将軍から公認された本妻の子として扱うことでこの難を逃れようとした。系図等で、近世初期の大名の本妻が多くの子の母とされ、多産にみえるのは、このような政治的な裏事情があったとみるべきである。また、本妻が不在という危機的状況下においては、江戸城大奥の内証ルートを用いて庶出子を世子として認めてもらう手段が講じられていた。

しかし、三代将軍徳川家光の代には、将軍家ですら世子が庶出子とならざるをえないことは周知の事実であったから、一夫一妻の原則は早くも現実性を失っていた。言い換えれば、世襲制を維持するためには、一夫一妻の原則に基づく婚姻制度は運用不可能であることを将軍権力自らが露呈させたのである。とはいえ、幕府は武家諸法度を改訂することなく、その後も一夫一妻の原則を維持したため、夫婦の関係を一夫一妻で維持する一方で、世襲の家の継承のためには妾を置くことを容認せざるをえなかった。近世前期には、妾は公的には存在しない「隠し物」として扱われることが多かったが、将軍家・大名家でも次第に妾のなかから本妻に準じた扱いをする側妻を置くようになる。こうして、公的・法的・身分的には妾であるが、実質的には妻の扱いを受ける側妻の存在が社会的に黙認されるようになっていった。

この現状を荻生徂徠は批判し、側妻（「御部屋」）の社会的存在を否定する一方で、妾の存在を隠すことなく、使用人のなかの「貴人」として扱うことを主張した。ところが、享保九年（一七二四）制定の幕府法では、妾を妻として置き直すことを許可するにいたる。即ち、これまで非公認であった妾がその存在を容認され、妾を妻に格上げする道が開かれたことは、それまでの妻妾の役割を実態に近づけるうえでの大きな画期になった。というのも、法令では妻とは別に妾がいることは大前提とされているから、これは妾の存在を隠す必要がなくなったことを意味していた。実際に大名家から将軍に申請して妾を妻に置き直す事例がどのくらいあったのかを把握する必要があるが、実際にはその事例が少なかったとしても、妾の存在が容認された社会的意義は大きいといわざるをえない。かつ、その後も一夫一妻の原則が崩されることはなくても、妾から生まれた庶出子の存在が認められ、本妻がいる場合にはこれを嫡母とし、その「養い」となることで、嫡子として認められる道が表向の世界において開かれる大きな契機になったのである。[41]

こうして、十八世紀後半以降には、将軍家・大名家ともに妾の格式を調える制度改革を進めていくことになる。[42]このことについては、章を改めて論じることにしたい。

（1）　柴田宵曲編『幕末の武家』（青蛙房、一九六五年、六三頁）。

（2）　初出論文では側妻が事実上の妻であるという性格を積極的に評価するために「事実妻」として概念化した。しかし、これでは逆に側妻の妾としての属性が読み取れなくなると考え、側室の別称たる側妻を本書では採用し、概念化することにした（室は妻の尊称）。なお、側室を用いない理由は本文に述べた通りだが、本書第五章でも述べるように、同じ大名家であっても時期や史料の作成目的や妾の待遇変化により呼称表記が変わるため、それぞれにおいて概念化をしたうえで用いる必要がある。その場合に、妻以外の妾を「側室」と置き換えて理解してきた従来の考え方に大きく修正を促す問題提起のためにも、本書では「側室」を用いず、「側妻」として概念化したい。

（3）　根津寿夫は、阿波徳島蜂須賀家で「正室以外の藩主及び同嫡子に仕えた女性を側妾と呼ぶ。側妾には側室・妾・侍女があった」と整理した（「徳島藩蜂須賀家の「奥」―正室・こども・奥女中―」『史窓』三八、二〇〇八年）。

（4）　将軍家の「側室」に関しては、山﨑美和子「徳川将軍家の「側室」における呼称と格式」（『聖心女子大学大学院論集』

三七、二〇一五年）に整理がある。
（5）　江戸時代の大名の婚姻に関する研究史は、稲垣知子「江戸幕府の婚姻政策―大名の場合―（一）～（四）―」（『愛知學院大學論叢　法學研究』四七―三～四八―二、二〇〇六～七年）を参照。同論文は、江戸幕府の婚姻政策における法と実態（婚姻範囲）の関係について精力的に調査し、格違婚禁止が社会に与えた影響を論じている。
（6）　大竹秀男『「家」と女性の歴史』（弘文堂法学選書四、弘文堂、一九七七年）。
（7）　松尾美恵子「近世武家の婚姻・養子と持参金―大名榊原氏の事例―」（『学習院史学』一六、一九八〇年）。なお、北村典子「近世大名真田家における婚姻―江戸後期の一事例を中心に―」（『信濃』五五―四、二〇〇三年）では、持参金は交渉段階での重要案件ではあるが、婚姻成立には「近親者の口利き」や留守居の働きが重要であったと指摘する。
（8）　大名・小名に関しては、福田千鶴「天下人と大名・小名」（『江戸時代の武家社会―公儀・鷹場・史料論―』校倉書房、二〇〇五年）。大名とは基本的に国持大名のことであり、小名は寛永期に一万石以上と規定される領主層として用いる。
（9）　福田千鶴『江の生涯―徳川将軍家御台所の役割―』（中公新書、二〇一〇年、九六～九七頁）。
（10）　福田千鶴「徳川秀忠の遺産配分をうけた女性たち」（『九州産業大学国際文化学部紀要』四七、二〇一〇年）。同『徳川秀忠―江が支えた二代目将軍―』第五章「秀忠の家族と婚姻戦略」（新人物往来社、二〇一一年）。
（11）　「覚書」（福岡市博物館編『黒田家文書』二―八〇、二〇〇二年）。
（12）　大名妻子の江戸集住推進策及び重臣子弟の証人提出に関する研究史は、兼平賢治「江戸幕府証人制度の運用にみる幕藩関係の展開」（『歴史』一一二、二〇〇九年）参照。
（13）　山本博文『江戸城の宮廷政治』（読売新聞社、一九九三年）。
（14）　京極忠高（若狭小浜）の本妻初（秀忠四女）は、病中に江戸に出府し、三年目の寛永七年（一六三〇）三月四日江戸で死去したと伝わる（『京極御系図』丸亀市史編さん委員会編『新編丸亀市史』自然・原始・古代・中世編、一九九四年）。
（15）　林匡「近世初期島津氏の家督と女性―血筋・名跡・家格形成をめぐって―」（『黎明』二四―二、二〇〇六年）、同「近世

前期の島津氏系譜と武家相続・女子名跡」（『九州史学』一五二、二〇〇九年）。

(16) 児玉幸多編『註釈御当家紀年録』（集英社、一九九八年）。

(17) 福田千鶴『淀殿―われ太閤の妻となりて―』（ミネルヴァ書房、二〇〇七年）。

(18) 前掲大竹秀男『「家」と女性の歴史』。令では、妻は一人と定められたが、実質上・習俗上は多妻であり、令の規定に実態を調和させて正妻・次妻・妾妻がいたとしている。

(19) 藤田恒春『豊臣秀次の研究』（文献出版、二〇〇三年）。秀次は、右大臣菊亭晴季の娘、池田輝政の妹、最上義光の娘、北野神社松梅院の娘を始め、尾張・美濃・近江・備前・河内・摂津出身の武家の娘を抱えていた。このうち、少なくとも菊亭氏（一の台）と池田氏（若政所）は、妻の尊称で呼ばれている。

(20) 前掲大竹秀男『「家」と女性の歴史』。

(21) 慶長十二年に駿府城で家康に謁見予定であったパエス師は、その当日に結城秀康死去の報が届いたことを「当日、公方の長子なるが、正室の出にあらざるにより位を継ぐ能わざりし越前侯の凶報達したる」と記し、母が「正室」でなかったため将軍の地位を継げなかったとしている（『パジェー日本耶蘇教史』）。ただし、原文では、「illégitime」（庶出子）とあり、「正室」云々というのは『大日本史料』の訳者による意訳であるが、秀康が「庶出子」であるということは、逆に秀忠は「嫡出子」であり、その母は家康の本妻の扱いであったことが導き出される。

(22) 平野明夫「戦国期の徳川氏と三河国八名西郷氏」（『日本歴史』六九六、二〇〇六年）。

(23) この他にも、伊達政宗（陸奥仙台）が慶長五年十二月十六日付で注文した家康以下への贈答では「御うゑさま」の記載があり、これも家康の妻の一人と考えられる（『伊達家文書』二―六八一）。

(24) 阿茶は有能な女性で、老女としての役割も果たしたため、妻として認識されにくい。しかし、増田増誉著『明良洪範』では、「此妻捷敏にして奉仕する事おこたらず、後に老女となり阿茶の局と名づく」とあり、家康の死後は老女へと役割を変化させたと説明する。

(25) 前掲福田千鶴『徳川秀忠』。

(26) 前掲福田千鶴『江の生涯』『徳川秀忠』。

(27) 浅川清栄「高島藩主と妻妾・子女—その藩政との関連—」(『信濃』四四—二、一九九二年)。なお、浅川氏は藩主の子を生んだ女性を全て側室として理解しているが、同論文中の表5「側室一覧表」のなかには「側室」「御部屋」「御伽女中」「御妾」「家女」という名称が確認できる。そのうち「側室」はいずれも世子の生母であり、「御部屋」とは異なる格式を与えられていたと推定されるし、奥向女中に位置づけられる「御伽女中」や「家女」を含めて「側室」と一括するのは、妻妾の役割を考えるうえでは検討の余地がある。「側室は身分的には奉公人である」(一一五頁)とも述べられており、「側室」は妾の高い階層の一つとして限定的に捉える必要がある。

(28) 加藤清正の妻子に関しては、福田正秀・水野勝之『加藤清正「妻子」の研究』(ブイツーソリューション、二〇〇七年)、同『続加藤清正「妻子」の研究』(同、二〇一二年)。

(29) 福田千鶴「榊原家史料伝来の加藤清正書状」(『九州産業大学国際文化学部研究紀要』四三、二〇〇九年。本書第二章)。なお、康勝が夥しい進物を贈った「むすめの母」を古屋の生母菊池氏と解釈するものもある(福田正秀・水野勝之『続加藤清正「妻子」の研究』一〇三・二三六頁)。しかし、清正の主張は「内儀の義理がましいことに無用の出費をするな」という趣旨にあることを前提に解釈すれば、清正は表向きの母に対しての進物は不要ということを康勝に伝えたいのだから、康勝が夥しい進物を贈ったのは表向き＝義理の母である水野氏であったことになる。このことに対して、水野氏からも表向きの母であるから義理立てした進物は無用にしてほしいとの断りを春になれば伝えるから、本当に義理を尽くしたいのであれば大坂にいる古屋の母と相談して、古屋の母に相応のものを贈るようにしなさい、と指示したものと解釈するのが妥当と考える。そのため、解釈は初出論文のままとしている。

(30) 福田千鶴「加藤清正の娘古屋と榊原平十郎勝政」(『九州産業大学国際文化学部紀要』四六、二〇一〇年。本書第三章)。

(31) 鈴木暎一『徳川光圀』(吉川弘文館、二〇〇六年)。

(32) 福田千鶴『春日局』(ミネルヴァ書房、二〇一七年)。なお、近世前期に女性が果たした役割については、松崎瑠美「中近世以降期における女性の役割と奥向—薩摩藩島津家を事例として—」(『比較家族史研究』二一、二〇〇七年)。

(33)　前掲福田千鶴『春日局』。
(34)　福田千鶴「近世前期大名相続の実態に関する基礎的研究」(『史料館研究紀要』二九、一九九八年)。
(35)　婚姻による経費負担については、森本幾子「徳川将軍家と広島藩浅野家―大奥から大名家へのお輿入れ―」(『尾張市立大学地域総合センター叢書』九、二〇一七年)。信濃上田松平忠済は、本妻没後に有力大名家から妻を迎えると婚礼経費のみならず、両家の付き合い等の物入りとなるため、安永九年(一七八〇)に家老の家から「側室」を召し出し、実質的な妻として扱っている(小宮山千佐「上田藩主松平忠済の手紙―おのぶ召し出一件―」『信濃』六二―三、二〇一〇年)。
(36)　幕府が妾を妻に置き直すことを許容する方針を示す一方で、大名家によってはそれを禁じる方針を維持する場合もあった。たとえば、姫路酒井家では寛延二年(一七四九)七月に前橋から姫路に入封するに際して二十七箇条の法令を定め、その第十三条で「家中之者共於姫路召仕之妾、妻ニ相直候儀は一切停止之事、但、妾之親類方之続を以何事ニよらす申立之儀、決而不取上候事」と命じている(『兵庫県史』史料編近世二、一三〇頁)。また、赤穂森家でも、天明二年(一七八二)正月に「中小姓以上之面々筋目も無之婢妾を引上、妻ニ致間敷事」と定めており(『同』、二五七頁)、家中に禁じる例がみられる。
(37)　山中永之佑「徳川幕府法における「婚姻の成立」―武家と庶民の場合の比較―(一)(二)」(『阪大法学』二七・二八、一九五八年)。
(38)　『新修福岡市史』資料編近世1領主と藩政(二〇一一年)。
(39)　前掲浅川清栄「高島藩主と妻妾・子女」。
(40)　畑尚子『江戸奥女中物語』(講談社現代新書、二〇〇一年)。
(41)　嫡母については、木下はるか「徳川将軍家における母としての正室の位置づけ」(『史観』一六八、二〇一三年)。
(42)　この点については、柳谷慶子「武家権力と女性―正室と側室―」(藪田貫・柳谷慶子編『〈江戸〉の人と身分四　身分のなかの女性』吉川弘文館、二〇一〇年)が包括的なまとめをしており、「生母の女性の立場を正室に近い扱いで家秩序のなかに安定化させる試み」と評価している。

第二章　近世前期における妻妾の関係と「公界」

徳川政権は、諸大名と縁戚関係を結ぶことで、豊臣政権から引き継いだ公儀国家を徳川家の血筋による女縁ネットワークで再編成していった[1]。また、近世初期に武家諸法度に定められた婚姻許可制のもとで、婚姻形態は一夫一妻が原則となった。その結果、かつての一夫多妻の婚姻形態のもとで複数存在していた妻たちはどのような境遇になったのか。本章では、その問題について検討する。

素材として主に取り上げるのは、肥後熊本の国持大名加藤清正の書状である[2]。これは、清正の長女古屋《こや》が榊原康政の世子康勝との婚姻後、岳父となった清正から新婿の康勝に宛てて発給されたもので、近世初期の大名家の妻のあり方を考えるうえで興味深い内容が記されている。既に榊原家で編纂した家譜である『始封録』[3]や東京大学史料編纂所の謄写本『榊原文書』二に採録されており、史料内容としては既知のものであり、それらを利用した研究も一部にはみられるが[4]、右写本では誤読や転写漏れ等があり、釈文の一致をみていないことがある。ここに原文書から全文を翻刻し、今後の利用にも供することにしたい[5]。

なお、書状は桐箱に納められ、箱蓋上書には「清正公御書翰一巻」、箱蓋裏書には「康勝公江従　清正公御自筆御書」、軸装題簽には「清正公書翰　全」とある。

第一節　加藤古屋の入輿

最初に加藤古屋の履歴と入輿の事情を確認しておく。古屋の父加藤清正は、永禄五年（一五六二）に尾張で生まれた。豊臣秀吉との姻戚関係から幼少より秀吉に仕え、天正十六年（一五八八）に佐々成政の失脚後に肥後北半国十九万五千石の大名となり、慶長五年（一六〇〇）の関ヶ原合戦では徳川方につき、戦後は肥後一国（五十四万石）を領する国持大名となった。清正の本妻には山崎氏の存在が知られ、虎熊という長男も生まれていたが、山崎氏は文禄二年（一五九三）頃に病死したのではないかとされている。さらに虎熊も朝鮮出兵時に、朝鮮王子との人質交換のために渡海した後に消息を絶った。(6)

こののち、清正は「妻女」（本妻）がいなかったため、慶長四年（一五九九）に徳川家康から水野忠重の娘（家康のいとこ）を養女として清正の妻に迎えさせたとされる（『清正記』）。この時、清正は三十八歳であり、同年四月二十二日に婚儀となった。おそらく、大坂城下の加藤家屋敷に入輿したとみられる。翌年の関ヶ原合戦で水野氏は石田三成方の人質となるのを避けて大坂を脱し、黒田孝高（豊前中津）の援助を得て熊本在国中の清正のもとに送り届けられた。それから清正没後に家督を継いだ加藤忠広が寛永九年（一六三二）に改易されるまで、水野氏は熊本城の本丸奥で過ごした（『加藤家御侍帳』）。

清正には右の虎熊以外にも、慶長二年（一五九七）に長女古屋（あま）、同四年に次男熊之助（忠正）、同六年に三男虎藤（忠広）・八十の四人の子が生まれた。その生母については、古屋の生母は浄光院（菊池氏・竹之丸）、熊之助の生母は本覚院（菊池氏）、忠広の生母は正応院（玉目氏）、八十の生母は清浄院（水野氏）とされている。つまり、清正には水野氏が嫁ぐ前後に、少なくとも浄光院・本覚院・正応院という三人の妻妾がいたことになる。清正が家康の強い意向で水野氏を本妻として迎えたことは、加藤家の奥向における女性たちの立場を複雑にしたことが推察される。

長女古屋(7)は、徳川四天王の一人とされる榊原康政の三男康勝に嫁いだ。康政は、天正十八年（一五九〇）に家康が関東八か国への移封となった際に、上野館林十万石に封じられ、慶長九年（一六〇四）には家康の上洛に伴い、在京賄い料として近江に知行五千石を加増された。康政の本妻は大須賀康高の娘であり、長男忠政と長女の二人を生んだ。天正九年（一五八一）に遠江浜松で生まれた忠政は、外祖父大須賀康高の跡を継いだが、慶長十二年に早世した。天正十三年に浜松で生まれた忠長（母は不詳）は、慶長九年二月十五日に館林で没した。こうして、三男康勝が榊原家の世子として定まった。ただし、康勝は天正十八年に相模小田原で生まれ、生母は花房氏とされる。

加藤氏と榊原氏の縁組については、「保坂文書」（『大日本史料』十二編八）にある次の榊原康政書状を検討しておきたい（数字・傍線・丸カッコ内人名は筆者補）。

以上、

就来春祝言之儀、先日伊奈兵太郎を為使遣候き、定而可為参著候、右ニも如申入候、兼而之儀ハ、江戸ニ而祝言可仕と存候而、女房達之部屋等をも、そ早ニハ候へ共、申付候間、左様ニ申入候、館林之儀ハ如御存知、城之内もせはく候へハ、普請等も不罷成事ニ候へ共、木暮（曾）通を直様在所へと達而肥州（加藤清正）思召候者、見苦儀ハ不苦候間、左様ニも可仕候哉、委細右ニ申入候間、能々御相談候而、御左右待入候、随而再三如申進候、年来肥州別而御目を被下候上ハ、御隔心可有之儀ニ無之候、其上我等体之事ニ候条、供之女房達なとも人少ニ候様ニ頼入候、①貴殿御供候而、御下之由候間、待入候処ニ、于今無御下著候間、重而一書如此候、②二月ハ可為何比候哉、日

限なとの儀をも、兼而御極候而被仰越、頼入候、恐惶謹言、

榊　式部

霜月朔日　　康政(書判)

佐々淡路(行政)様

人々御中

この書状は、慶長十一年に予定されていた祝言についての問い合わせなので、慶長十年十一月一日の発給になる。まず、康政から伊奈兵太郎を使者として佐々行政まで派遣し、その使者のあとに本状が再び発給された。康政の所存では江戸での祝言を予定しており、女房たちの部屋も気が早いようだが作らせているとのことだった。その理由は、佐々も承知のように館林は城内が狭くて普請が難しいためであった。ただし、木曾を通って、直接在所(館林)に入輿させたいと清正が考えるなら、見苦しいことに支障はないので、その方がよいかどうかを使者(伊奈)が委細を申し入れるので、よく相談して返事をしてほしいと伝えた。また、年来、清正が特別に目をかけてくれるので、隔心があるはずはないが、康政の事情(「我等体の事」)もあるので、供の女房も少人数にしてほしい旨を依頼した。

書状内容から、おそらく康政は江戸におり、傍線①にあるように佐々が江戸に下るのを待っていたが、いまだに下着しないので、重ねての書状発給となった。佐々は豊臣期に秀吉の十人衆(五大老・五奉行の下に置かれた豊臣政権の実務担当者)の一人として活躍した人物であったが、秀吉の死後は徳川家康に仕えていた。

この間の家康の動向は、慶長十年正月九日に江戸を発ち、駿府を経過したのち、二月十九日に伏見に到着し、四月に伏見城で秀忠が将軍宣下を受けたのちも、そのまま伏見城普請のため在京し、九月十五日に伏見を発って江戸に向かい、十月二十八日に江戸に到着した(8)。一方、秀忠は二月二十四日に江戸を発ち、三月二十一日に伏見着、四月十六

日に伏見城で将軍宣下を受けたあと、五月十五日に伏見を発って、六月四日に江戸に到着した。その後、十月十七日に江戸を発って川越を初め関東近郊で鷹狩りを催し、十二月に江戸に戻った(9)。秀忠の鷹狩りに佐々が同行した可能性もあるが、「下着」とあるところからは、やはり上方方面から江戸への帰還と考えるのが妥当であろう。即ち、数日前に江戸に帰還した家康とともに、佐々も下るものと思っていたが、いまだに下着がないため、康政が重ねて書状を発給して早急な対応を求めたものと推定される。

この間の榊原康政(10)の動向は、秀忠上洛の道中の先駆を命じられ、秀忠より三日先に江戸を出立し、在京して諸法度を命じ、諸事を差配する役を勤め、二十日に秀忠が入洛する際には前陣を勤めた。こうした関係から、秀忠の帰還にあたっても康政が先駆を勤め、江戸に戻ったと考えられる。また、この帰路中に康政の長男忠政が横須賀城に立ち寄った秀忠から馬・時服・銀子等を拝領した（『御系図』）。

最後に加藤清正の動向は、伏見城普請との関連をみておく必要がある。伏見城は慶長五年（一六〇〇）の関ヶ原合戦の前哨戦で落城・焼失したため、慶長六年から同十一年まで普請及び作事が継続された(11)。動員された諸大名については未解明な点が多いが、慶長九年七月からは西国の諸大名が動員され、石垣普請がおこなわれた。そのなかには加藤清正も含まれており、慶長九年と推定される四月二十一日付の加藤清正書状には、「上方御普請」を命じられたので「下国」が延引していると国元に伝え（下川文書）、同じく七月十日付書状では大方普請を終えたので「八月末」には「下国」できるだろう（名古屋市博物館蔵文書）、と告げている。閏八月十六日には舟橋秀賢が清正の帰国の暇乞のため伏見を訪ねており（『慶長日件録』）、日時は特定できないが、これ以降に熊本に帰国したとみられる。翌十年の家康・秀忠父子の上洛では、三月十九日に伏見着とあるので（『時慶記』）、熊本から上洛したのだろう。この後、清正は四月十六日に侍従に任じられ、八月十八日に豊国祭礼中の豊国社に参詣し（『舜旧記』）、二十日に伏見を発って帰国した

（『時慶記』）。このちに、既述の佐々宛の榊原康政書状となる。

古屋の婚礼は、慶長十一年三月頃である。『当代記』には、次のような記事がある。

当時肥後国主加藤主計頭息女年九歳関東え下向、榊原式部大夫息に為可嫁也、正月七日九州を出、同廿六日至大坂着船、此間在京、三月九日岐阜に着、輿四十五丁、但、十丁は人不乗、馬上之女八十三人也、相伴物頭三人か、長柄の鑓五十本余、鉄砲七十丁余有之、主計頭は此日今須に泊、直に清洲え通、

即ち、清正の息女が嫁入りのため正月七日に九州を出て、二十六日に大坂に着船し、以後は在京して二か月余りを過ごし、三月九日に岐阜に着いた。その様子は、輿が四十五丁、馬上の女中八十三人、相伴物頭三人、長柄鑓五十本余、鉄砲七十丁余という大人数であったという。清正は古屋とは別に今須に泊り、すぐに清州を通過したとある。

福田正秀・水野勝之の研究によれば、清正の娘が「九歳」とあるのは十歳の誤りだと指摘している。また、古屋の生母菊池氏は慶長十二年に熊本城が完成するまでは在京していたと推定されている。そのため、古屋が慶長十一年に熊本を出発したとすれば、それまで母子は別々に暮らしていたことになるが、九州を出たのは清正一行であり、古屋は母とともに清正の上洛を待っていたとも考えられる。いずれにせよ、加藤清正が帰国後に上洛して、古屋の一行より先に江戸に向かったと考えておく。

そうした場合に疑問が残るのは、康政書状の傍線②で二月予定の祝言の日限がいつ頃になるか取り決めてからこちらに伝えてほしい、と申し送ったことである。これまで述べた経緯から、在国中の清正と江戸に下る途中の佐々が同じ場所にいるとは考えられないので、この婚儀を実際にとり仕切っているのは佐々であるとわかり、佐々が意向を確認する相手は家康だった、と考えるのが適切だろう。慶長十年の上洛中も、家康は山内家、鍋島家に養女を嫁がせて縁戚関係を強化し、日時は不明ながら榊原康政の娘鶴を秀忠の養女として池田輝政の世子利隆に嫁がせる等、一連の

婚姻政策を展開していた。榊原康勝と加藤古屋の縁組は徳川家との直接の縁戚関係を作るものではなかったが、家康が慶長期にとった婚姻戦略の一環と位置づけられる。

第二節　榊原康勝宛加藤清正書状

本節では、本章末尾に掲げた八月六日付加藤清正書状について検討する。現状は軸装され、「清正公書翰　全」と題箋が付されている。書状冒頭には紙数三枚とあるのに対し、紙数六枚に及んでいることから、本来は折紙であったものを軸装する際に上下を裁断して継いだものと推定される。

宛所の榊原康勝(12)は、慶長十年（一六〇五）四月二十六日に従五位下・遠江守に叙爵され、翌年三月頃に加藤古屋と婚礼をあげた。その直後の四月より父康政の病状が悪化し、康政は五月十四日に館林に没した。清正書状の43行から102行にかけて、康勝が父の遺物である天下道具の肩衝を売り払い、父の後室（花房氏、康勝生母）への遺産分けが取沙汰されていることから、本書状は康政死後の発給とわかる。また、同十六年六月二十四日に加藤清正が熊本で没するため、本書状は康政の没した慶長十一年から清正没年の前年十五年までの間の発給となるが、遺産分けが云々されていることからすれば、康政の死後からそう時間を隔てていない頃の発給と考えられる。さらに、古屋の賄い料が問題にされ、211行から244行にかけて、古屋の母への音信のあり方についての申し送りがなされており、古屋が嫁いでからの実家との音信関係を模索する段階にあったことも、嫁いでからそう遠くない時期に書かれたものと推定されよう。

また、榊原家の上方における借銭を返済し、取り返した証文を送り届けるとしていることや（112〜119行）、清正は二十日頃に国元に下向し、来春までは罷り上ることはないと伝えていること(203〜205行)等から、清正は上方にいる。実際に、清正は慶長十一年七月十八日に京都豊国社に社参し、八月十八日には京都本國寺において亡母の七年忌を執行しており、在京が確認できる。一方、康勝に対しては「江戸へ御こし候はば」(35行)、「江戸に御つめ候てよく候はん」(120行)等とあるので、康勝は館林にいると考えられる。よって、本書状は慶長十一年八月六日に京都に滞在していた清正が、館林に在国中の康勝に送った書状と確定してよいだろう。康勝は頻繁に清正に連絡しており(1〜8行)、二人の親密な関係がよくわかる。

清正が康勝に指示した内容は多岐にわたる。まず、古屋の賄い料の件につき、婚家側(譜代小名)と実家側(国持大名)の経営規模の違いからくる外聞が取沙汰されていた。既述の榊原康政の書状でも、加藤家から連れてくる女中の人数を減らすよう希望しており、古屋の賄い料は榊原家にとって負担となっていた模様である。清正は、古屋の奥向(「内儀」)の賄いについて、康勝や榊原家の年寄から外聞が悪いと告げてきたので、康勝次第にすればよいとは思うが、加藤家で七月に命じた入目(予算)通りにすれば無用の出費(「失墜」)もないので、世間(「公界」)の体裁を保つためにも、今のままにしておいた方がよいと提案している(9〜30行)。おそらく、古屋の賄い料を榊原家の費用だけでは賄うことができず、加藤家から何らかの経済援助を受けざるをえないことを榊原家では外聞が悪いと判断したのだろう。

そこで、清正は奥向経済の負担減を図るために榊原家の表向経済に関しても指導し、館林の年貢取り立てに念を入れ、康勝が江戸に出たら、加藤家の知行方や台所の命じ方、米蔵への米の置き方・払わせ方や、様々なことを加藤家から古屋に付けた江戸詰の大木土佐・石田源介によく相談するようにと伝えている。特に大木と石田の二人が不調法はあっても信頼できることを伝え、女縁によって親族大名となった清正が榊原家の家政について指南する姿をみることができる(31〜42行)。さらに、清正は榊原家の上方における借財の返弁も肩代わりしており、親族大名としての親密な関係に基づいて行動していた。

次に繰り返し問題となったのが、康政遺物の肩衝を上方で売却する件である。清正は売却すると亡父康政の外聞もよくなく、借銀返済のためならともかく、後室に過分の遺金をとらせるために天下道具を売るのはもっての他であり、清正や上方の知人が売ってはならないと言っていると後室に伝え、康政の外聞を失わせても分け前の遺産が欲しいと後室が言うようであれば、康勝の妹（「備前の御妹ご」）等に借銀をしてなりとも渡すからと返事をするようにと指示した（43～102行）。この件からは、遺産分けに自己主張ができる後家の強い立場をみることができる。

第三に、清正の妻妾の関係がわかる（211～244行）。これは重要な論点なので、以下に現代語訳を掲示したうえで検討してみたい。

先ず申し入れようと思っていて、失念していました。この度、（康勝から）古屋の母（水野氏）に夥しい進物がありました。これは誰の指図でしょうか。必ず無用です。表向きには私（清正）の本妻（水野氏）が古屋の「親分」であり、古屋の生母（菊池氏）は世間（「公界」）には出ません。（表向のことであればまだしも）、奥向（「内儀」）のことに気遣いは無用です。表向き（義理）の関係であることを私の本妻から康勝に申し入れたいと告げてきたけれども、私に任せておきなさいと言っておきながら、言うのを延ばしてきましたが、（右の進物は）いかがと思われる仕様なので、必ずこちらから康勝がした方がよいことは指図いたします。春になれば、本妻から（断りの）申し入れがあると思います。その以後に音信したければ、それこそ大坂の母（古屋の生母）と談合して、母次第にされるのがよいでしょう。必ず奥向（「内儀」）への義理がましいことに物入り（出費）をしてはいけません。何事も心おきなく、私に内々に相談してください。悪い指図はいたしません。以上。

つまり、康勝が古屋の母である清正の本妻（水野氏）に進物を送ったが、これは表向き[13]、即ち義理の関係なので、奥向における義理がましい贈答は無用の出費であり、今後は清正の本妻への進物は不要であり、そのことは水野氏の意向でもある旨を伝えた、というのが趣旨である。そこで本当に贈り物をしたければ、大坂にいる古屋の生母に相談して、その要望に応じて生母に心を込めた進物を贈ればよい旨を指示したのである。

この経緯から、清正が家康の意向で水野氏を本妻に迎えたことで、本妻たる水野氏が清正の子の親として表向きには扱われていること、それにより古屋の生母は世間に出ることのない存在、いわば「隠し物」になったという関係性が読み取れる。徳川氏が進めた婚姻政策のなかで、徳川氏によって認められた妻のみが本妻あるいは子の母としての地位を与えられ、徳川氏の血筋による女縁ネットワークに基づく一夫一妻の原則が表向の世界に定着していく過程をよく示す事例といえよう。

以上、本書状には他にも注目すべき点は多々あるが、本書の主題からは右の三点を指摘するだけにとどめておきたい。

「　紙数三枚

猶々其元内儀
賄いの事も
苦しからず候と
存じ候へ共、其方御外
聞悪しきとおぼし
めし候はば、御申分次第に候、
我々もの一ケ月の賄い
仕たる様子あるべく候間
其通に被仰付候ては
御失墜も候まじく候、
内ハ我〳〵次第になされ
候て御おき候べく候、
被仰越候儀にて候故□、とかく

其方次第に仕候へと、　貴所
申遣候、賄いの事ハ
何様に被仰付候共、おうへ
大所ハとかく則に被仰付候て、
尤に存候、かやうの事も
其方御ために候間申付候、
其元万の奉行被仰付候衆
賄いのていハ中々御しん
たいなるまじく候間
我々両人つけおき候ものどもは
文盲に不調法□
候へども、御為悪しき
事たくみ候事はある
まじく候間、其元式部殿
大所かた、今まで被申付候
様子にては、其方御しんたい
悪しく候はんか、よく〳〵
御たづね候て、よきかたに
なされ候はんと御申きけ候べく候、
それも人なかにては申
まじく候、其御心へ候べく候、
か様の事は
よく御たづね候はんならば
大木土佐に心安御たづね候はば
よくきこへ、所帯かたの
御心持ちにはなり
可申候間、其御心へ候て
御たづね候べく候、
御家中の衆も
しんたいならぬものもこれ
あるよしに候間、左様の
ものもよく御聞候て
可仰付候、とかく
扶持かたなど、とだへなく候
やうに可被仰付候、何事も
其元の両人の物と

大木土佐には御心おかれまじく候、
如才仕ものにて無之候、
我々も此廿日時分に下向
いたし候間、春ならでは
罷り上り申まじく候間、
よろづそこもとのものども
御心付候て可給候、数人の
ものども貴殿一人を
頼みにいたし居申候間、
其御心へ候て万々
頼入候、先申入候はんと存候て
令失念候、此度むすめの母
かたへ夥しき
御音信にて候、これらの事
誰が指図にて候や、
必ず御無用にて候、
表向き我々女ども
親分にて候間、母は
公界へは出ず候、
内儀の事ニて候へば、
中々いらざる事に候、
表向き我々女ども
かたより申入度と申こし
候へども、我々に
まかせおき候へと
申候て申のべ候つるに
いかがの被仰付やうにて
必ず此方より
なされ候てよき事は
指図可申候、
春へなり候はば
我々女どもかた
より申入べく候間、
その以後御音信も候はば
これこそ大坂の母と御談合
候て、かの物次第になされべく候、

237 必ず〳〵内儀かたへの
238 義理がましき事に
239 もの御入れまじく候、
240 何事も御心
241 おかれず、我々へ内々にて
242 御談合候べく候、
243 悪しき指図は
244 いたし候まじく候、以上、

1 其方よりの使
2 下し申候間、御
3 返事ながら申
4 入候、其元相変わる
5 事無之由尤に存候、
6 此使以後に御状両
7 度確かに届き
8 申候事候、
9 一、其元内儀かたの
10 賄いの様子、
11 御外聞悪しき
12 などと、年寄
13 衆より申こされ候、
14 何とて貴所御
15 外聞、式太屍《かばね》
16 の上までも外
17 聞うせ候よし
18 申こされ候、少し
19 もさやうに家中衆
20 存じられ［候はば］、
21 其方より可被仰付候、
22 そやかく申内に七月
23 一ケ月分、我々もの、江戸
24 より入目申付たる所
25 可在之候間、其通に入目
26 申付候へと可被仰付候、
27 内は、一応ことわり
28 の通りは、公界のために

よく候間、今の分になされ候て御おき尤に候、

一、当年其元所務かたの事、被入御念候て毛見可被仰付候、其上近年之算用可被仰付候、

一、江戸へ御こし候はば、我々もの大木土佐・石田源介など御呼び候て我々など、知行かたの申付様、又ハ大所かた申付やう、納置候米蔵におき用、払わせやう、かれこれの様たい、御たづね候て、可被仰付候、

一、其方之肩衝、売りに御上せ候よし、此方にて承候、売り候へば、式太外聞も悪しく、其方外聞もいかが、たとへ売り候ても、金が其方の借銭のたよりにもなり候はば、売り候て、先公界の借銭のはすを合わせ候はんと申事も候へども、売り候ては、其あしにて金を分け遣わせ候はでかなわぬ事に候、とかく式部が道具を売り候て女房に金を分け、口にとらせ候などと候へば、いかがに候間、とかく此肩衝は御売り候まじく候、先爰元に貴所御留守居五良へ置候へと申付候間、其御心へあるべく候、たとへ右兵太

65 など又ハ後室何かと
66 被申候はば、とかくこれ
67 を売り候て、子どもにとら
68 せ候事、せめても苦し
69 かるまじく候や、女房
70 などに、過分の金を
71 遺物に天下道具を売り
72 遺候などと候へば、式太
73 外聞、屍の上
74 まで果て申候、貴殿も
75 年寄衆もかやう
76 の事は御分別
77 なく候て、内儀の大所
78 かたなどの事を外
79 聞のなどと仰せこされ候
80 事、我々存じ候も
81 津小平次(14)・佐淡路(15)なども
82 其分に存候へ共、貴所へは
83 それほどには不被申候由
84 申候、其御心得候て可被仰付候、
85 右のわけ分の金とり
86 候はで叶わざると各被申
87 候はば、借り候ておやり候べく候、
88 借りて遺候共、此道具只今
89 売り遺候所にては無之候よし、
90 我々又ハ上方の式太知音
91 ども申候て留《とど》め置候よし
92 御申候べく候、ぜひわけ
93 分の金、式太に外聞
94 失わせ候てもとり
95 候はんと、後室など被申
96 候はば、不遺候共苦しから
97 ずと我々申となりとも
98 可被仰付候、兵太、備前の
99 御妹(16)ごなどへ御借
100 銭なされ候てなりとも

101 御やり候はんと御返事
102 候て先々御延べ候べく候、
103 一、貴殿と我々あいだにて
104 の儀は、何ほども御密《おんみつ》(17)
105 なるべく候、とかく
106 かやうの道具など売り
107 候ては、御密ならず候、
108 天下にて式太など、過
109 分の借金など被仕
110 候て、納所なりかね候
111 などと候てはいかがと
112 存候ゆへ、上方にて
113 の借金銀、先々
114 我々とりかへ申候、御服
115 かたへは、やがて渡し
116 可申候、後藤勝三郎(18)方へ
117 済まし候、式太借
118 状とり返し候て、只今
119 進之候、
120 一、江戸に御詰め候てよく候はん
121 事、されども悪き
122 友、大酒悪しく御座
123 候はん事、中々これ
124 ら式の事は不存
125 申、とかく何ととり
126 まわし候ても、式太子
127 にて候と、人にも見られ
128 聞かれ、上様へも御耳に
129 たち候やうに、夜昼御
130 分別尤に存候、
131 一、本佐(19)・大相州(20)など□□
132 善悪ともに、忰にて
133 わきまえがたく御ざ候間、
134 御意見のほかあるまじ
135 きよし御申候て、年
136 寄ども急度被遣

可然候事、其外図書
ごときほどに被懸御目候
衆へも悪しき事
御意見候はで、公界より
取沙汰候はば、各御違い
遠江違いにて候まま、
□
候て可然候、随分〳〵
人の意見を御聞き候はで、
我儘の御身持ちにて候、
いらざる事に候間、其御心
得可被成候、恐惶謹言
八月六日　　清正（書判）
（切封）
榊遠江殿　（加　肥後守カ）

（1）江戸時代の婚姻については、大藤修「近世の結婚と女性」（仁平道明編『アジア遊学一五七　東アジアの結婚と女性―文学・歴史・宗教―』勉誠出版、二〇一二年）に包括的なまとめがあり、その条件を①身分制度が整備され、武士社会は家格階層制によって編成されたこと、②武士の自立的な通婚が規制され、主君の許可を要するようになったこと、③庶民の間でも家の形成が進んだこと、の三つとしている。徳川幕府の婚姻政策については、山中永之佑「徳川幕府法における「婚姻の成立」―武家と庶民の比較―（一）（二）」（『阪大法学』二七・二八、一九五八年）、山本博文『徳川将軍家の結婚』（文春新書、二〇〇五年）、稲垣知子「江戸幕府の婚姻政策（一）（四）―大名の場合―」（『愛知学院大学論叢法学研究』四七―三・四、四八―一・二、二〇〇六～七年）、福田千鶴『徳川秀忠』（新人物往来社、二〇一一年）、柳田直美「将軍家の婚姻―将軍正室と姫君の入輿―」（徳川記念財団・東京都江戸東京博物館編『徳川将軍家の婚礼』二〇一七年）。大名家の婚姻に関する全体像は、浅倉有子「武家女性の婚姻に関する統計的研究・試論―『寛政重修諸家譜』を素材として―」（近世女性史研究会編『江戸時代の女性たち』吉川弘文館、一九九〇年）。個別研究では、松尾美恵子「近世武家の婚姻・養子と持参金―大名榊原氏の事例―」（『学習院史学』一六、一九八〇年）、近藤真知子「大名の婚姻―変遷・法令・縁組・結納・輿入れ・婚礼・献立―」（『徳川美術館蔵品抄七　婚礼』徳川美術館、一九九一年）、高橋博「大名佐竹家の婚姻・通婚圏と幕藩関係―婚姻の経緯と本家・分家関係―」（『学習院史学』三二、一九九四年）、同「近世中期における大名婚礼交渉の一側面―久保田・松江藩交渉と奥附家臣―」（『論集きんせい』一六、一九九四年）、齋藤鋭雄「江戸中期幕藩間の儀礼について―伊達宗村の結婚」（『宮城縣農業短期大学学術報告』四三、一九九五年）、稲垣知子「近世大名の家格と婚姻―御三家を事例として―」（『愛知学院大学大学院法研会論集』一二―二、一九九七年）、同「近世大名の家格と婚姻　再論―一般大名の場合―」（林董一博士古稀記念論文集刊行会編『近世近代の法と社会―尾張藩を事例として―』清文堂出版、一九九八年）、大森映子「岡山藩池田家における婚姻事例―分家との比較を中心として―」（『湘南国際女子短期大学紀要』五、一九九八年）、稲垣知子「近世大名の婚姻範囲―享保九・宝暦一三年の幕府婚姻奨励法令について―」（『法制史研究』五〇、二〇〇〇年）、見瀬和雄「成巽閣蔵「今枝民部留帳之内」について―前田利常息女富姫の輿入れ―」（『市史かなざわ』七、二〇〇一年）、北村典子「近世大名真田家における婚姻―江戸後期の一事例を中心に―」（『信濃』五五―四、二〇〇三年）、白根孝胤「御三家における縁戚関係の形成と江戸屋敷―尾張家を中心として―」（徳川林政史研究所『研究紀要』四一、二〇〇七年）、吉成香澄「将軍姫君の婚礼の変遷と文化期御守殿入用―尾張藩淑姫御守殿を事例として―」（『学習院史学』四七、二〇〇九年）、下重清「「仕置き」としての縁組み―稲葉正則と伊達綱村―」（『小田原地方史研究』二五、二〇一〇年）、林匡「島津氏の縁組―重豪・斉宣・斉興を中心に―」（『黎明館調査研究報告』二六、二〇一四年）等。大名の離婚については、大森映子「大名の離婚をめぐって―岡山藩池田継政の場合―」（『湘南国際女子短期大学紀要』四、一九九七年）、堀新・鈴木由子・山尾弘「近世大名の離縁―岡山藩池田家と仙台藩伊達家の場合―」（『共立女子大学文芸学部紀要』四六、二〇〇〇年）、兼平賢治「大名の離婚について―佐伯藩主毛利高久とその正室幕子の離婚をとおして―」（『歴史』九九、二〇〇二年）、高橋みゆき「近世大名家の婚姻―熊本藩と福井藩の婚姻・勇姫の事例を中心に―」（『熊本史学』八五・八六、二〇〇六年）等がある。

（2）　上越市立総合博物館編『高田藩　榊原家史料目録・研究』（二〇〇九年）。平成十八年（二〇〇六）度より、新潟県上越

市立総合博物館において榊原家資料の再整理のプロジェクトが進められ、平成二〇年度には古文書・文芸資料・絵画・武具・什器等をまとめた総合史料目録が刊行された。目録番号三〇〇、徳美四六。

(3)『始封録』は前掲『高田藩　榊原家資料目録・言及』の「4・A　系図・家譜」の項目でも複数の系統の写本があり、これ以外にも上越市立高田図書館所蔵本等がある。

(4)小宮山敏和「近世初期館林榊原家の基礎的構造―家臣団編成を中心に―」(『群馬歴史民俗』二九、二〇〇八年、のち『譜代大名の創出と幕藩体制』吉川弘文館、二〇一五年所収)。

(5)福田千鶴「榊原家史料伝来の加藤清正書状」(『九州産業大学国際文化学部紀要』四三、二〇〇九年)には原文書の釈文を掲載した。本書では、読みやすさを考慮し、仮名を適宜漢字に置き換え、濁点等を補った訳文を掲載したので、原文釈文を確認したい場合は初出論文を参照されたい。また、本文解説と対照させるために、通し番号を付与した。なお、福田正秀・水野勝之『続加藤清正「妻子」の研究』二一九～二二一頁には写真が掲載され、読み下しや詳細な解釈文を付すが、筆者とは若干解釈を異にするところもある。あわせて参照されたい。

(6)加藤清正の妻子については、福田正秀・水野勝之『加藤清正「妻子」の研究』(ブイツーソリューション、二〇〇七年)、同『続加藤清正「妻子」の研究』(同、二〇一二年)。加藤清正の妻子について、特に断らない限りはこの二書の記述に基づいている。

(7)古屋は、慶長二年(一五九七)生まれ。同十一年に十歳で榊原康政の嫡子康勝(上野館林十万石)に輿入れした。慶長二十年(一六一五)に康勝が死去すると、しばらく実家の加藤家に戻ったが、阿部正次の嫡子正澄に再嫁し、一男一女の二子を生んだのち、寛永四年(一六二七)八月十九日に没した。

(8)相田文三「徳川家康の居所と行動」(藤井讓治編『織豊期主要人物居所集成』【第二版】二〇一六年、初版二〇一一年)。

(9)藤井讓治「徳川秀忠の居所と行動」(藤井讓治編『近世前期政治的主要人物の居所と行動』京都大学人文科学研究所調査報告三七、一九九四年)、福田千鶴『徳川秀忠』(新人物往来社、二〇一一年)。

(10)榊原康政は、天正十四年(一五八六)十一月九日に従五位下・式部大輔に叙任され、同十八年に家康が関東に入封すると、上野館林十万石に取り立てられた。慶長十一年(一六〇六)五月十四日に館林に没した(享年五十九)。

(11) 白峰旬『日本近世城郭史の研究』(校倉書房、一九九八年)。

(12) 宛所の榊原康勝は、同十一年に父康政の死去により家督を継ぎ、大坂夏の陣において受けた傷が悪化し、慶長二十年五月二十五日に死去した(享年二十六)。嗣子がなかったため、兄忠政の嫡子で大須賀家を継いでいた忠次が養子に迎えられ、榊原家を継いだ。

(13) 『精選版日本国語大辞典』によれば、「おもてむき」には、①表立つこと、公然たること、正式なこと、おおやけ、②世間に対すること、世間体のこと、表面上のこと、という意味があり、①と②の場合は本書では「表向き」と表記する。また、③公務、特に、江戸幕府や諸藩の政務をとる所、また、その仕事の方面という意味があり、本書でいう奥向に対する場合に「表向」と表記する。

(14) 津田小平次秀政。織田信長、滝川一益、豊臣秀吉に仕え、慶長五年の上杉攻めでは家康に従い、以後、家康側近として活躍。家康の死後、剃髪して京都に隠棲。寛永十二年(一六三五)没。享年九十。

(15) 佐々行政。豊臣秀吉の鷹匠頭で、豊臣十人衆の一人(三鬼清一郎『豊臣政権の法と朝鮮出兵』青史出版、二〇一二年)。

(16) 『寛政重修諸家譜』では、康政次女とし、康勝の姉に置く。慶長十年に秀忠養女として備前岡山の大名池田利隆に嫁し、元和二年(一六一六)利隆の没後に尼となって福照院と号し、寛文十二年(一六七二)十月二十六日に没した。

(17) これを「隠密」と解釈し、「清正と康勝の間のことは何でも隠密にしよう」という意味にとれば、上方で清正が康勝の借銀返弁をしたことが隠されている様子もない点と矛盾があり、意味が通じにくくなる。よって、本書では、清正と康勝の間柄は親密(「御密」)であるべきだが、天下道具の肩衝を売ったりすれば、親族として清正が何もしない(「御密ならず」)ことになるので、肩衝を売らなくてよいように借銀の返弁を済ませ、親族としての親密な関係を示したものと解釈した。

(18) 後藤庄三郎光次。家康の側近として金銀座を支配。寛永二年(一六二五)江戸に没した。

(19) 本多正信(一五三八～一六一六)。天正十四年(一五八六)に従五位下・佐渡守に叙任。同十八年の家康の関東入封後、

相模甘縄一万石。家康側近として活躍し、慶長八年以後は秀忠付老中として大久保忠隣とともに仕えた。

(20)　大久保忠隣（一五五三～一六二八）。天正十六年（一五八八）に従五位下・治部少輔に叙任、文禄二年（一五九三）に秀忠付家老、同三年父忠世の遺領を継いで相模小田原六万五千石。慶長五年（一六〇〇）に相模守に叙される。同十八年十二月改易。

第三章　近世前期における庶出子の処遇

本章では、近世前期において庶出子がどのような扱いを受けていたのかについて検討する。

まず、用語を整理しておく。本書では、本妻から生まれた子を嫡出子、妾から生まれた子を庶出子、家督相続権を認められた子を嫡子、それ以外の子を庶子と定義して用いる(1)。

法制史の中田薫の研究(2)によれば、幕府法における武士の嫡子には、法定嫡子・届出嫡子・願出嫡子の三種類があった。法定嫡子は生得嫡子ともいい、本妻との間に生まれた男子のことで、嫡出長子が出生する以前に妾腹の男子が生まれた場合、出生届には後日、本妻に男子が出生した時に右の庶出子を次男に定むべき旨を付記しておく必要があった。その後、法定嫡子が出生しなかったり、早世、廃嫡させられたりした場合等には、庶出子を嫡子に指定する旨の届を提出した。これを届出嫡子という。幕府法では、嫡子(法定・届出)が早世し、あるいは廃嫡された場合に、嫡子の身分は血統の自然的順序により決定されるわけではなく、相続人は嫡庶長幼の順序に従って嫡子に選定されるべき法定順位が決まっており、被相続人がこれを願い出る必要があった。この手続きにより嫡子に認定された者を願出嫡子という。また、必ずしも出生届を出す必要はなかったため、出生届を出していない庶出子を嫡子にする場合には、本人が虚弱で成長の見込みがなかったが成長したためという理由を付した丈夫届を提出し、子として認めてもらう手続きをとった。

〈人物関係図〉　＝本妻、─実子、＝養子の関係を示す。

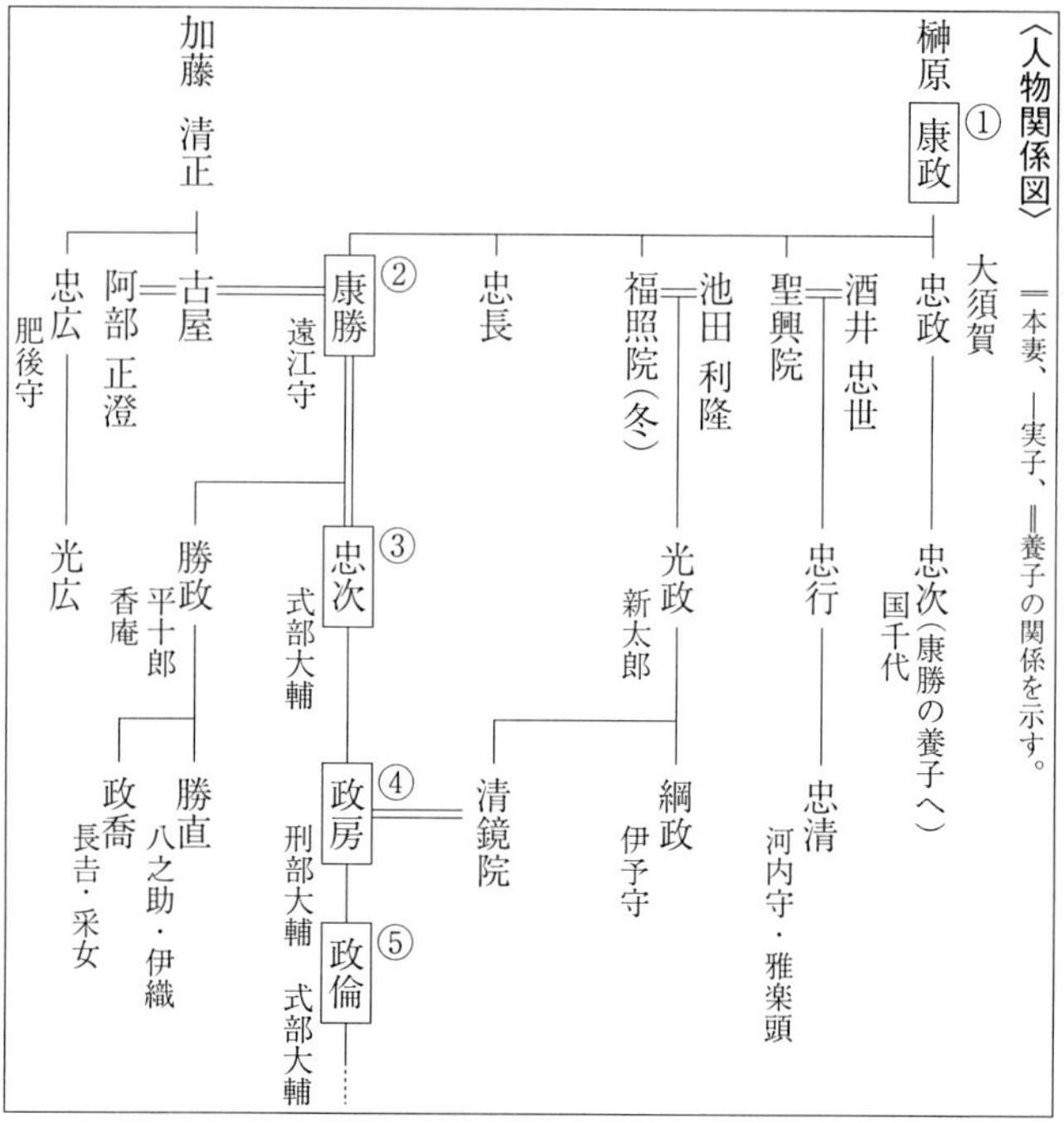

このように庶出子であっても、幕府への届出や願出によって嫡子となり、家督を継ぐことができたが、そのような手続きが整えられるのは十八世紀以降である[3]。

第一章第二章で述べたように、近世初期に一夫一妻の婚姻形態が原則化したことにより、大名の本妻とは徳川将軍によって認められた唯一の配偶者であり、その夫婦の間に生まれた嫡出子による家督相続が将軍によって認められることにより、大名家は存続することができた[4]。その結果、それまで妻として扱われてきた女性たちが「公界」に出られなくなるとともに、そうした女性たちから出生した庶出子もまた「隠し物」の扱いを受けたと考えられよう[5]。

そこで、本章では、榊原康勝の庶出子平十郎勝政を具体的に取り上げて、近世前期の「隠し物」の実相を分析する。榊原家史料には、加藤清正の娘古屋宛の榊原康勝書状二点が伝来する。二重の木箱に入れられ、内箱の箱上書きには「康勝公・政房公・光政公御直翰　三軸」と墨書があり、榊原康勝書状二点（一軸、請求番号徳美53—1）・榊原政房の書状一点（一軸、請求番号徳美53—2）・池田光政の書状二点（一軸、請求番号徳美53—3）が収められている[6]。当時の夫婦関係がわかる史料としても、希少性がある。なお、人物関係については、〈人物関係図〉を参照していただきたい。

第一節では榊原康勝書状二点の釈文・訳文・解説を示し、第二節では康勝の庶出子平十郎政勝と古屋の実家である加藤家との関係を明らかにし、第三節では榊原政房と池田光政の書状からわかる平十郎の二男子の旗本化の経緯について分析する。

第一節　加藤古屋宛榊原康勝書状二点

榊原家の初代となる康政は、天正十八年（一五九〇）に徳川家康が関東八か国への移封を命じられた際に、上野館林十万石に封じられた。慶長九年（一六〇四）には家康の上洛に伴い、在京賄い料として近江に知行五千石を加増され、同十一年五月十四日に館林にて五十九歳で没した。康政の本妻は大須賀康高の娘であり、長男忠政と長女（聖興院）を生んでいる。忠政（天正九年生まれ）は外祖父大須賀康高の跡を継いだが、慶長十二年に早世した（享年二十七）。次男忠長は天正十三年に浜松に生まれ、慶長五年の関ヶ原合戦の端緒を開く上杉攻めに十六歳で従軍したが、同九年二月十五日に館林で没した（享年二十）。

三男康勝は天正十八年に相模小田原で生まれた。母は花房氏とされる。慶長十年四月二十六日に従五位下・遠江守に叙任され、翌十一年に父康政の死去により遺領を継ぎ、大坂夏の陣後の慶長二十年五月二十七日に死去した（享年二十六）。嗣子がないとされたため、兄忠政の嫡子で既に大須賀家を継いでいた忠次が養子に迎えられ、榊原家を継ぐことになった。

康勝の本妻古屋は、加藤清正の長女として慶長二年（一五九七）に生まれた。母は菊池氏（竹之丸、浄光院）である。同十一年に十歳で榊原康政の嫡子康勝に輿入れし、同二十年に康勝が死去すると、実家の加藤家に戻ったが、のちに阿部正次の嫡子正澄に再嫁し、一男一女の二子を生み、寛永四年（一六二七）八月十九日に没した。(7)

以下、古屋宛の榊原康勝書状二点の釈文・訳文を掲げ、若干の解説を加える。適宜、読点を加え、改行は原文の通りとした。

①（慶長十九年）十一月七日付加藤古屋宛榊原康勝書状

〈釈文〉

なを〳〵せうくん《将軍》さま
御とも《供》のしゆ《衆》ハ、御の
ほりつき《着》てよりせめよせ《攻寄》候
ところ、おほせ《仰付》つけられ候
ハんのよしにて候、
つき《築》山なとなされ、御せめ《攻》
候ハんとの御事にて、
久しくてま《手間》をとり
申へく候とそんし《存知》申し候、
てまえの事、御心やすかるへく候、

めてたくかしく、
十月廿四日の御ふミ、きのふ
六日ニ大つ（津）にて見申候、ひといも
申候ことく、するか（駿河）より御
いそきニつゐて、御さきへ
御ともニまいるへきのよし
おほせいたされ候まゝ、にん（人）
しゆ（数）をハ御あとになさせ
こせう（小姓）とも十四、五人にて
一日ニミちを十七、八り、廿里
ほとつゝまいり候へは、ミな〳〵
くたひれ（草臥）、つゝき（続）申さす候、
われ〳〵もことのほかくた
ひれ申候、しかしなから、そこ
もとにてハ、めし（飯）なともたへ
申さす候つるか、ミちへいて
候てより、きあいもよく
めしなとたべ候事、

大かたならす候、てんたう《天道》ニ
かなへ候かと、一しほ《入》まん
そく申候、大さか《坂》のしろへ
中こく《国》・四こく《国》・ほつこく《北国》・
いせしゆ《伊勢衆》、ミな／＼とり
よせ、しろをまき候やう
を、えつ《絵図》ニいたし、まいらせ候、
御らんあるへく候、そこもと
ひのもとよろつ《万》ゆたん《油断》(なく欠カ)、
御申つけ候へく候、又
このいんはん《印判》ちかい候と
おほしめし候ハんか、ひとい
のなか《長》きいんはんハ、長持ニ
入、あとよりまいり候まゝ、よの
いんはんニてまいらせ候、ひこの《加藤》
かミ《忠広》殿ふしミ《伏見》の御るすハ、
助之丞ねんを入候て、ミちへも
ひきやくなとこし、おち《落》

つき（着）のふるまいなといたし
申候ハんと申こし候、このよ
し、いした（石田）けん助へ申さるへ
く候、すなわち、ひこのかミ殿
御やしき（屋敷）へまいるへく候、めて
たくかしく、
しも（霜）月七日　やす勝（榊原康勝）（書判）
「奥うわ書
（墨引）
しも月七日　大つより
こや（加藤古屋）　とをたうミ（遠江）（榊原康勝）
申給へ」

〈訳文〉

十月二十四日付の（古屋からの）文を昨日六日（十一月六日）に大津で見ました。先日も伝えたように、駿河より急ぐので（秀忠より）先に御供に参るようにと命じられたので、（多くの）人数はあとに残して、小姓十四、五人だけを連れて、一日に道を十七、八里、二十里ほどずつ進みましたが、皆が草臥れて続かなくなり、私もとても草臥れてしまいました。しかしながら、そちらにいた時は飯など食べなかったのに、道中へ出てからは気合もよく、飯を食べる事は尋常の量ではありません。天道に叶ったことと、ひとしお満足しています。

大坂城へ中国・四国・北国・伊勢衆が勢ぞろいし、城を取り囲んだところを絵図にして送るのでご覧ください。そちらの火の用心は、万事油断なく命じておくように。また、この印判が違うと思われるかもしれませんが、先日の長い印判は長持に入れてあとより送りますので、この印判にて届けます。

肥後守殿（加藤忠広）の伏見屋敷の留守は助之丞が念を入れており、道中へも飛脚などをよこし、宿に着いたら振舞い（接待）をしたいと言ってきました。この由を石田源助へ伝えるように。その折りには、肥後守殿の御屋敷に参ることにします。めでたくかしく。

尚、将軍様（秀忠）の御供衆は、（京に）上り着いてから（大坂に）攻め寄せるところを命じられる予定です。築山を作って攻めるということなので、久しく手間をとることになるだろうと存じています。手前（康勝）のことは安心してください。めでたくかしく。

〈解説〉

榊原康勝は二代将軍徳川秀忠の江戸進発にあたり三番手を命じられ、十月二十三日に秀忠軍は一斉に江戸を出立した。秀忠は二十四日に藤沢着、二十五日に小田原着、二十六日に掛川着、二十九日に吉田着、十一月二日に名古屋着、三日に大垣着、四日に柏原着、五日に佐和山着、七日に永原着、九日に膳所着、十日に伏見着、十一日に京都に入っている(8)。この間、家康は進軍を急ぐと人馬が疲労して統率がとれなくなるため緩々と進めるようにと繰り返し伝えたが、関ケ原合戦での遅参に辛酸を嘗めた秀忠は急行軍を続けた(9)。

古屋は、康勝が江戸を出立した翌日に康勝宛の書状を書いたが、右のような急行軍に加え、書状によれば康勝は駿府からは軍勢とは離れて小姓十四、五人だけを連れて上洛の道中を急ぐように命じられ、一日最大で二十里（約八十キロメートル)を強行したとあるので、飛脚はなおさら康勝一行には追いつかなかったのだろう。十月六日に大津に着いた康勝のもとにようやく文が届けられ、翌日、康勝が古屋に宛てた書状が本書状である。「ひといも(先日も)申候ごとく」とあることから、これは道中に康勝が古屋に宛てた二度目の文であることがわかるが、一度目の文については伝来しない。

十一月三日には先鋒の諸軍が大坂城を包囲しており(『駿府記』)、中国・四国・北国・伊勢衆が大坂城を包囲したことを描いた絵図というのは、そうした状況を指しているのだろう。この絵図に関しても、残念ながら榊原家史料には伝来していない。尚々書には、秀忠勢は到着次第に仕寄場所が命じられる予定としている。こののち、家康と秀忠が大坂城に向けて進軍するのは十五日であり、榊原康勝は井伊直孝と二人で大和川周辺の先陣を命じられ、十二月五日には笠間城主の戸田康長とともに陣を摂津天王寺口に移した。

康勝のもとには加藤家の伏見屋敷留守居「助之丞」から連絡があり、伏見の宿に着いたら振る舞いたいとのことだったので、康勝は伏見に着いたら加藤家の屋敷を訪ねたいと古屋に告げている。

②(慶長二十年)二月十八日付加藤古屋宛榊原康勝書状

〈釈文〉

かへす〴〵
廿一日まいるへく候て
いこい(憩)申へく候、
かさねて申候、きの

ふミちすからとら
せ申候、たか《鷹》のかん《雁》二
まいらせ候、廿日ニ
こゝもとをいて《出》、
廿一日ニそこもとへ
つき《着》申へく候、
三月せつく《節句》ま
ゑニまいるはす《筈》ニ
候へとも、しのひ《忍び》にて
まつ〳〵まいり
久々のいこい申
へく候、めてたくかしく
二月十八日　やす勝《榊原康勝》(書判)

「《奥うわ書》(墨引)
二月十八日　たて《館》林より
こや《加藤古屋》　とを《遠》江守
申給へ」

〈訳文〉

重ねて申します。昨日道中でとらせた鷹狩りの雁二を贈ります。二十日にこちらを出発して、二十一日にそちらへ着くつもりです。三月節句前に行く予定になっていますが、忍びでまずは行き、久々に憩いたいと思っています。返すぐ、二十一日に（そちらに）行くつもりなので、憩うことにしましょう。

〈解説〉

慶長十九年の冬の陣後に館林に戻った康勝は、翌年二月十八日に古屋に文を送り、前日の鷹狩りでとった雁二を贈った。さらに、二十日には館林を出発して、二十一日には着くだろうと伝えている。館林から一日で着く距離とすれば、古屋は江戸の屋敷にいると考えられる。江戸参勤は三月節句前と命じられていたのであろうが、一日も早く古屋に会いたいため、お忍びで古屋のもとに行き、ゆっくり休息したいと告げている。二人が仲睦まじい関係にあったことがよくわかる書状である。

第二節　榊原平十郎の出生と加藤家

榊原康勝は慶長二十年（一六一五）の大坂夏の陣では再び先鋒として派遣され、五月六日の河内岩田において木村主計頭宗明と戦って首級七十余をとり、七日の天王寺口でも激戦の末、敵首七十八をとる活躍をしたが、榊原家中にも討ち死にした者やけが人が多く出た。そして、康勝も二十七日に死亡する。(10)

『寛永諸家系図伝』では、「御帰陣以後、同月二十七日、京都にて卒去。二十六歳。法名了英」と記すのみで、死因を明らかにしていない。一方、『駿府記』は「腫物」を患い死去したとし、『寛政重修諸家譜』でも「康勝かつてより腫物を患るといへども、これを忍びて陣中をはせめぐり士卒を下知し、つゐに大坂落城に及ぶ。二十七日京師片原にをいて卒す。年二十六」とあり、「腫物」が悪化して死去したとする説をとる。

このことを詳しく記すのは、『元寛日記』である。

廿七日、上野館林城主榊原遠江守康勝卒ス、于時二十六歳、是ハ大坂陣中ニ破痔漏、血流テ余鞍壺、押テ勤軍役、皈京都卒ス、妾腹ニ有男子一人、号榊原平十郎、於家臣中様々有異儀、無子由達　上聞、仍大須賀出羽守忠政カ子、其頃ハ幼稚ニテ号於国、康勝ニハ甥也、以是為家督、後松平式部大輔忠次ト云シハ是也、

ここでは康勝の死因は、痔による出血が鞍壺に溢れるほど大量であったにもかかわらず軍役を勤めたことにあり、帰京後に死亡したとある。さらに、妾腹の子、つまり庶出子がいたが、家臣から異儀が出され、無子として将軍に届けられたため、康勝の甥で大須賀家の世子であった「於国」に榊原家の家督を継ぐことが許され、これがのちの「松平式部大輔忠次」であるとする。

この時、家臣たちが出した異儀については、「寛永十八辛巳年正月十五日」の奥付を持つ『横須賀覚書』には、次のように説明されている。

大坂御陣前、妾腹ニ平十郎殿と申出生候得共、家老中根善右衛門・原田権左衛門・村上弥右衛門、何も名高士共ニ候故、幼主ニてハ立身有之間敷と、嗣子無之と申上候ハヽ、榊原家断絶可致候、左候ハヽ、渡り奉公致、立身も可有との相談ニて、男子無之由達上聞候ニ付、榊原滅却ニ及申候、此節権現様国千代殿江其儘大須賀之家相続致度候哉、榊原之名跡望無之哉と御内意有之、榊原之名跡継申度と申上候ニ付、望之通被仰出、上州館林江被遣候

ニ付、大須賀家ハ断絶ス、三人之家老密談致相違、館林ヲ出奔致候ニ付、権現様御機嫌損シ、江戸隅田川江流刑被仰付候事、

即ち、大坂の陣前に妾腹の平十郎が出生していたが、名高い士である家老三名（中根善右衛門・原田権左衛門・村上弥右衛門）が、「幼主では立身が難しいので、嗣子がないと上申すれば榊原家は断絶するので、そうなれば渡り奉公をして立身できる」と相談して、男子がないと家康の上聞に入れたため、榊原家は断絶した。この時、家康は国千代（のちの忠次）へ大須賀家と榊原家のどちらの名跡を継ぐかを尋ね、国千代が榊原家の名跡を望んだため、家康は国千代に上野館林を与えることになり、大須賀家は断絶することになった。三人の家老は、密談と異なる結果となり館林を出奔したので、家康は機嫌を損ね、江戸隅田川に三人を流刑にした、という。

榊原家には、天正十八年（一五九〇）に榊原康政が上野館林で十万石を領するにあたって、徳川家康の命により康政に付属したという由緒を持ち、世襲で家老を勤める五家（伊藤・原田・武田・中根・村上）があるが、原田・中根・村上の三家は、将軍から知行各千石を給されるなど別格の扱いにあったことから、「三家老」「三人衆」などと称されていた。康勝が没したのちも三家老は榊原家に仕え、元和五年（一六一九）には二代将軍徳川秀忠から千石の公知が認められ、以後も代々三家老の朱印地及び榊原家における知行地は継承されている[11]。

幼少の大名家で重臣たちの統制がとれずに騒動化する事例は最上騒動や蒲生騒動などの例[12]があり、大坂の陣の前後であれば、器量のある武将たちが立身のために新たな奉公先を求めて渡り奉公をする風潮があったことは十分考えられる。しかし、榊原家における三家老が康勝の死後も存続していることから、三家老が相談をして榊原家の断絶をはかり、忠次が榊原家の家督を継ぐと榊原家から出奔したという話は疑問視される。

また、『横須賀覚書』では、「私曰」として次の話を伝える。

此砌、遠州御内室、実子平十郎殿を家督ニ御立被下候様ニと、本多上野介・酒井雅楽守（頭）へ段々御願候へ共、一度公儀相済候付相叶不申候故、平十郎殿、清正之弟分として、成長之後、家光公御部屋小姓ニ被召出、百人扶持被下候、清正より一万石合力有之候、肥後守殿父子流刑被仰付候節、同罪ニ被仰付被下候様ニと達而御訴訟申候得共、埒明不申故、江戸立退、高野山ニて剃髪、幸安と改、楽人ニて暮被申候、

即ち、康勝の内室、つまり古屋が、実子の平十郎の家督を立ててほしいと、家康付年寄の本多正純と酒井忠世に願い出たが、一度「公儀」で決定したことだとして取り合ってもらえず、平十郎は加藤清正の弟分として成長したのち、家光の部屋小姓に召し出されて百人扶持を与えられ、清正よりは一万石の合力を得ていた。清正の家督を継いだ忠広が寛永九年（一六三二）に改易されると、平十郎も同罪を申し出たが埒が明かなかったので、江戸を立ち退いて高野山にて剃髪し、「幸安」と名を改め、楽人として暮らしたという。

しかしながら、加藤清正は慶長十六年（一六一一）に死去しており、慶長十七年生まれの平十郎がその弟分として成長したとするのは疑問だし、家光の部屋小姓に召し出されたという記録も他にみられない。しかも、既に没している清正から一万石の合力を得ることも難しいだろう。

同様の話は『明良洪範』五にもあるが、清正の弟分とするところは異なる位置づけとなっている。よく知られた史料なので、意訳文を次に示す。

元和元年五月大坂落城以後、榊原遠江守康勝が病死した。妾腹にて当歳の男子がいたが、家士等は子細があり、実子はないと言上した。そのため、世に知れず、日陰の身となり、榊原平十郎と号し、加藤肥後守忠広の甥と称して推挙したので、将軍家に召し出された。ただし、遠江守は加藤清正の婿であり、その娘の腹に出生した平十郎ではなかったが、忠広の甥と称したため、忠広が流罪ののち、平十郎も旗本を退去し、法体して高庵と号し、

摂州住吉に住んだ。

ここで平十郎を元和元年（一六一五）生まれとするのは誤認だが、家士たちに「子細」があって康勝には実子がいないと言上したとしている。こうして日陰者となった平十郎は、叔父の加藤肥後守忠広の推挙により将軍家に召し出されることになった。その後、加藤家改易の折に平十郎も旗本を辞して出家し、名を「高庵」と改め、摂津住吉に住んだとある。次節で述べるように、平十郎が引き込んだのは寛永十二年より前と自称しているので、加藤家の改易後に旗本を辞したということになるかもしれない。

つまり、平十郎は妾腹として日陰の身であったが、古屋の弟で自身には叔父にあたる加藤忠広の支援を受けていた。先の『横須賀覚書』でも古屋が平十郎の家督相続を願い出たとしており、古屋と平十郎の関係は悪くない。子細があると考えたのは、いずれも榊原家中ということになっている。

『寛政重修諸家譜』によれば、平十郎は諱名を勝政といい、のちに「香庵」と号した。榊原家の家督を継いだ養子忠次を長男とし、平十郎は次男とされている。慶長十八年（一六一三）に生まれたが（正しくは慶長十七年）、故があって上聞に達しなかったので、康勝が死去した時も嗣子となることができなかった。平十郎の嫡母は加藤清正の娘であり、康勝の死去後に阿部修理亮正澄に再嫁するよう「台命」（将軍の命令）があったが、康勝の実子平十郎の拝謁が許されれば、命令に従うべき旨を内願したため、平十郎は寛永年中に将軍への初目見えを許され、加藤忠広のもとに寓居した。その後、古屋は正澄のもとへと再嫁した。寛永九年（一六三二）に忠広が改易となり、平十郎には廩米千俵が与えられ、末々には「食禄」を増し与えるとの将軍からの内命があったが、のちに遁世して高野山に登り、剃髪して和泉堺のほとりに閑居し、そののち大坂天満に移った。いとこの池田光政の要請により領地備前岡山に移り住み、寛文七年（一六六七）五月二十三日に同地にて没した。享年五十五とある。

このように、ここでも古屋が表向の世界で平十郎が認知されるように将軍に内願したとしており、古屋と平十郎は対立関係にはない。ただし、何か故があって、康勝死去時には表向での披露ができなかったのであり、それは内願という形でしか実現しない筋の理由であったということになる。その故とは何か、が問題なのである。

一方、榊原家の家譜である『綏定録』[13]は、異なる見解を示す。長文に及ぶので、要点を示すと次のようになる。

古屋が加藤家から召し連れた女中に康勝の子を懐胎する者がおり、これを聞いた古屋はたびたび女中に使者を送り、参上するようにと伝えた。女中はこれを断り、出産後に参上する旨を伝えたが、古屋は「兼而御嫉妬甚だ深き御姫様」であったので、執拗に参上を要請し、使者として派遣した女中にも目付を付けるほどであった。

これに苦慮した老女の一人が女中を訪ね、康勝の近習で留守居を勤める寺島与三郎を頼ることを薦め、与三郎に連れられて女中は小田原の借宅に身を潜めた。これを聞いた古屋は与三郎に「残りの女中の仕置きのため」として、女中を連れて参上するように繰り返し命じたが、これを聞いた康勝が密かに与三郎を呼び出し、女中を与三郎に預けるので養育するようにと命じた。産月が近づいたので、与三郎は女中を上野館林まで連れ、伊奈新兵衛の宅に滞在し、慶長十七年冬に無事に男児を出産した。子は平十郎と名付けられた。女中はその後、約束通り古屋のもとに立ち返ったという。

平十郎の母については、『榊原系譜』に没年と法名がある。

康勝妾　勝政母　姓氏不詳
　慶長十八癸丑年正月廿一日（一本七子）
覚心院殿妙昌日曜大姉

平十郎が生まれた翌年に没している。出産は「泰産」だったとあるので、出産に伴う落命ではなさそうである。古屋は女中と寺島与三郎を召して刺し殺すために一尺八寸の正宗の脇差を用意していたという。立ち返った女中を古屋が成敗したとは明記されていないが、そのような推測を与えかねない記述となっている。

また、『綏定録』では、家督相続の経緯については次のように説明する。

一、平十郎様御三才迄御病身被遊御座、其上御弘メも不被遊御座候内に、康勝公御遠行被遊候ニ付、忠次公御当家江御養子ニ御出被遊候、康勝公御遠行被遊候而無程与三郎も急病死仕候由、

つまり、平十郎は三歳まで病身であり、かつ康勝の実子としての披露もないうちに康勝が死去したため、忠次が榊原家の養子に迎えられたとしている。この時、養子の忠次は十一歳であり、幼少かつ死後養子が特例的に許されたことになるが、十五歳未満の幼少という点では平十郎と同条件である。よって、平十郎は実子でありながら、何か欠格条件があったとみなさざるをえない。病弱だったというのは、その後の平十郎の成長をみても、後年の丈夫届に記される常套文句に過ぎず、家督相続を願い出なかった根本的な理由は他にあるとすべきだろう。

古屋の実家である加藤家が平十郎を支援した理由については、『綏定録』では次のように説明する。即ち、右の次第を聞いた「加藤肥後守」は与三郎を召して「我等娘と乍申、子孫繁昌も顧不申、不義もの難及了簡候、然る上は其方奥方へ罷越、委細申通之儀は必以無用ニ候、此上ハ平十郎方へ我等知行所之内五万石可被進之旨」と語ったという。清正は既に没しているので、肥後守は古屋の弟忠広と考えられる。そのため、「わが娘と申しながら」とあるのは誤認だが、庶出子であろうと子孫繁盛のためであれば色々と思案する必要はないので、古屋に子細を伝えることも無用で、加藤家の知行から平十郎に五万石を与えると約束したと伝える。ただし、これは加藤家の絶家により実現しなかったという。

また、平十郎の母は卑賤の出ではなく、その父は加藤清正の近習で十五歳より奉公し千石を得て水野平馬を称した。

その後も清正の心に叶い、千石を加増されて、加藤外記と名を改めたという。ただし、『肥後加藤侯分限帳』等で水野平馬・加藤外記のいずれの名も確認することはできないので、その出自の真偽については定かではない。

つまり、古屋が加藤家から連れて来た奥向女中の一人が康勝の子を出産し、古屋がそれを嫉妬心から殺意を抱くほど憎んでおり、これが庶出子たる平十郎が家督相続者として推挙されなかった理由ということになる。よくある嫉妬深い妻古屋と主君の寵を得て子を儲けた妾という対立の構図になる。しかし、第一章でみた康勝と古屋の仲睦まじい関係を前提にすれば、そのような見方は成立しにくいのではないだろうか。

第三節　平十郎のその後

前節でみたように、後年の編纂記録は様々に記述されており、平十郎がなぜ榊原家の家督継承者として認められなかったのか、という点について確定的な理由を得ることができない。そこで、以下では確実な史料から平十郎の事績を確定していきたい。

古屋が阿部正澄と再婚するのは、「元和八年からすぐの頃」ではないかとされている。[14] 平十郎が慶長十七年生まれであれば、元和八年(一六二二)では十一歳の頃ということになる。『綏定録』では、平十郎は「公儀」(大猷院御代)より知行五百石を与えられていたが、加藤家断絶の折りに高野山に行き、出家した。その後、還俗して和泉堺に出て、中沢昌春という医師の宅に止宿していたという。また、別記では、康政の娘冬(池田利隆本妻福照院)が酒井忠清に内談し、平十郎は二千俵で「公儀」に召し出されることになったが、平十郎はこれを不足に思い、直ちに高野山に引き籠もり、その後、冬が備前に内々に引き取っている間に伊織・采女の二男子が生まれた。冬の依頼により、采女は若年のうちに五百石で榊原忠次のもとに召し出されたという。

右の共通点をまとめれば、平十郎は家光から旗本として召し出されたが、加藤家の断絶後は高野山に入り、その後は和泉堺に暮らし、最終的には備前岡山に移り、そこで二男子が生まれたということになる。

『池田光政日記』[15]寛永十九年（一六四二）四月二十六日の条によれば、池田光政は酒井忠清・榊原忠次・酒井忠正（忠清の大叔父）の三人とともに平十郎の処遇について話し合った。内容は、「平十郎は若者であり、自ずと不作法なことがあり、気遣いである。公儀にさえ不都合がなければ、館林なり備前なりにでも呼び寄せたい（榊平十郎事若キ仁ニて候へハ、自然不作法成事も候へハ、きつかい成事ニ候条、公義さへ不苦候ハヽ、立林《館》へ成共、備前へ成共よひよせ申度候由）」というもので、三人の意見は「尤も」とのことであった。そこで、酒井忠清が大老の酒井忠勝に「口ぶり」を聞くのがよいというので、酒井忠正が同忠清を同道して、「平十郎の事は不届きの次第があり、一門で義絶をしていたが、若者なので気遣いでもあるので、公儀に不都合がなければいずれの領分にても引き取って置きたい（平十郎事不届仕合候ニ付、一門きせつ仕罷在候へ共、若キ者ニ候へハ気遣にも御座候間、公義不苦候ハヽ、何レノ領分成とも引取置申度候由）」旨を伝えた。

翌日、酒井忠清と榊原忠次が池田光政のところへ来て、「平十郎の事を昨日忠清が酒井忠勝へ伝えると、一門中が言うことは尤もなので、月番老中へ言うように（平十事昨日河内殿讃州へ申候へハ、一門中御申候処尤ニ候、月番之御老中へ申候へ）」とのことだったというので、老中へは再び忠清から伝えることになった。

しかし、このことはすぐには決着しなかったらしく、二年後の寛永二十一年になって再び問題化した。『池田光政日記』寛永二十一年五月二日の条によれば、酒井忠清が池田光政のもとを訪れ、本日江戸城にて平十郎のことを大老酒井忠勝と老中松平信綱・阿部忠秋・同忠次及び京都所司代の板倉重宗がいる所で忠清が申し出たところ、忠勝が「光政・忠次殿の言う所は尤もと思うが、老中からは尤もとも、無用とも申し難いことなので、いずれもがいる所で忠清が伝えればよいことであり、両人の領分へ遣わし、結構に扱わないこと」と老中に伝えたということだった。阿部忠秋は「差し離して置くことも、両人の思うところが尤もである（さしはなし候て御置候事も、御両人の御思候所尤ニ候）」と語り、松平信綱は「平十郎は利発な人なのに、短慮なのは惜しい事だ（平十りはつ成人ニて候ニ、みしかき思案ニておしき事にて候）」と語ったという。つまり、交渉の過程でこの件が将軍の上聞に入れられた様子はなく、老中も明確な意思表明を避けるように取りはからわれており、単に榊原家一門の意向を酒井忠清が老中に伝達するだけで一件は落着したことになる。

翌日、池田光政は酒井忠勝に次のような取持に対する礼状を届けた。

榊原平十郎《（政勝）》儀、酒河州《（酒井忠清）》御老中御参会之所ニて被申出候処ニ、貴様《（酒井忠勝）》御取持被成、両人領分へ引取候ても苦かるましき様ニ御取持のよし、忝存候由申遣候、猶々右之段松式太《（榊原忠次）》へも申遣候、

さらに光政は、老中への礼をするべきかどうかを酒井忠清に確認し、酒井忠勝に尋ねたところ、「必無用」とのことであった。幕府との交渉は、これにて決着した。

この件に関して、「榊原忠次往復文書」には、次の酒井忠清書状が収められている。

一筆令啓上候、然者昨日於殿中讃岐守《（忠勝）》殿・御老中御三人御そろい候て御座候ニ付而、平十郎《（榊原政勝）》御事申候処ニ、讃岐殿被□□□兎角之事、各御あいさつ難被成候而、もはや此上ハ、新太郎《（池田光政）》殿と御相談候て、備前領成共、其元御領地へ成共、御相談次第に引取候て可然之由、讃岐守殿被仰候、久々の儀漸々昨日各申候、併首尾よく御座候て、大慶仕候、新太郎殿飛脚被遣候而如此ニ候、恐惶謹言、

五月四日

酒井河内守
忠（忠清）（書判）

松平式部様（榊原忠次）
人々御中

決着した翌日付で酒井忠清からも在国中の榊原忠次に宛てて平十郎の一件が落着したことを告げ、池田光政からもそちらに飛脚を送ったことが確認されている。

以上から、寛永十九年までには平十郎の不作法が問題となり、一門中から義絶されるような状態であったこと、また平十郎がまだ「香庵」と呼ばれていないことから、寛永二十一年の右の決着後に平十郎が江戸を離れて出家したものとわかる。

この後、『池田光政日記』に香庵の名が現れるのは、万治三年（一六六〇）十月二十一日の条である。早道頭五右衛門の成敗に伴い、その実子を猪右衛門に預けること、妻は在郷に親があるので遣わすようにと命じたあと、「香庵ニゆかりの者い申候、これ以かまい無之由申付候事」とある。事件そのものについては具体的に不明であり、この記事からは香庵がどこにいるのかも明確ではない。

しかし、同年十一月二十二日の条では、例年の通り将軍から拝領した御鷹の鶴頂戴の儀式があり、これに病気で出られない香庵にかわって長男八之助が参加している。したがって、この段階で香庵と八之助は池田光政の領地備前岡山にいることがわかる。翌年正月三日の年頭祝儀でも香庵と八之助が光政の家族とともに出席している。

寛文元年（一六六一）八月二十日には光政が香庵に八之助の縁辺のことを告げると、八之助だけでなく、香庵の縁辺も調えてほしいとのことなので、光政は酒井忠清に内談すると伝え、八之助の合力米を二、三百俵と算段している。

その後、江戸に参府した光政は、十月一日に忠清邸に出向き、香庵の嫁については「猪右衛門の娘」を遣わし、合力米を二、三百俵遣わすことを確認すると、忠清からは支障のない旨の合意を得ている。

『寛政重修諸家譜』によれば、平十郎の長男八之助勝直は父とともに岡山に住し、寛文七年（一六六七）に池田光政及び榊原政房等の願いにより、四代将軍家綱への目見えが許され、廩米千俵を与えられ、寄合に列し、旗本に取り立てられた。その子孫から勝岑が出て、本家榊原家を継ぐことになる。次男政喬は、父・兄とともに岡山に住し、のち本家榊原政房の招きにより播磨姫路に赴き扶助を受けていたが、寛文七年に兄勝直とともに将軍への目見えを許され、廩米五百俵を与えられ、寄合に列して、旗本に取り立てられた。

この二人の旗本召し出しの事情を伝えるのが、次の三点の書状である。

③（寛文六年）二月二十五日付香庵宛榊原政房書状

尚々、すいふん（随分）
御老中へも可然様ニ
申上候間、少も御気遣
被成ましく候、
わたくしハ御いとまも
頓而可被下と存候、
左候ハヽ、近日可登候、
采女殿（榊原政喬）御事、よく〳〵

うた頭殿（酒井忠清）・大和殿（久世広之）へ
申候間、御心安
可被思召候、御一相も
追々様子可申進候、
以上、
被掛御心預示忝
令拝見候、先以弥
御無為之由珍重存候、
拙者も堅固ニ罷在候、
将又、八之助殿（榊原勝直）・采女殿（榊原政喬）
御両人之儀、先日
新太郎殿（池田光政）一所ニうた頭殿・
大和守殿へ申達候、
段々聞召被仰下候
通承届候、御尤ニ存候、
其已後も右御両人へ
申達候へハ、一段と御
あいさつもよく御座候、

来年四月
大猷院（徳川家光）様御年忌
上野之御帳ニ近日
付置可申候、此上何とそ
御両息なから被
召出候様ニ仕度と
ねかい（願）申候、少も油断
不仕、折〳〵御老中へ
無御失念様ニ可申候間、
先以可御心安候、万事
新太郎殿相談仕候、
大かたハ来年相済
可申と存事ニ御座候、
恐惶謹言、

榊原刑部大輔（政房）

二月廿五日　（書判）

香庵様

人々御中

④（寛文六年）正月二十二日付香庵宛池田光政書状

以上、

一筆申入候、此中榊（榊原）
刑部（政房）殿申合、八之助（榊原政直）・采女（榊原政喬）
儀被召出被下候様ニ
御老中迄も申上、くるし
かるましく候哉、御内
談仕候由、うた（酒井忠清）殿へ参
申候処ニ、久大（久世広之）和殿へ申候へ、
左候ハヽ、うた殿へ大和殿
内談も可在之と御申候、
其後、大和殿へ両人
参、右之旨申候キ、御心へ候、
次手次第ニ御城ニて申出
候ハんと御申候、就其
両人之内、一人御申
上候へと内談候ハヽ、
八之助と御思候哉、又

采女をと御思候哉、
貴殿御心得承度候、
尤両人共ニめし
出申給候へハ、申におよ
ハす候、一人と被仰
候時之事ニ候、此御報
早々待入候、八之助
年御書付候て可給候、
御たつね候時の為ニて候、
大かた被召出候とも、
両人まてハ成申候
ましきと存事ニ候、
とかく貴殿御思より
御報ニ承度候、
恐々謹言、

少将（池田光政）
正月廿二日　（書判）
（青印）

香庵老
　申給へ

⑤（寛文六年）三月十二日付香庵宛池田光政書状

　以上、
一筆申入候、此地
別条無之候、可御心安候、
伊よ守（池田綱政）気分
同扁のよし、
あつく成候ハヽ、一入
如何と存候、
然は、八之助（榊原政直）・
采女（榊原政喬）事ニ付、
刑太（榊原政房）と申合
上野御門跡へ
書付上ケ置申候、
来年御年忌
ニ候間、其刻

御心得可有よし
刑太情御入候
間、急度御礼
可仰入候、
　　恐々謹言
　　　　少将（池田光政）
三月十二日（書判）
　香庵老
　　、、（ママ）

『池田光政日記』によれば、寛文六年二月三十日に榊原政房と池田光政と二人で判をした書付を上野寛永寺の住心院に遣わし、輪王寺宮門跡に榊原香庵の子二人を召し出してほしい旨を来年の家光十七回忌にあたり頼みたいと伝え、心得た旨の返事をもらっている。⑤の書状はその後の事情を香庵に伝えるものである。

翌七年四月十六日に酒井忠清を訪ねた光政は、八之助と采女のことを相談し、榊原越中と妻木彦右衛門の二人をもって老中へ申し入れるようにと指示された。そこで、五月十日に榊原と妻木の二人が月番老中の久世広之に申し入れたところ、久世の返答では、残りの老中に申し入れる必要はなく、自分が心得ておくとのことだったので、二人は残りの老中に申し入れをしなかった。この時、久世に提出した書付には、次のようにあった。

覚

三十二年以前引込申候
榊原平十郎
唯今　香庵
伜　新太郎（池田光政）所ニ罷在候
同　八之助　歳廿八
同　刑部（榊原政房）所ニ罷在候
同断　采女　歳廿五
右両人之伜共、上野御わひ事帳ニ付上り申候間、何とそ可然様ニ御取合奉憑候、

家光十七回忌にあたり、上野の御詫事帳に付けたということなので、家光代になんらかの罪科があった者の恩赦が見込まれていたのだろう。⑤の光政の書状では、二子とも召し出されるのは難しいのではないかと推測していたが、結果は二子とも旗本として召し出された。

小括

本章では、榊原康勝が本妻の加藤古屋に宛てた書状を紹介するとともに、康勝の庶出子平十郎が嫡子として認められなかった理由についての編纂記録を検証し、さらに同時代史料により平十郎の動向を確定した。その結果、庶出子の誕生後も、康勝と古屋の夫婦関係は円満であったこと、古屋の実家加藤家が平十郎を保護していたことが明らかとなった。これを前提にすれば、編纂記録にあるような嫉妬深い古屋が庶出子たる平十郎の家督相続を認めなかったと

いう説は成立しにくいこと、また、編纂記録にある諸説はいずれも説得力がないことを示した。

次に、古屋宛の康勝書状と同じ箱に保管されている榊原政房書状及び池田光政書状を検討した結果、作成された時代も作成主体も異なる五点の書状であるが、これらの書状は平十郎に関わるものとして、榊原家でひとまとめにして保管されてきたものであるとわかった。その内容は、実子でありながら家督相続を認められなかった平十郎を榊原家一門で支援し、その二男子の旗本化に尽力し、それを実現させた関連文書であることが明らかとなった。

なお、平十郎自身が将軍家に召し抱えられたという一次記録は確認できていないため、寛永九年(一六三二)の加藤家の断絶によって旗本を辞したという点についてはさらに史料による裏づけをとる必要があるが、香庵と名を改めた平十郎が寛文七年(一六六七)段階で三十二年以前に引き込もったと自称し、家光の十七回忌にあたって詫び言をして自身の罪科を許され、二子の旗本化を実現させようとした点からは、寛永九年から近い時期に家光との主従関係を絶った、つまり旗本を辞したと考えられる。

右の後も江戸で過ごしていた平十郎は、寛永十九年以前にその不行跡により一門から義絶されていたが、榊原忠次や池田光政は「公儀」に不都合がなければ、館林か岡山かのいずれかに置きたいと要望していた。池田光政と懇意であった酒井忠清[16]を通じて幕府大老・老中との交渉が進められたが、寛永十九年、二十一年のいずれも将軍家光の耳に入れられていないことからすれば、この段階で平十郎は将軍家から知行を得ていたとは考えにくく、やはり既に旗本を辞していたことになる。

こうして加藤家の支援を失い、さらに榊原家一門からも義絶された勝政は、寛永二十一年の段階では岡山・館林のいずれにも向かわず、高野山あるいは和泉堺に立ち退いて出家し、名を香庵に改めた。その後、香庵は万治三年(一六六〇)頃より岡山に移り住んだが、榊原忠次とは「不通」の関係にあったとされる(『綏定録』)。寛文六年(一六六六)

より香庵二子の旗本召し出しが計画されるのは、翌七年がちょうど家光十七回忌にあたるという巡り合わせもあったが、寛文五年三月二十九日に忠次が没したことが大きな契機だったのだろう。榊原家の家督を継いだ政房と香庵は良好な関係にあったらしく、池田光政と榊原政房の二人の努力によって香庵二子の旗本化が実現した。

さて、平十郎が榊原家の家督継承を許されなかった理由については、史料上で確定できないが、榊原康勝と加藤古屋の婚姻は徳川将軍家の計らいで成立したこと、古屋は将軍家より公認された康勝の唯一の配偶者であること、それ故、本妻古屋から出生した嫡子を得る前に榊原家では庶出子平十郎の存在を表向で披露できなかったこと、その後、父康勝の急逝により平十郎の存在を表向で披露する機会が失われたこと等が確定できる。これを一言で表現するならば、平十郎の存在は「隠し物」であったということになる。

その結果、庶出子がいながら榊原家は断絶することになったが、その理由を帰納的に推論するならば、「隠し物」である庶出子による家督相続は認められない、とする不文律があったということではないだろうか。たとえば、筑前福岡黒田家の初代黒田長政には、徳川将軍家の養女栄（大凉院）との間に嫡出長男忠之、嫡出三男長興、嫡出四男孝政を得て、元和九年（一六二三）に嫡子忠之が長政の遺領を相続する。長政には筑紫氏という側妾との間に政冬という庶出次男がいたが、これが隠されている様子はない。これは嫡子が確保されていた点が大きいといえよう。一方、二代忠之も徳川将軍家から養女（名は不詳）を本妻に迎えていたが、嫡子を得る前の寛永五年（一六二八）に本妻が没してしまった。その数か月前に庶出子の光之が生まれていたが、忠之は当初これを子として認めなかった。というよりも、本妻不在であれば子が生まれるはずがないので、表向で庶出子を本妻の子として位置づけ、披露する手段を失っていたとみることもできる。この後も忠之は本妻を迎えることがなかったので、結局、忠之生母の大凉院が大奥の内証ルートを用いて光之を嫡子として将軍家光に認めてもらうことになった。この後、光之の生母坪坂氏は本妻に置き直され、光之は名実ともに嫡子として位置づけられた。その結果、黒田家では二代から六代までは、全て徳川将軍から公認された本妻から生まれた正嫡による家督継承が実現した(17)。

このように、十七世紀初頭に成立した一夫一妻の原則に基づき、徳川将軍より公認された本妻から出生した嫡子による家督相続を正当とする秩序のもとで、本妻以外の妾は表向に存在せず、妾のみならず、妾から生まれた庶出子の存在を「隠し物」とする社会的風潮があり、榊原康勝の庶出子として生まれた平十郎勝政(香庵)は、加藤家や榊原家一門の支えがあったとはいえ、歪められた生涯を送ったとまとめられよう。後世のように、庶出子が本妻を嫡母とし、嫡子として認められるためには、まず妾の存在が社会で容認される段階を経ねばならなかった。

(1)　近世武家社会の相続は嫡子単独相続が原則であり、その場合の嫡子とは家督相続権を認められた一人の男子となる。よって、嫡子は嫡出子と同じではなく、庶出子も手続きを踏めば嫡子になれた。また逆に、嫡出子であっても、家督相続権を認められていない子は嫡子とはならないので、庶子になる。史料上ではそれほど厳密に用いられているわけではないが、行論上は右のような理論的整理をしたうえで用いる。

(2)　中田薫『法制史論集』一(岩波書店、一九二六年)、五四〇～五四九頁。

(3)　大森映子『お家相続　大名家の苦闘』(角川学芸出版、二〇〇四年)。同「大名相続における女性」(『歴史評論』七四七、二〇一二年)。

(4)　ただし、実際には政治的要因、個別的要因、自然的要因により、嫡出長子単独相続ができない事態が生じることが多かった(福田千鶴「近世前期大名相続の実態に関する基礎的研究」『史料館研究紀要』二九、一九九八年)。

(5)　近世中後期には、こうした庶出子たちと大名本妻との関係を嫡母や養母とする手続きを必要とした。なお、嫡母と養母の違いについての指摘がある(木下はるか「徳川将軍家における母としての正室の位置づけ」『史観』一六八、二〇一三年)。

（6）上越市立総合博物館編『高田藩　榊原家史料目録・研究』（二〇〇九年）。
（7）福田正秀・水野勝之『加藤清正「妻子」の研究』（ブイツーソリューション、二〇〇七年）。
（8）藤井讓治「徳川秀忠の居所と行動」（同編『近世前期政治的主要人物の居所と行動』、京都大学人文科学研究所調査報告三七、一九九四年）。
（9）中村孝也『新訂徳川家康文書の研究』下一（日本学術振興会、一九六〇年）。以下、家康と秀忠の動向については、本書及び前掲『近世前期政治的主要人物の居所と行動』による。
（10）以下、出典を特に示さない史料は、『大日本史料』一二―二〇、元和元年五月二十七日の条による。
（11）浅倉有子「上級家臣の家と交際―越後高田藩榊原家の三家老を事例として―」（大口勇次郎編『女の社会史　一七―二〇世紀「家」とジェンダーを考える』山川出版社、二〇〇一年）。
（12）福田千鶴『幕藩制的秩序と御家騒動』（校倉書房、一九九六年）。
（13）上越市高田図書館蔵榊原文書。文化頃（一八〇四～一八一八）から断続的に榊原家で編纂されたものと推定されている。
（14）前掲福田正秀・水野勝之『加藤清正「妻子」の研究』。
（15）藤井駿・水野恭一郎・谷口澄夫編『池田光政日記』（国書刊行会、一九八三年）。
（16）酒井忠清と池田光政の懇意の関係については、福田千鶴『酒井忠清』（吉川弘文館、二〇〇〇年）。
（17）清水翔太郎「近世中期大名家における正室と側室―秋田藩佐竹家を事例に―」（『歴史』一二二、二〇一四年）では、秋田佐竹家では三代義処期までは本妻の在世中に妾等が当主の子を生むことは公にはなかったが、五代義峰以降に本妻の在世中に妾が子を生み、「身上がり」して「側室」となる事例がみられるようになると指摘している。近世前期に一夫一妻の原則が支配的であった事例の一つといえよう。

第四章　妾の「身上がり」の条件—信濃松代真田家九代幸教生母の心戒の事例

第一章では、近世武家社会では一夫一妻が原則化したことにより、公的にはただ一人の本妻が男当主の配偶者・家族の扱いを受けたが、世襲制の家を維持するためには妻とともに「産む性」を担う妾を必要とし、次第に妾を事実上の妻＝側妻として黙認から容認、さらに制度化する動きがあったことをみた。即ち、直系男子による世襲制の相続形態を維持するために、血統主義を重んじる武家社会では、家を継承するための世子となる男子を儲けねばならず、その「産む性」を確保するうえで妾が妻の代わりに果たした役割は大きかった。

しかし、側妻として優遇されたのは、妾のなかでも限定された者に過ぎなかった。逆にいえば、子を生んだ全ての妾が「御部屋様」「御内証様」(1)等と呼ばれる側妻になれるわけではなかった。多くの妾は、子を生んだあとも、その待遇は男当主に性を提供する奉公人(家来・使用人)のままであり、男当主の配偶者・家族とはみなされなかったという現実を正しく認識する必要がある。(2)

そこで本章では、何を契機に妾は側妻として扱われるようになるのか、という問題を取り上げる。(3)具体的には、信濃松代真田家八代幸貫が取り決めた『御妾取扱法式』に対し、九代幸教の生母心戒の格式・待遇を決定する際の諸事情を検討することで、「藩主生母」となった妾に側妻の格式・待遇を与える「身上がり」のための条件を考察する。

第一節　近世後期の真田家

まず、近世後期の真田家の概略を確認しておく。真田家六代幸弘（一七四〇～一八一五）は、宝暦二年（一七五二）に十三歳で家督を継いだ。同七年に恩田木工民親を勝手掛に採用して藩政改革を進めた人物として知られる。七代を継ぐ幸専《ゆきたか》（一七七〇～一八二八）は、近江彦根城主井伊直幸の四男として生まれ、天明五年（一七八五）十一月四日に幸弘の養子として迎えられた。寛政元年（一七八九）十二月七日に幸弘の娘三千（真珠院）と婚姻し、同四年に初めて松代に入部し、同十年に幸弘の隠居により家督を継いだ。

幸専は子に恵まれなかったため、文化十二年（一八一五）に陸奥白河城主松平定信の次男幸貫（一七九一～一八五二）を養子に迎えた。幸貫は、翌十三年に幸専の養女としていた遠江浜松城主井上正甫の娘雅（真月院）と婚姻し、文政六年（一八二三）に家督を継いで八代となった。雅の母峯（心蓮院）は幸弘の娘（三千の妹）であり、真田家初代信之の血筋を伝える大切な存在であった(4)。幸貫は四男二女に恵まれたが、男子はいずれも早世したため、実父松平定信の末子幸良を養子に迎えた（実は幸貫が実家にいる間に生ませた実子とされる）。しかし、幸良が天保十五年（一八四四）に早世したため、嘉永五年（一八五二）五月六日に幸良の子幸教《ゆきのり》（一八三五～一八六九）に家督を継がせて九代とした。幸貫は同年六月八日に没した。

本章で分析の対象とする幸教の生母は村上チエとされるが、女中名は順《じゅん》である(5)。父は、下野佐久山の本陣佐野屋の主人村上松園で、兄には日本フランス学の先駆者として知られる村上英俊がいる。兄英俊の才能を伸ばすために、村

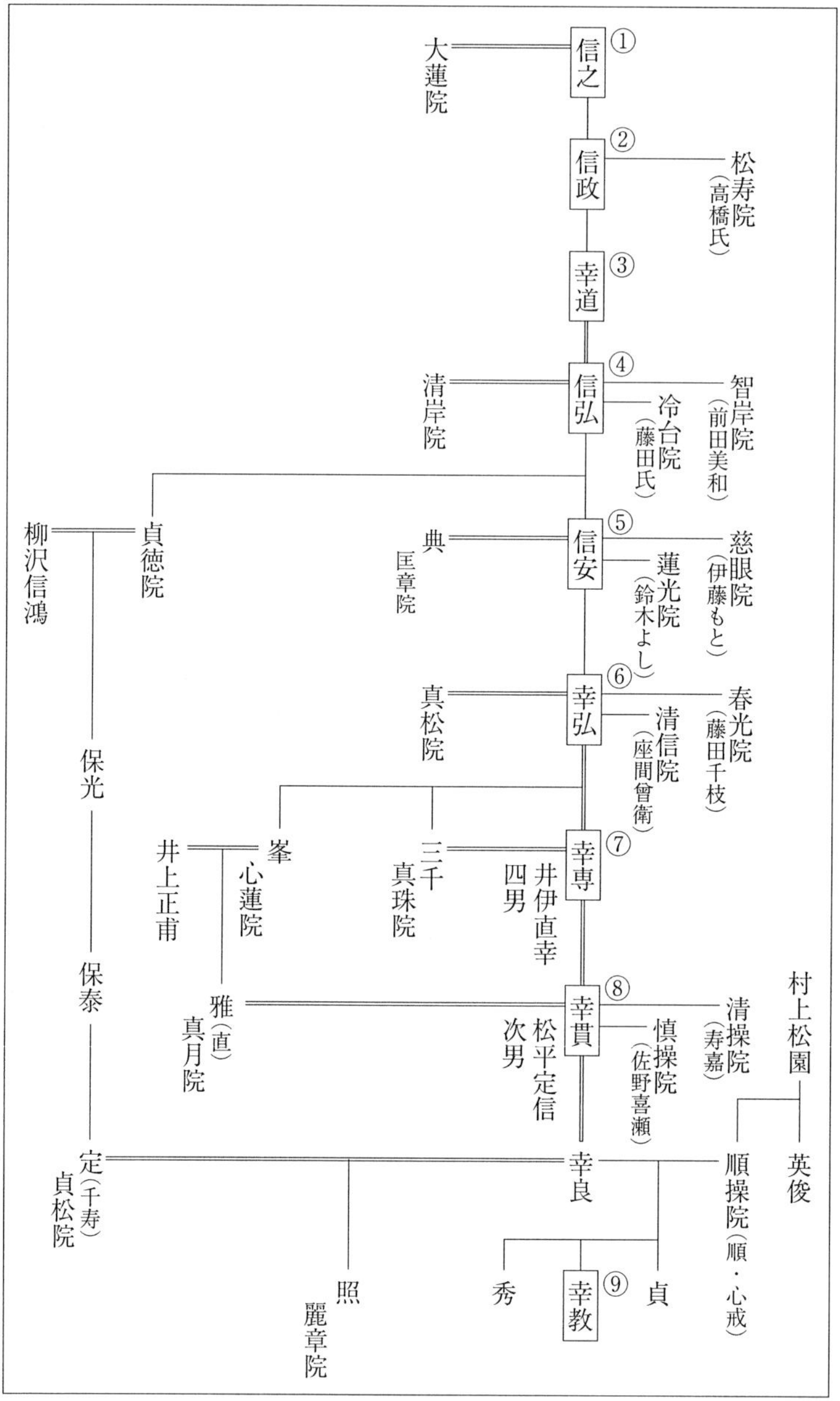

真田家系図

註：═本妻、─側妻、│実子、‖養子の関係を示す。

上家は文政七年(一八二四)に江戸に居を移した。妹の順が真田家の奥向に入り、幸良の側女中となった経緯は不明だが、天保五年(一八三四)六月十六日に長女貞(伊勢桑名城主松平定猷《さだみち》の妻)、同六年十二月十三日に長男幸教(雄若)、同八年七月八日に次女秀(陸奥白河城主阿部正耆《まさひさ》の妻)の三子を生んだ。

幸良は天保六年十二月四日に大和郡山城主柳沢保泰の娘千寿(入輿にあたり定《てい》と改名、幸良の没後は貞松院)と婚礼をあげた。その前後に側妾から一男一女が生まれ、婚礼の二年後にも次女が生まれたことになる。三子の出生は「表向相達候には無之候」であり、心得のために「御内々被仰渡候」という扱いであった(6)。つまり、幸良の子は公的(表向き)には存在しておらず、真田家の内々でのみ認知された存在であった。

その後、本妻の定が天保十一年九月八日に女子を出産した。「照姫様」と名づけられたが、同年十一月四日に早世し、麗章院と諡号された(7)。以後、幸良と定との間に子は生まれなかった。

そのようななか、天保十五年に幸良が病状に陥ると、真田家では幕府に雄若の丈夫届を提出し、三子はいずれも定(「若御前様」)の「御養」となり、貞は「お貞様」から「貞姫様」、秀は「お秀様」から「秀姫様」と敬称を正式に改められた(8)。誕生当初から国元にいた雄若は急ぎ出府したが、二月十二日に幸良は没し、大雲院と諡号された。二月晦日には、定を「貞松院様」と改めるよう国元でも触れられた。

雄若生母の順が心戒へと改名した時期を記録上で確定しえないが、幸良の死後まもなく出家して改めたのだろう。弘化元年(一八四四)には江戸で蘭法医を営んでいた兄の英俊が切米金四両上一人下二人半扶持で藩医として真田家に仕えることになった。同三年には心戒が「若殿様御産母」という由緒により、家苗字永続のために切米金四両上一人下二人半扶持を与える旨が『監察日記』に記されており、永続的な名跡立てがなされた。

このように実家の取り立てがなされる一方で、幸教が祖父幸貫の家督を譲られる際にはその生母にあたる心戒個人の格式や待遇をどのように調えるのかが検討された。特に問題となったのは、席次・勘定（給金）・呼称（院号・様付）である。以下では、国文学研究資料館所蔵信濃国松代真田家文書（26A）に伝来する「（御妾取扱法式・見合書類留）」（あ三三七四）と「（心戒尼之儀ニ付評議書留）」（あ三三七七）をもとに、妾の取り扱い規定の内容を確認し、実際にその規定を運用するにあたって生じた問題点について検討する。(9)

第二節　御妾取扱法式・見合書類（へ印袋）の作成

本節では、「（御妾取扱法式・見合書類留）」を取り上げる。形態は、半紙判二十一丁。上下二か所に紙縒りで仮綴じされており、表紙はない。史料名は目録上の仮題である。史料中に朱書の書き込みがあり、これは以下に述べるように、評議内容を検討した家老小山田壱岐(10)によるものとみなされる。

まず、当主真田幸貫から次の「御書下」が、家老小山田壱岐宛に出された。

　先刻の一箱の内の義猶申遣候　　壱岐へ
おくかたハいつれに家内の治めの第一に候間、死去候とも当主四十五歳程位迄は、再縁可然事、其上は出生有之
妾有之候て、老女上席にて部屋格に申付、道中等も略し、別段在所□□（虫喰）へからひ、いつれへも召連可在之
事、然れは道中並妾位に□□（虫喰）略し可申事、もし出生の妾無之節、当主五十前後にておくかた無之候節は、
別段□□（虫喰）付候節には人物等能撰ひ、表向き目付等にて穿さくの上申付可有之事、御部屋様と申義は隠居に
ても不相成、死去の名目と極め度事、聟養子にて当家を被継候共、此処は一家の治めに付同断たるへし、此趣に

致し度事と存候、左様無之、聟養子斗り部屋さし置ぬ様にては、其上にて出生のものは自然と慎も少き訳にて、必らす此処崩れ可申間、如此に極め差別無之方に致し度事、

欠損により意味の通じないところがあるが、要は、奥方（「おくかた」）＝妻は家内の治めの第一なので、奥方が死去したとしても当主が四十五歳くらいまでは再縁するべきで、子を生んだ妾は老女上席・部屋格とし、「御部屋様」の格式付与は当主が隠居しても不可であり、死後の名目と定めて厳格化すべきと命じる内容である。換言すれば、「御部屋様」は妾の最上の格式なので、これは死後の名目として与え、生存中は老女上席・部屋格の待遇で軽く扱えという趣旨である。つまり、本人の生存中には「御部屋様」＝側妻の称号及び待遇は与えない、ということになる。代わりに可とされた老女上席・部屋格は、いずれも身分は女中として扱うということであった。

幸貫は聟養子であり、喜瀬（慎操院）と寿嘉（清操院）という妾がいたが、二人の生存中は「御部屋様」の扱いとしていなかったのだろう。しかし、聟養子の妾だけではなく、実子の当主の妾も同様に格式を軽くしなければ、家中の締まりにならないというのが、幸貫の「御書下」の趣旨であった。

幸貫はこれ以前に中老月番であった河原舎人[11]にこの件の下調べをさせ、幸貫自らが「御書下」として「御妾御規定帳」を作成した。幸貫の「御書下」を受けて、家老の小山田壱岐は「御妾御規定帳」の問題点を中老の池田要人[12]に調査させた。十一月十五日に要人は取り調べを終えて「（御妾御規定帳）別帳」（以下、「別帳」と略記）を作成した。これは幸貫の「御書下」の条文に、要人が取り調べた内容を加筆したもので、さらに要人は各条文の末尾に○印を付した文章で問題点や疑問点を列記した。また、評議見合わせのための「御見合書類」及び「番外」として「松寿院様御部屋様方御法会御極帳」一冊も提出した。松寿院とは、三代真田幸道（一六五七〜一七二七）の生母で高橋氏という。ただし、宛行に関しては「治定」していないため、「員数」は書かなかったとした。

提出を受けた家老の小山田壱岐は、さらに朱書で「別帳」に意見を書き加え（「書添え」）、「御書添被成下候調帳御妾御取扱之事」を調えた。具体的には、名跡立て、「御部屋様」の格式を与える時期、子の出生差による妾の格式規定、様付、家中一統への伝達、服忌・鳴り物停止、葬地、納棺・代拝、葬式の行列・道具、石碑、初七日の扱い等の規定が評議された。以下にその概要を示す。

1．嫡男・嫡女を生んだ妾の取り扱い

親元が断絶している場合は、茶道くらいの格式で苗跡を立て、扶持・切米を与える。ただし、親元がある場合には、苗跡は立てない。「御前様」の死去後でも「老女上席」の扱いとし、「御部屋様」の名目は在所・江戸ともに延引し、子が家督を継いでも「老女上席」のままで、本人の死後に「御部屋様」の名目を立てる。しかも、実際には死んでいるが、存命の形で命じる。

2．末男・末女を生んだ妾の取り扱い

子が早世・存生にかかわらず、本人の死後に「御部屋様格」の扱いとする。たとえ、流産した場合でも同様とするが、親元が断絶していても苗跡は立てない。

3．子を生まない妾の取り扱い

死去したら親元へ帰す。大病で親元に下がる場合は、殿様が生存中は付届けを与えるが、死後は与えない。親元が断絶している場合は、真田家の菩提所に葬り、仕えた殿様の法事ごとに「無縁」とならないように在所・江戸ともに軽く法事をおこなう。ただし、「御部屋様格」の扱いとはせず、死後も「家来の御取扱」とする。

4．埋葬

「御部屋様」の称号を与えられた者は、盛徳寺（江戸）は地狭なので、御廟所の御囲の内に埋葬し、称号のない者は御囲の外に埋葬する。長国寺（松代）は、「御部屋様」「御召仕」ともに差別なく観音堂の裏に葬る。

5．「様」の取り扱い

「御道統様」の「御実母様」の取り扱いは、生母となった代とその子の代までは「様」の取り扱いとし、三代目よりは並方の扱い（「様」）とし、歴代の「御実母様」と同じとする。召し仕われた殿様の代に死去した場合でも「様」とし、若殿様が家督を継いだ節に「様」の取り扱いとする。

6．嫡男・嫡女を生んだ妾が死去し、「御部屋様」に変更する場合の処置

存命のようにして「上々様」に使者を派遣して相談し、「御召仕誰を向後御部屋様と称える」旨の伺いをたて、「表向」と家老の存念をうかがい、「奥」の三の間において守役・当人名代・老女を呼び出して申し渡す。「御部屋様」に決したら「長局」には置けないので、直ちに別の部屋に移し、名を付けるが、出棺までのことなので立派にはしない。

7．同、家中一統への伝達

死去すれば、「御奥女中・御妾・御召使　誰事」を「御部屋様」と称えるように「仰出」があったことを触れる（ただし、過去の例は区々）。

8．同、服忌・鳴物停止

守役より月番に届け、月番より「上々様」に伝え、「殿様」は三日遠慮の届けを幕府に提出する（家中に慎みの触れを出す必要はないとしたが、これには異論もあり）。「若殿様」の服忌は様々だが、慎日数二十一日とする例が多い。もっとも居屋敷は忌中の間は万端慎みを命じ、普請は全て七日遠慮とする。また、「御家」を継ぐ「御姫様」の「御腹様」の服忌は、慎日数十四日、普請遠慮五日くらいか。

9．苗跡を立てた者の服忌

五十日十三か月の服忌とする。

この他にも納棺や代拝、葬式の行列・道具、石碑、初七日の扱いがあるが、煩雑なので省略する。末男・末女を生んだ妾の場合は、嫡男・嫡女を生んだ側妾より一段軽い扱いとなっている。

なお、6にあるように、嫡男・嫡女を生んだ側妾が死去し、「御部屋様」に変更する場合の手続きは、幸貫の規定では守役を月番が呼ぶとだけあったものを、重いことなので当人に直に申し渡す方がよいとのことで、本文のように取り調べて修正したものであった。その際に、先例が示され、「春光院様」（六代幸弘の側妻）の際に、月番が奥に行き、当人へ直に申し渡した例が採用された。

ただし、先例は様々であり、元文元年（一七三六）八月中の「御もとの方」[13]（「慈眼院様」、五代信安の側妻、伊藤氏）の節は、「御前様」[14]より指示があった[15]。明和元年（一七六四）八月中の「御側女中おちえ」（「春光院様」、六代幸弘の側妻、藤田氏）の節は家老から言上した。安永九年（一七八〇）十一月二十三日に江戸で病死した曾衛（「清信院様」、六代幸弘の側妻、座間氏、三千の生母）の場合は、存命中に格式を直すよう「御前様」[16]より指示があったが、準備しているうちに死去したので、「智岸院様」（四代信弘の側妻、前田美和）と同様に「殿号」の許可を「御前様」より「殿様」（幸弘）に上申されて、「御前様」の意向に任せる旨の「仰出」があった。こうした様子は「日記面」にあるが、古い所はわかりかねるので、先例通り「御前様」より上申するのがよいとの意見が述べられた。

このように、妾を「御部屋」という側妻の格式に変更するにあたっては、その時々の事情によって異なるものの、「御前様」＝本妻の意向が重要な決定権を有していたことがわかる。

こののち、壱岐は要人からの書類を一覧し、その取り調べは行き届いてはいるが、在所（国元）で作ったものなので、在江戸の家老望月主水や中老・大目付等の存念を確認する必要があると考え、十一月七日付の「評議書添」を主水宛に作成し、へ印袋に入れて江戸に送った。

未十一月八日付で要人も「御書添の申上書」を作成し、「御妾御取扱一巻」を取り調べ、別紙「壱岐評議書添」と「御見合書類」を一同に提出した。ただし、評議できかねる案件を帳に綴じたまでのことで、在所で舎人と見調・添削・評議したものだが、幸貫の意向と齟齬するところもあるだろうから、よく伺ってほしい旨を依頼した（宛所の記載はないが、江戸家老宛と推定される）。ここで「未」という年号が示されていることから、一連の書類は舎人が中老であった弘化二年（一八四五）までに作成されたものであり、第三節の一連の内容が嘉永五年（一八五二）であることを勘案すれば、弘化二年に近い未年にあたる天保六年（乙未・一八三五）に本件が評議された可能性が高い。[17]「（御妾取扱法式・見合書類留）」は、心戒一件落着後のある段階で、一連の史料を書きとめたものと位置づけられる。

第三節　心戒の格式決定に関する評議

本節で検討する「（心戒尼之儀ニ付評議書留）」の形態は、半紙判十六丁。上下二か所に紙縒りで仮綴じがあり、表紙はなく、前欠があるとみなされる。形態・筆跡は第二節で検討した「（御妾取扱法式・見合書類留）」と類似している。最終丁の丁合に「静修斎蔵版」[18]と版心書を持つ十行罫紙が挿入されている。本史料は、心戒の格式を決定する際の評議において作成、授受、保管された文書群をもとに、第二節で検討した「（御妾取扱法式・見合書類留）」と同様に、一件落着後のある段階で書写された記録であると位置づけられる。

Ⅰ　藩主意思の伝達

嘉永五年（一八五二）に幸貫が家督を孫の幸教に譲ることになり、幸教生母の扱いが問題になった。「閏月廿一日」付で江戸家老望月主水より国元家老四人（真田志摩守・鎌原伊野右衛門・小山田壱岐・河原舎人）に次の「御用状」が発給された。前欠のため内容は不明だが、おそらく次の主水宛の「御書下」を伝える内容であったと推定される。

（藩主御書下）

閏月十六日

御書下

心戒事

心戒もはや伊豆守家督に被成、おさたも八丁堀おくかたにも被成候上は、老女上席に申付可然、給金十五両五人扶持に直し可遣と存候、在所へ打合せ可申事、もはや此上の進めかたは無之事、尤伊豆守より内々贈られ候事は格別の事、兼ても定め候通り、妾の最上の取扱にて候、念の為申置候、上通りの事は死し候上ならでは不相成候事、

心戒の事　　　　　　主水へ

これに続く文書発給月が三月から五月にあたることや、その他の状況に照らしても、一連の文書は閏二月のある嘉永五年の発給文書とみなすのが妥当である。

内容は、幸教（「伊豆守」）が家督（次期藩主）と定まり、貞（「おさた」、幸良長女、嘉永五年に松平定猷と婚姻）も八丁堀奥方になったので、その生母である心戒の格式を「老女上席」とし、給金十五両・五人扶持に変更して遣わしたいと考

えるので、在所（国元）で打ち合わせること。また、幸貫はこれが最良の進め方と考えており、幸教から内密に（給金等を）贈るのは「格別」だが、兼ねても取り決めている通りに、これは「妾の最上の取扱」であり、「上通り」（「御部屋様」の扱い）は死後でなければ不可である、と念を押した。要するに、第二節で検討した「御極別帳」（別名「御妾御規定帳」）に基づいて、心戒の取り扱いを定めるようにと命じたのである。

さらに「閏月廿日」付で、主水は次の「御書添之伺書」を出し、院号の件が「御極別帳」に規定されていないことを伝え、幸貫の回答（端書の「伺」の文字の下に書かれた「許容～可然候」までの文章）を得た。

　閏月廿日
　御書添之伺書
　心戒　院号の事
　　伺　許容有之可然候、猶在所打合せ、その上、院号に付ては、心戒の処、戒心院と申かたか、弥の（ママ）その
　　　は僧徒の内にて、初め名与へ候ものへ申付候て可然候、
心戒の儀、此程被成下
御書下候　御趣意に付ては、院号の儀可被成下御許義哉、御極別帳の内には不（ママ）相見不申、旁　御賢慮奉伺候、以
上、
　閏月廿日　　主水
〆

つまり、幸貫の意向では、院号は許容するので国元で打ち合わせて戒心院とでもすればよく、あるいは心戒の名を

与えた僧侶に命じてもよいとした。最終的に、心戒は順操院の名を与えられ、順操院と呼ばれるようになるが、「殿」や「様」といった敬称は付けられなかった。

2　国元での評議

国元での検討を指示された家老は、まず勝手方に心戒の給金の件を伝え、勝手方元締の山寺源大夫は同席の竹村金吾と九兵衛(名字不詳)に回状を送り、評議した。

三月六日　回状　心戒尼儀に付評議

心戒義に付被　仰出候趣、御勝手方より御尋御座候処、当　御書下の御趣意柄は老女上席にて、被下物は御増被申にも可有御座哉、天保十二丑年冬中　慎操院様老女上席被　仰付候節被下増、別紙書抜の趣に御座候処、此度は十五両五人御扶持と被申に御座候へは、金三両に壱人御扶持相増申候、夫共　慎操院様其後相増候哉、扨御妾御規定帳の趣、此度初而承知仕候処、殿様御代御妾を御手軽に被成下候義は、乍恐格別の御美事と奉敬服、御為苗跡之御極如何にも御当然の御儀の様に存候、併　御出生様被為在候御妾にて没後は云々の御極にて、在世の内は御部屋様御名目不相付と申義は乍恐少々御不十分之所も御座候へ共、無御余儀御極にも可御座有候処、其　御子様の御代と相成候ては右御規定帳の儘にては相済兼候様に奉存候、既に右帳面にも　御子孫様御代よりは様の字御取扱共御座候、如何にも御代々御所生母様と申に御座候へは、御家来並にては御差置兼候様奉存候、　慎操院様御死去の節、　若殿様御始御父方御実祖母の御内談に付、御半減の　御忌服　御家限被為　受候て御触に御座候、右御半減は、貞松院様御養故の御儀、左候へば、御所生母様には必らす御相当の御忌服可被為　受御筋かと奉存候、然上は勿論御生前の内御没後御同様の御取扱無御座候ては、御子様の御意に相触可申やと奉存候得は、其　御代々様御妾に於ては少々御不十分にても御規定帳の通に御座候共、其　御代々様御所生母様は右にては相済兼可申哉に被存候、扨御部屋様か御出御座候節、御役料何程と申所の如何様の御先例に御座候哉、別紙書抜位にて慥に相分り兼候、

慈眼院（伊東もと）様は、

天真院（六代幸弘）様御家督已前に御死去被成候御様子に相見候、

真常院（三代幸道）様御所生母松寿院（高橋氏）様

覚性院（五代信安）様御所生母冷台院（藤田氏）様は、右御代在世の御様子に相見候、御記録には如何御座候哉、右之趣御定有之度事の様にも被存候、如何可有之哉、思召被仰下度奉存候、御妾御極書類と申もの不揃の様奉存候、別紙目録の外相下り不申候、以上、

三月六日　　源大夫

金吾様

左に同席を以申出候か、跡目業を以御奉公仕候御医師・御茶道抔と申義も不十分の様にも乍憚被存候か、如何の物か

九兵衛様

御尤の義に奉存、別段存付候義無御座候、宜御頼候、

尚々御当用の趣に御座候間随分揃候様仕度奉存候、御含被下度候、以上、

○本文苗跡の御極如何にも御当然と奉存候は、其御部屋様の御苗跡と申には無之、其御家元の有無に寄、御建被成下候段をのみ相認候処、金吾書添にて勘弁仕候へば、右のなみも不十分の至と同意に奉存候、尚御勘弁被成下

候、

三月七日　　　　山寺源太夫

添一　　　御見合

天保十二丑年（一八四一）御表抱女中被下高物調申之帳の内

老女格

喜瀬

一、金七両　御切米　　　（朱書）紙札「御切米三両御増

外に弐両　御増

〆金五両　」

一、金八両三分六匁　　菜銀

一、銀二拾九匁弐分五厘　被下焚炭代

一、御扶持上壱人　中壱人　玄弐人

〆

添二

明和元申年（一七六四）

八月廿五日

一、白米弐人御扶持　月々

雑用金壱両壱分拾匁宛　　御部屋様

尤只今迄御切米金六両は相止

添三

享和三亥年（一八〇三）

一、御部屋様閏正月廿六日御死去に付、只今迄の御賄金弐百拾両相止

〆

幸貫の「御書下」の趣意に基づき、先例調べとして「別紙書抜」として添一～三が作成された。添一の先例となった老女格の佐野喜瀬（慎操院）は、幸貫の妾である。弘化四年（一八四七）十一月二十九日に没したので、嘉永五年段階では既に死去していた。天保十二年（一八四二）の「御表抱女中被下高物調申之帳」のなかに、慎操院の記録だけがあったことになるが、格式は老女格であり、名も「喜瀬」とあるように「御部屋様」の扱いではない。しかし、没後は慎操院の院号をもらい、幸貫の「御部屋様」、幸教の実父幸良（大雲院）の生母の格式で、取次による墓地への代参がおこなわれた[19]。幸貫にはまた別に清操院（寿嘉）という院号を与えられた妾がおり、弘化五年の没後に「御部屋様」の扱いを受けていた。添二の「御部屋様」は不詳。添三の享和三年（一八〇三）閏正月二十六日に没した「御部屋様」とは、院号を春光院、本名を藤田千枝という。享和三年『御側御納戸日記』には「御千枝様」とあり、「御部屋様」とは呼ばれてはいない。春光院の院号を得てからは、「春光院様」と院号・様付に変更して呼ばれている。

「御妾取扱規定」を今回初めてみたという勘定吟味役は、その運用にあたり、給金、服忌、妾の死後に名跡立てをする件に疑義を呈し、特に妻の家元の有無により名跡立てに差異があるのは取り調べが不十分ではないか、との問題点を指摘し、上席の郡奉行に意見を伝えた。

そこで、郡奉行は要人の取り調べ袋（へ印袋）の書面に「舎人」の名があったことから、家老河原舎人に確認をとった。すると、河原舎人は自分が中老の月番であったので取り調べただけであり、自分の懸りというわけではない、と断りながらも、源大夫の回状に同意を示した。即ち、妾腹であろうと、その子の代に生母が死去すれば「様」付の取

り扱いにするので、存命中は「御実母様」と称えるようにと命じるのが当然との意見を述べた。また、具体的に慎操院が死後に「御部屋号」を得た例とは事情が異なるとし、再度の伺いを立ててはどうかと、幸貫の意向に配慮しながらも慎重な対応を求めた。これを受けて家老間での評議がなされた。

回状　心戒御取扱方の事

心戒義に付御用状を以先源大夫見込相尋候処、別紙の通評議仕候得共、相決し兼候由にて内々差出候所、書類中には舎人殿先年御取扱の義も相見候付、御問合申候所、御別紙に御書取被下忝奉存候、更致勘弁候所、源大夫回状・舎人殿御書取とも御尤の義にて御座候所、御妾を御手軽に御取扱御座候御趣意は、遠く婦人の害を御防ぎ被遊候格別の　御美事にて、且御後代の義をも御遠因被為　在候御義と奉恐候所、心戒事は正敷御所生母の義に付、　御代替の後、御家来の御取扱にては人倫の大事に　御関係被遊候義にて如何と申論も出可申、且於　御本意も被為　安兼候御義と奉存候、乍去此度心戒を御部屋様御同様に被成下、此者より御患害を引出し候様の義は決て有御座間敷候得共、　御後世を遠く相考候ては、　御後宮威権を増し女孺の端を此節に被為開御深患の御濫觴と相成候半も難計、且万一御後代に　若御隠居様等被為　在、右御妾の御所生に　御当主様被為　在等の義も御座候節、親御様御在命中は不相成とも相成間敷案思候には限りも無御座候得共、人情重く御取扱御座候得は、夫に随て威権も相増申候、威権相増候段には奸佞の小人も付け入、種々の不好事も生し候事に付、遠く未然の御憂を御防き御座候には可成丈重き御取扱を御見合為御驕無御座程御美事は無御座、和漢古今貴となく賤となく婦人の毒十にして七八と存候、されは迚、未然のみ心遣ひ候て目前　若殿様御不徳と相成にては恐入候義何れを取候方に候半や、御他家様には多々御類例も可有之所、若し重く御取扱に無之御例多く候や、右にて十分　御あんじ被遊候と申にも無之御座候得共、或は無御拠と申道理も又可有之か、猶於江府　御賢慮被相伺之上、其向へ被申

渡、穿鑿の上勘弁有之様可及返決存候、篤と御勘弁思召可被仰下候、以上、

三月十日　　　　志摩

伊野右衛門様　格別の　御美事との御同意至極実に難有御儀、誠に以奉恐威候、且段々御評義の趣一々御尤至極実事情、然は無是非奉存候、御末又穿鑿云々是又御尤至極奉存候、

壱岐様　　一々御尤奉存候、

舎人様　　一々御尤の御論と奉存候、何れ今一応御伺被任　御賢慮の方と奉存候、

家老の意見では、妾の扱いを軽くするという幸貫の意向は「美事」としながらも、心戒に関しては「正敷御所生母」であり、後宮の威権を増すといった患害は全く考えられないこと、そのような生母を「御家来」の取り扱いとすれば「人倫の大事」になり、また「若殿様」の「不徳」となることが危惧されるので、他家の事例を検討するのがよいとの意見だった。そこで、江戸への差し戻しを志摩が同役中に右の回状で提案したところ、同意を得られ、江戸での再評議となった。

3　江戸での再度取り調べ

「御妾取扱」について再度の取り調べを国元から伝えられた江戸では、第二節で検討した「別帳」を作成した池田要人が、他家の例を取り調べることに同意する次の「御書取」を提出した。

要人

心戒御取扱方の義に付御尋御座候所、御在所御評義の趣一々御尤奉存候、乍去物事筋合・道理のみにても参り兼

候事も御座候ものにて御座候得は、其御取扱被成下候て当人却て難有迷惑に奉存候様にては、御本意にも無御座まま被遊憎き義と奉存候、乍恐　御深慮も可被為　在候得は、何れにも　御賢慮次第の御儀と奉存候、尤御他家は御他家、御家は　御家には御座候得共、御見合に外様御振御留守居にて内穿鑿仰渡候も可然奉存候、尚御勘弁可被下候、以上、

三月廿日

要人の存念では、筋合・道理を立てることで、かえって心戒の迷惑になることもあるから、幸貫の「賢慮」に従うべきであり、また、他家は他家、真田家は真田家の仕方があるとしながらも、とりあえず他家の例を見合わせることになった。これにより江戸留守居役の津田転が取り調べて、四月十八日に次の返答書を提出した。

御妾御取扱御並方問合の趣申上、

四月十八日　　津田転

御妾御取扱の儀に付御書類御下け御並方御振合承合可申上旨、右に付追々類役共面会の砌、内々問合候処、左の趣にて何方様にても兼て聢と御極と申者無御座御様子に御座候、

つまり、江戸城本丸に登城した際の殿席が帝鑑間で、真田家とは両敬関係にある五家(大和郡山柳沢家・豊前小倉小笠原家・豊前中津奥平家・出羽鶴岡酒井家・美濃大垣戸田家)から回答を得た。その結果、次のように明確な取り決めはないことが判明した。

○「郡山様」(大和郡山柳沢十五万石、帝鑑間)

妾腹の嫡子が家督を継いだ場合には、「様」付の取り扱いとする。もっとも、現在の「殿様(保申《やすのぶ》)」の生母は「末

女中並」の取り扱いであり、「乗出」（将軍に初目見えし、江戸城内で元服し、官位を受け、将軍の諱一字と刀を与えられること）の後に「様」付の取り扱いになる予定。(20)

○「小倉様」（豊前小倉小笠原十五万石、帝鑑間）

「中興御先祖様」の生母は、「様」付の取り扱い。その後は例がない。現在の左京大夫（忠徴）の生母は、部屋住み中に死去。それ以前はひと通り「御召仕」の取り扱いで、死後に「様」付の取り扱いとしたが、確固とした取り決めはない。

○「中津様」（豊前中津奥平十万石、帝鑑間）

嫡子の生母は、家督を継いでも「様」付とはしない。「何の方」と方付の取り扱い。「御上通り」と「御家老」の間くらいの格。現在の大膳大夫（昌服）の生母は子細があり、暇を出された。

○「庄内様」（出羽鶴岡酒井十四万石、帝鑑間）

嫡子になった段階で、生母の格式を老女の次とし、家督を継いだ段階で、分知・末家の家内格式に扱う例もある。分知・末家ともに家内格式は万石以下、旗本にて家老上席の取り扱い。内々（「御手内」）では「殿」付としている。他家へ養子・縁付の子の場合でも、格式・扱い振りは変わらないが、一定していない。

○大垣様（美濃大垣戸田十万石、帝鑑間）

「様」付はなし。故采女正氏庸は妾腹で、幼名は金八郎、安永三年（一七七四）に誕生、生母は同七年に死去、「玉泉院殿」と称す。氏庸は文化三年（一八〇六）に家督、同四年に入部のうえ改葬し、その節より「御母公」の扱い。全てこのように扱う。「玉泉院様」の名跡はない。先々代采女正氏教は故松平右京将監武元の妾腹（種村氏）であったが、氏教が「御妾」を引き取ったのち「光安院様」と「様」付で称し、種村弥三兵衛が名跡を立てた。

○高田様（越後高田榊原十五万石、帝鑑間）

生母にても「その人の体」により「御代々様」の思し召し次第。定めなし。

以上のように、「様」付の格式とそれを与える時期については、各家で区々であったことがわかる。しかも、生母であっても、末女中のままであったり、暇を出されたりと、必ずしも生母としての地位が保障されているわけではなかった。榊原家で示されたように、生母にどのような格式を与えるのかは、その人物によりケースバイケースであったということだろう。

右の結果により、「外様御振内問合」で見合わせとなるべき例もないことから、幸貫の意向通りに評議してはいかがかと江戸から松代に返答した。これを受けて、松代でも評議不可ということになり、江戸での当初の提案通り、心戒は「宛行増加のうえ、老女上席」と決したが、これは「当人の人物柄」によるものとして家老中で決済した。

四月廿五日　回章　心戒

心戒一条に付御妾御並方問合の儀従志摩殿被仰越、即転へ申含置候処、過日別紙の通申聞、御勘定吟味、御中老夫々書面の通申聞、右同意兼て御評義被仰越候趣御尤至極と存候付、先頃被仰出通り御宛行増、老女上席に被成下置候は丶可然存候、贅言ながら又当人の人物柄にも寄候物にて琴柱には御極付かね候事と存候、思召可被仰下候、以上、

四月廿五日　　主水

志摩守様　　御尤至極奉存候、

壱岐様　　一々御尤奉存候、

こうして心戒に右の旨を伝える段取について勘定吟味役の高田幾太が調査し、次のように詳細を取り決めた。その際、見合わせとしたのが天保十二年(一八四一)の幸貫の側妾喜瀬の事例であった。

申上　　　　　　　　　　　　　　　幾太

心戒

存旨有之付、老女上席申付之

同人

此度老女上席被

仰付御宛行金拾五両玄米五人御扶持被成下御直之

同人

被為在　思召候付以来院号相唱候様に被　仰付之、

御見合

天保十二丑年十二月廿一日

数年来貞実出精相勤奥方より

喜瀬

被申聞候趣意も有之付、老女上席申付之、

右被　仰付御書付、御守役召呼相渡、先例の通取計候様申渡之、

此度老女上席被

同人

仰付候付御切米金五両被成下御増之、

右御守役召呼書付相渡之

心戒被　仰付候義御尋に付申上、

以上の経緯により、心戒の格式は老女上席と決定し、一件落着となった。とはいえ、「藩主生母」という重い存在であっても、本人の生存中に側妻の地位や格式を得ることはできなかったわけである。

小　括

真田家は、八代幸貫が天保六年（一八三五）に妾の取り扱い規定『御妾取扱法式』を定めた。その意図は、本妻を中心に奥方を経営すべきで、子を生んだ妾であっても、その取り扱いを軽くすべきということであり、さらに、当主が養子の場合のみならず、実子の場合も同様としなければ、家内の取り締まりにならない、というところにあった。これは妻妾の立場を明確にし、妾の地位を大きく引き下げる方針であった。

意思決定の過程では家老以下の関与があり意見を述べたが、最終的には幸貫の意向を尊重したものになった。具体的には、嫡男・嫡女を生んだ妾には「御部屋様」（側妻＝事実妻）の格式を与えるが、それは本人の死去後の取り扱いとされ、右以外の妾は子の有無にかかわらず「御部屋様」の取り扱いとはしない、とするものであった。この規定のもと、九代幸教の家督時に、その生母心戒の格式は、老女上席・十五両・玄米五人扶持とされ、これは「妾の最上の取扱」というのが幸貫の意向であった。

しかし、これを受け止めた家老以下の反応は、「藩主生母」が存命中に家臣の扱いであるのは「人倫」に反し、子である現当主の「不徳」になるというものであり、先例・人柄・他家並を勘案して格式の評議がなされた。その結果、心戒は当初幸貫が示した通りの格式と決定したが、『御妾取扱法式』で取り決められていなかった院号を与え、順操院と名を改められた。ただし、「様」付の扱いではなく、順操院と呼び捨てであった。その後、時期は確定できないが、貞松院(幸教の嫡母)から守役を通じて格式の取り立てが再検討され、「世間御並方」の振り合いを穿鑿して「殿付」に変更され、幸教から切米十両を増加され、待遇の改善が図られた(21)。

以上の検討から、近世武家社会における妾の「身上がり」の条件をまとめると次のようになる。妾の取り扱いは大名家によって多様であり、また同じ大名家でも時期によって取り扱いが異なった。そのような差異はあるにしても、妾には、嫡子・嫡女(長男・長女)を生んだ妾、庶子(次男・次女以下)を生んだ妾、子を生まない妾の三ランクがあった。いうまでもなく、嫡男・嫡女を生んだ妾が重んじられたが、その場合でも妾の格式を軽くしようとする方針のもと、近世後期には「御部屋」の格式は本人の死後に与える名目として設定する、というように、妾の地位を貶める方針が志向された。なお、死後にそのような変更を必要とする最大の理由は、格式の違いにより妾の菩提の弔い方に差異が生じるからである。

次に、奉公人(家来・使用人)である妾から家族に準じた側妻の地位への変化は、女中の住居を長局から御殿向に変えて個室を与えることで可視化される。つまり、側妻であることの最低条件は御殿向個室の獲得であるといえる。これが「側室」の語源ともいえよう。さらに、本人が生存中であれば、その個室を運営するための設備や人的配置、経済措置等が付随して生じる。それ故、財政難のなかで妾は奉公人のままで勤務の軽減や俸給の優遇措置が取られたが、住居は奉公人として長局に置かれたのである。

そのうえで、妾がその生存中に側妻の地位を得るためには、家への高い貢献(嫡子を生むこと)に加え、本妻が生存中の場合は本妻の意向が重要な決定権を有していたのである。当主の特別の恩寵をもってしても、そのような恣意的な要素は妾の「身上がり」を支持する積極的な論理たりえず、一般には妾は子を生んでも妾のままであり、奉公人、つまり家来・使用人の扱いを受けた。前期と中期の違いは、その存在が隠匿されるか、容認されるかにあった。さらに、側妻の格式が奥向構造のなかで制度化されたとしても、側妻になれる人物は実際には限られていたのである。

しかし、近世中期以降に涵養された親に対する「孝」や「人倫」に求められる「徳」の観念は、生母となった妾の地位に変化をもたらす積極的な論理となりえた。特に、嫡男の家督相続による「世子生母」から「藩主生母」への立場の変更は、奉公人たる妾が側妻の格式を得るうえでの大きな条件となった。というのも、子たる大名自身やそれに接する家中にとっても、生母たる妾を家来・使用人のままに置いておくのは「人倫に反する」という意識があった。とはいえ、妾本人の生存中は基本的に家来・使用人の扱いであり、側妻(「御部屋(様・殿)」)の格式を与えることは慎重に取り決められ、格式は老女上席とする場合、老女の下に置く場合等、これも大名家によって様々だったが、妾が側妻になれるかどうかは個人的な要素に負うところが大きかった。

即ち、近世武家社会全体を通じて妾の取り扱いについての確固とした統一的な規定があったわけではなく、妾のなかから「身上がり」をする側妻は極めて流動的な存在として近世社会で黙認・容認されていた、というのが本章の結論である。その際に、「孝」の対象である生母への礼節を保つために「人倫」を守るべきだとする観念の広まりこそが、妾が事実妻たる側妻の地位を獲得していくための最大の梃子であったといえよう。

(1) 弘前津軽家では、将軍家に「御部屋様」がいることから、江戸では「御内証様」、国元では「御部屋様」と称え、「御姫様御次順」に扱うよう安永五年(一七七六)四月二十一日に指示が出されており(『御用格(寛政本)』下)、将軍家を憚って「御部屋様」と「御内証様」が使い分けられた場合もあった。

(2) 山口美和「伊達宗城の家庭生活―愛妾和を中心に―」(『霊山歴史館紀要』二一、二〇一三年)によれば、幕末の宇和島伊達家では妾が生存中に殿付・様付で呼ばれることはなく、側妾が「御部屋様」と呼ばれたのは、生存中に藩主(当主）生母となり、子どもの父親である藩主の正室が死去している場合のみであったが、明治期になると伊達家の籍に入った側妾だけが「御部屋様」と呼ばれたという興味深い事例を紹介している。

（3）高橋博「南部氏側妾小考—重信の実母お松を事例に—」（『弘前大学國史研究』九九、一九九五年）は、側妾研究の課題として、①側妾となる契機、②「奥」における立場の変化、③正室や他の側妾との関係、④実生活を通じた親子関係、⑤側妾の姻戚や故郷に与えた影響、⑥菩提寺の所在を掲げている。本章はその内の①と②の理念的側面を中心に検討する。

（4）真田家では、七代幸専、八代幸貫、十代幸民と他家養子を迎えたが、幸民以外はいずれも真田家の血筋をつなぐことを意図した縁組がなされている（北村典子「近世大名真田家における婚姻—江戸後期の一事例を中心に—」『信濃』五五—四、二〇〇三年）。

（5）田中誠三郎『真田一族と家臣団—その系譜をさぐる—』（信濃路、一九七九年）。同書一六〇頁では「チエの方（心戒）」、五三頁では「村上英俊の妹てい（幸良没後に心戒尼と称した）」とあり、心戒の実名には混乱がある。同書五三頁では天保五年（一八三四）に生まれた長女を「てい」としており、後者はこれと混同したものではないかと思われるが、長女貞は「てい」ではなく「さだ」が正しく、幸良の本妻である定が「てい」と呼ばれていた（『御目付日記』天保六年九月十八日条に「千寿姫様御事、定《テイ》姫様と御名被遊御改」と振り仮名がある）。なお、『雄若様御誕生前後より御初幟御祝迄之手控』（う三一一）によれば、雄若（幸教）を出産したのは「御側女中順《じゅん》」であり、天保六年に妊娠を機に江戸から松代に内密に移され、松代で出産した。幸教の生母が心戒であることは動かないので、心戒の奥向女中名は「順」であったことになる。また、幸弘の側妻に「お千枝様」と呼ばれた女性がおり、享和三年（一八〇三）閏正月二十六日に松代で没し、「春光院」と諡号された。順が女中奉公に出る前の実名が「チエ」であった可能性、あるいは雄若出産後のいずれかの段階で「チエ」と改名した可能性等も考慮されるが、幸弘の側妾であった千枝（春光院）の名を混同したのではないかという疑念も残る。今後の検討を待ちたい。

（6）国文学研究資料館蔵信濃国松代真田家文書（26A）『江戸御目付日記合冊』天保五年（い八四）、天保六年（い八五）、天保八年（い八七）。

（7）『（奥支配）日記』（い六五三）。

（8）『江戸御目付日記合冊』（い八五）天保六年十二月十三日条。十二月十九日には「御出様御名」と「雄若様《タケ》」とする旨が内々に申し渡された。『同』（い八七）天保八年七月十四日条では、「若殿様」より「御出生様御名」を「秀姫様」とするよう指示が出され、内々には「姫様」の敬称を用いていた。

（9）以下、特に断らない限り、国文学研究資料館蔵信濃国松代真田家文書（26A）を利用。

（10）文政四年（一八二一）より家老職。千二百石（国立史料館編『史料館叢書八　真田家家中明細書』東京大学出版会、一九八六年。以下、家臣の履歴は同書による）。

（11）弘化二年（一八四五）より家老職。五百五十石。

（12）『（御妾取扱法式見合書類留）』（あ三三七四）の作成を担当した「要人」は、高六百石、文化三年（一八〇六）に家督を継ぎ、同十一年番頭、文政九年側用人兼、同十年役場方番頭側用人兼、同十一年中老となった池田要人と、天保十年（一八三九）正月十一日より役場方番頭・江戸番頭・奏者兼帯を勤め、同十四年十月二日に中老職に役替えとなり、弘化二年（一八四五）二月二十五日に江戸番頭役を免じられた池田要人の二人がいる。おそらく、内容から後者の池田要人と考えられる。

（13）伊藤もとは、元文三年（一七三八）に長女満《まん》、同五年正月二十一日に長男豊松（六代幸弘）を生んだ。寛保四年（一七四四）に江戸にいる「御部屋様」は「御内所様」と改められた（『監察日記』『松代』一九、二〇〇五年）。

（14）五代信安の本妻（典《みを》・匡章院）は、延享元年（一七四四）六月十日に照、同五年五月十一日に房を出産したが、同年六月四日に没した。

（15）寛保四年（一七四四）十月十八日に江戸より松代に入った「奥女中」を以後は「御部屋様」と呼ぶよう命じられた。延享五年（一七四八）七月二十五日には、「御女中およし」が近日中に松代に到着するので、今後は「御部屋様」と称するように命じられた。これは、信安の妾（鈴木氏・蓮光院）のことで、翌寛延二年（一七四九）十二月一日に江戸で小次郎を生んだが、小次郎は同四年に早世した(桃陵院)。つまり、懐妊あるいは子の誕生前に「御部屋様」の扱いとなっており、子の有無は「御部屋様」の格式を得るうえでの必須の要件ではないことになる。また、二人は「一之御部屋様」、「二之御部屋様」と呼び分けられている(『監察日記』寛延二年五月十八日条『松代』二〇、二〇〇六年)。

(16) 六代幸弘の本妻松平定賢の娘(真松院)。

(17) 福田千鶴「藩主生母の格式をめぐる意思決定の史料空間—九代藩主真田幸教生母心戒の事例を中心に—」(国文学研究資料館編『近世大名のアーカイブズ資源研究』思文閣出版、二〇一六年)では、これを弘化四年(丁未・一八四七)としていたが、本文のように天保六年(乙未・一八三五)に訂正したい。

(18) 静修斎は、金沢藩士で漢学者の豊島洞斎《てしまとうさい》(一八二四〜一九〇六)の号として知られるが(『国書人名辞典』岩波書店)、それとの関係は不詳。

(19) 岩淵令治「江戸における大名家の葬送と菩提寺・商人・職人」(『江戸武家地の研究』塙書房、二〇〇四年、初出一九九七年)。

(20) 嘉永元年(一八四八)八月二十一日に父保興が死去し、家督を継いだ際は二歳六か月の幼少であった。この取り調べがあった際は、まだ元服前であったことによる。

(21) 『殿様御側役申上書控』(か六二四)。

第五章　妾のライフサイクルの類型―筑前福岡黒田家の事例

近世武家社会では血統主義による世襲制を維持するために、妾の存在を不可欠とした。にもかかわらず、近世を通じて妾の身分は流動的であり、かつ妾の最高の地位である側妻になれる者は限定的であったことを前章でみた。そこで本章では、妾の身分が流動的だったとはいえ、彼女たちの身分上昇―「身上がり」―にはいくつかの類型があるとの問題を措定し、妾のライフサイクルの類型化を試みる。具体的には、筑前福岡の国持大名黒田家を分析対象とし、さらに側妻の成立時期に関しても、いくつかの例証を提示したい(1)。

第一節　妾に対する名称付与

最初に取り上げるのは、黒田家に伝来した『御追号集』(福岡市博物館蔵黒田家文書)である。この史料は『新修福岡市史』資料編近世①領主と藩政(福岡市、二〇一一年)に全文翻刻及び解説(宮野弘樹執筆)がある。『御追号集』の「凡例」によれば、成立年を明和九年(一七七二)八月とする。六代当主黒田継高が隠居し、一橋徳川家から養子に入った治之が七代当主となるのが明和六年(一七六九)十二月なので、本史料は初代当主長政以来続いてきた黒田家男子の血統が途絶えた時期に、黒田家の人々の略歴を記録した追号集であり、名前、法号、没年月日、享年、遺骸・位牌・墓石の有無と菩提所、法要の記録を各人ごとに記している。よって、近世後期の記事を欠くが、近世前期から中期までの黒田家において、公的な法事の対象となった人員構成がわかる史料として希少である。なお、明和九年以後に加筆された七代以降の記事については、網羅性を欠くので省略する。

妻妾に関わる項目では、まず「御当家御正統御夫人之部」があり、歴代当主の本妻が記載される。敬称は「御室」であり、後妻に入った場合は「後御室」と称された。

次に妾は「御側室之部　御嫡子之御実母」と「御側妾之部」に分けられる。黒田家で正式に「側室」として扱われたのは、嫡子の生母のみであり、その他の妾は「側妾」の扱いとされたことがわかる。ただし、「御側妾之部」に記載されたのは子を出生した妾のみであり、子のいない側妾は「雑　御女子」のなかに置かれた。その但し書きには、「御側室たりといへ共、御子出生無之御方は此部ニ加ふ」とあり、子の出生の有無が格式差に大きく影響した。以上から、黒田家で法事の対象とした妾は、嫡子を生んだ妾、子を生んだ妾、子のいない妾の三つの区分があった。具体的には、次の女性たちである。

「御側室之部」
「御側室」智海院（継高嫡子重政生母）

「御側妾之部」
「側室」長徳院（長政次男政冬生母）
「御側妾」光照院（綱政長女久の生母）・自性院（継高三女正・長男春千代の生母）・昭月院（継高十四女糸・十六女吉の生母）・信敬院（継高三男宮内・六女清・四男長経・十三女貞の生母）

「雑　御女子之部」

「御側妾」仙光院（光之側妾、六男・七男を生むも、いずれも早世）・円性院（綱政側妾）

初代長政、二代忠之、三代光之、四代綱政、五代宣政、六代継高までの間に、「御側室」一人・「御側妾」五人であり、雑のなかで「御側妾」の扱いを受けた者もわずかに二人で、計八人となる。二代忠之に側室・側妾はいないが、「後御室」として迎えられた坪坂氏（三代光之生母）は、もとは忠之の妾だったのを本妻に置き直したものである。とはいえ、黒田家では歴代当主が本妻の出生になる正嫡が続き、五代宣政は無子であったが支藩の直方当主黒田長清の嫡出長男継高を養子に迎えて六代とした。その継高の嫡子重政が、初めて本妻以外からの出生となった。このように近世前期の黒田家では正嫡に恵まれた事情により、側室・側妾を少なく抑えることができたといえよう。

しかし、黒田家の正式の法事対象者を載せた『御追号集』以外の黒田家系図を確認すると、右の八人以外にも妾がいたことがわかる。

『黒田御家御由緒記』は、福岡藩中老久野家に伝来する黒田家の由緒書である。妻妾の履歴が具体的にわかる点で稀有な史料である。本妻に関しては、「黒田家御正統」の項目において、各歴代当主の記事に続いて本妻の記載がある。敬称は「御室」であり、再婚等がある場合は「御初室」「御再室」「御再々室」が用いられた。

妾に関しては、「御代々御側妾之部」の項目が立てられ、初代長政から六代継高までの妾十三人の略歴が記載されている。その内訳は、「御側室」三人、「御側妾」十人である。本史料で「御側室」の扱いを受けたのは、表2-1（一五六・一五七頁）の1・11・13である。『御追号集』で、1は「御側妾」のなかの「側室」、11は「御側室」であったので、ほぼ同じ扱いである。これに13の昭月院（鷲尾氏）が加わるのが新しい点である。「御側妾」は新たに四人が加わり、この他にも「御代々御連枝之部」に記載された子の生母をみると、「御国御側侍女」と称された継高の妾二人の存在が知られ、合計十五人の妾がいたことになる。正式の法事の対象にならない妾の共通点は、家臣の妻に下がることで妾奉公を解かれた点にある。婚家があれば、そこで法事が営まれるため、黒田家の法事の対象とはならず、『御追号集』の記載には及ばなかったものと考えられる。

次に『黒田家御外戚伝』（福岡市博物館蔵福岡藩関係資料）では、歴代当主の本妻の略歴とその実家の系図を掲示したあと、歴代当主の妾の略歴が記載されている。同筆で「斉隆公侍妾」が最後に記される（具体的な妾名は記載なし）ので、九代斉隆が生まれた安永六年（一七七七）以降に作られた由緒書である。本史料では、本妻の呼称は「夫人」「後夫人」、長政以降の妾の呼称は全て「侍妾」であり、「御側室」や「側室」の表記はない。ただし、一夫一妻が原則となる以前の職隆（黒田長政の祖父、一五八五年没）には、「側室」二人と「侍妾」一人を載せるので、「側室」と「侍妾」の区分をしたうえでの表記とわかる。即ち、本史料では江戸時代の一夫一妻の原則のもと、妻妾の区別を明確にして書かれたために、側妻・側妾を全て「侍妾」と表記したと考えられる。なお、『黒田御家御由緒記』で「御国御側侍女」としていた二人（16・17）も「侍妾」として扱われており、「御側侍女」も妾に含めてよいことがわかる。よって妾の総数は、光之の妾（4）・綱政の妾（7）の二人が増え、綱政の妾（6）一人が減ったので、妾の数は計十六人になっている。

最後に家臣の小川家に伝来した『御系図』の表記を確認する。この史料は、宇多天皇から始まり、職隆―孝高―長政に至り、幕末の十一代長溥（一八一一～一八八七）までの福岡黒田家の系図、及び長政三男が興した秋月黒田家の系図を載せる。妾に関しては子の記載のなかで母の出自が併記されており、いずれも妾は「側室」になっている。これは子との関係において妾にも敬意が表され、妾の高い格式を示す「側室」が用いられたものだろう。子のない妾の場合は、当主・本妻（「御室」「後の御室」）の略歴に続いて「側室」として記載された。なお、「御側室」と「側室」の二つがあるが、既述の史料中の表記とも一致しないので、厳密な書き分けによるものなのかどうかはよくわからない。

以上をまとめると、本妻は将軍から認められた唯一の配偶者であり、国持大名黒田家の場合は「室」「夫人」が用いられ、敬称の「御」を付けて表記された。妾は「御側室」「側室」「御側妾」「御側侍女」といった名称があったが、作成された史料の目的によって名称付与は様々であることが判明した。ただし、大まかに分類すれば、側妻（側室）・側妾・側侍女の階層順があったことが確認できる。この問題をさらに深く検討するため、次節では妾の生活空間に着

までの妾一覧

墓　地	①	②	③	④
聖福寺虚白院	御側妾（側室）	御側室	侍妾	側室
—	—	御側妾	侍妾	側室
少林寺	雑（御側妾）	御側妾	侍妾	側室
—	—	—	侍妾	（御母）
光専寺	御側妾	御側妾	侍妾	側室
—	—	御側妾	—	—
—	—	—	侍妾	側室
—	—	御側妾	侍妾	側室
随雲庵	雑（御側妾）	御側妾	侍妾	側室
—	—	御側妾	侍妾	—
心宗庵	御側室	御側室	侍妾	側室
勝立寺	御側妾	御側妾	侍妾	側室
少林寺	御側妾	御側室	侍妾	御側室
香正寺	御側妾	御側妾	侍妾	側室
—	—	御側妾	侍妾	御側室
—	—	御側侍女	侍妾	側室
—	—	御側侍女	侍妾	側室
妾の人数	8	15	16	15

表２−１　黒田家初代長政から６代継高

	当主	妾の名	名字	妾の父	出生子	享年	履　　歴
1	長政	長徳院	筑紫氏	国人領主	２男	—	御城御館→怡土郡上ノ原御茶屋
2	光之	—	村上氏	家臣	２女	—	御館→死亡
3		仙光院	河合氏	江戸浪士	６男・７男(早世)	83	江戸養照院侍女→福岡御館→光之隠宅跡追廻新屋敷
4		清貞院	渡辺氏	京都住人	４男	—	→家臣の妻
5	綱政	光照院	吉田氏	無足組	長女	—	福岡御館→死去
6		—	岡本氏	加茂社人	—	—	福岡御館→家老の妻
7		—	下谷氏		４男	—	江戸→加藤幽軒の妻
8		峯	藤井氏	無足組	５男	—	福岡御館→馬廻組の妻
9		円性院つれ	八木氏	江戸浪士	—	—	嫡子吉之本妻の侍女→綱政側仕え→福岡御館→追廻新屋敷
10	継高	八重	田村氏	江戸浪士	—	—	本光院(綱政嫡子吉之の本妻)召抱え→継高側仕え→福岡城内北ノ丸→家臣の妻
11		智海院	小寺氏	納戸頭家臣	次男(嫡子)・５女・７女・８女・９女・10女	28	福岡御館北丸→御館内御居間西手大奥新宅→(御部屋様)
12		自性院弁	田中氏	佐竹家家臣	３女・長男	—	継高姉佐竹氏本妻の侍女→継高側仕→福岡御館北丸→死亡
13		昭月院迭	鷲尾氏	公家	14女・16女	36	嫡子重之本妻の介添→福岡御館仕立所(御内所様)
14		信敬院種	三隅氏	城代組無足	３男・６女・４男・13女		福岡御館→新宅→御城外上ノ橋右角御用屋敷内居宅
15		久米	中村氏	無礼	—	—	福岡御館→御新宅→板付村御茶屋→大組の妻
16		哥	岸原氏	—	11女	—	側仕え→家臣の妻
17		伊与	三原氏	—	12女	—	側仕え→家臣の妻

註)①『御追号集』、②『黒田御家御由緒記』、③『黒田家御外戚伝』、④『御系図』における名称

目しながら、その身分変化を追うことで、妾のライフスタイルの類型化を試みたい。

第二節　妾の生活空間とライフサイクル

本節では、『黒田御家御由緒記』の「御代々御側妾之部」に記載された妾十五人と二代忠之の妾で後に妻に置き直された坪坂氏の事例を検討する。参考資料として現代語訳を末尾に掲げた。文中の数字はその通し番号であり、坪坂氏以外は表2-1と対応している。

表2-2には、黒田家で出生した子と生母の関係を示した。まず『寛政重修諸家譜』（寛政譜）における母と子の関係を記し、次に『黒田御家御由緒記』（御由緒記）における母と子の関係と子の出生地及び墓地を記した。この二つの史料を比較すると、『寛政重修諸家譜』には早世した庶出子の記事が漏れているのがわかる。

さて、妾の居住地を検討する。黒田家では、妾を国元に置くことを基本としていた。一時的な侍女は江戸で抱えられていたのかもしれないが、側妾にする予定の妾は側仕えとなった段階で国元に送られ、国元で子を出産した。唯一の例外は綱政四男岩之助を生んだ下谷氏（7）で、出産場所は桜田上屋敷の御部屋御構となっている。この下谷氏の経歴はよくわかっていないが、のちに江戸の加藤幽軒なる人物に下げられた。

国元では、初代長政、二代忠之の側妾は、いずれも福岡本城の外で出産した。長政、忠之はともに徳川家の養女を本妻に迎えていた。長政の場合は武家諸法度で私婚が禁じられる前となるが、本妻が慶長二十年（一六一五）まで福岡城本丸におり、城内での側妾の出産は憚られたのだろう。忠之の場合は武家諸法度発布後のことであり、本妻は江戸にいたが、徳川家以外との私婚を結ぶことを秘匿する必要があったとみられる。

忠之の本妻は寛永五年（一六二八）に没したため、本妻不在の状況が続いた。そこで、忠之の生母大凉院（長政本妻）は忠之の妾坪坂氏を江戸に呼び寄せ、その後妻に置き直し、長男光之を嫡子とした。坪坂氏はその後、江戸で次男之勝を出産した。忠之には公式の妾は確認できず、子は坪坂氏から生まれた男子二人のみである。また、これ以後に黒田家で妾を妻に置き直す事例はない。

三代光之は七男二女に恵まれ、そのうちの五人が本妻小笠原氏から出生した。妾三人のうち仙光院（3）は光之の死後に光之隠宅跡追廻新屋敷地に居宅を与えられており、当主の死後に側妻の扱いを受けたものと考えられる。

四代綱政は五男一女に恵まれ、長男から三男までが本妻立花氏の出生である。立花氏は宝永五年（一七〇八）九月四日に没した。一方、綱政は貞享頃（一六八四～一六八八）までに福岡城三の丸御殿の北側に北の丸を造営した。ここは「筑前国福岡城図」（九州大学蔵）では「北ノ丸ト云　奥方居所」と書かれており、御殿とは別に「奥方」の住居が設けられたことがわかる[2]。

この北ノ丸では、宝永三年九月一日に綱政五男豊之丞が生まれた（『長野日記』[3]）。

一、九月朔日北ノ丸江御平産有、若子様御誕生、御母儀ハ唐人町ろうそく屋利兵衛娘也、幼少より久姫様江被召仕、去年江戸より御下り、若子様御名沢田豊之丞様（北ノ丸名ハおみねとの）豊之丞様御病者ニ被成御座候ニ付、当冬ニ至御病転シ之為、清左衛門屋敷江軽キ御普請被成、御移徙被遊、竹松様と御名被為改、

由緒書等では豊之丞生母は無足組藤井氏とされているが、もとは福岡唐人町で蠟燭屋を営む商人の娘峯であり、幼少より綱政長女久（母は吉田氏）に仕えていた。その後、久が江戸に移るにあたり、峯も江戸に付き従ったのだろう。宝永二年に江戸から福岡に戻り、翌年北の丸で出産した。男子は沢田豊之丞を称したが、病弱のため家老隅田清右衛

門の屋敷に普請をして移り住み、名を竹松と改めた。病弱というのは本当だったらしく、豊之丞（竹松）は宝永五年二月九日に没した。

峯はその後も北の丸に住んでいたが、宝永六年に家臣の妻に下された（『長野日記』）。

一、同（九月）五日おつれ殿、江戸より下着、右ハ御新造様江被召仕候女中也、御北丸江被召出、皆田藤助・清水平兵衛同道ニて下ル、直ニ北ノ丸江落着、只今迄北ノ丸江被召仕候お峯との、野村勘右衛門悴次郎右衛門江縁組被　仰付、毛利長兵衛養子ニ被　仰付、同人屋敷より遣ス、

右の記事によれば、九月五日に綱政の嫡子吉之の本妻本多氏に仕える女中のつれが江戸より下り、北の丸で仕えることになった。これにより、それまで北の丸に仕えてきた峯は毛利長兵衛（大組・千石）の養子となって格式を整え、

出生地	墓地
大坂天満亭	大徳寺玉琳院
福岡城東ノ丸	東長寺
怡土郡上ノ原村御茶屋	聖福寺虚白院
福岡城本丸	深川江月院
福岡城内	祥雲寺
福岡城内	祥雲寺
江戸桜田御亭	西久保天徳寺
早良郡橋本村御茶屋	東長寺
江戸桜田御屋敷	祥雲寺
溜池御屋敷上ノ段御部屋御構	天真寺
桜田御亭御構	少林寺
江戸溜池御屋敷	祥雲寺
江戸溜池中屋敷御部屋御構	崇福寺
福岡御館内	妙楽寺
江戸桜田御亭	天真寺
福岡御館内	祥雲寺
福岡御館内	円応寺
福岡御館内	少林寺
桜田御屋敷上ノ段御部屋御構	祥雲寺
桜田御屋敷上ノ段御部屋御構	天真寺
桜田御亭御構	天真寺
桜田御部屋御構内	天真寺
福岡御館内	天真寺
福岡御館内	円応寺
桜田御亭御構	江戸東禅寺
桜田御亭御構	増上寺内清光寺
福岡御館内北ノ丸	祥雲寺
溜池中屋敷	瑞林寺
福岡御館北ノ丸	勝立寺
福岡御館内新宅	崇福寺
福岡御館内新宅	心宗庵
福岡御館内新宅	心宗庵

表２－２　黒田家出生子と生母の関係

当主	続柄	名前	地位	没年	寛政譜の母記載	御由緒記の母記載
長政	１女	菊	井上庸名の妻	74	蜂須賀氏	蜂須賀家
	１男	忠之	２代当主	53	東照宮養女	保科家大凉院様
	２男	政冬	早世	21	筑紫氏	筑紫氏
	２女	徳	榊原忠次の妻	20	東照宮養女	保科家
	３男	長興	初代秋月当主	52	東照宮養女	保科家
	４男	高政	初代東蓮寺当主	28	東照宮養女	保科家
	３女	亀	池田輝興の妻	30	東照宮養女	保科家
忠之	１男	光之	３代当主	80	十右衛門某の娘	坪坂氏養照院様
	２男	之勝	２代東蓮寺当主	30	十右衛門某の娘	坪坂氏
光之	１女	築	酒井忠挙の妻	38	小笠原氏	小笠原家
	１男	綱之	廃嫡	54	小笠原氏	小笠原家
	２男	市之助	早世	2	小笠原氏	小笠原家
	３男	綱政	３代当主	53	小笠原氏	小笠原家宝光院様
	４男	左兵衛	—	6	—	御国御側妾京都の人・渡辺氏
	５男	長清	初代直方当主	30	小笠原氏	小笠原家
	２女	富貴	黒田長重の妻	27	村上氏	御国御側妾村上氏
	６男	百助	—	2	—	御国御側妾河合氏
	７男	正太郎	—	1	—	御国御側妾河合氏
綱政	１男	吉之	早世	29	立花氏	立花家
	２男	宣政	４代当主	60	立花氏	立花家心空院様
	３男	亀之助	早世	2	立花氏	立花家
	４男	岩之助	—	8	—	江戸御側妾・下谷氏
	１女	久	早世	18	吉田氏	御国御側妾吉田氏
	５男	豊之丞	—	3	—	御国御側妾藤井氏
継高	１女	藤	池田宗政の妻	67	宣政養女	御本室御前様
	２女	為	酒井忠温の妻	63	宣政養女	御本室御前様
	３女	松・正	黒田長邦の妻	24	田中氏	御国御側妾田中氏
	４女	友	松平定邦の妻	76	宣政養女	御本室御前様
	１男	春千代	早世	1	—	御国御側妾田中氏
	２男	重政	早世	29	小寺氏	御国御側妾小寺氏
	３男	宮内	早世	2	三隅氏	御国御側妾三隅氏
	５女	秋	—	7	—	御国御側妾小寺氏

野村勘右衛門（大組頭・千三百石）の子次郎右衛門に嫁ぎ、北の丸から出されたことがわかる。

宝永七年九月には、つれの弟藤右衛門が新規に召し出された（『長野日記』）。

一、同月《（九月）》十六日　新知三百石陸士頭格ニ被仰付　八木藤右衛門北ノ丸様之舎弟、

『黒田御家御由緒記』では、つれの父藤右衛門が馬廻組二百石・江戸定府で召し出されたとあるが、『宝永中第簿』の「無屋敷衆中」には八木藤右衛門三百石とあるので、『長野日記』にあるように弟が召し出されたとするのが正しいのだろう。つれは「北ノ丸様」と称されており、北の丸はつれの住居とみなされていたことがわかり、妾のなかでも側妻の高い地位に置かれていたと判断される。そのことは、つれは子が生まれなかったにもかかわらず、黒田家では法事の対象とし、綱政の死後は追廻新屋敷内に屋敷を与えられ、円性院と号した。この時期はまだ先代光之の側妻仙光院が存命中であり、追廻新屋敷内は当主没後の側妻の居住地として利用されていたといえよう。

このように、四代綱政期に福岡城三の丸御館に隣接して北の丸を設け、妾の住居とすることが始まった。五代宣政には妾がいなかったが、北の丸はそのまま残されていたようである。継高の姉で出羽秋田の大名佐竹義峯に嫁いだ槌の侍女であった弁（田中氏）が継高の側仕えとなり、享保十五年（一七三〇）に福岡に下り、福岡城御館北の丸に置かれた。享保十六年に継高三女松（のちの正）が誕生、元文元年（一七三六）には長男春千代が誕生したが、同年に弁と春千代は没した。

元文二年九月には北の丸に仕えていた登免（小寺氏）が継高次男重政

福岡御館内新宅	深川霊元寺
福岡御館内新宅	円応寺
福岡御館内新宅	江戸芝金地院
福岡御館内新宅	崇福寺
福岡御館内新宅	心宗庵
福岡御館内新宅	大徳寺龍光院
福岡御館内新宅	心宗庵
福岡御館内新宅	心宗庵
福岡御館内新宅	心宗庵
福岡御館内御構	祥雲寺
溜池御部屋御構	祥雲寺
福岡御館内御構	心宗庵

	6女	清	立花鑑通の妻	47	三隅氏	御国御側妾三隅氏
	7女	茂	―	2	―	御国御側妾小寺氏
	8女	麻	南部利謹の妻	63	小寺氏	御国御側妾小寺氏
	4男	長経	早世	22	三隅氏	御国御側妾三隅氏
	9女	芳	―	5	―	御国御側妾小寺氏
	10女	代々	広橋伊光の妻	38	小寺氏	御国御側妾小寺氏
	11女	房	―	19	岸原氏	御国御側侍女岸原氏
	12女	恒	―	11	三原氏	御国御側侍女三原氏
	13女	貞	―	10	―	御国御側妾三隅氏
	14女	糸	―	26	―	御国御側室京都鷲尾大納言隆熙様御娘
	15女	屋世	継高養女	11	―	菊姫様
	16女	吉	―	7	―	御国御側室鷲尾家

を出産した。それ以前より三の丸御館居間の西側に「大奥」が造営され、「御新宅」と名付けられた。『黒田新続家譜』では、重政は「城内下の館」に誕生とあり、どの区域で生まれたのかは判然としないが、下の館とは当主の住む三の丸御殿のことである。三の丸御殿は宝暦十三年(一七六三)の火事で大半を焼失し、居間と大奥・長局・宝蔵・記録蔵を残すのみだったとある。三の丸御殿に「大奥」が設けられていたことが裏づけられるので、重政は「大奥」の「御新宅」で生まれたのだろう。重政が誕生した翌年(元文三年)、江戸にいる本妻の意向が伝えられ、小寺氏は「側室」となり、「御部屋様」と称えられることになった。ここに黒田家の妻妾制において、本妻の承認を得た事実妻としての側妻(「側室」「御部屋様」)が成立したと位置づけられる。

このように嫡子を生んだ妾に高い地位を与えた理由は、黒田家の家督継承に対する危機意識があったことが考えられる。黒田家では初代長政以来、正嫡で家督を継いできたが、継高は初めて養子として迎えられた。実家の直方黒田家は三代光之の五男長清が興した分家であり、継高は父長清と本妻本多氏の間に生まれた正嫡であるから、初代長政の血筋を受け継いでいたが、初の養子相続となったことで、黒田家にとって跡継ぎ確保は等閑視できない問題となっていたのである。

継高の本妻は四代綱政の長男吉之の次女幸であり（長女奈阿は三歳で早世）、長政の血筋を引き継ぐ嫡女としての役割を担っていた。継高と幸の間には、長女藤、次女為、四女友の三女が生まれたが、男子に恵まれていなかった。そこで、将来、妾から生まれた男子を嫡子にする可能性を視野に入れて、その母たる妾の地位を整えたのだろう。小寺氏の先祖はもと播磨御着の国人領主であり、元来は黒田氏が播磨姫路時代に仕えた主家である。零落して黒田家の庇護を受けていたとはいえ、側妻の出自としては遜色がなかったといえよう。登免は十七歳で重政を出産後、五女秋・七女茂・八女麻・九女芳・十女代々の五女を生み、延享五年（一七四八）に没した。

この後、継高の側妻となるのは、京都鷲尾大納言隆熙の娘で、名を迭という。初め薩摩島津継豊の本妻竹（徳川綱吉・吉宗の養女）に仕えた。島津家から菊（継豊と竹の娘）を継高の長男重政の本妻に迎えるにあたり、迭は「介添役」として黒田家の溜池中屋敷に入った。その後、継高の娘が公家との縁談が重なったことから、娘の養育係りとして迭を福岡に下して「側妾」とし、迭は宝暦八年（一七五八）六月に福岡御館内の「御仕立所」に入った（三十歳）。仕立所は「御構」と称え、迭は「御内所様」と呼ばれた。その後、十四女糸・十六女吉の二女を出産し、安永二年（一七七三）に三十六歳で没した。迭は「御部屋様」とは称えられておらず、本妻から承認を得たという記録もないので、名目的な立場は側妾だが、実質的には側妻であった。そう判断する理由は、「御構」という住居を与えられた点、「御内所様」という特別な敬称で呼ばれた点にある。名実ともに側妻とならなかったのは、やはり嫡子の生母ではないことによるのだろう。

もう一人、継高には側妻がいた。『黒田御家御由緒記』では「御側妾」とする中村久米で、寛延二年（一七四九）に「御館内御新宅」に奉仕し、名を「於久米殿」と呼ばれていたが、宝暦八年（一七五八）六月に裏判役宮内十郎右衛門の養女となり、大組肥塚金蔵勝定に下され、その妻になったとする。その一方で、『御系図』では、継高の「側室」

として「御内所」と呼ばれた鷲尾氏の前に「御新宅」と呼ばれた中村氏を置いている。また、『黒田家御外戚伝』では、中村曾次右衛門の娘久米は「御新宅」と称えていたが、宝暦八年（一七五八）二月十二日に那珂郡板付村御茶屋に移された後、肥塚金蔵（七百石余）に下さる、とある。

「新宅」とは、側妻となった小寺登免のために新造された「大奥」にある居宅であり、久米は登免の死去した翌年に側妻として「新宅」に迎えられたが、子に恵まれず、鷲尾迭が福岡に下った宝暦八年に福岡城外に出されたのである。

なお、小寺登免と並び、三隅種も実質的な側妻だった。元文三年（一七三八）四月に継高三男宮内を生んだのち、六女清、四男長経、十三女貞の三子を生んだ。新宅に置かれていたようだが、よくわからない。貞は寛延二年（一七四九）十二月の生まれである。その後、時期は確定できないが、福岡城外上ノ橋右角の御用屋敷内に居宅を与えられ、黒田家の法事の対象者にも含まれている。

以上から、黒田家では四代綱政の時期（治世：一六八八〜一七一一）に福岡城三の丸御殿の北側に北の丸が設けられ、国元城内に妾を置く空間が設置されたが、継高の嫡子となる重政の誕生を契機として、元文三年（一七三八）に福岡城の三の丸御殿内に「大奥」が作られ、高い格式の側妻（「側室」「御部屋様」）を置く側妻制が始まり、以後も継続して福岡城内に側妻が置かれていた。ただし、側妻の地位を正式に承認されたのは嫡子を生んだ小寺登免（智海院）だけであり、女子二人を生んだ側妻である鷲尾迭（昭月院）は、表向きは側妾、実質は側妻（「側室（御内所）」）として扱われ、側妻でありながら子に恵まれなかった中村久米は、側妻であった事実を黒田家の正式の記録からは抹消されたとまとめることができよう。

第三節　『黒田御家御由緒記』にみる妾のライフサイクル

本節では、妾のライフサイクルを具体的に知るために、『黒田御家御由緒記』に掲載された妾の履歴を紹介する。大名家の本妻の履歴ですら詳細を知ることが難しく、当主の履歴に付随的に記される程度である史料状況のなかで、これほど詳細に妾の履歴を伝える史料は希少である。編纂記録なので、その記事の全てが正確とは断定できないが、妾のライフサイクルといった類型を抽出する作業においては有効と考える。以下、各妾の履歴を現代語訳により紹介する。なお、妾の居場所の変化がわかるように、居場所を太文字で示した。

○「忠之公御再室」（坪坂氏）

上方浪士坪坂十右衛門の娘。初めは福岡で「御側妾」として奉仕し、寛永四年（一六二七）に妊娠したので、早良郡**橋本村御茶屋**に移り、同所にて「万槌君」（のちの光之）が誕生した。寛永九年正月に「万槌君」が江戸に上った際に、「御母君」も一緒に江戸に移り、**桜田御亭**（上屋敷）に居住した。これより以前に、忠之の「御初室」が死去していたため、「御再室」として届けていた。この時、二十六歳であった。寛永十一年に**桜田御亭**において次男「黒田万吉様」を出生した。承応三年（一六五四）二月に忠之の逝去後は、落飾して「養照院様」と称し、「**桜田御屋敷上ノ段**」に隠宅を構えて居住した。明暦三年（一六五七）の大火で桜田御屋敷を類焼した後は、「**溜池御中屋敷**」に移り、「**同所上ノ台**」に隠宅を造営して居住した。延宝五年（一六七七）七月十六日に同所において没した。享年七十一。江戸天真寺に葬られ、養照院殿松巌永壽大姉と諡され、遺髪は筑前崇福寺と高野山正智院に納められた。藤巴の御紋を用いた。

養照院の父坪坂十右衛門は「上方浪士」というが、詳細は不明。弟は新見太郎兵衛といい、忠之から福岡に召し出されて、知行三千石を与えられ、無足頭を勤めた。寛永十五年（一六三八）二月二十一日の島原一揆の城責めで戦死し、遺骸は福岡へ送られ、薬院光専寺へ葬られた。名跡は断絶した。

〈御代々御側妾之部〉

1、「長政公御側室」（筑紫氏）

「筑紫上野介広門殿」の娘で、慶長五年（一六〇〇）に長政が筑前入国後に「御側妾」となり、**福岡城御館内**に奉仕した。懐妊したので、怡土郡**上ノ原村御茶屋**に移り、同所にて「甚四郎政冬様」を出生した。以後は、「御側妾」として同所御茶屋に居住し、元和九年（一六二三）閏八月に長政が死去した後は、薙髪して「長徳院殿」と号した。寛永七年（一六三〇）七月五日に**上ノ原御茶屋**に没し、上ノ原山に葬られた。遺髪は博多聖福寺塔頭虚白院へ納められ、長徳院殿本然養廓大姉と追号された。

「御側室」の父筑紫広門は筑後山戸の領主であり、天正年中（一五七三～一五九二）に武威が盛んで、筑前岩戸の郷まで押領した。その頃は大身であったが、九州兵乱の際に薩摩島津家に追従し、羽柴秀吉の九州出兵で降参したが領知を召し放たれ、筑後水田ノ邑に浪居し、同地で病死した。「御息女」が長徳院である。広門の舎弟筑紫兵部少輔栄門も浪牢の身となって病死した。子が一人おり、忠之の代、寛永年中（一六二四～一六四五）に福岡に呼ばれ、長徳院との由緒から召し出され、筑紫四郎右衛門起門と号した。段々取り立てられ、上座郡宝珠山村の地に千七百石を与えられ、番頭の列に加えられた。以後、子孫が相続し、今は大組筑紫四郎兵衛、千石となっている。

2、「光之公御側妾」（村上氏）

家臣村上氏の娘で、承応年中（一六五二～一六五五）に福岡御館内に奉仕した。「吹姫様」が誕生した後、死去した。

3、「光之公御側妾」（河合氏）

父は江戸浪士河合氏といい、寛文末年（一六七三）に江戸において養照院（光之生母）御構に奉仕し、「御側侍女」として仕えた。同年に光之の「御側仕え」として国元に下り、福岡御館内に奉仕した。以後、「百助様・正太郎様」を出生し、宝永四年（一七〇七）五月に光之が没した後に薙髪し、「仙光院殿」と号された。光之の隠宅跡追廻新屋敷地に居宅を構えて居住し、元文四年（一七三九）八月十六日に没した。享年八十[4]。福岡少林寺に葬られた。

仙光院の舎弟河合茂左衛門は、光之の代に召し出されて段々取り立てられ、家禄八百石を与えられ、大組に加えられた。江戸定府として在勤し、三代目河合左門久品が願いにより福岡に下り、無足頭を勤めた。

4、記載なし（渡辺氏）

5、「綱政公御側妾」（吉田氏）

家臣吉田氏の娘で、元禄初年（一六八八）に福岡御館内に奉仕した。「久姫様」が誕生した後、元禄八年十二月十六日に没した。薬院香（光）専寺に葬られ、「光照院殿」と追号された。

光照院の父は無足組吉田市大夫といい、八人扶持二十石を与えられ、子孫が名跡を相続し、今は無足頭吉田市左衛門が奉仕している。

6、「綱政公御側妾」(岡本氏)

京都加茂《賀》の社人岡本河内守の娘で、元禄年中(一六八八～一七〇四)に国元に下り、福岡御館内に奉仕した。後年、納戸頭岸田文左衛門富勝の養女となり、家老黒田専右衛門重実に下され、妻となった。

7、記載なし(下谷氏)

8、「綱政公御側妾」(藤井氏)

家臣藤井氏の娘で、元禄年中に福岡御館内に奉仕し、宝永三年(一七〇六)に「豊之丞様」を出生した。その後、御用勤毛利長兵衛元白の養女となり、馬廻頭野村勘右衛門明貞に下され、妻となった。

「御側妾」の父は無足組藤井与太夫といい、子孫が相続して今は無足組藤井与八が奉仕している。

9、「綱政公御側妾」(八木氏)

父は江戸浪士八木氏で、最初は吉之(綱政嫡子)の本妻(本光院・本多氏)が入輿する節に「御側侍女」として召し連れられ、御部屋に奉仕していたところ、綱政の「御側仕え」として国元に下り、福岡御館内に奉仕した。正徳元年(一七一一)六月に綱政が死去した後は、薙髪して「円性院殿」と号され、追廻新屋敷内に居宅を構えて住んだ。没年不詳。(5)随雲庵に葬られた。

円性院の父は八木藤右衛門といい、綱政の代に江戸で召し出され、家禄二百石を与えられ、馬廻組に加わり定府在勤していた。子孫の代に願いにより福岡に引越し、四代目藤右衛門が足軽頭を勤めている。

円性院が没する前、同所御構附頭分藤野七右衛門に落度があり、家禄を召し放たれた。子の藤野松之助は幼稚であったため、円性院が呼び取り、構内で養育した。現八木藤右衛門の父八木又八郎が在勤していた頃で、八木松之助と名を改め、円性院の願いにより、新たに二百石で馬廻組に召し出され、後に名を喜兵衛と改めた。

10、「継高公御側妾」（田村氏）

父は江戸浪士田村氏。「御側妾」は、名を「於八重殿」といった。享保七年（一七二二）に江戸で本光院（綱政嫡子吉之の本妻・本多氏）に召し抱えられ、継高の「御側仕え」として筑前へ下り、**御城内北ノ丸**に居住して奉仕した。享保十五年に継高の命により、「御側妾」は間嶋仁右衛門興定に下され、妻となった。

「於八重殿」の弟は田村縫右衛門といい、その頃に召し出され、家禄二百石を与えられ、馬廻組に奉仕した。縫右衛門の病死以後、家禄は嫡子田村九郎太夫に与えられ、その後、名を縫右衛門と改め、今は足軽頭を勤めている。

11、「継高公御側室」（小寺氏）

家臣小寺氏の娘で、若年より**福岡御館内北ノ丸**に奉仕した。元文二年（一七三七）九月に懐妊した。それ以前より**御館内御居間西手大奥**を造営し、御新宅と名付けて同所にて継高の次男「重政公」を出産した。この時、十七歳。元文三年に江戸の「御前様」より命じられ、「御側室」に直されて、「御部屋様」と称えた。以後、「秋姫様、茂姫様、麻姫様、芳姫様、安（代々）姫様」が生まれ、寛延元年（一七四八）七月一日に没した。享年二十八。心宗庵に葬られ、智海院殿心月妙卯大姉と追号された。

「御部屋様」の父は横寺伝兵衛といい、納戸頭永嶋平助の家臣で、重政の出生以後に召し出され、新知百五十石を与えられ、納戸組に加えられた。横寺氏は、元来は小寺氏の末裔であったため、小寺伝兵衛に改めて奥頭取格を命じられ、その後次第に加増されて都合四百石、礼式は無足頭列となった。

「御部屋様」の妹は「於浪殿」といい、これもまた御館内に奉仕していたが、早世した。その次の弟は小寺善十郎・小寺彦十郎といい、その妹は小姓村山七兵衛に嫁いだ。後に伝兵衛は隠居を願い出て、名を松翁と号した。家禄は小寺善十郎に与えられ、馬廻組となった。小寺彦十郎は若年より別に召し出され、六人扶持二十石を与えられ、納戸組近習として仕えた。後年、善十郎が乱心により自殺したので、「御法」により家禄はいったん召し上げられ、格別の筋目をもって即日、家禄四百石は弟彦十郎に与えられ、新たに名跡を立て、納戸勤務となった。

12、**「継高公御側妾」**（**田中氏**）

父は佐竹氏の家士田中氏で、「御側妾」は名を「於弁殿」といった。最初は江戸で継高の実姉・佐竹右京大夫義峯の本妻の「御側侍女」として下谷御構に奉仕していたが、享保十五年（一七三〇）に継高の「御側仕え」として福岡に下り、**福岡御館内北ノ丸**に置かれた。享保十六年に「松姫様」が生まれ、元文元年（一七三六）に「春千代様」が誕生したが、同年六月二十七日に卒去した。勝立寺に葬られ、自性院殿と追号された。兄の田中郷左衛門は、佐竹義峯の家臣で、子孫も佐竹家に仕えている。

13、**「継高公御側室」**（**鷲尾氏**）

京都鷲尾大納言隆煕の娘で、名を「於迭殿」と号した。若年より江戸に行き、薩摩の「御守殿竹姫様」に奉仕し、その娘の菊が黒田家に入輿する時に介添役を勤め、**溜池御部屋御構**に奉仕した。宝暦八年（一七五八）四月に福岡御館内の「御姫様方」が段々京都の堂上家への縁組みが決まり、養育係りとして継高より所望して国元に下らせ、「御側妾」とした。同年六月一日に福岡御館内仕立所に到着した(二十歳)。それより、仕立所を「御構」と唱え、「於迭殿」も「御内所様」と号し、名を「於長様」と改めた。以後、「糸姫様、吉姫様」が誕生した。後年に名を「於迭様」に再び改めた。紋はカタバミを用い、安永二年(一七七三)六月二十七日に三十六歳で没した。福岡少林寺に葬られ、昭月院殿皎誉鏡円大姉と追号された。

14、「継高公御側妾」(三隅氏)

家臣三隅氏の娘で、若年より福岡御館内に奉仕し、名を「於種殿」と号した。元文三年(一七三八)四月に新宅において継高三男の「宮内様」が誕生した。以後、「清姫様、平八長経様、貞姫様」が誕生し、その後、御城外上ノ橋右角御用屋敷内に居宅を構え居住した。

「於種殿」の父は無礼・城代組三隅伝八といい、「宮内様」の出生後に取り立てられ、加扶持があり、直礼・城代組に命じられた。伝八の一女は「於種殿」、次男は三隅藤右衛門、三男は松源院義鳳、四男は秦伝次郎といった。伝八の死後は、藤右衛門が家を継ぎ、城代組を勤め、その後、新知百五十石を与えられ、御館内御構頭を勤めるよう命じられた。藤右衛門は後に弥三右衛門と改めた。四男秦伝次郎は若年より別に召し出され、切扶を与えられ、城代組に加えられた。その後、「於種殿」の願いにより、伝次郎を養子に命じられ、秦氏を用い、新知百二十石を与えられ、馬廻組に加えられた。

15、「継高公御側妾」(中村氏)

家臣中村氏の娘で、寛延二年（一七四九）に御館内御新宅に奉仕し、名を「於久米殿」と号した。宝暦八年（一七五八）六月に裏判役宮内十郎右衛門の養女となり、大組肥塚金蔵勝定に下され、妻となった。「於久米殿」の父は中村喜三右衛門といい、無礼の軽士であったので、取り立てられて切扶を増加して直礼・無足組に命じられた。「於久米殿」の弟中村幾次は家を継ぎ、その後、新知百五十石を与えられ、納戸組近習となったのち、馬廻組に加えられた。

16、「継高公御十五女房姫様御母、継高公御側侍女」（岸原氏）

御母は「御国御側侍女」岸原氏。延享三年（一七四六）正月十二日に福岡御館内御新宅に誕生。名は「房姫様」と号す。

（参考）「御系図」（小川家文書）

城代組岸原市蔵養女、実は小川専右衛門実直の家来佐藤宅大夫の娘で、市蔵が養女として御館内御新宅に奉仕し、「お歌」と号していた。「房姫様」出生以後は、継高の命により、納戸頭山左仲に下され、妻となった。

17、「継高公御十六女恒姫様御母、継高公御側侍女」（三原氏）

「恒姫様」の母は、城代組三原市次妹で、御館内御新宅へ奉仕、「恒姫様」出生後は、継高の命により足軽頭桐山利左衛門に下され、妻となった。

右で示した『黒田御家御由緒記』の履歴から黒田家の妾十七人のライフサイクルを類型化すると、次の七類型になる。側妻と側妾の区別は難しいが、生存中に御殿向に居住が許された者は側妻、また黒田家で法事の対象となっている者は、最終的に側妻の扱いになったものと判断した。

A　側仕え(側侍女)↓子の出生↓家臣の妻等(2・4・16・17)
B　側仕え↓側妾↓家臣の妻(6)
C　側仕え↓側妾↓子の出生↓家臣の妻(7・8)
D　側仕え↓側妾↓側妻↓家臣の妻(10・15)
E　側仕え↓側妾↓側妻(9)
F　側仕え↓側妾↓子の出生↓側妻(1・3・5・11・12・14)
G　側仕え↓側妻↓子の出生(13)

妾の「身上がり」の典型例はFであり、子の出生の有無が側妾から側妻への身分上昇を果たす要因である。ただし、Eのように子を生まなくても最終的に側妻の扱いを受けた事例、また子を生む前から側妻の扱いを受けるGのような例もあり、子の有無は側妻になるための絶対条件ではなく、主君との個人的関係に左右されたといえよう。そのことは、子を生んだ多くの妾が家臣の妻に下げられていた事実があり(A・C)、これも子の有無が側妻になるための絶対条件ではなく、側妾が側妻になるための条件は主人や大名家に対する個人の貢献度がいかに評価されるかによって差異が生じた。そのことは前章の真田家における心戒の事例からも判明する。

しかし、家臣等に下げられたといっても、妾から妻へと地位が変化するわけだから、自身の身分的な上昇＝「身上がり」になったと評価することも可能である。また、ほとんどの側妾の親族が黒田家に取り立てられており（1・4・5・8・9・10・11・14・15）、妾奉公は実家の身分上昇にも大きく寄与したのである。なお、当主の子を出産しても侍女のままである事例（16・17）があり、側妾と侍女の待遇差が何を理由に生じるのかは明確でないが、継高晩年の妾であること、出生子が女子であったことが共通点にあり、これらの理由から側妾の扱いとならなかったことが推測される。

結論としては、筑前黒田家の初代から六代までの間において、当主の生存中に事実妻たる側妻の待遇を正式に得ることができたのは嫡子生母という極めて限定した人物（11・智海院）のみであり、その他は内々の扱いであったり、また当主の死後にその待遇を得たりと様々であった。また、江戸に妾が置かれた例も一部にあるが、妾は国元に置くことが基本であったとまとめられる。

小括

以上、本章では筑前福岡黒田家の初代長政から六代継高までの妾の履歴を分析し、そのライフサイクルに七類型があったことをみた。これ以外にも多少異なるライフサイクルを送る場合もあったとみなされるが[6]、その概略を把握することができたのではないかと考える。妾全般を「側室」として捉える認識は江戸時代からあったにせよ、妻妾を論じる際には「側室」とは妾のなかでも高い地位を得ることのできた限定された側妻に与えられた格式・称号として理解すべきであり、また同じ妾であっても、時期的な立場の変化による名称差、公的な場と私的な場での扱いの差等にも留意すべきといえよう。

逆にいえば、妾全般を「側室」と捉えてしまえば、近世武家社会における妾の多様性や身分の流動性を捨象してしまう結果に陥ることが危惧される。妾を分析する際の問題意識として、「室」とは妻の敬称であることを正しく理解し、妻妾の区分を明確にしたうえで近世武家社会における妾の側妻（事実妻・「側室」）への「身上がり」を歴史的に位置づける必要があることを強調しておきたい。

これらを前提に、妾は流動的かつ曖昧な身分であり、近世中期に本妻の承認を経て側妻となる側妻制が整えられたとしても、側妻の待遇を得る妾は限られていたというのが本書の結論である。とはいえ、妻と妾の身分格差という観点からすれば、大名家の妾の多くは階層的には家臣に下げられたとはいえ、身分的には武士の妻に迎えられることで妾から妻への「身上がり」を果たし、実家も武家に取り立てられて身分上昇を実現することができたという評価も成り立つ。長男・長女を生むか、男女どちらの子を生むか、といった偶発的・個人的な要素により、その「身上がり」は左右されたといえ、世襲制の家を維持していくために妾が担った役割に対して、妾の生涯にわたる生活を保障し、死後の法事を営む環境を与える配慮がなされていたのである。

そのことを踏まえながらも、当主の子を生みながら最後まで奉公人（奥向女中）の立場で生涯を終え、あるいは行方不明となった不遇な妾たちの存在があった。こうした妾たちの履歴が記録に残ることはほとんどない。その点への注意を忘れてはならないだろう。

（1）　大名家の妻妾について論じた研究に、小宮山千佐「上田藩主松平家の妻妾」（上）（下）（『信濃』五九―一〇・一一、二〇〇七年）があり、妾の履歴が丹念に調べてられており貴重である。嫡子を生んだ妾のみが「御部屋様」の扱いを受け、実家には扶持米が与えられ、没後は当主菩提寺で法事が営まれたことや、寛保四年（一七四四）以降に女中名跡の取り立てが始まること等、本章との事例と重なる点が多い。ただし、妾を全て「側室」と捉えたところは検討の余地がある。

（2）『新修福岡市史特別編福岡城　築城から現代まで』（二〇一三年）一五三頁に写真が掲載されている。

（3）秀村選三編『近世福岡博多史料』一（西日本文化協会、一九八一年）。以下、『長野日記』の出典は同じ。

（4）『御追号集』に、享年八十三とある。

（5）『御追号集』に、宝暦八年（一七五八）九月晦日没とある。

（6）上田松平家では財政難等の理由から、本妻の死後は再婚をせず、一族のなかから「御部屋様」として召し出し、江戸屋敷において実質的な本妻の役割を果たした木村のぶ（一八二四年没）の事例が報告されており（小宮山千佐「上田藩主松平忠済の手紙―おのぶ召し出し一件―」『信濃』六二―三、二〇一〇年）、これは本章での七類型には入らない。ただし、前掲小宮山千佐「上田藩主松平家の妻妾」（下）では、これを「特殊な例」として紹介している。

第二部　奥向構造の基礎的考察

第六章　奥向における大名家と将軍家の交流

幕府儀礼の問題を検討した大友一雄は、八代将軍徳川吉宗が贈答行為の抜本的改革を講じ、享保七年（一七二二）に諸大名に対して献上物と贈答の範囲を規定して贈答行為の軽減化を図ったとし、幕藩関係における贈答儀礼の画期を享保期に求めた(1)。岡崎寛徳は彦根藩の留守居（城使役）の日誌『御城使寄合留帳』から井伊家の対応を詳細に検討し(2)、享保七年の規定後も実際には財政難の現実よりも贈答継続による親密な関係性の維持が優先され、表向における贈答を続けることで、幕府との強力なパイプを維持し続けようとする井伊家の姿勢があったことを指摘した。また、井伊家が参府した際の「御饋物」として、江戸城本丸大奥の年寄女中（老女）には銀三枚宛、表使には銀二枚宛、五代将軍徳川綱吉の養女養仙院（水戸徳川吉孚の本妻八重）に対しては、「参勤御礼」として縮緬三巻、「在所到着御礼」として串海鼠一箱を贈るという規定ができ、この後、将軍家の家族構成により贈答の対象は増減するが、表向における井伊家から将軍家の家族・大奥女中への贈答は断ることはできないものとして継続されていたという。

こうした表向における贈答儀礼の研究が進むなかで、畑尚子は諸大名の奥向と表向における贈答を具体的に検討し、幕府儀礼における奥向の役割の概要を明らかにした。ただし、畑は「交際の範囲やどのような節になされるかも一様に判断することは難しい(3)」としていて、その全体像は判然としない。時代による変化や大名家の格式の違いから一様ではないにしても、奥向の存在意義に関わる根本的な問題であるから、より体系的な分析が求められる。

また、松崎瑠美は薩摩島津家で献上品や礼状を送る儀礼行為には、表向から勤める「表向御勤」と奥向から勤める「御内証御勤」という二つのルートがあり、後者は本妻のみならず島津家の当主も表向とは別に奥向からの献上行為があったことを明らかにした[4]。即ち、表向が男性（当主）による儀礼であり、奥向が女性（本妻）による儀礼である、といったようなジェンダーによる役割分担では説明できないのである。表向は家老・留守居・公儀使といった男性役人、奥向は女使・女中使・御城使等と呼ばれた奥向女中トップの女性役人が役務を担当する点にジェンダーによる性別役割分担がみられるのであり、相互に補完しながら武家社会が成立していたのである[5]。

柳谷慶子はこの奥向儀礼を担う女使に着目し、その官僚制的側面を論じた[6]。女使は大名家奥向から将軍家大奥へ儀礼勤め（時効の挨拶、年中行事及び人生儀礼における挨拶と献上品の贈呈）の使者となっただけでなく、将軍家と大名家の縁組を始めとする交渉の使者という重要な任務があったことを指摘した。かつ、儀礼勤めの範囲は、将軍家の年中行事（正月・七草・上巳・端午・土用・重陽・玄猪・歳暮等）、及び慶弔儀礼（将軍家族の婚礼・出生・髪置・元服・葬送等）であったと包括的な整理をおこない、女使はその折々に江戸城本丸の大奥に上がり、老女に謁見して、将軍とその家族への挨拶と献物をする任務にあったことを示し、表向の男性家臣との任務の対等性に言及している。

以上のような研究の進展により大名家と将軍家の交流が複雑であることは理解できるようになったが、なぜそのような複雑な交流を必要としたのか、言い換えればなぜ複数のルートによる交流が必要とされたのか、という点に対しての検討が必要と考える。そこで、本章では将軍家と大名家の奥向を通じた交流について、儀礼勤めの行為主体者と将軍家との関係による儀礼内容の差異について分析し、奥向の交流についての構造的理解を深め、近世武家社会における内証ルートの役割を位置づけたい。

ところで、将軍家の大奥と交流ができる大名家は限定された。一つには徳川三家・三卿の当主とその本妻（「御簾中」）、将軍の息子とその本妻、将軍の娘（「姫君」）や孫等、将軍家と縁戚関係を持つ個人等、将軍家と親族関係にある大名家である。[7] 次には、何らかの由緒があり交流を許された家である。[8] つまり、多くの子を大名家に養子や嫁に入れた将軍家斉の時代を例外とすれば、近世を通じて江戸城大奥と交流のできる大名家は極めて限られていた。

そうした大名家による交流のあり方について、松崎瑠美は、A．正室による公的な奉公、B．藩主たちによる奥向を通した内々の奉公、C．私的な交際、の三つがあるとし（ＡＢＣは筆者補）、「徳川将軍家の成員の私的な行事が公的・政治的な行事とされる近世武家社会の特質を表している」と指摘した。さらに、畑尚子[9]は、「献上には正式の献上と内献上がある。Ⅰ．表向（藩）からの献上と、Ⅱ．奥向でも年中儀礼として行われるものは正式の献上といえる。Ⅲ．親しいものが折々におこなうのを内献上と捉えることができる」（傍線・数字は筆者補）と整理した。これらを踏まえ、本書では次のように定義したい（丸カッコ内の英字・数字は、松崎と畑の説明に対応）。

①表向勤め[10]…江戸城本丸表向：ハレの空間において、当主（世子・隠居を含む）が将軍及びその家族に公的におこなう定期・不定期の贈答や文通（Ⅰ）

②奥向勤め…江戸城本丸奥及び大奥：ケの空間における贈答や文通

1．奥勤め…江戸城本丸奥において、当主（世子・隠居を含む）が将軍及びその家族に日常的におこなう贈答や文通

2a．大奥勤め…江戸城本丸大奥において、将軍の親族や奥向の交流を許された者が、将軍及びその家族に公的におこなう定期・不定期の贈答や文通（A、Ⅱ）

2b．内証勤め…江戸城本丸大奥において、将軍の親族や奥向の交流を許された者及びその親族が、将軍及びその家族に2a以外で、内々かつ日常的におこなう贈答や文通（B、C、Ⅲ）

要するに、江戸城の空間を分けた第一の基準であるハレ（非日常）とケ（日常）によって、贈答儀礼は大きく二つに区

分される（①と②）。さらにケの空間における贈答は第二の基準であるジェンダーにより二つに分けられ（1と2）、さらに大奥（2）のなかで将軍の親族らによる公的な贈答と内々の贈答に分けられる（2aと2b）。

なお、献上の際に老中以下の役人や大奥女中に対する贈り物をする儀礼もあるが、これらは将軍家への献上に付随するものとして形式上は贈られており、厳密には献上行為ではない。よって、右の定義からは除外している。

以下では、奥向勤めにおいて二種類の交流ルートを持っていた彦根井伊家、及び将軍家斉の子を養子に迎えた鳥取池田家の事例を取り上げ、異なる交流を必然化した状況を整理することにしたい。

第一節　将軍家女性親族による交流

彦根井伊家の家格は、石高三十万石、江戸城の殿席は溜詰であり[11]、譜代筆頭の家柄にあたるが、将軍家との縁戚関係はなかった。つまり、近世前中期に井伊家と将軍家との間に奥向を通じた交流はなかった。

ところが、十代藩主井伊直幸の世子直富の本妻に迎えた伊達満が陸奥仙台の大名伊達重村の娘であり、満の祖母が八代将軍徳川吉宗の養女利根（実は紀伊徳川宗直の娘）にあたる関係から、満は将軍家の一族として扱われていた[12]。即ち、満は将軍の曾孫として、江戸城大奥に女使を登城させ、献上及び文通する関係にあった[13]。天明四年（一七八四）に直幸の世子直富と婚姻した後も、大奥との交流は続けられた。三年後の天明七年に夫が二十五歳で早世し、寡婦となった満は守真院と改名し、そのまま井伊家にとどまり、弘化元年（一八四四）に死去した。その間の寛政七年（一七九五）十月から文化元年（一八〇四）十二月まで、守真院と江戸城大奥との贈答や文通を記録した『御城日記（御城留）』七

表3　享和3年守真院の大奥勤めにおける年中行事

月	日	行事	将軍への献上品	御台への献上品	女使
1	1	吉書／返事(年始)			
1	3	上文／返事			
1	5	上文／返事			
1	7	献上(若菜)	干鯛1箱・樽代1000疋	干鯛1箱	津山
1	9	礼文(自分拝領物礼)／返事			
3	3	献上(上巳)・上文／返事	干鯛1箱		
5	2	献上(端午)／返事	干鯛1箱	干鯛1箱	民尾
5	3	礼文(自分拝領物礼)／返事			
5	5	礼文(当主拝領物礼)／返事			
5	5	端午登城	口上	口上・目見え	津山
5	6	礼文(昨日の礼)／返事			
6	16	上文(嘉祥)／返事			
※6	19	献上(暑中)	かや1箱	かや1箱	民尾
※6	20	礼文(自分拝領物礼)／返事			
7	7	献上(七夕)・上文／返事	刺鯖1箱		
8	1	献上(八朔)・上文／返事	干鯛1箱		
9	3	献上(重陽)	干鯛1箱	干鯛1箱	津山
9	9	重陽登城	口上	口上・目見え	
9	10	礼文(昨日の礼)／返事			
11	28	献上(寒中)	色醒ヶ井餅1箱	色醒ヶ井餅1箱	民尾
11	28	礼文(自分拝領物礼)／返事			
※12	21	献上(歳暮)	干鯛1箱	干鯛1箱	民尾
※12	22	礼文(昨日拝領物礼)／返事			
※12	22	礼文(自分拝領物礼)／返事			
※12	22	拝領			津山・民尾

冊(彦根井伊家文書七六〇〜七六六)が残る。(14)いずれも竪帳で、表紙に「御城日記」と表題があり、作成年が墨書されている。日記の裏表紙には「御祐(右)筆間」とあるので、守真院の祐筆が記録したものであり、井伊家の奥方で作られた右筆間日記であると位置づけられる。以下では本史料をもとに守真院と江戸城大奥との交流の全体像を把握してみたい。

表3は、享和三年(一八〇三)の一年間の定期的な年中行事をまとめた。忌中のため、同年に記事がない暑中と歳暮は享和四年の日記から補った(※)。井伊家当主は十一代直中で、寛政二年(一七九〇)に婚姻した本妻の豊(南部利正の娘、親光院)が桜田門外の上屋敷に居た。守真院の居所は確定できないが、享和二年に赤坂中屋敷に出かけた記事があること(『御

用日記帳』）、文化五年（一八〇八）十二月に中屋敷新御殿に引越していること（『御用日記留』）、また江戸城大奥との交流を頻繁におこなう必要からも、上屋敷のいずれかの御殿に住居していた可能性が高い。[15]将軍は十一代徳川家斉、御台は近衛寔子（のちの広大院、実は島津重豪の娘茂）である。

享和三年時の将軍付老女は常磐井・飛鳥井・野村・浦尾・瀬川、御台付老女は花町・花園・局・富田、大納言（家慶）付老女は万里小路であった。江戸城大奥の表使からは、女中の任免、差し合い等の連絡がある。『御城日記』にみえる大奥女中の人事を以下に示すと、次のようなものがある。

享和三年八月十五日　常磐井殿が歌橋殿と改名、藤野殿より伝達

享和四年三月二十四日　富田殿が病死、浜田殿より伝達

享和四年八月十八日　梅田殿が差し合いのため名前除け、伝達

同日　梅田殿忌　御免にて名前入れ、伝達

梅田の事例からわかるように、大奥の人事に関して連絡があるのは、守真院からの書状に書き載せる名前に正確を期すためであった。このことは、将軍家の大奥と守真院の奥方を通じた交流が、極めて緊密になされていたことを意味していよう。

年中行事における贈答儀礼は「勤品」「勤め品」と表現されたように、守真院の将軍家に対する勤め（奉公）と理解されていた。守真院の女使は、当初は老女の里見一人であったが、寛政八年（一七九六）正月より津山が加わった。[16]寛政九年から翌十年九月までの日記を欠くので時期を確定できないが、寛政十年十月には老女の民尾と津山の二人体制になった。[17]ただし、大奥に入るための「御門札」の引き替わりでは、四枚を返却して四枚を受け取っている。一方、守真院担当の大奥の「御頼み」女中は、寛政七年には表使の松本と沢田の二人であり、同十一年に松本が死去したこ

とで沢田一人となる。「御頼み」女中には、諸種の伺いや女使の登城日時の伝達、臨時行事の伝達等の指南を依頼し、将軍家大奥と守真院の交流の取次を担ってもらった。こうした「御頼み」女中をその機能に基づき、以下では「御用頼み」と呼ぶことにする。

大奥勤めにおける定期的な年中行事には、年始(元旦・三ケ日・五ケ日)、若菜(七草、正月七日)、上巳(三月三日)、端午(五月五日)、嘉祥(六月十六日)、七夕(七月七日)、八朔(八月一日)、重陽(九月九日)、歳暮(十二月末)があった。また、厳密には機嫌伺いの範疇に入るが、年中行事化したものとして暑中(土用)と寒中の機嫌伺いがある。若菜・端午・重陽・歳暮及び暑中・寒中は、老女が登城して献上・拝領物がある。年始・上巳・嘉祥・七夕・八朔に老女の登城はなく、大奥に書状のみを届けると返事が書状で来る。

書状の届け先や献上品は、行事によって異なる。端午・重陽・歳暮の三季は将軍・御台(将軍本妻)の二所に献上品があるのみならず、老女・御客応接・表使までに贈り物が届けられる。暑中・寒中・歳暮に至っては、祐筆・切手書、さらに男性役人である広座敷・使番まで広く贈り物が届けられた。上巳・七夕・八朔は将軍のみに献上、嘉祥には献上はなく、文通のみと簡略化されている。

献上の手続きについては、まず若菜の例を確認する。前年十二月二十八日に来年初めの若菜の献上物に関する伺いを大奥に出し、来七日に献上するようにと大奥から返事がある。明けて六日に目見えの時刻が七日の五つ時である旨の連絡が将軍付老女から伝達され、七日の明時に登城し、将軍・御台それぞれに献上品を贈り[18]、応対の各老女(将軍付・御台付)に口上を述べると、各老女より「仰出」の返答がある。その後、将軍・御台への目見えが許され、将軍より上意があり、料理を頂戴する。御台からは女使の本日の勤めに対して、紗綾二巻の拝領物がある。なお、将軍への目見えが許されるのは、若菜のみである。

端午・重陽・歳暮は同様の手続きなので、端午の例を示しておく。四月二十六日に献上日の伺いを出し、来月二日と返答がある。二日に端午の祝儀として女使を登城させ、将軍・御台に献上して応対の各老女に口上を述べると、各老女より「仰出」の返答がある。つまり、登城した女使の応対は、大奥老女の役割であった[19]。続いて、老女以下への贈り物がある。以上の勤めが終わると、女使の本日の勤めに対して例年通り将軍より白紗綾二巻、御台からは白金三枚の拝領があり、その場で礼を述べる。さらに、御台への目見えがあり、目見えの際に直接、礼を述べる（「直之御礼」）。なお、公方からは登城した女使のみならず、登城しない民尾に対しても紗綾二巻の拝領がある。よって、女使の拝領物は個人の勤めに対してではなく、女使の役務に対する慰労と理解できる[20]。女使の帰館後、守真院は女使への拝領物と目見えに対する礼文を大奥に届け、返事が来る。

端午当日（五月五日）は、前日に井伊家当主に老中奉書をもって拝領物があったことへの礼文を届ける。明半時に老女津山が登城し、各老女に口上を述べて返答がある。続いて御台への目見えがある。詳細は記されていないが、三日と同様の手続きがあるのだろう。

『御城日記』には守真院への拝領物の記載は具体的に記されていないが、若菜・端午・暑中・重陽・歳暮の祝儀後には、守真院から「自分拝領物」の礼状を大奥に送り、返事を受け取ることが慣例化しているので、相応の拝領物があったとみられる。享和三年九月の重陽では、守真院からは三日に献上し、同日に前日の将軍・御台からの拝領物の礼文を届けており（「昨日御弐御所様より拝領物致候ニ付御礼」）とあり、拝領物が献上より先にある場合もあった。

いずれの祝儀にも、守真院自身が登城することはない。これらの儀礼は、井伊家当主の在府・在国にかかわらず、変化はない。なお、享和三年以降は大納言（家慶）への祝儀も加わることになるが、これも基本的な構造に変化はない。また、定期的な献上であっても、数日前には江戸城大奥に献上日の伺いを立てて確認をすることが通例であり、目見えがある場合は前日もしくは当日朝に老女奉文によって連絡がある。

将軍家・井伊家の側で忌服等の支障がある場合は、これらの大奥勤めは延期され、支障がなくなった段階で伺いが出され、指示がある。実際に、享和三年末に井伊直中の生母量寿院が死去し、井伊家では一か月の忌引となった。その手続きは以下の通りである。

まず、守真院から十二月九日付で次の「御届」が出された。

申上まいらせ候、左様ニ御さ候得ハ、掃部頭殿実母事、過日八日在所ニおいて病死致され候段、こん日承知致され候ニ付、奥方事来正月八日過迄忌にて御座候、右ニ付、御機嫌伺等さしひかへ申され候由候、此たん御まえ様迄私共より御届ケ申上候様ニ頼申され候、かしく、

沢田さま

井伊家の奥方が二月八日まで忌引になることを将軍付表使で井伊家の御用頼みを担当する沢田まで届けた。沢田からの返答は来たが、残念ながら文面は不詳である。守真院は忌服となり、『御城日記』享和四年の冒頭には「正月は勤なし」と記された。忌明前の二月五日には忌明の届けと延期となっていた歳暮・元日・三ケ日・五ケ日・若菜の祝儀をどうするか伺いを出した。

伺

上々様方御機嫌克成らせられ候御事、おそれなから御めて度有難存上まいらせ候、左様ニ御さ候得ハ、掃部頭殿こん日より清く成申され候ニ付、守真院殿より御めて度御機けん伺等申上まいらせ候御事ニ御座候、猶此別紙の通伺申され候、跡ハいつもの御文也、

一、旧臘掃部頭事指合ニ付、私事左の通申上す候ニ付、御めて度申上度伺上候、

一、歳暮御祝儀女使ヲ以けん上物致度、
一、元日　三ケ日　五ケ日御祝儀文ニて申上度、此義いかかニ致候ハヽ、よろしく候哉、
一、若菜御祝儀女使ヲ以けん上物致たく、
右の通、伺上候、御日限共ニ御指図被下候様ニ頼入候、　守真院

返答は右の伺に付紙でなされ、歳暮と若菜の祝儀を明後七日に女使をもって献上し、元日・三ケ日・五ケ日は不要との指図を受けた。忌中であっても、献上を伴う儀礼は省略されず、忌明け後に実施されている。

右の年中行事以外での定期的な交流としては、江戸城表向における式日に連動した文通がある。毎月、朔日・十五日・二十八日に当主が登城して将軍に目見えをして礼をする式日の儀礼があり、同日には守真院から必ず大奥に書状を出し、返事が来る。(21) これは当主が在国中でも同じである。

表向で井伊家に拝領物があった場合にも、守真院は礼文を大奥に出し、返書が来る。既述のように、井伊家当主は在府・在国にかかわらず将軍・御台に端午・重陽・歳暮の献上をおこない、五月五日、九月九日、十二月二十二日に拝領物がある。その受領の礼文を守真院は大奥に出し、返書が来る。また、井伊家では十一月に将軍から奉書をもって「御鷹の鴈」を拝領するのが恒例であり、守真院は毎回、女使を登城させて礼を述べさせた。このように、表向の儀礼に連動した交流が奥向の大奥勤めとしておこなわれていたのである。

この他、守真院個人の格式として、毎年末に上使をもって将軍から紅白縮緬十巻、御台から銀子十枚・干鯛一折を拝領し、女使(享和三年は津山・民尾)には紅白紗綾二巻宛を老中奉書により受領した。これに守真院は請文を出すが、これは女使が登城して大奥に提出し、女使自身も自分の礼文を直接提出し、返事が来る。

次に、不定期な交流で頻繁にあるのが、将軍・世子・御台が紅葉山東照宮・芝増上寺・上野寛永寺・浜御殿等に他

出した際の機嫌伺いである。還御後に機嫌伺いの書状を出し、返事が来る。また、初雪や雷といった天候の変化や火事の際にも、機嫌伺いの書状を出し、返書が来る。つまり、文通のみで処理されたが、書状は守真院の名で出し、将軍付老女、御台付老女に連名で宛てられ、その披露を依頼する旨が記されることを基本とする。返書は将軍付老女、御台付老女の連名で奉文が出された。

以上は、定期・不定期の違いはあるが、手続きは定例化していた交流のあり方といえる。これに対して、将軍家の若君・姫君の誕生、成人儀礼、婚姻、法事等の臨時的な慶弔行事にも、大奥勤めがあった。しかし、どの行事にどのような贈答儀礼をすればよいのか、先例や並方（家格に応じた仕方）を踏まえる必要があり、江戸城大奥に伺いを立てて確認した。その場合に、守真院は複数の奥向ルートで情報を得ようとしたところに特徴がある。

まず、老女に直接連絡を取るルートである。たとえば、享和二年（一八〇二）七月五日に江戸城大奥で懐妊の女中が流産となった。表向では大目付より、来る九日まで将軍が「御流産穢」である旨が触れられた。大奥からは将軍付筆頭老女の常磐井から同様の連絡が井伊家にあり、守真院はその知らせに感謝する旨の返書を届けた。ただし、この件について勤め品をどうするかが問題となり、実家の伊達家下屋敷（「大崎」）に問い合わせたところ、明朝に伺いを出すようにと指示された。六日門明けすぐに、流産の件で機嫌伺いをするべきかどうか勤め品の伺いを大奥に出すと、不要である旨の返答を受けた。

さらに、翌日の七夕の祝儀の有無の伺いを出すと、次のような返答があった

（前略）公方様江御献上物義御伺被成、其段老女衆へ申入まいらせ候得ハ、めて度例年之通御けん上物被成候様ニとの御事ニ御座候、（後略）

この伺文は、初めは伊達家下屋敷（「袖ケ崎」）に出したものだが、余りに返事が遅いため、守真院は「沢田殿」に別

表4　守真院と表使沢田との交流（享和２年～４年）

月日	守真院⇒沢田	沢田⇒守真院
6月1日	肴1折	
6月11日	干飯3袋	
12月26日	紙布2端、肴1箱	
6月13日		団扇2本
6月15日	干飯2袋	
12月29日	小豆1箱	
2月9日	紙布2端、肴	
6月19日		鯛1折
12月22日	紙布2反、肴	
12月23日		干さもし1折、菓子1箱

紙を添えて出し直し、同様に例年通りに献上物をするようにと指示を受けた。沢田は将軍付の表使であり、守真院が伺いを出す先として頻繁に名が現れる。また、表4のように、折柄見舞いとして相互に不定期に贈り物をしている。

このように守真院は御用頼みに伺うだけでなく、実家の伊達家（大崎袖ヶ崎）に連絡をとった。そのことは、次の事例からもわかる。享和三年八月一日には、家斉に男子が出生した。母は、蝶（達生院）である。十六日に大目付より男子誕生が触れられたが、「表向御弘メ」とはせず、名は「松平時之助様」と称えるようにと触れられた。そのため、表向では祝儀等の献上はなされなかった。そこで、奥向ではどのような勤め品をするべきか思案されたので、守真院は実家（「御里」）の伊達家に問い合わせた。その内容は、「今回はお披露目がないとのことなので伺い等を出す必要がないかどうかの指図をしてほしい」というものである。伊達家からは「御並方」に問い合わせたところ、伺いは出す必要がないと返答している。つまり、守真院は実家の持つルートを利用して重要な情報を得ていたのである。

さて、守真院の内証勤めについては、全く記載がない。記録に残らない性質の事柄であることも考慮されるが、たとえば享和二年三月二十日には、家斉の娘享の宮参りの件につき大奥からの指図がないため、御用頼みの沢田に「内々」の問い合わせをしたところ、「御表奥ニも風邪病人多く」という状況で延引しているので、沢田からいずれ指図をするとの旨の返答を受けた事例がある。献上行為を伴う表立った内証勤めをしていなくとも、このような内々の伺いをして将軍家の情報を引き出す内証ルートを持っていることにこそ、大奥との交流における政治的役割があった。この内々の伺いの先に、必要に応じて不定期かつ内々による献上行為が営まれ、内証勤めとして機能したと位置づけられよう。

第二節　特殊な由緒による交流

前節では、井伊家は江戸城大奥と交流する家格ではなかったが、伊達家から嫁いで来た本妻（守真院）が将軍の曾孫という由緒から、江戸城大奥との個人的な交流を続けていたことをみた。これに対し、井伊家では将軍若君の井伊家御成を契機に、江戸城大奥との交流を開始する。宝暦十三年（一七六三）に将軍家治の長男竹千代（家基）が宮参りの途中に井伊家を来訪した。この御成に随伴した江戸城奥向女中との交流を契機に、その関係を日常的な交流関係へと発展させた。つまり、江戸城大奥における井伊家と将軍家の交流は、将軍家と縁戚関係にある守真院個人による勤めと、将軍家若君の井伊家御成という特殊な由緒により開始した井伊家の本妻による勤めという、二つの性格を異にする交流を持つことになった。なお、後者の具体的な経緯については皿海ふみの詳細な研究を参照いただくことにし、本節では前節で取り上げた守真院の交流と井伊家本妻の交流とを比較し、両者の差異を明らかにする。

まず、宝暦十三年の御成後、当主の井伊直幸は冥加として「年始御祝儀・暑寒伺　御機嫌幷　格別之御祝儀之節御歓、御老女迄妻方より文通仕度」との伺いを出し、月番老中より「伺いの通り」と許可された。つまり、大奥との交流を開始するに際して、表向に正式の伺いを出して将軍の許可を取り付けた。このことは、江戸城大奥と井伊家の奥方との交流であっても、それは将軍家本妻（御台）の専権事項ではなく、将軍家の問題としてその当主である将軍の許可が必要であったということになる。[22]

これより井伊家は江戸城大奥との交流を開始し、年間を通じて年始や暑中・寒中伺い、特別の祝儀の際に大奥老女に書状を出すことになった。当該期の当主本妻は、宝暦八年（一七五八）に直幸と婚姻した伊予（越後与板井伊直存の娘）である。寛政元年（一七八九）に直幸が没すると伊予は梅暁院と名を改め、同五年十二月二十日に没した。よって、宝暦十三年（一七六三）から寛政五年（一七九三）まで江戸城大奥と交流したと考えられるが、その様子が具体的にわかる史料は残されていない。

寛政六年九月二十七日には、十一代将軍家斉の次男敏次郎（十二代家慶）による井伊家御成があった。既に梅暁院は没しており、十一代当主直中の本妻豊（元、資、陸奥盛岡南部利正の娘、のち親光院）は、いまだ大奥との交流を開始していなかった。そのため、守真院の老女亀尾が江戸城にしばしば登城し、表使とも懇意であったという関係から、江戸城大奥の家斉付表使の沢田を通じて、若君の御成前に呈書の下書き等を届けてもらった。御成後の十月二日からは、表使筆頭の小山に御用頼みを担当してもらうよう亀尾から依頼し、了解を得た。この時の記録は、『御城御用日記』（六八一九―一）寛政六年九月二十七日～十二月二十八日と『寛政六甲寅年御成之節御呈書御用書抜』（六八一九―二）があるのみなので、これ以降の詳細は不明だが、第一節で述べた守真院と並行して井伊家本妻が江戸城大奥との交流を再開したことになる。

これ以後では、文政九年（一八二六）の『大御前様御城御文通諸事留』（七七〇）一冊が残されている。表紙に「大御前様」とあり、史料内の書状の差出は「井伊左兵衛督内」とあるので、文化九年（一八一二）に直中（井伊左兵衛督）の隠居後に「大御前様」と呼ばれた豊の記録とわかる。老女は瀧岡・三保崎、御用頼みの表使は藤野に代わっている。表紙には「御奥方」とあり、目次（三十一項目）があるので、後年に何らかの目的で写し留められた記録であると考えられる。

天保二年(一八三一)五月二十五日に直中が没すると、豊は親光院と名を改め、天保七年五月十四日に没した。その直前まで江戸城大奥と文通を続けていたことは、『御城御用御文通留別帳』(七七四)からわかる。文政九年(一八二六)から天保七年(一八三六)までの文通の記録であり、差出は文政九年から直中が没する天保二年五月までは「井伊左兵衛督内」、忌中の六月十二日付は「井伊掃部頭母」、七月二十日付の忌明けの届けでは「親光院」とあり、自身が没する年の天保七年二月二十日の文通をもって最後とする。その間、御用頼みの表使は、文政十三年七月に藤野から小倉に変わり、晩年には広田の名が出て来る。別帳は将軍家の不祝儀における不定期の文通を記録したもので、数年で一冊が作られている。

さて、文政十二年(一八二九)九月十八日には、十二代将軍家慶の四男家祥(同十年十二月に政之助より改名、のちの家定)の井伊家御成があった。この時の井伊家当主は十二代直亮(生母は親光院)であり、本妻は文政八年に婚姻した留(越後与板井伊直朗の娘)であった。留は若君御成前には江戸城大奥との文通を開始できなかったので、この時も守真院が仲介役となった。文政十一年二月五日の『御前様御城文通諸事留』(七七二)には、次のようにある。

一、御城御用御頼御表使島田様御承知被成候段、守真院様より被仰進候、則、御頼文通御返事の御文等見せニ
　被遣候、左之通り、

つまり、御成の七ヶ月前より井伊家ではその準備を始めたが、守真院が江戸城大奥と井伊家の奥向をつなぐ役割を果たしていた。親光院は存命であり、江戸城大奥との文通を続けていたが[23]、その関係よりも守真院と江戸城大奥との関係が重んじられたことになる。それは即ち、守真院が大奥に内々に伺いを立てる内証ルートを有していたからに他ならない。こののち、若君御成当日までに井伊家本妻から表使島田への書状や贈り物等は、守真院の老女百尾と関尾が取り次いだ。

表5　呈書の仕付方

行　事	料紙	封紙	水引	熨斗	昆布
年始・歳暮	大奉書ちらし	中奉書腰巻	金銀2把	3枚	2枚
暑中・寒中	中奉書ちらし	小奉書腰巻	金銀1把		
重き御歓び	大奉書ちらし	中奉書腰巻	金銀2把		
軽き御歓び	中奉書ちらし	小奉書腰巻	—		
養子御歓び			結びながし		
引移婚礼			結びながし	3枚	2枚
御礼	中奉書ちらし	小奉書腰巻	金銀1把		
疱瘡	大奉書ちらし	中奉書腰巻	紅2把		
老女年始・歳暮	中奉書ちらし	小奉書腰巻	紅白2把	3枚	2枚
老女暑中・寒中	小奉書ちらし	腰巻なし			
御客応接贈り物	小奉書竪				
御用頼表使年始・歳暮	中奉書ちらし	小奉書腰巻	紅白2把	3枚	2枚
暑寒・添文送り物	小奉書竪				
問合せ	小奉書横折	美濃紙			

御成後はすぐに文通を開始した。『御前様御城御文通諸事留』(文政十一年から天保二年)三冊(七七一・七七三・七七七)、『御前様御城御用諸事留』(天保三年から嘉永三年まで、天保八年は欠)[24]十九冊(七七八〜八〇一、途中欠番有)が伝来する。嘉永三年(一八五〇)九月二十八日に直亮が没すると、留は耀鏡院と名を改め、屋敷は外桜田の上屋敷から赤坂の中屋敷へと移り住んだ。史料の作成者も「御本奥御附」「御本屋敷御殿御付」から「御中屋敷御殿御付」へと変わる。

豊(親光院)が江戸城大奥と文通を開始した時の記録と推定される『御呈書御仕附方御名前』(六八一九―五)によれば、年始・歳暮・暑中・寒中の機嫌伺い、歓び、養子歓び、引移・婚礼、御礼、疱瘡の節に書状を出すものとしている。いわゆる年四回の定期的な機嫌伺いと吉事における不定期な歓びということになる。表5に示したように、それぞれに、料紙・封紙・水引・熨斗・昆布等の項目につき、呈書の方法が取り決められていた。

たとえば、天保十一年(一八四〇)の『御前様御城御用諸事留』(七八六)を例にとると、年始(正月三日)・歳暮(十二月二十八日)・暑中(六月二十三日)・寒中(十二月十六日)、家定(「右大将様」)疱瘡機嫌伺い(三月二十五日)、酒湯歓び(四月七日)、泰(家斉十五女、天保十一年因幡鳥取池

表6　大奥女中名前一覧

	老女	御客応接	表使	祐筆頭
将軍（家斉）	飛鳥井 花園 瀬川＊ 梅多＊ 野村 瀬山	志賀山 歌浦 浜浦	藤野＊ 島田 小倉 田村＊ 浜多 駒井	川野
御台（近衛寔子）	花町 梅園＊ 梅渓 瀧山		福山＊ 関川 谷浦	
世子（内府・家慶）	万里小路 山野井 浜岡 藤岡＊ 飯島	亀岡 亀井＊ 千坂	浦瀬 島田＊ 駒井＊ 小山＊ 三沢	
若君（斉順）	岩岡 飯島＊ 八重島			
簾中（楽宮喬子）	堀川 つほね＊ その山 袖川		三沢＊ 槙野 神尾	

註）＊は、墨引抹消されている人名。

田斉訓に嫁す）の引き移り歓び（十二月五日）、井伊家世子の直亮が将軍家慶より馬を拝領した御礼（十月十四日）、直亮が西の丸奥で大御所家斉から野羽織と策を拝領した御礼（十月十四日）等の記載がある。

同史料にはこの他にも、将軍家家族の体調不良に関する機嫌伺いがある。天保十一年正月二十五日に家慶の本妻楽宮喬子が没したが、その前日の二十四日に不例を聞き、機嫌伺いを出している。五月九日にも家慶六女暉（母は波奈）が「御機嫌不勝」ということで、機嫌伺いを出している（前日死去）。年四回の定期的な機嫌伺いのみならず、突発的な病気等も含めて機嫌伺いをおこなった。

ただし、『御前様御城御用諸事留』とは別に『御前様御城御用別帳』という記録が作成されており、将軍家・井伊家、あるいは朝廷関係者の死亡に関わって発生する悔状や朦中機嫌伺い、法事等の機嫌伺いを分けて別帳に記された。換言すれば、吉事の歓びだけでなく、凶事の際の機嫌伺いも交流の範囲に含まれていた。

いずれにせよ、井伊家の本妻からの大奥勤めは、御用頼みの表使に、誰宛にいつ頃、書状を送ればよいのかという勤め品を伺うと、表使から老女衆に申し入れ、指示を受けた内容を表使から井伊家の本妻に宛てて指南する書状が返される。この指南に従って、井伊家から書状を提出すると、滞りなく返事が来る、という順序となる。これは文通のみとはいえ、「私勤め品」と記されたように、井伊家本妻が勤める重要な奉公とみなされていたのである。

書状を出す際に必要となる江戸城大奥の女中の名前は、表6のようになっている。将軍・御台・世子・庶子・簾中（世子本妻）の各老女・御客応接・表使・祐筆頭までが記されている。なお、この史料では文通に必要な役女のみであり、御台・簾中・庶子の御客応接等の名は記されていない。

以上のように、井伊家本妻は江戸城大奥と交流したが、献上物や拝領物はなく、単に書状の往復があるだけだった。とはいえ、その交流を通じて将軍家と井伊家が特別に親しい関係にあることが確認されたのであり、その行為そのものに譜代筆頭の家格を誇る井伊家にとって重要な意義があった(25)。

第三節　将軍家男性親族による交流

本節では、鳥取池田家の世子斉衆（一八一二～一八二六）による将軍家との交流を分析する。同家は因幡・伯耆二国を領する国持大名で、石高は三十二万石、殿席は大広間席であった。文政期（一八一八～一八三〇）の江戸屋敷は鍛冶橋内に上屋敷、芝金杉に下屋敷があった。斉衆は将軍家斉の十二男であり、鳥取池田家八代当主斉稷の男子が相次いで夭折したため、文化十四年（一八一七）に養子に迎えられ、当主の斉稷が住む上屋敷本御殿に新御殿を建造して居住した。一般に世子は中屋敷または下屋敷に居住するとされるが、将軍の実子ということが関係していよう。その新御殿（「御部屋」）に勤務する守役が記した『江戸御部屋日記』二冊が残る(26)。

この時期の同家の奥方は、文政元年（一八一八）に八代斉稷の本妻演（陸奥米沢上杉治弘の娘、天珠院）が没し、本妻不在の状況だった。遡って七代斉邦は未婚のまま早世したため、これも本妻がいなかった。よって、この時期の奥方の中心的役割を担ったのは、六代治道の死後、後家となっていた転心院である。紀伊徳川重倫の娘で、母は公家の今出川誠季の娘とする。転心院は大上﨟を女使として登城させ、将軍及びその家族への献上が確認できる。将軍との直接の縁戚関係はないが、これは実家の紀伊徳川家の格式に基づく江戸城大奥との交流とみなされる。基本的には第一節で検討した守真院の奥向勤めと同様の献上・文通であり、転心院自身が登城した形跡はない。なお、転心院は芝の下屋敷に居住し、転心院付の用人前田逸平と牧秀右衛門を通じて頻繁に上屋敷と情報のやりとりをしていた。

なお、鳥取池田家本妻と江戸城大奥との交流の始期は明確ではない。始祖池田輝政が徳川家康の次女督（良正院）と縁組した関係が推定されるが、史料的に前・中期はよくわからない。『江戸御用部屋日記』の残る天明元年（一七八一）以降は、歴代本妻による江戸城大奥との交流が確認できる。(27) 一方、池田家当主による大奥との交流は確認できない。よって、文政期に鳥取池田家では、世子斉衆と後家の転心院の二人が江戸城大奥と交流していた。

上屋敷の本御殿とは別に設けられた斉衆の居所である新御殿は、通常は「御部屋」と称された。式日（一日・十五日）に斉衆は奥向表方に出て、江戸家老以下から礼を受けることが通例であった。その一例として『江戸御部屋日記』文政七年四月十五日の条を示す。

一、若殿様御表江被為　入於　御居間、

殿様御一所ニ当日之御礼、信濃守殿始、昵近之諸奉行以上被為　請、其外御側廻之面々は御部屋ニて銘々謁之、

つまり、世子（「若殿様」）は奥向表方に入って、当主と一緒に江戸家老（津田信濃守元貞）以下昵近の諸奉行以上の礼を(28)「御居間」（当主の日常の居場所）で受け、その他の世子付側廻りの者は、銘々に斉衆の「御部屋」で対面して礼を述べた、とある。

一方、用人の『江戸御用部屋日記』の同日の条をみると、

一、式日の御礼、信濃殿始昵近之諸奉行以上於
　御居間申上、外様之面々は御帳にて申上候事、
　　但、触口昵近之面々は銘々謁之、

式日の礼として江戸家老以下が「御居間」で礼をおこない、外様の者は帳付で済ませた。ただし、用人触口で当主に昵近の者は銘々に(当主に)対面した、という。わざわざ「御表」と記していないのは、用人が直接管轄下に置く奥向表方だからと考えられる。また、表向勤務の家臣(「外様」)は帳付の扱いであった(日によっては、「通り懸け」もある)。要するに、世子守役の日記は奥向表方と奥方のみの案件が記され、表向勤務の人々の記事がなく、逆に用人の日記には表向と奥向表方の記事はあるが、世子付の記事が省略されている。これは、用人日記と守役日記の性格の大きな違いを意味するものである。

江戸詰の人員は、文政十二年段階で士分六十八人、徒以下苗字付五十二人、無苗三十人、辻番二十三人となっている。士分の役職には、留守用人(江戸家老)・小取次(勤役)・奏者・聞役(留守居)・奥向役人・各屋敷留守居等があり、徒以下には留守居下役・奥向役人・勘定所役人・人割場役人・諸作事廻等があり、無苗には作事下奉行・上水方下奉行・各屋敷万人等があった。

新御殿「御部屋」の場所は、錠口の内側、即ち奥方にあった。たとえば、文政五年(一八二二)四月二十六日に島津斉興(松平豊後守)が来訪した際には、まず「御居間書院」へ通され、初めて斉衆と対面し、盃事となった。続いて、当主斉稷の案内で斉興は「居間」に移り、そこで膳となり、斉稷が相伴をしていたところに斉衆が出てきて挨拶を済ませた。さらに、斉衆の案内で錠口を通って「御部屋」に入り(「御鈴通り此御部屋江御通り」)、そのどこかの部屋で熨

斗と菓子を渡されて、それより「居間」に帰った、とある。つまり、斉稷のいる奥向表方の「居間」から「御部屋」に入るために錠口(「御鈴」)を通過しており、「御部屋」が錠口の内側にあることが判明する。

また、文政五年五月には当主斉稷が鳥取に帰国することになった。そのため、「御鈴口御表御〆り」となり、用人に近習目付が同道して例年通り板戸が封印された(『江戸御用部屋日記』文政五年五月四日条)。

一、御鈴口御表御〆り御近習目付同道にて例之通致封印候事、

但、例本文之通御〆り切相成候処、当年も若殿様折々被為　入候付、御稽古所猿之御杉戸外御廊下御通路相成候に付、右御廊下御縁頬雨戸江御〆り付御部屋御近習目付致封印、鍵は同人預之、右猿之御杉戸口江も御〆り付、表御近習目付致封印候事、尤右御〆り之儀者前廉銘々御目付両御近習目付立合致見分候事、

つまり、奥方から奥向表方に入る錠口(「御鈴口」)の表側が封印されたが、斉衆が稽古所に折々は入るので、稽古所の猿の杉戸の廊下の雨戸は斉衆付近習目付(「御部屋御近習目付」)が封印し、鍵を預かった。猿の杉戸口は奥向表方の近習目付(「表御近習目付」)が封印し、目付と奥向表方・部屋方の両近習目付が封印に立ち会った、とある。よって、当主が帰国するに伴い、奥向表方の御殿空間が閉鎖されたが、稽古所のみ斉衆の近習目付が鍵を預かることで当主不在の間も開閉できることになったとわかる。ここからも、世子斉衆の新御殿は封印により閉鎖されていない空間、即ち錠口の内側の奥方にあったことが導き出される。こののち斉衆が婚姻して本妻の本奥が形成されれば、中奥と唱えられる性質の部屋である。表住居になる前の部屋住み時代の斉衆は、日常を錠口の内側の「御部屋」で過ごし、儀礼や来客に際しては奥向表方に出て来て対応し、「御表〆り」の際には新御殿の居間で来客を応接した。

以上、長くなったが、新御殿＝「御部屋」は、当主が日常を過ごす居間や居間書院のある奥向表方ではなく、錠口の内側の奥方にあって、そこに勤務する守役の記録が『江戸御部屋日記』であり、奥向表方の用部屋にいて奥向を統

括する用人の記録が『江戸御用部屋日記』である(29)。また、『江戸御部屋日記』は、もっぱら年中行事や贈答等の儀礼が記録され、斉衆の起居等の日常生活の記載はない。守役の格式は二十挺物頭、礼席は用人の次であり、若君の元服後は「若殿様御用人」と役名を変更し、職掌も用人と大差ないとされる。よって、日記の内容は用人日記に近いが、その基本的性格は奥方日記である点に留意すべきことを強調したい。以下では、鳥取池田家の世子斉衆による江戸城大奥との交流について、『江戸御部屋日記』(以下、『部屋日記』と略称)と『江戸御用部屋日記』(以下、『用人日記』と略称)をもとに検討する。なお、これら日記において、本書でいうところの表向は「表向」、奥向表方は「御表」または「奥向」、奥方は「奥向」と記される(30)。

斉衆は将軍家の男子として、将軍及びその家族に対し江戸城大奥を通じて献上・呈書・登城による交流を許された格式であった。文政五年(一八二二)閏正月十五日に五節句・八朔・若菜の式に登城を許され、朔望その他の登城の控席は大廊下休息所に入り、五節句・八朔は白書院、月次は黒書院が礼席となり、養父斉稷も同様とする旨を伝えられた。特に、若菜の祝日は本来的には表向の公事ではなく、三家・三卿等、徳川家にとって格別の諸家のみが登城する年中行事であったが、この時より鳥取池田家の格式となり、若菜登城が幕末まで続けられることになった。

ただし、初登城前から斉衆が江戸城大奥と交流していたことは、それ以前に年始や機嫌伺いの上文を出しているところから確認できる。表7は、『部屋日記』から江戸城大奥との交流をまとめたものである。大奥勤めにおける年中行事は、年頭・若菜・上巳・端午・七夕・生御霊・暑中・八朔・重陽・寒中・歳暮である。嘉祥がなく、生御霊があること以外は、第一節でみた守真院と同じであるが、献上の手続きや献上品等には少しずつ違いがある。

二月一日の初登城後は月次登城等が検討されたが、実際には病気等を理由に登城は実施されなかった。表向での献上儀礼は文政五年十二月の歳暮より開始され(後述)、文政七年(一八二四)三月二十八日に江戸城で斉衆が元服すると、ここから表向に登城しての儀礼勤めを本格化させる一方で、この後も大奥との交流は継続された。斉衆は文政九年三月九日に十五歳で病没したため、池田家の家督を継ぐことはなかったが、以後も鳥取池田家の家格を大広間ではなく、大廊下の格式として定着させることに貢献した。

斉衆には幕府から御守として女中二人（幾岡・浦島）と次女中五人が付けられ、池田家からも年寄（当主付袖崎が兼帯）・側・三の間・中居・使番・半下が付けられていた。そのうち、斉衆の女使を担当したのは御守の幾岡と浦島の二人であり、交代で江戸城大奥へ登城した。守役は伊藤左内・近藤恰、勤役は津田右門、留守居御用懸りは和田衛士・藤井熊大夫、側役北村双吉、目付二人、近習目付三人であった。

文政五年五月に斉稷が帰国する際には、守役二人（伊藤・近藤）に、①留守の諸事に念を入れて勤めること、②献上物は二人が立ち合い念を入れ、賄方に確実に命じること、③勝手方の諸事にも気を配り、留守居・吟味役と相談して勤めること、④火の用心、⑤家中の者のもめ事があれば、目付・留守居に相談すること、の五か条が命じられた。これは奥向表方の留守用人に命じられた内容と同じである。このように、奥方用人ともいうべき守役は斉衆の諸事全般に携わるが、特に献上物は賄方による物資調達と連携して遂行すべき重要な任務であった。その支出（勝手方）に際しては、表向の交渉役である留守居や勘定吟味役と相談することになっていた。

この他、江戸城大奥との交流で重要な役割を果たすのが、勤役である。別名を小取次といい、その職務は「一切吉凶に関する事柄、又は御親戚、諸家間の交際贈答の事務は、皆此処にて取扱ふ」とされる。表7をみてもわかるように、勤役は不定期の機嫌伺いの際の上文や請文・礼文の作成を担っていた。

これを守真院の場合と比較すると、守真院の年始は文通だけであり、若菜に献上儀礼がおこなわれた。一方、斉衆の場合は、元旦に老女奉文をもって将軍（家斉）から鏡餅一飾・干鯛一箱、世子（右大将・家慶）・御台（近衛寔子・広大

表7　文政5年池田斉衆の大奥勤め

月	日	行事	将軍	世子	御台	簾中	担当
1	1	拝領(年頭)	鏡餅1飾・干鯛1箱	干鯛1箱	干鯛1箱	干鯛1箱	△浦島
1	1	上文(初雪伺い)	書込				＊勤役
1	2	献上(年頭)	干鯛1箱	干鯛1箱	干鯛1箱	干鯛1箱	△幾岡、※留守居
1	4	内々拝領	昨晩御謡初の盃台				◎勤役
1	5	上文(機嫌伺い)		浜御庭御成			＊勤役
1	7	若菜祝儀	口上・目見え・上文	口上・目見え・上文	口上・目見え・上文	口上	△幾岡　＊勤役
1	20	上文(機嫌伺い)	上野参詣				＊勤役
1	30	上文(機嫌伺い)	増上寺参詣				＊勤役
閏1	4	上文(機嫌伺い)		船堀筋御成			＊勤役
閏1	28	内々献上(御礼)	衝立1脚・肴1折				△幾岡　＊勤役
2	1	内証献上(初登城)	2種1荷	1種1荷	1種1荷	1種1荷	△浦島
2	2	内々拝領(初登城)	文台硯1		花生		◎勤役
2	11	上文(禁裏酒湯)	書込		書込		＊勤役
2	15	上文(雷伺い)	書込				＊勤役
2	18	内々献上(法事)	菓子1箱				△幾岡
2	20	内々献上(法事)				煎餅1箱	△浦島　＊留守居
2	21	上文(機嫌伺い)	王子筋御成				＊勤役
3	3	上巳祝儀	口上	口上	口上	口上	△幾岡
3	3	上文(雷伺い)	書込				＊勤役
3	5	献上(転任祝儀)	鯛1折	鯛1折	鯛1折	鯛1折	△浦島　※留守居
3	6	献上(昇進・叙位祝儀)	鯛1折	鯛1折	鯛1折	鯛1折	△幾岡　※留守居　＊勤役

3	9	内々拝領(転任祝儀済)	刀掛				
3	15	拝領御礼(転任祝儀)	鯛1折				△浦島　※留守居
3	16	上使拝領物御礼					△幾岡
3	16	内々拝領(昇進祝儀)			置物1箱・鮮鯛1折		
3	21	拝領(祝儀膳)	肴1折				
3	23	内々献上(昇進祝儀拝領)			肴1折		※勤役・留守居
3	24	上文(機嫌伺い)	増上寺参詣				＊勤役
3	29	上文(機嫌伺い)	上野参詣				＊勤役
4	6	上文(御台養子縁組)					＊勤役
4	15	内々拝領(昇進祝儀済)			鮮鯛1折		◎勤役
4	18	内々献上(法事)			葛粉1箱		＊奥向　※留守居
4	27	上文(機嫌伺い)		羅漢寺筋御成			＊勤役
4	29	上文(機嫌伺い)	増上寺参詣				＊勤役
5	2	献上(端午)	干鯛1箱				△幾岡　※留守居
5	3	拝領(端午)	時服3・干鯛1箱				△幾岡
5	5	端午祝儀	口上	口上	口上・目見え・上文	口上	△幾岡　※勤役
5	9	献上(有卦)	鮮鯛1折		鮮鯛1折		△浦島　※留守居
5	9	拝領物	鮮鯛1折		公方と相合		◎勤役
5	16	見舞い(火事)	使者	使者		使者	＊奥向
5	20	献上(法事)	求肥飴1箱				△幾岡　※留守居
5	21	上文(機嫌伺い)		上野参詣			＊勤役
5	28	上文(忌中)		書込		書込	＊勤役
6	3	上文(土用)	書込				＊勤役

6	5	献上(暑中)	蕨の粉1箱	蕨の粉1箱	蕨の粉1箱	蕨の粉1箱	△幾岡　※勤役
6	6	拝領物(暑中)	串鮑1箱	干鱈1箱	鮮鯛1折	鮮鯛1箱	△浦島
6	12	上文(機嫌伺い)	増上寺参詣				＊勤役
6	20	上文(機嫌伺い)	上野参詣				＊勤役
6	22	歓び(縁組)	口上	口上	口上	口上	△幾岡
6	28	養子祝儀	鮮鯛1折	鮮鯛1折	鮮鯛1折	鮮鯛1折	※留守居
6	28	養子御歓	口上	口上	口上	口上	△浦島
7	14	忌明悔み・拝領物の礼	口上	口上	口上	口上	△幾岡
7	15	中元祝儀献上	刺鯖1箱				△浦島　※留守居
7	15	中元祝儀拝領	蓮飯1飾・鯖1箱				△浦島　◎勤役
7	15	拝領物御礼	(口上)				△浦島
7	15	上文(機嫌伺い)		大川筋御成			＊勤役
7	18	婿養子御歓	鮮鯛1折	鮮鯛1折	鮮鯛1折	鮮鯛1折箱	※留守居
7	18	婿養子御歓	口上	口上	口上	口上	△幾岡
7	18	七夕祝詞	口上	口上	口上	口上	△幾岡
7	18	生御霊祝儀	鮮鯛1折		鮮鯛1折		△幾岡　※留守居
7	26	上文(雷)	書込				＊勤役
7	27	内々献上・上文	簞笥1箱・鮮鯛1折		重硯1箱・鮮鯛1折		※勤役
8	1	八朔祝儀	口上	口上	口上	口上	△浦島
8	4	上文(機嫌伺い)	浜御庭御成				＊勤役
8	4	内々拝領(猟肴)	猟肴				◎勤役
8	7	本丸誕生御歓	書込				＊勤役
8	9	上文(機嫌伺い)		大川筋御成			＊勤役

8	15	内々拝領(月見)	御台の物		御肴1折		◎右筆間
8	22	上文(法事)	書込				＊勤役
8	25	上文(法事)	書込				＊勤役
9	2	献上(重陽)	干鯛1箱				△幾岡　※留守居
9	4	拝領物(重陽)	時服3・干鯛1箱				◎勤役
9	8	上文(機嫌伺い)	上野参詣				＊勤役
9	9	重陽祝儀	口上	口上	口上・(目見え・上文)	口上	△幾岡
9	9	内々拝領(御慰)			鮮鯛1折		◎勤役
9	16	内々献上(不例)			水菓子		＊祐筆間
9	22	御悔み			老女奉文	老女奉文	
9	26	忌中拝領		塗重1組		塗重1組	
10	4	忌明御礼	口上	口上	口上	口上	△浦島
10	5	献上(公方誕生日祝儀)	鮮鯛1折				△幾岡　※留守居
10	5	拝領(公方誕生日祝儀)	居餅				◎勤役
10	5	御礼(公方誕生日拝領)	口上				△幾岡
10	7	内証拝領	菊の花				◎勤役
10	14	上文(機嫌伺い)	増上寺参詣				＊勤役
10	28	上文(引越御歓)	書込				＊勤役
11	3	上文(機嫌伺い)	浜御庭御成				＊勤役
11	5	上文(機嫌伺い)		亀有筋御成			＊勤役
11	16	内々献上(快復祝儀)	鮮鯛1折	鮮鯛1折	鮮鯛1折	鮮鯛1折	△幾岡　※留守居
11	16	内々拝領(快復祝儀)			交御肴1折		＊勤役
11	16	礼文(快復祝儀)					＊勤役

11	25	上文(引越祝儀)	口上		口上		△幾岡
11	26	上文(寒入)	書込				＊勤役
11	28	引越御歓	口上		口上		△幾岡
12	3	献上(寒中)	塩鱈1箱	塩鱈1箱	塩鱈1箱	塩鱈1箱	△幾岡
12	5	初雪伺い	書込				＊勤役
12	5	拝領(寒中)	串鮑1箱	塩鰈1箱	鮮鯛1折	鮮鯛1折	◎勤役
12	5	拝領(寒中)御礼					△幾岡
12	8	内々奉文(火事)	書込		書込		◎祐筆間
12	8	老女来訪(火事見舞)	書込				○奥向
12	13	上文(機嫌伺い)	小松川筋御成				＊勤役
12	21	献上(歳暮)	時服2	時服2	白銀2枚	白銀2枚	＊用人　△留守居
12	21	献上(歳暮)	干鯛1箱	干鯛1箱	干鯛1箱	干鯛1箱	△浦島　※留守居
12	21	拝領(歳暮)	時服3・干鯛1箱	干鯛1箱	白銀10枚・干鯛1箱	干鯛1箱	※留守居
12	21	拝領御礼					△浦島　※留守居

(註)△登城、※取り計らいの担当、＊上文作成、○礼文作成、◎請文・礼文作成　書込：連名宛名で書状を出すこと

院)・簾中(楽宮喬子)から干鯛一箱宛を拝領し、御守の浦島が登城して礼をした。二日には、四方(将軍・世子・御台・簾中)に干鯛一箱宛を女使(御守幾岡)が登城して献上した。用意等は留守居が担当し、幾岡には四方より白銀二枚宛が下された。さらに、斉衆生母八百を筆頭に、将軍付老女五人、世子付老女五人、御台付老女四人、簾中付老女五人に肴代として金二百疋宛、将軍付御客応接三人、同表使六人、世子付御客応接三人、同表使四人、御台付御客応接二人、同中年寄二人、同表使三人、簾中付中年寄四人、同表使二人に金百疋宛が贈られた。このように年始の贈答儀礼を終えているため、若菜は女使が登城して四方に口上を述べるのみで献上はなかったが、女使は将軍・世子・御台に目見

えがあり、料理を振る舞われたあと、下城後に本日の礼として上文を届けた。その作成は勤役が担当した。なお、献上を伴わないため、拝領物はない。以後、端午・重陽は将軍にのみ献上、上巳・八朔・七夕は口上のみで献上はない。老女奉文による拝領物は、年頭・端午・暑中・中元（盆中）・重陽・寒中・歳暮である。

文政五年の歳暮からは、奥向に加えて表向での献上を開始するので、詳しく検討したい。まず、斉衆の守役が記録した『部屋日記』文政五年十二月二十一日条には、次のようにある。

一、若殿様より表向初而歳暮為御祝儀左之　御方様江御留守居御使者を以左之通被成御献上候事、何も用人取作廻、此方構なし、

つまり、斉衆が表向において初めて歳暮を献上したが、これは全て用人が差配し、留守居が登城して済ませたので、斉衆付守役は何も関与しなかったとある。逆にいえば、守役が担当するのは、大奥勤めに関する事柄に限定されていたとわかる。献上したのは、将軍と世子に時服二重宛、御台と簾中に白銀二枚宛である。無事に済んだ旨が留守居より守役に伝達され、守役から用人にその旨を報告した。

一方、用人が記した『用人日記』には、まず当主斉稷の歳暮献上の記事がある。十二月二十一日朝、留守居が登城し、斉稷から将軍と世子に時服二重宛、御台と簾中へは白銀三枚宛を献上した。御台と簾中の白銀が一枚多くなっている。これが無事に済んだ旨が留守居より用人に伝達された。続いて斉衆の献上も無事に済んだ旨を守役から用人に伝達された旨が記されている。

再び『部屋日記』によれば、この表向勤めに続いて、斉衆は例年通りに大奥勤めがあった。歳暮の祝儀として女使浦嶋が登城して、将軍・世子・御台・簾中に干鯛一箱宛を献上した。これを用意したのは留守居である。この献上が無事に済んだことを留守居から連絡を受けた守役は、その旨を用人に報告した。女使浦嶋には、将軍・世子・御台・

簾中より白銀二枚宛を拝領した旨を「御局付」に伝達し、その礼文の提出は勤役が担当した。さらに、本丸・西の丸の老女衆始めへ歳暮の祝儀として贈り物があったが、これは勤役が担当したので守役は関与しなかった。なお、このことは用人には報告されなかったらしく、『用人日記』に記載はない。

続いて、斉衆には歳暮の祝儀として御台より拝領物があった。まず、使者が上屋敷に来る前に添番と伊賀者に下男・小人が付き添い、品物が届けられた。表門が開き、表の式台薄縁より徒者が受け取り、使者の間に持参し、それより小書院付書院の前に客番が持ち出し、八人(徒者の取り締まり、主人の警衛にあたる役)のなかから二人が番を勤めた。使者(広敷番頭吉田源次郎)が到着すると、御客会釈が先立ちをして斉衆の名代・池田刑部定保(池田家分家西館当主)が式台鏡板西側に出座し、その時、門内より薄縁まで使者を留守居が案内して鏡板で挨拶をし、それから定保の案内で小書院に移り、御台からの「御意」を請け、目録を受け取り、斉衆に伝える旨を述べた。それから拝領物の前に出て平伏し、定保は「御勝手」に入り、「御意」の趣を「表御居間」にいる斉衆に言上し、直接目録を渡した。斉衆は「御請」を言上し、それより定保は小書院に戻り、使者に「御請」の趣を言上したあと、定保の案内で使者を式台鏡板西側まで見送った。その後は留守居が先立で送り出した。なお、門外には江戸家老の津田信濃、表目付、留守居、白洲東方に用人・御客会釈・吟味役迄が控えた。これが終わると、簾中からの使者(広敷番村田主計)が来訪し、御台の時と同様に出迎えと見送りを執りおこなった。右のように用人は使者の出迎えに立ち会っており、このことは『用人日記』にも簡潔に記されているが、「御拝領物御座敷にて之次第、此方取扱無之、委細御部屋日記ニ有之」とあるように、用人の直接関与するところではなかった。よって、これは斉衆の大奥勤めに対する、江戸城大奥からの拝領物であるとわかる。表向や奥向表方の空間が利用されている点からは、大奥勤めとはいえ公的な性質を帯びるものと考えられよう。拝領物は、御台より白銀十枚・干鯛一箱、簾中よりは干鯛一箱であった。

これが終わると、将軍・世子よりは、使者ではないが老女奉文をもって拝領物がある。つまり、これも大奥勤めに対する、江戸城大奥からの拝領物である。添番伊賀者によって拝領物が届けられ、将軍より時服三・干鯛一箱、世子より干鯛一箱を拝領した。以上の旨が守役から用人に報告され、『用人日記』にも書き留められた。

この拝領物の礼として、本丸・西の丸の老中への使者を留守居が勤めた。これは『用人日記』『部屋日記』で確認できる。一方、老女浦嶋が登城して礼をしたこと、及び老女(「御守」)二人には、年中女使を勤めたことにより、公方より三両宛を拝領したこと、これを「局付」に伝達し、礼文は勤役が担当したことが『部屋日記』のみで確認できる。

続いて『用人日記』には、斉衆に歳暮の拝領物があった「御歓」として、昵近の鑓奉行以上からの礼を斉衆が「御居間」で受けるはずであったが、後日に延期となった旨が記されたあと、転心院に将軍から上使広敷番頭をもって縮緬二十巻の拝領物があり、御台からは同じ広敷番頭を使者として白銀十枚・干鯛一箱の拝領物があった旨の連絡があったことを記す。その様子は、上使が来訪した際は留守居が門まで出迎え、伊藤左内・前田逸平・目付加役の伊藤友之助が広敷門内に熨斗目麻上下を着用して出迎えた。通常は江戸家老の津田信濃が屋敷の門まで出向いたが、本日は斉衆に使者があったため、出座はなかった経緯が記された。転心院からも、歳暮の祝儀として例年通り、将軍に時服二・干鯛一箱、御台へ干鯛一箱を大上臈園村をもって献上し、園村は御台への目見えを許され、白銀二枚を拝領した。また、将軍からは白銀二枚を大上臈小枝・園村が拝領するのも例年通りであった。

このように、転心院と斉衆の場合を比較すると、将軍から上使を派遣されるか、老女奉文で贈られるか、という違いがある。当然、上使派遣の方が高い格式にあることはいうまでもない。

なお、文政五年は当主斉稷が在国中だったため記載はないが、文政六年の『用人日記』をみると、在府中の斉稷は、朝方、芝の下屋敷に入り、転心院に歳暮の祝儀として将軍から派遣された上使に挨拶し、上使が帰ったあとに、留守居が江戸城表向で与えられた拝領物の礼のために月番老中に出向き、午後二時前頃に帰宅している。当主の斉稷には、大奥勤めでの公的な贈答はない。

右から判明するように表向勤めと大奥勤めとでは、同じ祝儀を贈る行為でも、その扱いは格段に差があった。大奥勤めをすることが、いかに高い格式を誇ることになったかがよくわかる事例だろう。

次に、斉衆の場合は、守真院と比べて頻繁に将軍家の大奥との交流がある。特に内々献上、内々拝領といった内証勤めが多い。これは、定期的な年中行事である大奥勤めに対して、不定期かつ内々に献上・拝領をするもので、将軍家の実子という特別の関係に基づく贈答行為とみなされる。また、内証とはいいながら一定のルールに基づいて贈答儀礼がなされている。おおよそ互酬の関係が成立しているが、どちらかといえば斉衆が拝領する方が多い。

斉衆に連動して、当主斉稷も内証勤めをした例がある。文政五年二月一日は、斉衆の初登城となった。六つ半時に供揃えをして養父斉稷と同道して登城した。大廊下下の休息所に通り、白書院において将軍に初目見えとなり、献上太刀を奏者番が披露した。西の丸では帝鑑間で老中に対面し、下城後は老中・若年寄宅を廻勤して八時過ぎに帰館した。これは表向勤めなので留守居が取り計らい、池田家当主・世子それぞれが将軍・世子・御台・簾中に各献上をおこなった。当主斉稷からは将軍に綿二十抱、世子に白銀五枚、御台・簾中に巻物三宛、世子斉衆からは将軍に太刀一腰・縮緬五巻・馬代黄金十両、世子に太刀一腰・縮緬三巻・馬代黄金十両、御台・簾中に白銀五枚宛である。

これとは別に「内証」として、斉稷からは四方(公方・世子・御台・簾中)に鯛一折宛、斉衆からは将軍へ二種一荷、世子・御台・簾中に一種一荷を献上した。いずれも斉衆付御守浦島が女使として登城して届けられた。表向勤めと並行して、内証勤めとして献上されたものである。斉衆からは、本丸老女衆に白銀二枚宛、同表使衆に白銀一枚宛、西丸世子付老女二人に白銀二枚宛が贈られた。これは内証勤めに付随して与えられた江戸城奥向女中に対する贈り物であり、このことは『用人日記』と『部屋日記』ともに記載がある。さらに「内々」の贈り物として、瀬川・八重・富田に白銀五枚宛、瀬川には縮緬三反、八重・富田には縮緬二反宛、御台付老女四人には白銀二枚宛、将軍付御客応接三人・御台付表使三人に白銀一枚宛、せのに金五百疋、使番四人に金三百疋宛が贈られた。これに関しては、『用人日記』に記載はなく、『部屋日記』にのみに記載される。瀬川は家斉付老女、八重は斉衆の生母、富田は家斉付表使である。鳥取池田家の奥向と関わりの深い女性たちに内々の贈り物がなされているが、内証勤めのさらなる内証であり、こうした極秘記事は『用人日記』には記されないのである。即ち、大奥勤めのうち、奥方の『部屋日記』にしか現れない内証勤めによって構築された私的な関係が、大名家からの内願や将軍家からの内々の依頼を伝達する内証ルートとしての機能を発揮する基盤となっていったと考えられる。

以上のように、献上儀礼において、上文の作成を担当する勤役、表向・奥向相互の贈答儀礼の手配に関わる留守居役、大奥勤め・内証勤めの使者を担当する女使、当主の側廻りを担当する奥向表方、世子の側廻りを担当する守役といった相互の連携のもとに、江戸城大奥との交流が営まれていた。特に表向勤めと比較して、大奥勤めは互酬の関係にあり、上使派遣、老女奉文という格差はあったにせよ、大奥勤めが大名家の格式に付加価値をもたらす要素となっていたことはもはや明らかだろう。さらに、内証勤めでは公式の大奥勤めでは交流できない当主からの献上や、大名家と将軍家の取次を担当する大奥女中たちへの内々の進物が可能となるために、これら複数のルートによる贈答儀礼が構築・維持されていたのである。

小括

表向の武家社会においては、殿席・石高・官位・将軍との親疎の関係等によって家格が定められ、固定化していた。これに対して、近世中後期に各大名家が家格上昇運動を繰り広げたことはよく知られている。(31)江戸城大奥との交流は、家格上昇を志向する大名に対して付加価値を与える要素になった。なぜなら、江戸城大奥と交流できる家は限られていたから、単なる贈答儀礼以上の意味があった。大名家が将軍家との親しい関係にあることを他者に知らしめるうえで大いに効果を発揮し、同格の大名家に対しての優位性の証明たりえたのである。

これら奥向を通じた太いパイプを持つことは、大名家にとってまた別の重要な意味があった。幕藩間の意思決定において、表向からは願い出ることのできない案件は、奥向を通じた内証ルートによって将軍の耳に入れ、内諾を得る慣行が、近世前期から存在していたからである。そこで、江戸城大奥との交流ルートを持たない大名家は、これら江戸城大奥と交流のある大名家と縁戚関係を結ぶことで、間接的に将軍家へとつながり、内願をする際にはその縁戚関係にある大名家を通じて将軍の内意を引き出していた。

たとえば、寛政五年(一七九三)三月二日に、筑前福岡黒田家では老女が大奥に召され、「御内分」にて御鷹一居が与えられる旨が伝えられ、鷹匠頭が吹上役所から鷹を受け取った。(32)その数日前に、九代黒田斉隆が家督後初めて帰国の許可を得ており、それへの祝儀の意味合いがあった。斉隆は家斉の実弟(父はともに一橋徳川治済)という関係があり、特別待遇が与えられたことになる。ただし、黒田家はそれまで御鷹を拝領する家格ではなかったので、表向での拝領とはならず、内証での拝領となった。(33)以後、黒田家では斉隆からの女使を江戸城大奥に派遣できるようになったが、寛政七年九月二十一日に斉隆が十九歳で死去してしまった。一歳の斉清（斉隆の実子）の遺領相続が認められ、祖父の一橋徳川治済が後見役となったが、斉清は福岡で生まれたため、当分は国元で過ごすことになり、江戸屋敷には当主不在という状況になった。黒田家では斉隆の時と同様に、将軍及び御台に「内献上」をおこない、かつ不時の安否を伺い、礼事等に女使を派遣したい旨を治済の伺書を添えて大奥に願い出たが、その趣旨は受け止めるとしながらも、女使を通じてではなく、一橋邸から献上するようにと指示された[34]。このように、当主が幼少かつ在国では表向勤めを欠くため、せめて大奥勤めを継続させようとしたのだが、一橋徳川家を介してのつながりしか許されなかったのである。

以上のように、大奥勤めは江戸城大奥を通じての交流であるため、大名家の奥方の本妻が中心でありながらも、男性当主や世子による大奥勤めも存在していた[35]。また、大奥勤めを許されない男性当主であっても、内証勤めを許される場合もあった。当主や世子付の奥向女中を必要とした条件として、奥方において単にその身の回りの世話をするためだけでなく、江戸城大奥との交流を担うという直接・間接の役割があり、奥向女中たちは表向役人・奥向役人と協力しながら武家社会の円滑化に努めていたのである。

（1）　大友一雄『日本近世国家の権威と儀礼』（吉川弘文館、一九九九年）。

（2）　岡崎寛徳「享保期井伊家の贈答儀礼と幕政・藩政」（朝尾直弘編『譜代大名井伊家の儀礼』彦根城博物館叢書五、サンライズ出版、二〇〇四年）。

（3）　畑尚子『徳川政権下の大奥と奥女中』（岩波書店、二〇〇九年）第二章「奥向と表向」一三九頁。

（4）　松崎瑠美「近世前期から中期における薩摩藩島津家の女性と奥向」（『歴史』一一〇、二〇〇八年）、同「大名家の正室の役割と奥向の儀礼―近世後期の薩摩島津家を事例として―」（『歴史評論』七四七、二〇一二年）。

（5）笹目礼子は一橋家の奥向の交際を分析し、「表と奥の領域が補完しあって武家社会が成立していた」「奥向の交際は公的な性格を有し、表向の交流とともに両輪のごとき存在であった」と指摘し、奥向の重要な役割を見出している（「一橋家の諸家交際にみる奥向の役割―初世宗尹期を中心として―」『茨城県立歴史館報』四〇、二〇一三年）。

（6）柳谷慶子「大名家「女使」の任務―仙台藩伊達家を中心に―」（総合女性史学会編『女性官僚の歴史―古代女官から現代キャリアまで―』吉川弘文館、二〇一三年）。

（7）前掲畑尚子『徳川政権下の大奥と奥女中』によれば、嘉永六年（一八五三）の家定代替わり時に女使をもって祝儀を献上したのは、将軍の娘と孫娘、徳川三家当主とその本妻、徳川三卿の本妻と娘、将軍の息子の本妻、将軍家家門の本妻、加賀前田家・仙台伊達家・岡山池田家の本妻としている。本章の事例からは、将軍の息子もこれに含まれる。

（8）徳川家康・秀忠・家光の娘（養女を含む）の婚家では、その由緒をもとに、本妻が江戸城大奥と贈答儀礼をする格式を有する例がある。これ以外では、将軍若君の御成を契機に江戸城大奥との交際関係を結んだ彦根井伊家があるが、呈書のみで贈答は含まない（本章第二節参照）。この交流開始の経緯については、皿海ふみ「若君の宮参りと井伊家御成―井伊家奥向との関係を中心に―」（前掲朝尾直弘編『譜代大名井伊家の儀礼』）を参照した。

（9）「奥向の贈答における菓子の役割―将軍の息子と江戸城大奥との関係を中心に―」（『和菓子』一六、二〇〇九年）。

（10）この分類は、越坂裕太「献上儀礼の再検討―表・奥、大奥の視点から―」（二〇一七年度九州史学会大会発表レジメ）から発想を得た。

（11）野田浩子「大名殿席「溜詰」の基礎的考察」（『彦根城博物館研究紀要』一二、二〇〇一年）。

（12）なお、守真院の生母観心院が近衛内前の養女という関係も考慮される。

（13）吉宗の養女竹（実は京都清閑寺氏の娘、薩摩島津継豊の本妻）の娘菊（筑前福岡の大名黒田継高の世子重政の本妻）は、将軍家より年々「寒中御尋ね」として上使を黒田家上屋敷溜池御構に派遣されて御鷹の雁を拝領し、歳暮にも上使をもって拝領物があり、不時にも内々「御尋ね」拝領物があった。また、入輿以来、年に一度宛登城して大奥に上り、将軍家より応命があったが、夫の死後は年々の登城は断り、隔年登城になった（『黒田御家御由緒記』）。つまり、菊は、表向からの上使による拝領物に加え、江戸城大奥に女使を登城させ、本人も登城する格式であったことが確認される。満の父伊達重村は「嫡母の養い」、つまり利根の養子であったから、系図上は義理の関係となることや曾孫という関係からか、満は献上と呈書のみで、自身が登城する格式ではなかった。

(14)『御城日記』(七六〇)寛政七年十月二十八日～同八年三月九日、『御城留』(七六一)寛政十年十月二十八日～同十一年十二月二十八日、『御城留』(七六二)寛政十二年正月～十二月二十八日、『御城留』(七六三)寛政十三年(享和元年)正月～十二月二十八日、『御城日記』(七六六)享和二年正月～十二月二十八日、『御城日記』(七六五)享和三年正月～十二月九日、『御城日記』(七六四)享和四年正月～十二月二十八日。

(15)井伊家下屋敷は南八丁堀と千駄ヶ谷にあった。

(16)伊達家の奥方に勤め、伊達家より守真院に付けられた者という。

(17)江戸城大奥の人事記録である「女中帳」(国立公文書館蔵)によれば、文化五年(一八〇八)三月に守真院年寄瀬崎を津山の代わりとし、身元が確かな者なので御城使としたい旨を将軍付老女八十瀬から願書を出し、三月十七日に月番老中松平信明が「奥」に伺いを出し、翌十八日に将軍家斉の許可を得て、即日、「伺の通」と付札で返答があった。女使(御城使)の派遣や変更には、将軍の許可が必要であった。

(18)「御台様江干鯛一はこ、御献被遊候」とあるので、御台へも献上品として贈られている。

(19)仙台伊達家の例を参照すれば、天保十二年(一八四一)九月三日に重陽の祝儀献上のため登城した女使小野田は、まず将軍(家慶)への口上を将軍付老女花嶋に述べ、続いて右大将(家定)・広大院への口上を同じく花嶋に述べた。将軍より小野田に本日の勤めに対し、例の通り白銀三枚の拝領があり、自分の礼を述べて帰宅した。九日には重陽の祝儀として女使が登城し、将軍付年寄の姉小路に将軍への口上を述べ、右大将・広大院にも同様に述べた。その後、広大院への目見えがあり、自分の礼を直接述べて(「自分之御礼直々申上」)帰宅した(『仙台藩伊達家奥方日記』『近世武家女性のライフサイクルと奥奉公に関する基盤的研究』平成二十三年度～平成二十六年度科学研究費補助金助成事業・学術研究助成基金助成金基盤研究C研究成果報告書　課題番号二三五二〇八二五　研究代表者菊池慶子)。このように、将軍付老女一人が対応した例もあるが、これは、世子(右大将)・後家(広大院)の立場によるもので、御台に対しては御台付の老女に口上を述べるのが基本と考えられる。

(20) 柳谷慶子はこれを「役務の協働態勢」と捉え、女使の仕事は単独で担われたものではないと指摘している(前掲「大名家「女使」の任務」)。

(21) 天保十二年の仙台伊達家の例を参照すると、「公方」宛の書状の宛名に「右大将」と「広大院」の名を書き入れ、大奥老女の連名で返書が来ている(前掲『仙台藩伊達家奥方日記』)。

(22) 深井雅海は、江戸城大奥の頂点にいたのは将軍であったと指摘している(『江戸城』中公新書、二〇〇八年)。

(23) 若君の御成当日は、井伊家本妻(「御前様」)、守真院、寿鳳院(井伊直幸十八女鎌、松平容住の本妻)、瑞柳院(直幸養女、井伊直朗の娘、戸沢正親の本妻)、宝台院(井伊直中養女、阿部正簡の娘、井伊直暉の本妻)、直中三女充(「内藤備後守様御奥様」)が目見えをしているが、親光院は目見えをしていない。

(24) 彦根市教育委員会編『彦根藩文書調査報告書―井伊家伝来古文書―』四(一九八三年、一〇三～一〇四頁参照)。

(25) なお、井伊家以外でこのような特殊な由緒により大奥との交流をしていた大名家があるのかどうか、その点についての検討は今後の課題である。

(26) 文政五年正月から十二月が一冊(六二二九)、文政七年正月～六月までの一冊(六二三〇)で、いずれも表紙には「江戸御部屋日記写」とある。

(27) 天明元年(一七八一)では、四代池田宗泰の本妻桂香院(紀伊徳川宗直の娘久)が奥向の中心人物であり、江戸城大奥を通じて将軍以下へ献上することを「公辺御勤品」と称している。なお、桂香院は重寛・治道・斉邦の三代を後見し、寛政十二年(一八〇〇)正月二十三日江戸に没した(享年七十五)。五代重寛の本妻は田安徳川宗武の娘仲であり、明和五年(一七六八)に婚儀があり、安永八年(一七七九)五月二十日に没した(享年二十九)。

(28) 「昵近」とは、当主に日常的に接する者を指す。たとえば、「明暦二年以後、右正月御礼以下の者の取次を、御奏者役となされ、御勤役相当の者は、之にあたらざること、なれり。されども、御奏者は昵近に非ず。平日に於ても御客来等の時は、御勤役相当の者、直接君辺への御取次をなす」との説明があり(『鳥取藩史』二)、明暦二年(一六五六)に表向での儀礼担当者として奏者役が設けられたが、奏者は昵近ではなく、日常の来客を勤め、主君近辺に直接取次ぐことのできる者が昵近ということになる。諸奉行とは、寄合組に次ぐ礼席の者で、奉行と称さない役義の者の総称。「若殿様附」で守役以外の諸奉行格以上は目付・側役・勤役・奏者等であり、守役触口には小納戸・近習・附医師・小姓・側詰・伽等があったが、子の成長過程で人数に変動があり、兼役も多かった。なお、鳥取藩の人物に関する記事は『鳥取藩史』一、職務等に関する記事は『鳥取藩史』二に基づいており、以下では註記を省略する。

(29)　実際に日記を記録したのは、用人の場合はその書記役である奥到来と考えられる。守役にも御部屋奥到来と称した書記役二名がいた。

(30)　表向に対する奥向に相当する用語としては「内儀」が用いられるようだが、『部屋日記』『用人日記』では確認できない。

(31)　橋本政宣編『近世武家官位の研究』(続群書類従完成会、一九九九年)、藤田覚『近世政治史と天皇』(吉川弘文館、一九九九年)。

(32)　『黒田家譜』五(文献出版、一九八三年)。

(33)　御鷹を拝領できる家は、徳川三家(尾張・紀伊・水戸)・津山松平・会津松平・加賀前田・彦根井伊・松山松平・桑名松平・忍松平・中津奥平・姫路酒井家の十二家であった。

(34)　前掲『黒田家譜』五。

(35)　畑尚子は『女中帳』(国立公文書館蔵)を分析し、徳川三家(尾張・紀伊・水戸)・細川・毛利・上杉・前田・伊達・鍋島家の九家で男性当主も江戸城大奥へ女使を派遣していたと指摘している(『徳川政権下の大奥と奥女中』岩波書店、二〇〇九年、一三九頁)。

第七章　大名家相互の交流―寛政期の信濃松代真田家を中心に

本章では、大名家の江戸屋敷における交流を検討する(1)。表向における交流は、両敬・片敬・不通といった関係に基づいていたことを先行研究は明らかにしてきた。しかし、大名家の記録等をみると、表向の交流に加えて、奥向でも独自の交流が存在していたことを確認できる。しかも、政治を動かしていたのは、表向のつながりだけではない。奥向における日常的な交流や情報収集力、身分・階層を超えたつながりが歴史を大きく動かしてきた側面があるのではないか。幕末には薩摩島津家から将軍家に嫁いだ「篤姫」が、江戸城の表向の政治にいかに関わったかについて関心が注がれたが、畑尚子が指摘するように、これまでの表向だけで完結させてきた従来の政治史に奥向の関与を位置づけて見直すことが必要な段階になっているのである(2)。そこで、本章では信濃松代真田家を中心に大名家同士の交流を取り上げる。特に、武家屋敷における表向と奥向の交流の差異に留意しながら、その関係を明らかにしたい。

真田家は初代信之に始まり、十代幸民《ゆきもと》の代に廃藩を迎えた。そのうち、本章で対象とするのは、奥向における文芸活動が注目される六代幸弘《ゆきひろ》とその養子で七代となる幸専《ゆきたか》の時代である寛政期(一七八九～一八〇一)とする。その理由は、以下に述べるように史料伝来状況の良好さによる。

なお、大名真田家に伝来した文書群は、大名史料として伝来する文書群のうち最大のものといってよい。それらは、現在、国文学研究資料館と真田宝物館に保管されている(3)。以下では、前者を史料館文書群、後者を宝物館文書群と呼ぶことにする。史料館文書群は全十二冊の目録が作成され[4]、その全容を把握することが可能となった。その特徴の一つは、藩の各役所で作成された日記類が膨大に残っている点にある。『家老日記』[5]『郡役所日記』『勘定所日記』といった藩庁の機能に基づいて作成された記録に加えて、村や町から上申された願書や訴状が各役所から家老・藩主にあげられて決済を受けるまでの、「一件綴り込み文書」と呼ばれる史料も膨大に残されていることも特徴の一つであり、藩の意思決定システムがわかる史料群として注目を集めている[6]。こうした表向で作成・授受・保管された史料群に対して、奥向において作成・授受・保管された記録類も多く残されており、本章で取り上げる『御側御納戸日記』も奥向で作成された文書群の一つである[7]。

一方、宝物館文書群は、史料館文書群と本来は同一の文書が分かれたものというが、原田和彦により、①真田家の歴史にとって重要な史料群「吉文書」に他の藩庁文書のなかから抽出して新たに加えられた文書群（一番倉庫文書）、②歴代藩主の免許状や手沢品という「図書《ずしょ》」に近い資料（三番倉庫文書）、③典籍とともに混在して扱われてきた文書（四番倉庫文書）の三つの性格を持つと整理された[8]。特に、②は大名個人の活動に基づいて作成され、伝来した文芸関係資料等が多く、真田家では先祖の遺品としての意識で伝えられてきたものであり、大名の文化・芸能活動を知ることのできる文書群として注目され、研究が進められている[9]。

このように、表向と奥向における交流の差異を分析するうえで、信濃松代真田家文書は格好の素材を提供するものといえよう。以下、第一節では寛政期の真田家について概要を示し、第二節で表向、第三節で奥向の交流を分析し、両者の差異からみえる近世武家社会の特質について考察する。

第一節　寛政期の真田家

真田家の六代幸弘は(10)、元文五年(一七四〇)に信濃松代に生まれた。父は五代信安で、庶出子であったが、他に兄弟がいなかったため、父の死により宝暦二年(一七五二)六月十日に十三歳で遺領を継ぎ、寛政十年(一七九八)八月二十一日に五十九歳で隠居した。大名の隠居年齢は定まっていないが、早い場合は四十歳で隠居が許されており、幸弘の場合はどちらかといえば平均的な方といえる(11)。それから十七年間の隠居生活を過ごし、文化十二年(一八一五)八月三日に七十六歳で没した。

幸弘には男女を含めて複数の子がいたが、女子二人(三千・峯)しか成長しなかった。そこで、井伊家(近江彦根三十五万石)から幸専(順介)を三千の婿養子に迎えた。この時の井伊家の当主は井伊直幸《なおひで》で、本妻の梅暁院との間に子は恵まれなかったものの、側妻四人と側妾二十人、つまり二十四人の女性との間に二十六男十七女計四十三人が生まれた。ただし、そのうちの男子十六人は早世しており、成人したのは十人に過ぎない。家督を継いだ嫡子以外では、三人の男子が他の大名家(越後与板井伊家・越前大野土井家・信濃松代真田家)、一人は寺に養子に入り、残る五人は彦根で部屋住みのまま一生を終えた(12)。

武家社会の相続は血統主義であり、大名家では藩祖の血筋を絶やさずに家督を継承したかった。そのため、養子を取ることには慎重だったが、大名が急死した場合に末期養子が間に合わずに断絶することは避けねばならなかった。そこで、大名が参勤交代で国元と江戸を往復する際には、不測の事態に備えて仮養子を幕府に申請することが慣例と

真田家縁戚関係図

＝本妻、一側妻、─実子、‖養子の関係を示す。

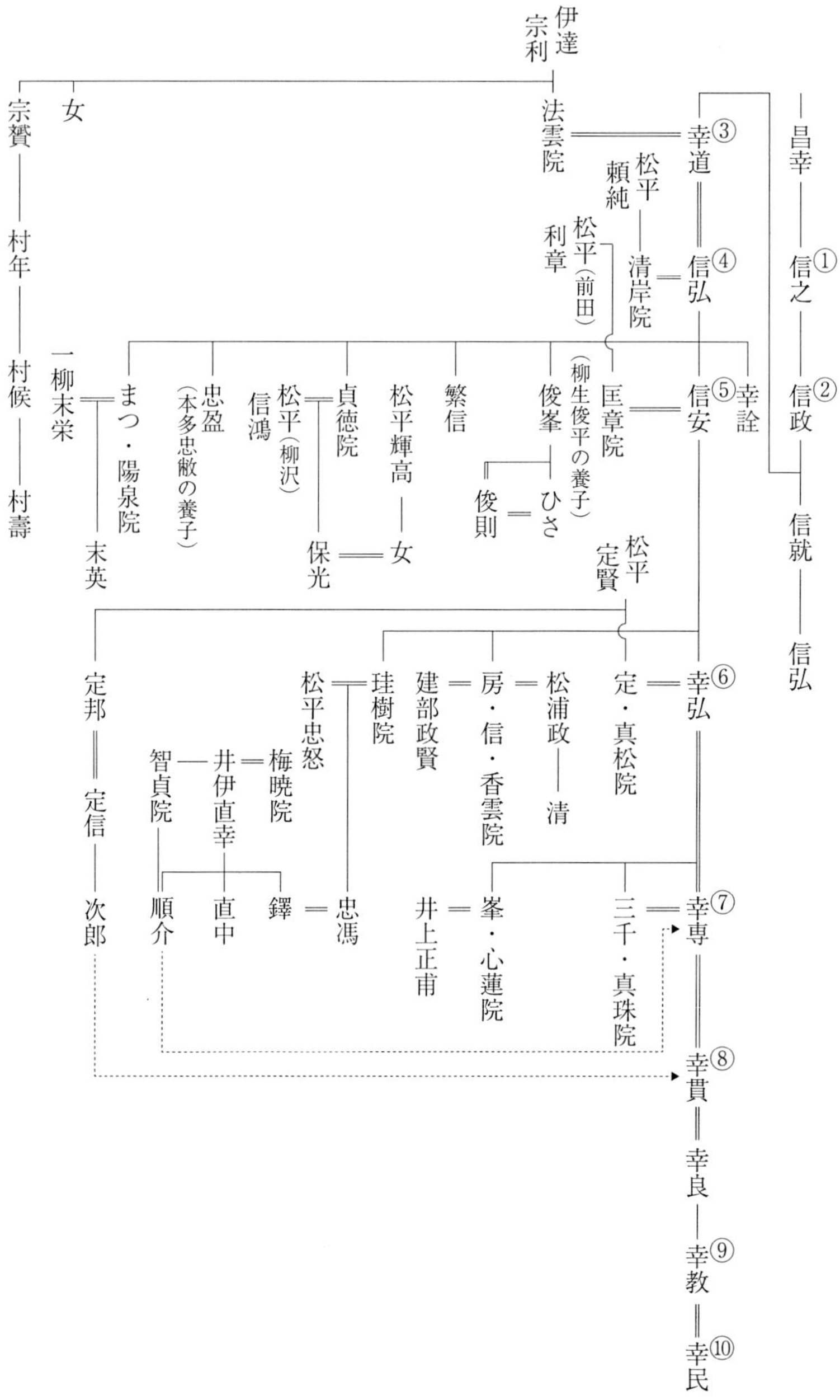

なっていた。養子に借り出された子にとってみれば、大名家に養子に行けるかもしれない、という期待があっただろうが、それもかなわず庶子のまま終わる子もいた。子の多い井伊直幸には他家からの養子依頼が多く、仮養子となりながら部屋住みのまま終わった幸専の兄弟もいた。そうした点からみれば、直幸の十三男に生まれ、真田家の養子に迎えられ、無事に大名になった幸専は恵まれていた。

幸専は天明五年（一七八五）十一月十四日に幸弘の養子となり、同七年十一月に幸弘の娘三千（真珠院）と結納し、真田家の下屋敷（南部坂）に移り、寛政元年（一七八九）に祝言をあげた。寛政十年八月二十一日に養父の家督を継ぎ（三十九歳）、文政十一年（一八二八）七月六日に没した（五十九歳）。

寛政期（一七八九〜一八〇一）の松代藩の江戸屋敷は、溜池（麻生谷町）に上屋敷（拝領屋敷）があり、南部坂に下屋敷があった。両屋敷の場所は近い距離にあり、上屋敷は当主夫妻、下屋敷は隠居や家督を継ぐ前の世子の屋敷という位置づけがあった。そのため、初めは当主の幸弘と本妻の定（真松院、松平定賢の娘）が住んでいたが[13]、幸弘が幸専に家督を譲ると、幸弘は定とともに南部坂下屋敷に移り、代わりに南部坂下屋敷にいた幸専・三千夫妻が溜池上屋敷に移り住んだ。

北村典子の研究によれば、溜池上屋敷は、役所である「御表」（本書でいう表向）、藩主の執務及び生活空間である「中奥」（本書でいう奥向表方）、本妻や子、奥女中たちが生活する「御奥」（本書でいう奥向奥方）に分けられたが、南部坂下屋敷は「奥向きのなかの「御表」「御奥」といった二重構造」であったと指摘している[14]。具体的にいえば、上屋敷は儀礼や来客を迎えるための表向の空間が必要であり、奥向には当主の日常の居場所である表方と当主の家族が日常を過ごす奥方が設置されていたが、下屋敷はそうした表向の空間を必要とせず、表方と奥方のみで構成される奥御殿（奥向）のみであったと整理できる（第十一章第五節参照）。以下、各々における交流のあり方を検討する。

第二節　真田家の表向における交流

大名家の表向における交流は、両敬・片敬・不通という三つの関係を基本とした。両敬（または諸敬《もろけい》）は、相互の訪問や書状の書法等に双方同等の敬称を用いることに象徴される。たとえば、真田家は十万石の大名なので、一万石未満の旗本と比べれば真田家が格上となる。こうした場合の文通のあり方としては、真田から旗本に対しては「殿」付、旗本から真田に対しては「様」付となるが、両敬の関係を結ぶと、双方において「様」付で書状をやりとりする、ということになる。片敬とは、書状や挨拶において、一方が敬して他方が敬せぬことをいう。つまり、格下の旗本からは真田家を敬い、真田家から旗本は敬わないが、交流はする、という関係である。不通は、家と家の間で全く交流をしないことをいう。この関係にあると、江戸城に登城した際の控え席（殿中席）で同席する大名同士であっても会釈《えしゃく》すらしない。

松方冬子の研究(15)によれば、大名家が不通の関係になった理由は主に二つがあり、織豊期から江戸時代初頭の関ヶ原合戦等を代表とする軍事的な不和により関係を絶ったもの、徳川家が進めた婚姻政策により離縁等にいたったものがあるという。また、不通の関係にあった家が交流を持つようになることを通路という。

両敬の関係では贈答も対等であり、家格差にかかわらず歳暮に樽肴を贈る関係であれば、同じ額を双方で贈らねばならない。そのため、これを変更するためには双方で合意を得る必要があった。たとえば、寛政十年（一七九八）八月二十七日の『御側御納戸日記』では、次のようにある。

一、神田御奥様より万端厳敷御省略被仰出候ニ付、以来当日為御取替セ奉札御断、以奉札被仰進、

「神田御奥様」とは建部政賢に嫁いだ幸弘の妹房(信)であり、両家は両敬関係にあったので、一方が倹約する(「御省略」)からといって勝手に進物の量を減らすわけにはいかなかった。そのため、真田家に確認を入れ、不都合がないかを問い合わせたのである。

寛政十一年(一七九九)十二月になると、真田家でも緊縮財政のため同年から享和三年(一八〇三)までの五か年間の倹約策を導入した。(16) まず、当主幸専からのつきあいを次のように取り決めたいと伝えた。

○大殿様(幸弘)と大御前様(真松院)

年頭は大殿様へ太刀馬代銀一枚、大御前様へ干鯛一折・目録、端午・重陽・歳暮・誕生日は干鯛一折・目録(年頭・歳暮の使者は用人)、生御霊は交御肴一折(御膳を差し上げる時は、御肴は延引し、口上使者を派遣)、土産は銘々に軽い品、上巳・七夕・八朔・朔望廿八日は口上使者を派遣(使者は吟味役・納戸役の内から勤める)。

○御前様(幸弘娘・三千、真珠院)

年頭・端午・重陽・歳暮・誕生日は干鯛一折・目録(年頭・歳暮の使者は用人)、土産は軽い品、上巳・七夕・八朔・朔望廿八日は口上使者を派遣(使者は吟味役・納戸役の内から勤める)。

○桜田様(井伊掃部頭直中・幸専の実兄、及び御前様・親光院)

井伊家は幸専にとって格別な間柄であるので、義理を欠いて「不敬」にならないように事前に申し合わせた。井伊家からは、年始の祝儀のみ素使(進物なしの使者)を遣わし、上巳・端午・七夕・八朔・重陽・歳暮・朔望廿八日・寒暑・江戸発駕・参府の節は奉札、これ以外の七種・鏡披き・山王祭・中元・両月見・玄猪・年越は奉札も省略、という案の提示があった。しかし、これは最終的には次のように取り決められた。即ち、年始・歳暮は、掃部頭様・奥様

へは使者をもって干鯛一折宛（相合）[17]、江戸発駕・参府の節は御付使者の派遣、上巳・端午・七夕・八朔・重陽・朔望廿八日・寒暑は奉札、この他の年中勤めは御断り、御悦事その他の勤向きはおそらく使者を派遣するが、以後は重いことは使者、軽いことは奉札にておこなう。

○井上河内守（正甫）様の奥様（幸弘娘・峯、虎の門御奥様、心蓮院）

年頭は干鯛一折・目録（縮合）[18]、五節句・朔望廿八日は奉札、暑寒は交御肴一折・目録（相合）、端午・重陽・歳暮は干鯛一折・目録（縮合、これまでの樽代二百疋は断る）、誕生日は干鯛一折・目録（縮合）、土産は軽い品とし、奉札にて届ける。その他の機嫌伺い、在所よりの書状は、これまで通り家来を派遣する。その他、端午・重陽・歳暮（三季）の祝儀として樽代を贈るのは、五か年間は断る。真田家に来訪の際の供向への支度は、以後は一汁一菜の湯漬とし、酒等は出さない。臨時の勤向きも格別に省略し、「御一門様御一統」に付届けは断っているので、別紙の箇条書きのように以後は取り計らう。

○建部内匠頭（政賢）様の奥様（幸弘妹・房、神田御奥様、香雲院）

年頭は干鯛一折・目録（縮合、使者派遣）、端午・重陽・歳暮は干鯛一・目録（縮合）、誕生日は干鯛一折・目録（縮合）、土産は軽い品、上巳・七夕・八朔・暑寒・朔望廿八日は奉札、その他の機嫌伺い、在所より書状は、これまで通り家来を派遣。三季樽代を贈ることは、表向は断る。ただし、御断り切になっては気の毒なので、内々にて御前様老女より御奥様老女まで廻して贈るようにとの（幸専の）意向なので、その心得をもって取り計らう。

右は当主幸専の養父母、本妻、実家（井伊家）、幸弘の娘と妹（幸専の義理の叔母と妹）であり、幸専の親族はこの四家（真田・井伊・井上・建部）に限られていた。幸専からみて三親等内の範囲である。ただし、『御側御納戸日記』をみると、表向で右のような倹約を取り決める一方で、これら親しい身内に対しては「奥廻し」という抜け道を用いて相互の関係が疎遠とならないように工夫されていたことがわかる。

次に、近親に対しては「御付届御断り」の箇条書きを伝達するにあたり、次のような窮状を訴えた。即ち、幸専（豊後守）の勝手向きは、領内がとても狭地であるうえ、寛保二年（一七四二）に河川の増水（「満水」）により永荒地が夥しくでき、今もって起こし返しができず、収納が過分に減少し、領地の石高に引き比べて甚だ不足している状態であり、右の頃より段々倹約を進めてきたが、水旱による損毛が数十年続き、勝手向きを改善する時節が得られないにもかかわらず、その後、屋敷の二か所を焼失し、不時の物入りも続き、「公辺御務向」の手当も行き届きかね、家中扶助・領内窮民の御救いも差し障り、暮らしも成り立たないほど当惑している。そこで、新たに格別の省略を用いたい。先年より付届けを御断りしてきたが、当年から五か年を引き続き御断りしたい。このことは甚だ不本意ではあるが、次に示す「別紙（①〜⑭）」のような取り扱いをお願いしたい、というものである。

①年始祝儀ならびに参府・在所へ出立の案内は奉札を届けるが、その他の五節句祝儀・寒暑見廻等は奉札を届けない。

②吉凶については、全て使者・音物を遣わさない。ただし、格別の節は使者にておこなう。その他は、奉札を届ける。もっとも、重い場合は使者にて干鯛を遣わすが、樽代等は決して遣わさない。

③参府・当地発駕、その他で（江戸城へ）御用召しの節は、御付使者を下馬へ派遣しないでほしい。総じて、（こちらから届ける）奉札をもって様子を承知してほしい。

④案内による招待はしないでほしい。用向きがあり、（幸専が）そちらに来訪し、手間を取るときは、粗末な湯漬けを出し、少しも料理がましいものは出さないこと。ただし、供待ちの者へは、茶・煙草の他は出さないこと。

⑤臨時に（真田家へ）見廻に来る節は、要望がなければ茶・煙草の他は出さない。

⑥年頭祝儀・寒暑の見廻等に（幸専が）訪ねるのは、これまでも疎遠がちであったが、これ以後はさらに時々の見廻に出ることもしない。
⑦在邑の節、用向きがあり、（幸専が）自筆状を出すのは格別だが、年頭祝儀・寒暑の見廻等の書状を遣わすのは断る。
⑧近所で出火の節、人数はもちろん見廻の使者や使いを寄越されることは断る。しかし、甚だ心もとない様子であれば、奉札をもって知らせる。もっとも見廻の音物や働の者へ粥を遣わされないこと。
⑨年忌・法事の代香・香典は見廻使者や音物を贈らず、奉札を届ける。ただし、これまで代香・香典を備え、見廻使者・音物を贈ってきた法事の節も、以後は断る。もっとも、格別の牌前へは軽い備物あるいは代香を贈る。
⑩使者ならびに奉札に対して、御礼の挨拶は無用とする。
⑪重い吉凶には奉札にて知らせるが、定式のものや軽いものは知らせない。
⑫真田家の参府・在所出立、その他の御用召し等の節に御付使者・御付使いを派遣されることは断る。押して御付使者を派遣されても、失礼ながら断り、差し戻す。もっとも、支度等も命じないこと。
⑬参勤御礼・在所御暇ならびに着府・当地出立、その他御用召しの節等に、前日に知らせることはしない。御用向きが済んだのちに、奉札にて知らせる。
⑭家来の参上は、年始の他は断る。在所より書状を出されることも断る。もっとも、年始の他、家来参上・書状を出されても、当方からは挨拶はしない。また、当方からの家来参上・書状も同様とする。
右の箇条書きを基本としながらも、各々の家との間柄により、個別には次のように変更して伝達された。
○松平越中守様（定信、陸奥白河十一万石）

これまで年始・歳暮の祝儀は干鯛を取り交わしていたが、以後は年頭ばかり口上使者を派遣し、歳暮・五節句の祝儀、寒暑の見廻等は家老奉札にて伝える。これまで使者勤めを時々はしていたが、以後は重い時のみ使者とし、軽い時は奉札にて知らせる。

○伊達遠江守様（村壽、伊予宇和島十万石）

年始祝儀・寒暑見廻は家老奉札、五節句祝儀は留守居手紙にて伝える。

○松平主殿頭様（忠馮、肥前島原六万五千九百石）・同奥様（井伊直幸娘・鐸）・建部内匠頭様（政賢、播磨林田一万石）・一柳土佐守様（末英、播磨小野一万石）

年始・歳暮の祝儀はこれまで干鯛を取り交わしていたが、以後は年始・歳暮・五節句祝儀・寒暑の見廻は全て奉札にて伝える。

○松平甲斐守様（柳沢保光、大和郡山十五万一千石）・同奥様（松平右京大夫輝高の娘）

年始・歳暮の祝儀はこれまで干鯛を取り交わしていたが、以後は年始・歳暮・五節句祝儀・寒暑の見廻は全て奉札にて伝える。家来が参上し書状にて申し上げるのは、本文のように断るが、これは先にそちらから断られたので、以来はこちらも控えたい。

○柳生但馬守様（俊則、大和柳生一万石）

年始・歳暮の祝儀はこれまで干鯛を取り交わしていたが、以後は年始・歳暮・五節句祝儀・寒暑の見廻は全て奉札にて伝える。家来が参上し書状にて申し上げるのは、本文のように断るが、これは先にそちらから断られたので、以後はこちらも控えたい。奥様（柳生俊峯の娘）・瑞光院様へも書状をもって申し上げるのは断る。

○井上河内守様（正甫、遠江浜松六万石）

年始・歳暮の祝儀は干鯛一折(相合)・目録を奉札にて贈り、五節句祝儀・寒暑見廻等は奉札にて伝える。御用召登城・参府・帰城の節の御付使者は延引、何事によらず奉札、軽い吉凶も奉札。なお、家来参上・書状にて申し上げるのは、本文の通り断ると伝えたが、井上家から全て挨拶を断る旨を伝えてきたので、以後は挨拶をやめる。

○松浦壱岐守様(清、肥前平戸六万二千石)

家来参上や書状を出されることは、以後は断る。こちらからの家来参上や書状も控える。

なお、右のうち、井伊掃部頭・松平越中守・伊達遠江守・建部内匠頭・同奥(幸弘妹の房)へは使者、その他へは用人の奉札にて伝達した。

○松平伊豆守様(信明、三河吉田七万石・本丸老中)・同御惣容様・井伊兵部少輔様(直朗、越後与板二万石・西丸若年寄)・同御惣容様

年始・八朔・五節句の祝儀は、役中(幕府の役職在任中)は使者を遣わす。総じて差込なので、音物は断り、使者または奉札にておこなう。真田家の重い吉凶は使者または奉札にて知らせる。軽い吉凶や定式のものはこれまで知らせてきたが、以来は省略する。法事の代香・香典や見廻使者・音物等は贈らない。ただし、重い法事の時は、軽い備物あるいは代香のみを贈り、見廻の音物等は贈らない。近火の節は見廻の使者や御使、人数を寄越すのは断る。甚だ心もとない時は使いまたは奉札で知らせる。見廻や音物は贈らないこと。これまで役中に関しては使者を遣わして知らせてきたが、以後は失礼ではあるが御間柄のことについての勤向きは使者あるいは奉札にておこなう。

○松平加賀守様(前田治脩、加賀金沢百二万五千石)・同奥様・同筑前守様(斉広)・松平越前守様

「御断りの趣は、追って認めて差し上げる」とあり、詳細は不明。

○留守居手紙にて申し遣わす両敬の御方様

具体的に十三箇条を伝えたが、内容的には近親より薄礼である。近親の内容と比較しながら示すと、次のようになる（実際の記載順は異なるが、近親宛の①から⑭の内容順を優先して対応させた）。

①年始祝儀のみ奉札、その他の五節句祝儀・寒暑見廻等は奉札もなし。②吉凶は使者・音物を遣わさず、全て奉札。格段重い祝儀は使者口上を派遣。③④は同内容。⑤は記載なし。⑥年始の他、用向きがある場合は格別だが、ひと通りの見廻はしない。⑦⑧は同内容。⑨年忌・法事の代香・香典・見廻使者・音物は断る。これまで代香を備え、見廻使者・音物を贈ってきた法事も、以後は断る。重い法事は軽い備物あるいは代香ばかりとし、見廻・音物は贈らない。⑩⑪⑫⑬は同内容。⑭は記載なし。最後に、吉凶の際に屋敷の前を通行する際に固め人数を出さないこと、とある。

○惣御出入りの御方様

具体的に十一箇条を伝えたが、内容的には近親・留守居手紙によって伝達された両敬の家よりさらに薄礼になっている。また、伝達にあたっては「可被申上候／被申上間敷候」を用いる格式の家と「可被申述候／被申述間敷候」を用いる格式の家の二様があり、前者より後者の方が薄礼であった。

①年始祝儀のみ奉札、その他の五節句祝儀・寒暑見廻等は奉札もなし。②吉凶使者・音物を遣わさず、全て奉札。③④⑤⑥⑦⑧は同内容。⑨年忌・法事の代香・香典・見廻使者・音物は断る。⑩⑪⑫は同内容。⑬⑭は記載なし。十箇条目、吉凶の際に屋敷の前を通行する際に固め人数を差し出さないこと、とある。

○御旗本様方への御断り

具体的に次の五箇条を伝えた。1．年始の祝儀は奉札をもっておこなう。この他、五節句の祝儀・寒暑の見廻等はしない。全ての吉凶に音物はもちろん、使者にてもしない。何事によらず、奉札にて御悦の見廻をおこなう。案内による招待はしない。用向きで（幸専が）訪ねる時に手間取るようであれば、甚だ粗末な湯漬けを出し、酒・菓子等は要望しなければ出さないこと。2. 見廻に行き参会される節は、茶・煙草の他は出さないこと。3. 吉凶は奉札にて知らせる。軽いものでこれまで知らせていたものも以後は省略する。4. 法事の代香や香典、見廻使者・音物は断る。5. 近火の節は、見舞使者・使い等にて知らせない。

五箇条という条項の少なさからみても、両敬にある旗本といえども日常から限定された交流であったことがわかるが、さらに今回の倹約では年始のみの挨拶に変更された。

○御出入り寺社

諸向付届けの件は厳しく断る。

以上であるが、伝達した内容以外にも次のように具体的に諸事が取り決められた。

まず、書状のやりとりについては、これまでは「御自筆」で贈るのは井伊掃部（直中）・土井中務少輔（利義）、「御端書御書」は松平越中守（定信）・伊達遠江守（村壽）・松平甲斐守（柳沢保光）・松平主殿頭（忠馮）・井上河内守（正甫）・井伊兵部少輔（直朗）・建部内匠頭（政賢）・一柳土佐守（末英）、「御書」は松平飛騨守（前田利考）・戸沢富寿・松平丹波守（前田武宣）・松平伊賀守（忠済）・松浦壱岐守（清）・本多中務大輔（忠顕）・柳生但馬守（俊則）（いずれも様付）まであった。幸専が自筆で「御書」を贈る場合は格別だが、以後は年始・寒暑・在着等については表向において書状は出さない。

重い祝儀の節に使者と祝儀物を贈っていた先へは干鯛一箱・一折以内で使者奉札にて届けるが、以後は馬代・樽代等は断る。重い祝儀等の場合で、幸専の指示があれば取り計らうことはあるが、総じてひと通りの吉凶の勤向きは奉札のみでおこなう。

御同席様方より家督・目見えの案内や殿中向御頼み等の件で使者をもって伝達があった場合は、こちらも使者で挨拶していたが、以後は留守居手紙にて挨拶する。両敬かつ同席のうちで、殿中向御頼み等でとりわけ心安い方には土産や餞別・寒暑等は自筆にて進物を贈ってきたが、以後は全て断る。ただし、それでは「音信御不通」と同様になるので、粗末の品にても一年に一度宛ては贈るように取り計らう。

客として招くことは全て断る。しかし、特別の訳合いにて招く時や用向きがあって来訪される方には、本膳一汁三菜、夜食一汁二菜、吸物二、肴三種とする。参府・帰城、その他で御付使者の派遣はできる限り断る。余儀なき方には、御付使者の支度で出すが、一汁二菜・吸物・一肴一種に限る。出入坊主へ支度を出す場合も、一汁二菜・吸物・一肴一種に限り、菓子等は出さない。

客の供向に酒・吸物を出すのは、以後は断る。神田虎門奥様の供向には、夕・夜食とも一汁一菜の湯漬けを出し、吸物は出さない。近親方の法事の節は、代香・香典・見廻・音物等は倹約のため断る。以後も前々は勤めてきたことも、以後はなるたけ略し、時々伺う取り計らいとする。ただし、これまで香典三百疋を備えていた分は二百疋、あるいは干物類の品にて備え、二百疋を備えてきた分は香典を止めて品物にて備える。新葬の方で格別に訳合いの場合は、代香・香典または備物をし、見廻と軽い音物を贈るが、一周忌には伺いをして差略したい。

ひと通りの両敬の方に吉凶があった場合は、これまでは使者勤めをしてきたが、わけて重い勤向きは格別とし、できるだけ使者は延引する。近火の節は、人数はもちろん、見廻使者も断る。使いまたは奉札を遣わす。見廻・音物を勤めた者へ粥等を遣わすことは断る。

○松平豊後守様（島津斉宣、薩摩鹿児島七十二万九千石）・松平政千代様（伊達斉村、陸奥仙台六十二万石）

年始ならびに格別の吉凶の使者、その他定式の御悦事は留守居手紙にて遣わす。

○役勤めの他、御悦事等に使者勤めとしていたが、以後は留守居手紙を遣わす方

・全て留守居払い

御徒目付組頭・御出入御徒目付・能役者・御出入御坊主組頭・惣御出入御坊主・御出入百人組与力・同町与力・本阿弥十郎右衛門・御出入御小人目付・御出入御同心

・年始その他に屋敷に出入りをしても、殿様への挨拶はしなくてよい

御出入並御坊主・御出入御坊主悴共・御徒目付・与力・御小人目付・御同心・町医（本多養春・丸山玄益・兼康祐元・岡村養胤・横山玄庵）

・総じて留守居払い

御出入寺社・本願上人

大名家において両敬関係が成立する契機は、縁戚関係が第一の要因であった。両敬帳からは「御家老衆御奉札」「表御用人御奉札」の格式があったことがわかる。これは奉札の差し出しに家老または表用人の名を記して発給する書状のことである。なお、「表御用人」とは表向を扱う用人の意であろう。松代藩では、これとは別に奥向を統括する用人として、「側用人」を置いている。「職掌階級調」[19]には、「表用人」の役職名はないが、「用人兼奏者十人　内四人江戸」が相当するものと考えられ、奏者役を兼ねるものであった。その役務は「勤向取調礼式事取調諸礼事之披露を掌、帰国之節使者年頭献上物之使者　御即位崩御御酒湯位記口宣之節之使者　御代替巡見使之使者等相勤」とあり、表向における儀礼を掌り、諸所への使者を担当する役職であった。

また、表向における交流には、縁戚関係以外では、江戸城における同席、領地の近隣関係、辻番組合、水利組合により両敬関係を結ぶ家や、出入りの旗本、幕府役職者等様々であった。幕末に使用されていた「両敬帳」[20]によれば、

真田家は両敬関係にある家が多いのが特徴の一つで、百五十近くの家と両敬関係を結んでいた[21]。これらの家との交流を維持するには莫大な出費や人件費がかかったはずだが、真田家では年中行事や法事等における贈答の数を減らし、交流のあり方も行事の軽重や相手との関係により、音物使者→素使（口上のみ）→奉札（家老→用人）→手紙（留守居）という格差を設けることで、簡略化を図り対処していたのである。

第三節　真田家の奥向における交流

本節では、真田家の奥向における大名の交流を検討する。「職掌階級調[22]」によれば、近世後期の真田家における奥向表方の職制は、まず勝手奉行・勘定吟味役・蔵奉行・納戸奉行・金奉行までが大名家の財政や賄方、器物の出納を担当した。当主の側廻りは、筆頭に側用人二人がおり、その職掌は「政治之得失を論じ君上之過失を諫、君徳を進むる事を掌る、尤側役兼諫議役共申談取斗、寺社参詣之節先詰相勤」としている。側用人とは別に、側役兼諫議役四人が置かれ、その職掌は「政事之得失を議し、君上之過失を能諫め、用部屋席日々政務之機密伺申上之取次、又は君上より機密申達し事、惣て表江出候節之先立、側向之取締りを掌、軽き代参相勤」とあり、側用人とともに同様の職掌を担いながら、日々、用部屋に詰めて上意の下達及び上申を取り次ぎ、側向の取り締まりを担当するとしている[23]。

側納戸役の職掌については、「職掌階級調」に次のように解説されている。

側納戸役四人　在府之節江戸

当番昼夜一人

手元金銀之出入、着服器物手元書類、用部屋席其外諸役人諸士江書下、同上書之取次、用部屋席日々目通其外諸役人諸士江逢幷機嫌伺、社参仏参等之節先番相勤候事等を掌る、

即ち、大名とともに江戸と国元を往復し、大名の手元金の出納、衣服・什器・書類の取り扱い、家老の用部屋やその他の諸役所に対する大名の命令（「書下」）やそこからの上申書（「上書」）の取り次ぎ、大名が家老以下の諸役人や諸士との対面や機嫌伺いを受ける際の対応、大名の社参・仏参の際の先番が主たる職務としている。下役には、奥坊主組頭二人（内、一人は在府の際は江戸）、奥坊主（人数不明）、物書二人、坊役（人数不明）、使番四人（他に江戸に四人）となっている。真田家の職制を記した「江戸詰御役高取調」（真田宝物館所蔵：請求番号11-1-30-7）によれば、側納戸役は「側役」の次に位置し、役高百二十石である。

その側納戸役が主人の日常生活を記録した『御側御納戸日記』が全部で二百二十五冊伝来している。そのうち、南部坂に移って「大殿様」となった幸弘の動向を記した『御側御納戸日記』が九冊ある。寛政十年（一七九八）八月～十二月、享和二年（一八〇二）正月～五月、享和三年（一八〇三）正月～六月、同三年七月～十二月、文化元年（一八〇四）七月～十二月、文化三年（一八〇六）正月～六月、文化四年（一八〇七）七月～十二月、文化五年（一八〇八）正月～閏六月、文化八年（一八一一）七月～十二月である。

そのうち、寛政十年の日記の冒頭には、次のようにある。

八月廿一日　　　　　　　　　　寺内多宮

一、御引移被為　済付、　御神前江　神酒四対差上之、

八月廿二日　　　　　　　　　　伊東伝吾

一、御覚六半時過

要するに、この『御側御納戸日記』は、隠居をした幸弘が寛政十年八月二十一日に溜池上屋敷から南部坂下屋敷に移ってからの動向を記したものとわかる。途中欠けるところがあり、幸弘の最晩年の文政年間のものは残っていない。一方、幸専の『御側御納戸日記』は三十九冊が伝来する。部屋住み時代が三冊、家督を継いで「若殿様」から「殿様」になった寛政十年八月から、死去する文政十一年六月までの三十六冊である。寛政十年の『御側御納戸日記』の表紙には、「寛政十戊午年八月二十二日ヨリ　御側御納戸」とあり、一丁目の冒頭には次のようにある。

寛政十戊午年八月廿二日
此日之前日迄は御守役之筆記する所也、当日以来御側御納戸役記録之、
一、御覚六半時
一、南部坂従　御二方様、昨日就　御引移、今朝之御安否御承知被成度、御使者藤田新吾を以被　仰進之、

要するに、幸専の『御側御納戸日記』は、家督を継ぐ前日までは同様の日記を「御守役」が書いていたが、家督を継いだ当日からは「御側御納戸役」が日記を書くようになったことがわかる(24)。

幸弘の『御側御納戸日記』(寛政十年)の表紙には、藤田新吾・久保源左衛門・伊東伝吾・寺内多宮・田中新左衛門・富永治左衛門の六人の名があり、この六人が寛政十年段階での幸弘付の側納戸役であったとみられる。一方、幸専の同年の『御側御納戸日記』の冒頭(八月二十二日)では役替が命じられ、側頭取に高田幾太、側納戸役に岡島平治・佐久間一学・上村何右衛門・高山内蔵進の四人、膳番・刀番兼帯に白井平左衛門・児玉順之進・長井平馬・津田善左衛門の四人と定められた。

また、隠居である幸弘の『御側御納戸日記』は、かなり崩された難解で乱雑な書体で書かれているのに対して、当主である幸専の『御側御納戸日記』は、同名の日記でありながら、記事の内容が詳細であり、たいへん丁寧な書体で

書かれているという違いがある。このことは、『御側御納戸日記』を読み進める際に注意すべき点でもある。幸専の日記は、当主の起居について後世に残すべく正確を期して書こうとする側納戸役の意気込みがみられるのに対して、幸弘の日記は隠居生活の備忘録程度としか側納戸役が考えておらず、記事にも遺漏が多い。実際に、幸専の日記には、幸専が南部坂の幸弘のもとに立ち寄ったという記事があるのに、南部坂のことを記した幸弘の日記にそのことが記されていない場合が散見される。さらにいえば、時刻の表記にもその差異は現れており、幸専の場合は出宅時刻、帰宅時刻等について時計を用いて分刻みで記している。たとえば、「五つ時二分出殿」とあれば、午前八時二十二分に幸専が屋敷を出たということになるが、幸弘の日記にはこのような分刻みの時刻記載はない。つまり、『御側御納戸日記』と一括される記録であっても、側御納戸役の日記を書く姿勢は異なり、当主と隠居では記事の性質や目的が異なる史料として読むことが必要になる。

さて、寛政期における真田家の奥向の交流で注目されるのは、幸専の実家である井伊家との交流である。表向において真田家と井伊家は、「表御用人御奉札」という格式での両敬関係にあった。ただし、『御側御納戸日記』には「桜田様」(井伊家の上屋敷が桜田にある)として出てくるが、それほど頻繁には現れない。その理由は、『御側御納戸日記』が奥向の日記であり[25]、表向における交流を記録した日記ではないためであろう。

これに対して、幸専の『御側御納戸日記』に頻出するのが、井伊直幸の側妾の一人で、直幸の死後に「側室」となり、智貞院と称した幸専の実母である。出自は、江戸町医坂本順庵の娘という[26]。井伊家の江戸屋敷の女中として仕え、名を千里から千代野に変えた。明和四年(一七六七)に八男忠六郎(早世)、同六年に十一男直広(与板城主)、同九年に十三男直専、安永二年(一七七三)十一月に十五男錀十郎(早世)の四人を出産した。

天明九年(一七八九)正月二十六日に井伊直幸が死去すると、その本妻の梅暁院の指示により智貞院は側妾から「側室」の扱いとなった。智貞院は寛政元年(一七八九)十一月より、同じく「側室」の量寿院(井伊直幸の嫡子直中の実母)とともに「殿付の会釈」の格式になり、同四年に江戸から彦根の山崎屋敷に移り、さらに安清屋敷に移ったが、同十年四月一日に彦根を出発して江戸に下り、井伊家の中屋敷に入った(27)。幸専は寛政十年八月二十一日に家督を継ぐので、智貞院の参府はこれに連動してのことだろう。智貞院はそのまま江戸で暮らし、文化五年(一八〇八)七月十七日に没し、江戸における井伊家の菩提寺である豪徳寺に葬られた(28)。

ここで注目されることは、井伊家において智貞院は「殿」付の格式であったのに対して、真田家では「様」付の扱いとなっている点である。これは名を記す、あるいは呼ぶ時等に「殿」の敬称を付す(たとえば「智貞院殿」)ことに象徴的に示され、座敷でのすわる場所や進物の量等に「様」付の人物より薄礼に扱われる格式のことを指す。具体的にいえば、智貞院と同じく直幸の死後に「側室」となった量寿院の場合は、その実子が十一代井伊家当主直中となることから、寛政五年二月から「御上成」の格式に変更された。そのため、同年から量寿院は記録等では「様」付の格式に上げられたが、智貞院は「殿」付の格式のままであった。

つまり、井伊家で智貞院は「殿」付の格式であったのに対し、真田家では「様」付という厚礼の格式で遇していたのである。これは、井伊家における量寿院の扱いと同様に、当主の生母に対する敬意によるものと考えられよう。

江戸時代には大名の子を生んだ出自の低い妾に対して、「女の腹は借り物」という考え方があり、嫡子となる男子を出産した女性であっても、産後は奉公先から追い出される事例もあった(29)。このように、出産女性に生母としての待遇を与えないとする考え方がある一方で、井伊家や真田家の場合は生母という立場を重んじたことに加え、生母たる智貞院が真田家と井伊家をつなぐうえで重要な役割を果たしていたことが窺える(30)。たとえば、智貞院は真田幸弘の『御側御納戸日記』にはほとんど現れないが、幸弘の「七十賀集」(文化五年正月二十日)には「可好」の号で俳諧を寄せたこと等は、その関係を象徴していよう。

小括

大名家の交流は、奥向の交流（縁戚関係）が契機となって結ばれた両敬関係が表向における大名家の交流の基盤となり、さらに大名家の成り立ちや幕藩関係を維持する必要からも家相互の交流が持たれ、両敬・片敬・不通という大名家の交流関係を構成していた。この関係は家臣団の行動をも規定することになり[31]、表向における武士同士の交流を制限することにもなる。また、近世中期以降に深刻化する緊縮財政のもとで、大名家では交流する機会を限定し、音物の軽減や双方の使者の薄礼化により経費節減をはかることで、交流関係は維持するように努めていた。

こうした表向の交流とは異なる奥向独自の交流があった。本章ではそのことを藩主生母の智貞院の例から示した。この奥向独自の交流は、江戸社会の学問・文芸活動を考えるうえで重要な意味を持つのではないかと考えられる。たとえば、寛政期から文化・文政期にかけては、隠居後に活発な文芸活動を展開した大名が多く出た。隠居するという行為自体が、隠居大名の行動の主要な場を奥向の世界に移し、奥向での交流が主体となることを意味するといえよう。

寛政の改革を進めた老中松平定信は、寛政五年（一七九三）七月二十三日に老中職を辞したのち、文化九年（一八一二）に五十五歳で隠居し、文政十二年（一八二九）に七十二歳で没した。その間、多くの著述や文芸活動に文人大名としての教養を示した。真田家との交流においても、定信は重要な役割を果たしていた。幸弘の本妻・真松院が松平定賢（陸奥白河十一万石）の娘であり、定信は田安徳川家から松平家に養子に入るので直接の血縁関係にはないが、系図のうえでは定賢の孫にあたり、幸弘と定（真松院）からみれば甥の関係になる。そして、定信の次男（次郎）が幸専の養子として真田家に入り、八代幸貫となり、幕府老中として活躍したことはよく知られている。そうした関係から、真田家と松平家は表向において両敬関係（家老奉札）にあり、寛政十一年の倹約策導入にあたっても近親の筆頭に名がある。その定信は、たとえば寛政十年の幸弘の六十賀に際しても真田邸を訪れて発句をつとめる等、幸弘との交流が深かったことが窺える。(32)

一方、随筆『甲子夜話』の著者として知られる松浦静山（清）の場合は、幸弘の隠居から八年後の文化三年（一八〇六）に五十歳（実は四十七歳）で隠居し、文政四年（一八二一）から『甲子夜話』の執筆に精力的に取り組んだ。真田幸弘の妹の房（香雲院）が、静山の父政《まさし》に嫁いでいた縁で、真田家と松浦家も両敬関係（表用人奉札）にあった。政は明和八年（一七七一）八月十一日に三十七歳で死去したため、房は実家に戻り、安永三年（一七七四）に建部政賢に再嫁した。その後も真田家と松浦家の両敬関係は続けられたが、静山と幸弘・幸専との個人的な交流はあまりなかったようで、幸弘の賀集にも静山の名は確認できない。同じく文人大名でありながら、表向における両敬の関係と文芸における交流とが必ずしも重ならないことは重要であろう。

これ以外にも、『御側御納戸日記』からは、俳諧の師匠(33)や俳諧仲間、絵師、(34)芸能者等の身分の低い人々も、奥向の空間において大名との豊かな交遊を持っていたことが確認できる。(35)要するに、奥向の交流においては、両敬・片敬・不通といった表向における家相互の関係や身分格式にとらわれない緩やかな交遊関係を結ぶことができたのであり、このことが武家社会の柔軟性を生み出していた。ここに、近世武家社会の一つの特質を見出すことができよう。

（1）「両敬の研究」（『論集きんせい』一五、一九九三年）、同「「不通」と「通路」―大名の交際に関する一考察―」（『日本歴史』五五八、一九九四年）、松方冬子同「近世中・後期大名社会の構造」（宮崎勝美・吉田伸之編『武家屋敷―空間と社会

―』山川出版社、一九九九年）、母利美和「近世大名と公家―公武間交際における「由緒」と「通路」―」（『新しい歴史学のために』二六〇、二〇〇六年）、千葉拓真「加賀藩前田家における公家との交際―「通路」と家格をめぐって―」（『論集きんせい』三二、二〇一〇年）。

（2）畑尚子『幕末の大奥―天璋院と薩摩藩―』（岩波新書、二〇〇七年）、同『徳川政権下の大奥と奥女中』（岩波書店、二〇〇九年）。

（3）北村保「真田宝物館所蔵真田家文書について」（『信濃』四四―一二、一九九二年）、原田和彦「松代藩における文書の管理と伝来」（国文学研究資料館編『藩政アーカイブズの研究―近世における文書管理と保存―』岩田書院、二〇〇八年）に、両史料群の関係が整理されている。

（4）『史料館所蔵史料目録』一八・三七・四〇・四三・五一・五九・八六～九一（その一～一二、一九七八～二〇一一年）。

（5）国文学研究資料館史料館編『史料叢書二　松代藩庁と記録―松代藩「日記繰出」―』（名著出版、一九九八年）、太田尚宏「真田家文書〈家老日記〉の種類と性格」（『国文学研究資料館紀要』アーカイブズ研究篇一〇、二〇一四年）、同「家老職における執務記録の作成と保存」（国文学研究資料館編『近世大名のアーカイブズ資源研究―松代藩・真田家をめぐって―』思文閣出版、二〇一六年）。なお、これらの「家老日記」は一部を除いて、明治初めに家老を勤めた各家から集められた文書であると指摘されている。

（6）渡辺尚志「大名家文書の中の「村方」文書」（同編『藩地域の構造と変容』岩田書店、二〇〇五年、初出二〇〇〇年）。以後、渡辺尚志・小関悠一郎編『信濃国松代藩地域の研究Ⅱ・藩地域の政策主体と藩政』（岩田書院、二〇〇八年）、荒武賢一朗・渡辺尚志編『同Ⅲ・近世後期大名家の領政機構』（同、二〇一一年）、福澤徹三＋渡辺尚志編『同Ⅳ・藩地域の農政と学問・金融』（同、二〇一四年）、渡辺尚志編『同Ⅴ・藩地域の村社会と藩政』（同、二〇一七年）が刊行され、着実な成果を示している。

（7）『御側御納戸日記』二百二十五点の概要や性格については、田中いずみ「松代藩の参勤交代」（『松代』二一、二〇〇七年）に詳しい。

(8) 原田和彦「真田宝物館所蔵の真田家文書と新御殿」(『松代』二四、二〇一〇年)。
(9) 『近世中・後期松代藩真田家代々の和歌・俳諧・漢詩文及び諸芸に関する研究』(平成十七年度～平成十九年度科学研究費補助金基盤研究B研究成果報告書　課題番号一七三二〇〇四〇　研究代表者井上敏幸』論文篇・資料篇第一部、『同』資料篇第二部、二〇〇八年)。
(10) 『文人大名真田幸弘とその時代』(真田宝物館、二〇一二年)。
(11) 真田家の初代信之は長命で、明暦二年(一六五六)に九十一歳で隠居し、万治元年(一六五八)に九十三歳で没したため、嫡子信政は世子のままで老年に達した。そうしたことを背景に、十七世紀後半頃から幕府は四十歳以降の隠居を容認するようになり、最悪の場合、四十歳前の強制隠居も黙認するようになった。たとえば、伊達騒動で知られる仙台藩の伊達綱宗は二十二歳で強制隠居をさせられた(福田千鶴「近世前期大名相続の実態に関する基礎的研究」、『史料館研究紀要』二九、一九九八年)。
(12) 福田千鶴「近世中期における彦根井伊家の奥向」(村井康彦編『武家の生活と教養』彦根城博物館叢書六、サンライズ出版、二〇〇五年)。本書第八章参照。
(13) 真田家の江戸屋敷については、『お殿様、お姫様の江戸暮し』(真田宝物館、二〇〇九年)に詳しい解説がある。
(14) 北村典子「真田家南部坂下屋敷の「御奥」」(前掲『お殿様、お姫様の江戸暮し』)。
(15) 前掲松方冬子「両敬の研究」、同「「不通」と「通路」」。
(16) 『御倹約御断帳』(真田宝物館所蔵、一一―一―一三)。
(17) 幸弘と三千の二人で一緒に贈ること。
(18) 「相合」と同じではないかと思われるが、不詳。
(19) 山中さゆり「史料紹介「職掌階級調」について」(『松代』一三、二〇〇九年)。九代真田幸教自身によって記録された。
(20) 『御両敬帳』(国立史料館所蔵あ三一八六)、『御両敬御留守居御名前帳』(真田宝物館所蔵一三―一六―一)。
(21) 勝又洋輝は真田家が代々帝鑑間(一門・譜代のうち、城主格以上の約六十名と交代寄合等が着座する江戸城の部屋)を控席としていたことにちなむのではないかと指摘している（「真田家の両敬について」二〇〇七年度東京都立大学人文学部提出卒業論文）。

(22) 前掲山中さゆり「史料紹介「職掌階級調」について」。

(23) 『監察日記』明和八年十月二十日条には、「御側之面々平日親類之外表之面々附合致間敷旨、先年被仰出有之処、近年猥相成候段粗相聞、有之間敷事ニ思召候、向後御用之儀ハ格別、縁類たり共無拠用事有之儀参会候ハ、用外之雑談幷振廻酒盛ケ間敷義堅無用、尤同席寄合候節も家内之外勝手へ成共、他人召呼申間敷事」とある（真田古文書クラブ「史料紹介監察日記　明和七年～明和九年」、『松代』二六、二〇一二年）。真田家においても「側」と「表」の人的交流は禁止され、雑談や酒宴が無用とされていることからも、そうした場において当主の日常や政務上の機密が暴露されないような対策が講じられていた。

(24) 南部坂下屋敷における「若殿様」時代の幸専の動向を記した日記は、寛政三年（一七九一）分（い三七一）、寛政四年正月～七月（い三七二）、寛政八年分（い三七三）の三冊が史料館文書群に伝来し、目録上では『御側御納戸日記』の表題を付している（『史料館所蔵史料目録』二八、七三頁）。しかし、この三冊は「御守役日記」とするのが正しい。

(25) 『御側御納戸日記』は同筆によって記されている。これを側納戸役の一人が担当したものなのか、側納戸役の配下に置かれた物書が記録したものなのかは不詳。

(26) 高牧實『馬琴一家の江戸暮らし』（中公新書、二〇〇三年）によれば、嘉永三年（一八五〇）に「坂本順庵」という医者が滝沢馬琴宅に出入りをしている。時期からみて智貞院の実父の可能性は低いが、関係者ではないかと考えられる。

(27) 『寛政十年黒御門前御屋敷日記』（彦根城博物館所蔵彦根井伊家文書五六七五）。

(28) 前掲福田千鶴「近世中期における彦根井伊家の奥向」。

(29) たとえば、水野忠邦の生母中川恂は、奥向女中として奉公中に忠邦・叔之丞・釧の二男一女を生んだが、宿下がりを命じられた（北島正元『水野忠邦』吉川弘文館、一九六九年）。

(30) 井上敏幸・伊藤善隆・勝野寛実・田邉菜穂子・玉城司・豊田千明「翻刻・真田幸弘七十賀集『千とせの壽詩』『御

ことほきの記』」(『松代』一七、二〇〇三年)。

(31)「儀式志」(『鳥取藩史』三)には、「両敬とは両家間申合ハせ、成立後ハ両家の臣下ハ自然自己主人の親類として之に対する相対の敬意を表するものとす。」「家中の者ハ御両敬之諸家を承知し居る必要有れば、御両敬申合右の都度必ず家中一般に告示せらる。」との説明がある。

(32)井上敏幸・伊藤善隆・勝野寛実・玉城司・豊田千明・西田耕三「翻字・真田幸弘六十賀集『千とせの壽詩』『御ことほきの記』『耳順御賀日記』」(『松代』一九、二〇〇五年)。なお、幸弘の俳諧活動については、平林香織「松代藩第六代藩主真田幸弘の点取俳諧活動について―安永年間を中心として―」(『松代』二六、二〇一二年)に包括的な整理がある。

(33)俳諧師匠の「おゆか」という女性については、大谷俊太「真田幸弘の和歌」(『松代』二一、二〇〇七年)。

(34)たとえば、『御側御納戸日記』寛政十年十二月十五日と同月二十七日には、当主幸専が絵師の鍬形敬斎を招いている。

(35)江後迪子「武家の江戸屋敷の生活Ⅱ―鹿児島藩島津家中奥日記から―」(『港郷土資料館研究紀要』五、一九九九年)では、薩摩島津家の上屋敷中奥に中村勘三郎が召されて歌舞伎を演じ、また浄瑠璃楽師、座頭三味線、座頭胡弓、楊弓、琵琶、河東浄瑠璃、半太夫ぶし、操り人形、番ばやし等の芸能者が出入りをしていたことがわかる。

第八章　近世中期における奥向構造—近江彦根井伊家の事例

本章では、近江彦根井伊家を事例として、近世中期の武家社会における奥向構造を分析する[1]。

武家屋敷の構造は、大きくは表向と奥向に分けられる。大名家に生まれた女性たちは、さらに奥向に設けられた錠口の内側の奥方において、その生涯のほとんどを過ごした。そこで、彼女たちの生活を考える場合には、まず奥方の分析が不可欠となる。

奥方を成立させる要件は、錠口設置の有無である。これを管理することで、奥向における表方・奥方双方が閉鎖的な空間として存立しえた。特に奥方に男性が入ること、奥方から女性が出ることは厳しく制限されていた。ただし、その場合の留意点として、奥方の構成者は必ずしも女性のみではない、ということがある。

たとえば、出生した女子のみならず、男子も幼年の一定期間を錠口の内側の奥方にある部屋で育てられた[2]。また、子には女中のみならず、専属の男性の付人(守役)が付けられた。奥方での祝事には、奥家老や広敷(奥)用人、奥目付、錠口番、付人等の奥方付の男性役人が奥方の空間で祝儀を述べ、贈答をおこない、酒肴を頂戴した。さらに奥向の諸用や財政を担当した奥向表方の用人・奥元〆役・納戸頭・賄役等の男性役人は奥方の管理・運営にも重要な役割を果たし、こうした奥向表方の男性役人も役柄によっては祝儀の際に奥方に入って本妻に対面し、口上を述べることができた(本書第十一章第五節)。

そこで、本章ではこうした男性の存在をも視野に入れた奥向における表方と奥方の機能や構造について考察することを第一の課題としたい。

なお、近世中期頃の井伊家の江戸屋敷は四か所にあった。江戸城に近い外桜田には大名当主の居住空間である上屋敷（坪数一万九千八百十五坪五合余）があり、正徳元年（一七一一）三月五日にはこれに隣接する旗本屋敷を添屋敷として与えられ、井伊家では物見庭と称した（坪数三千七百坪）。世子（若殿）や先代本妻（大御前）の居住空間として用いられた中屋敷（坪数一万四百七十五坪余）は赤坂にあり、下屋敷は南八丁堀（坪数七千二百七十六坪）と千駄ヶ谷邸（坪数十八万二千三百四十二坪余）の二か所にあった(3)。

彦根にも複数の屋敷があった。藩庁であり、かつ当主が帰国した際に居住する表御殿、先代当主（大殿）や世子の居住空間として主に用いられた黒門前御殿（槻御殿）、庶子や側妻が居住した広小路屋敷・大手前屋敷・山崎屋敷・尾末町屋敷・松の下屋敷等があり、右以外には松原に下屋敷があった。

以上の各屋敷には、その居住者の状況に応じて表向と奥向の空間が配置されており、大名当主とその本妻が居住する江戸の上屋敷のみに奥向があったわけではない。

そこで、大名家の奥向は複数の集団組織から構成されるという点に留意しつつ、井伊家奥向の全体構造を明らかにすることを第二の課題としたい。

なお、本章では宝暦・明和（一七五一～一七七二）頃を中心に検討する。その理由は、賄役を勤めた花木家に伝来する『江戸御奥方女中人数御擬附』一冊(4)（明和元年〈一七六四〉七月改め）が江戸上屋敷における奥方の構造を知るうえでの格好の素材を提供すること、七代井伊直惟の側妻緑樹院の縁で享保十六年（一七三一）に藩士に取り立てられた高橋家に伝来する『旅御賄方万留』一冊(5)が宝暦九年（一七五九）五月以降の元方勘定奉行佐野兼帯の伺書を書留めたもので、これにより宝暦・明和頃の奥向財政の概要が判明するという史料条件の良さにある。当該期の井伊家の当主は、十代直幸である。

そこで、第一節では、井伊家の系譜や奥向儀礼の記録等から、直幸の家族及び親族の範囲を確定する。(6) 第二節では、財政構造の分析から、江戸上屋敷の「本奥」を中心とした女中構造について検討する。さらに、第三節では奥向儀礼の分析を通じて、江戸上屋敷「本奥」以外の女中や家臣の構造について明らかにする。

第一節　井伊家の家族と親族

1　近世中期の井伊家の当主

近世中期の井伊家では、(7) 当主が早世する事態が続いた。四代直興は、元禄十四年(一七〇一)三月に病気を理由に隠居を願い出て、十三歳になる八男直通に家督を譲った(兄はいずれも夭折)。しかし、直通が宝永七年(一七一〇)七月二十五日に二十二歳で彦根に病没したため、直興の十男直恒(十八歳)を直通の養子にして、同八年閏八月十二日に家督を継がせた。その直恒も、それからわずか二か月後の十月五日に急死した。そこで、直興が再勤することになり、直興の十三男直惟が十八歳になるのを待ち、正徳四年(一七一四)二月二十八日に家督を譲った。

七代直惟は、彦根の大久保新右衛門定能の屋敷で生まれた。母は直興の側妻となる八重(田山甚左衛門久豊の娘、青松院)である。誕生当時は兄が存生であったので、庶子として幼少期を国元で過ごし、直恒が死去した正徳元年(一七一二）に江戸に下り、嫡子として迎えられた。正徳四年（一七一四）に家督を相続し、享保二十年（一七三五）五月に隠居を願い出て弟直定（直興十四男）に家督を譲り、元文元年（一七三六）六月四日に四十歳（実は三十七歳）で死去した。

八代直定は、元禄十五年（一七〇二）二月十三日に彦根の平石久平次の屋敷で生まれた。母は直興の側妻となる大光院（平石弥右衛門繁清の姉、名は不詳）である。直定は同年四月二十三日に石居家に移り、石居又五郎を称していたが、宝永七年（一七一〇）に直興と同道して江戸に下り、兄直惟が家督を継いだ正徳四年（一七一四）に新田一万石の分知を受けて別家となった。しかし、享保十九年（一七三四）十月八日に直惟の養子となり、翌年五月に三十六歳で家督を相続した。

直惟には享保十二年九月八日に誕生した次男直禔がいたので、直定は元文二年（一七三七）八月二日に直禔を養子に迎え、宝暦四年（一七五四）六月十九日に隠居して家督を譲った。その九代直禔が同年八月二十九日に二十八歳で急死したので、直定が再勤することになり、同年十一月十三日に直定は直惟の三男直幸を養子に迎えた。

直幸（直章・直英）は享保十四年七月二十一日に彦根の今堀弥太夫の屋敷で生まれた。母は直惟の側妻となる寿慶院である。享保十八年七月十七日に近江国下司惣持寺の弟子に出され、名を真全と改めたのち、さらに多賀別当不動院白川尊勝院の弟子となったが、寛保三年（一七四三）正月二十一日に束髪して民部直章を名乗り、尾末町の庶子屋敷に入った。宝暦四年（一七五四）十月二十六日に彦根を出発して、十一月六日に江戸に着き、直定の嫡子として迎えられた。翌年七月二十五日に直定が隠居を願い出て、二十七歳の直幸に家督が譲られ、直幸は十代当主となった。

このように、井伊家では約五十年間に当主が五人も交替し、しかも直興と直定の二人が再勤する事態に陥るほど不安定な状態にあった。これに対して、直幸の治世は宝暦五年（一七五五）から没する寛政元年（一七八九）まで三十五年間に及び、久々に井伊家が安定することになった。

表8　井伊直幸の家族

続柄	名前	生母	出生地	生年	没年	葬地
当主	直幸（直英　直章　民部　大魏院）	寿慶院	彦根今堀弥太夫方	享保14年7月21日	天明9年2月20(30)日	豪徳寺
本妻	梅暁院（伊与）	—	—	—	寛政5年12月20日	豪徳寺
長女	錫（勢与　信源院）	①	江戸桜田邸	宝暦6年11月11日	安永6年7月30日	江戸天徳寺
長男	直尚（章之介　章蔵　聖諦院）	②	彦根御殿	宝暦7年10月27日	明和3年5月3日	清凉寺
養2女	鉄（美代　妙音院　蜂須賀氏）	小瀬氏	—	宝暦3年12月9日	安永3年9月2日	嵯峨二尊院
2男	直寧（篤之介　心苗院）	②	彦根御殿	宝暦9年11月28日	宝暦13年6月17日	清凉寺
養3女	弥（屋）恵（圭心院　井伊氏）	鈴木氏	—	延享3年7月13日	安永7年6月22日	上野護国院
4女	斐（宗鏡院）	③	彦根御殿	宝暦12年4月4日	天明6年6月15(25)日	下谷広徳寺
3男	某（一潮全滴童子）	④	江戸	宝暦13年8月5日	宝暦13年8月10日	豪徳寺
4男	直豊（豊吉　直富　竜泉院）	⑤	江戸	宝暦13年8月26日	天明7年7月12日	豪徳寺
5女	職（俊　常篤院）	⑥	江戸	宝暦14年5月(4月5日)	天明6年9月27(19)日	徳島興源寺
6女	宣（成　多代　雍　窃聞院）	⑦	江戸	明和元年12月13日	寛政2年9月10日	麻布賢宗寺
5男	仙之允（秀天院）	③	彦根御殿	明和2年3月18日	安永9年11月30日(8月11日)	清凉寺
6男	正介（興竜院）	⑧	江戸	明和2年6月25日	安永2年4月15(10)日	小日向法勝寺
7女	静（智光院）	⑨	彦根御殿	明和2年10月20日	安永3年10月19日	長浜大通寺
7男	直中（庭五郎　観徳院）	⑥	江戸	明和3年6月11日	天保2年5月25日	清凉寺
8男	忠六郎（南渓院）	⑩	江戸	明和4年9月1日	明和9年4月19日	豪徳寺
9男	直在（又介　遍勝　明達院）	⑧	江戸	明和5年1月6日	文政11年10月29日	長浜大通寺
8女	某（桃苑幻華嬰女）	—	江戸	明和5年2月6日	明和5年2月6日	豪徳寺
10男	鶴之亮（梅信自香童子）	⑪	江戸	明和5年7月4日	明和5年12月16日	豪徳寺
9女	郷（花蕚院）	④	江戸	明和5年9月6日	明和8年1月9日	豪徳寺
11男	直広（外也　幸能　聞渓院）	⑩	江戸	明和6年6月1日	寛政4年閏2月14日	牛島弘徳寺
12男	某（古岸秋光孩亡）	⑫	江戸	明和7年8月8日	明和7年8月8日	豪徳寺
13男	幸専（直専　順介　大暁院）	⑩	江戸	明和9年1月9日	文政11年7月17日	松代長国寺
14男	某（全現未兆孩亡）	—	江戸	明和9年6月17日	明和9年6月17日	豪徳寺

15男	[金冊]十郎([金冊]三郎　玉輪祖珍童子)	⑩	江戸	安永2年9月23日	安永4年2月12日	豪徳寺
10女	護(漚水蓮乗禅童女)	⑬	江戸	安永2年12月15日	安永3年6月27日	豪徳寺
11女	懿(花応院)	⑫	江戸	安永3年6月21日	安永8年1月4日	豪徳寺
12女	鋼(鍇　慈相智眼禅童女)	⑭	江戸	安永5年1月4日	安永6年8月6日	豪徳寺
13女	慶(克　宝山円珠禅童女)	⑮	江戸	安永6年1月19(29)日	安永7年5月18日	豪徳寺
16男	直軌(銀之介　利義　対松院)	⑯	彦根	安永6年6月27日	文政元年6月4日	浅草誓願寺
17男	久之介(普刹霊光童子)	⑰	江戸	安永6年8月13日	安永7年7月5日	豪徳寺
18男	直明(武之介　綏之介　文秀院)	⑱	江戸	安永7年3月29日	享和3年1月20(17)日	清涼寺
19男	房之介(現台移鏡禅童子)	⑲	江戸	安永7年10月27日	安永9年5月20(19)日	豪徳寺
20男	万平(悟法了心禅童子)	⑮	江戸	安永8年6月13日	安永9年8月24(19)日	豪徳寺
14女	盤(清雲院)	⑱	江戸	安永8年7月18日	寛政8年2月25日	浅草崇徳寺
養15女	皆(峰　瑞柳院　井伊氏)	田中氏	｜	明和7年11月14日	天保7年8月25日	芝常林寺
16女	鐏(光暁院)	㉒	彦根	天明元年7月16日	天明6年7月19日	粟田口東山廟
17女	鐸(多寿　豊章院)	⑱	江戸	天明元年11月5日	文化9年12月28日	牛込宝泉寺
21男	直容(勇吉　真性院)	⑳	江戸	天明3年7月5日	天保10年10月25日	清涼寺
22男	栄吉(桂光院)	㉑	江戸	天明3年5月18日	天明5年8月14日	豪徳寺
18女	鎌(寿鳳院)	⑳	江戸	天明4年6月27日	天保3年7月17日	下谷広徳寺
23男	直一(鉀之介　俊寿丸　直心院)	㉓	江戸	天明4年9月14(15)日	天保11年1月15(20)日	長浜福田寺
24男	共雅(恵之介　善住院)	⑮	江戸中屋御殿	天明5年9月2(3)日	天保8年9月29日	長浜福田寺
19女	琴(松嶺院)	⑳	江戸中屋御殿	天明5年12月23日	文化10年3月13日	豪徳寺
20女	鎈(法性院)	⑳	江戸中屋御殿	天明7年8(6)月19日	寛政3年9月4日	豪徳寺
25男	直致(東之介　有斐院)	㉔	江戸本奥	天明8年4月25(28)日	天保2年3月18(20)日	清涼寺
26男	重吉(天質苗産禅童子)	㉔	江戸中屋御殿	寛政元年6月19日	寛政2年6月16日	清涼寺

(註)生母は以下のとおり。①本覚院、②伊藤氏、③渡辺氏、④えにし、⑤紅林院、⑥量寿院、⑦後藤氏、⑧能勢氏、⑨田中氏、⑩智貞院、⑪きん、⑫さと、⑬留代、⑭きり、⑮せの、⑯池崎氏、⑰かさし、⑱松代、⑲亀菊、⑳藤田氏、㉑ゆら、㉒浅見氏、㉓近藤氏、㉔小林氏。

2　井伊直幸の本妻・側妻・側妾

直幸の本妻は越後与板城主井伊直存の娘伊予で、法号を梅暁院という。宝暦五年(一七五五)四月に縁組が取り決められ、同八年四月に婚姻した。二人の間に子は恵まれなかったが、梅暁院は庶出子全員の養母となり、寛政五年(一七九三)十二月二十日に没するまで、江戸奥向の中心的存在であった。

直幸の側妻(「側室」)は四人である。まず、本覚院(やす・周防徳山毛利家家臣江見後藤兵衛の娘)は、宝暦六年(一七五六)に長女錫(美作津山松平康致の妻)を出産し、明和八年(一七七一)に「御上成」となり(『井伊御系図聞書』)、安永六年(一七七七)に江戸に没した(墓は豪徳寺)。紅林院(高橋源次妻の伯母・力)は、宝暦十三年(一七六三)に四男直豊(世子)を出産したが、同年十月十二日に没した。紅林院と謚号され、側妻として遇された(墓は豪徳寺)。

量寿院(幕府馬方大武藤介の娘・かよ・かえ)は、宝暦十四年(一七六四)に五女職(阿波徳島蜂須賀治昭の妻)、明和三年(一七六六)に七男直中(十一代当主)の二人を出産した。智貞院(江戸町医坂本順庵の娘・千里・千代野)は、明和四年に八男忠六郎(早世)、同六年(一七六九)に十一男直広(のち越後与板城主)、同九年に十三男直専(のち信濃松代城主)、安永二年(一七七三)十一月に十五男錙十郎(早世)の四人を出産した。『井伊御系図聞書』によれば、量寿院と智貞院の二人は寛政元年(天明九・一七八九)十一月より「殿付の会釈」の格式になったとある。同年正月二十六日に直幸が病死しており、右は二人の側妻としての格式を定めたものであろう。さらに同史料では、寛政五年二月から量寿院は「御上成」の格式になったとある。この前後の他の記録をみると、智貞院が「殿」付であるのに対して、量寿院は「殿」付から「様」付へと変化している(8)。即ち、量寿院は「殿付の会釈」よりも上位の格式になったのである。「御上成」とは大名家の家族を意味する「上々様」の一員として迎えられることを意味した。井伊家当主直中の生母という点が、両者に格式差をもたらしたといえよう。

量寿院は直幸没後に江戸から彦根に上って余生を過ごし、享和三年（一八〇三）十二月八日に彦根に没した（墓は清涼寺）。智貞院は、初めは江戸の中屋敷に居住し、寛政四年（一七九二）に彦根の山崎屋敷に移り、さらに安清屋敷に移ったのち、同十年に江戸に下って中屋敷に居住し、文化五年（一八〇八）七月十七日に江戸で没した（墓は豪徳寺）。

側妻以外で直幸の子を出産した者は、二十人を数える（二子の母名は不詳）。史料上では「家女」と記されるように、彼女たちは家の女房として井伊家に仕える奉公人の身分であり、本章では側妾として扱う。[9]

江戸では、えにし・後藤氏（その）・能勢氏（たの・多山）・きん・さと・留代・きり・せの・かさし・松代（みよ）・亀菊・藤田氏（もと）・ゆら・近藤氏（千賀）・小林氏（とみ・千代鶴）の十五人が確認できる。

このうち、松代は、安永七年（一七七八）に十八男直明（部屋住み）、同八年に十四女盤（播磨姫路酒井忠道の本妻）、天明元年（一七八一）に十六女鐏（肥前島原松平忠憑の本妻）の三人を出産し、のちに定府の家臣藤堂又次郎に嫁いだ。藤田氏（江戸浅草寺寺中の娘）も、天明三年に二十一男直容（部屋住み）、同四年に十八女鎌（陸奥会津松平容住の本妻）、同五年に十九女琴（下総古河土井利広の本妻）、同七年に二十女鎈（早世）の四人を出産し、のちに定府の家臣藤田貞兵衛に嫁いだ。小林氏は、天明八年に二十五男直致（部屋住み）、寛政元年（一七八九）に二十六男重吉（末子、早世）の二人を出産し、のちに定府の家臣江見左内に嫁いだ。[10]残る十二人については不詳である。

彦根では伊藤氏（かつ）・渡辺氏（文《ぶん》・文岡）・田中氏（たさ）・池崎氏（八百）・浅見氏の五人が確認できる。このうち、伊藤氏は、宝暦七年（一七五七）に長男直尚（早世）、同九年に次男直寧（早世）の二人を出産し、のちに家臣（不詳）に嫁いだ。池崎氏は安永六年（一七七七）に十六男直軌（のち越前大野城主）を出産し、のちに家臣小林与一左衛門に嫁いだ。浅見氏は、天明元年(一七八一)に懐胎したまま家臣の印具清右衛門に渡された。出産児は女子だったので、鐏と名付けられて大通寺の衍(直惟九女)のもとで育てられ、同四年に京都仏光寺門跡嫡子厚君と縁組し、同地に引越した。浅見氏はその後、家臣上田源右衛門に嫁いだ。

一方、渡辺氏(京都賀茂社渡辺氏の娘)は、宝暦十二年(一七六二)に四女斐(筑後柳川立花鑑門の本妻)、明和二年(一七六五)三月に五男仙之允(早世)を出産したが、その後も奥向女中として仕え、広小路屋敷で庶子たちの教育に携わった(11)。田中氏は江戸出身としか伝わらない。

以上のように、彦根井伊家の場合も当主の子を出産しても側妻となる女性は限られており、そのまま奥向女中として仕える者もいれば、井伊家から出されて家臣に下され、生母としての地位を失った者もいた。さらには勤めを辞したあと、行方不明となった者もいたと思われる(12)。

3　井伊直幸の子たち(男子・女子)

直幸の長男直尚は、宝暦四年(一六五四)に彦根の「御殿」で生まれ(実は宝暦七年生まれ)、同十二年には幕府に嫡子届を出したが、明和三年(一七六六)に彦根で死去した(十三歳)。宝暦十三年に江戸で生まれた四男直豊は、兄直尚が死去した年に嫡子届を提出し、安永四年(一七七五)に将軍への目見えを済ませ、従四位下・侍従・玄蕃頭に叙任され、同九年には京都上使役を勤めたが、天明七年(一七八七)に江戸で病死した(二十八歳)。

次いで世子となる七男直中は、明和三年(一七六六)に江戸で生まれた(公称は宝暦十三年生まれ)。誕生当時は庶子の扱いであったため、安永三年(一七七四)九月二十六日に江戸を出発して彦根に上り、広小路屋敷に入った(九歳)。この時、明和五年(一七六八)生まれの九男直在(七歳)もともに江戸を出発し、広小路屋敷へ入った。その後、直在は天明七年(一七八八)四月五日に長浜大通寺に婿養子に出され、同地へ引越した。

明和六年(一七六九)に江戸で生まれた十一男直広は、安永八年(一七七九)に与板井伊家と養子縁組した(十一歳)。明和九年(一七七二)に江戸で生まれた十三男直専も、天明五年(一七八五)に松代真田家と養子縁組した(十四歳)。

十六男直軌は安永六年(一七七七)に彦根で生まれ、広小路屋敷に入ったのち、天明八年(一七八八)に山崎屋敷へ移った。寛政三年(一七九一)四月に江戸へ行き、五月に大野土井家と養子縁組し、六月七日に引越した(十五歳)。

安永七年(一七七八)生まれの十八男直明、天明三年(一七八三)生まれの二十一男直容、同八年生まれの二十五男直致の三人は、寛政元年(一七八九)正月に父直幸が死去すると、五月十三日に江戸を出発して彦根に上り、直明(十一歳)は山崎屋敷に入り、直容(七歳)と直致(四歳)は黒門前御殿「本奥」へ入ったのち、同年十一月二十二日に山崎屋敷へ引越した。この三人は幼年時に父が没したためか、他家との養子縁組はなく、部屋住みのまま彦根で一生を終えた。

天明四年(一七八四)生まれの二十三男鉀之介と同五年に生まれた二十四男恵之介の場合は、同七年九月二十三日に江戸を出発して彦根に上り、まず広小路屋敷へ入ったのち、山崎屋敷へ移った。鉀之介は長浜福田寺へ養子縁組が取り決められ、寛政元年(一七八九)九月二十一日に引越した。恵之介は奥山六左衛門の養子に出されたが、病気のために戻され、のちに長浜福田寺直心院(鉀之介)の養子となった。

このように、江戸生まれの男子(庶子)は、他の大名家と養子縁組する以外は国元の彦根に戻され、その後は庶子として暮らした。また、これ以外の男子はいずれも早世した。若死にした世子二人を含めると、二十六人中、十六人が早世したことになる。

直幸の女子はほとんどが江戸で生まれて、同地で育てられた。宝暦六年(一七五六)生まれの長女錫は、明和六年(一七六九）十月に美作津山松平康致のもとに入輿し（十四歳）、同八年六月二十七日に婚礼となった。宝暦十四年生まれの五女職は、明和九年四月二十四日に阿波徳島蜂須賀治昭と縁組し（八歳）、安永六年（一七七七）九月二十七日に婚礼となった（十四歳）。明和元年生まれの六女宣は、同五年六月に常陸土浦土屋寿直と縁組したが（五歳）、寿直の早世により未婚となり、安永七年に肥前佐賀鍋島治茂に再縁組し、同年十一月二十三日に婚礼となった（十四歳）。安永三年生まれの十一女懿は、同七年四月十二日に若狭小浜酒井千熊と縁組したが（五歳）、同八年に懿が早世した。安永八年生まれの十四女盤は、天明三年（一七八三）三月二十六日に播磨姫路酒井忠道と縁組し（五歳）、寛政五年（一七九三）十一月に婚礼となった（十五歳）。天明元年生まれの十七女鐸は、同五年五月に筑後久留米有馬藤三郎と縁組したが（五歳）、藤三郎が早世し、同七年正月に肥前島原松平忠憑と再縁組し、寛政八年十一月に婚姻となった（十六歳）。天明四年生まれの十八女鎌は、同八年十月二十四日に陸奥会津松平容住と縁組し（五歳）、寛政九年二月に婚礼となった（十四歳）。天明五年（一七八五）生まれの十九女琴は、寛政三年（一七九一）十二月二十九日に下総古河土井利広と縁組し（七歳）、同十三年二月に婚姻し（十七歳）、文化八年（一八一一）十二月十八日に離縁した（二十七歳）。

彦根で生まれた直幸の娘のうち、宝暦十二年（一七六二）生まれの四女斐は、明和六年（一七六九）八月に江戸に下り、同年十月に筑後柳川立花鑑門と縁組し（八歳）、安永十年（一七八一）二月に婚礼となった（二十歳）。明和二年（一七六五）生まれの七女静は、同七年四月二十五日に長浜大通寺に養女縁組し（六歳）、四月十八日に引越した。国元で生まれた場合には、幼年時に江戸に下るか、大通寺と縁組する場合が多かった。ほとんどが八歳までの幼年期に縁組が取り決められ、十四歳から二十歳までに結婚している。

4 井伊家の贈答関係と交流の範囲

まず、明和五年(一七六八)七月六日に江戸でおこなわれた十男鶴之亮の七夜祝儀(13)における贈答関係から、井伊家が交流した親族の範囲を確認する。鶴之亮の生母は、江戸の生まれで、名をきんという(『井伊御系図聞書』)。明和元年の『江戸御奥方女中人数御擬附』では側女中にその名前があり(表9参照)、祝儀の記録では女中の末尾に単に「産婦」として記された。なお、鶴之亮は明和五年七月四日に江戸で生まれ、同年十二月十六日に夭折した。

記録では、直幸から鶴之亮に産衣一重(綸子)・昆布一折・干鯛一折・樽代三百疋・御守一箱・刀・脇差、梅暁院(直幸の本妻)に干鯛一折・樽代二百疋、世子(直豊、六歳)に干鯛一折が贈られた。梅暁院からは、鶴之亮に産衣一重(羽二重)・干鯛一折・樽代三百疋、直幸に干鯛一折・樽代二百疋、世子に干鯛一折が贈られた。「江戸御子様方」一同から鶴之亮に干鯛一折、「彦根御子様方」一同からも鶴之亮に干鯛一折が贈られた。

鶴之亮からは、直幸に昆布一折・干鯛一折・樽代三百疋、梅暁院に干鯛一折・樽代二百疋、世子と勢与(錫・長女)に干鯛各一折宛、「江戸御子様方」に干鯛各一折宛、清蓮院(九代直禔後室)・昌平橋奥方(直惟五女中、信濃上田松平忠順の本妻)・呉服橋奥方(直幸養三女弥恵、出羽山形秋元永朝の本妻)に干鯛各一折宛、玉光院(七代直惟側妻)に干鯛一折・樽代三百疋が贈られた。世子から鶴之亮に干鯛一折、直幸・梅暁院に各干鯛一折宛が贈られた。以上は江戸にいる直幸の家族及び親族である。なお、江戸の兄姉からは相合で干鯛一折が贈られたのに対し、鶴之亮からは各干鯛一折宛が贈られた。

次に、寿慶院(七代直惟側妻・直幸生母)からは、鶴之亮に産衣一重(羽二重)・干鯛一折、直幸・梅暁院に各干鯛一折宛が贈られた。真如院（八代直定側妻）からは、鶴之亮に干鯛一折・樽代二百疋、直幸・梅暁院に各干鯛一折宛が贈られた。慶運院（直興十六女、木俣守吉の本妻）・衍（直惟九女、印具威重の本妻）・桃源院（直惟十一女、木俣守融の本妻）・数（直惟八女、大通寺横超院の本妻）・緑樹院（七代直惟の側妻）からは、鶴之亮に使者のみが派遣された。続いて、鶴之亮から兄姉（四女斐・五男仙之允・七女静）に干鯛一折が贈られた。この三人は「彦根御子様方」にあたる。真如院と寿慶院には、鶴之亮から干鯛一折・樽代二百宛が贈られた。最後に、直幸から真如院・寿慶院へ干鯛各一折宛、梅暁院から真如院・寿慶院へ干鯛各一折宛、鶴之亮からは慶運院・衍・桃源院・数・緑樹院に使者のみが派遣された。以上はいずれも、在彦根の家族及び親族である。

これをまとめると、当主（直幸）が祝儀を贈った範囲は、第一に①鶴之亮（「御出生様」）、②本妻（「御前様」）、③世子（「若殿様」）、第二に真如院・寿慶院という在江戸の先代の側妻であり、江戸のごく狭い範囲に限られていた。本妻（梅暁院）からの祝儀は、当主より品数が減るものの、贈答範囲は同じである。世子は、①当主・本妻・鶴之亮であり、当主の第一の範囲に限られている。

一方、鶴之亮が祝儀を贈った範囲は、第一に①当主、②本妻、③嫡子・長女、④江戸の兄姉、⑤在江戸の先代本妻（清蓮院）・大叔母（昌平橋奥方）・義姉（呉服橋奥方）・先代側妻（玉光院）であり、江戸にいる家族及び親族となっている。第二には⑥彦根の兄姉（斐・仙之允・静）、⑦先代側妻（真如院・寿慶院）となっており、これは彦根にいる家族と親族である。第三には彦根にいる大叔母（慶運院）・伯母（数衍・桃源院）や先代側妻（緑樹院）であり、これは使者のみ派遣であった。左の系図は明和五年段階で生存している井伊家の人々を示したものだが、鶴之亮は公家の三条実起に嫁いだ直幸養女鉄(14)を除く、生存する全ての家族及び親族と祝儀をかわしたことになる。

参考までに、安永九年（一七八〇）十一月六日に彦根の広小路屋敷でおこなわれた庭五郎（直幸七男、直中）の袖留祝儀

明和五年の井伊家系図

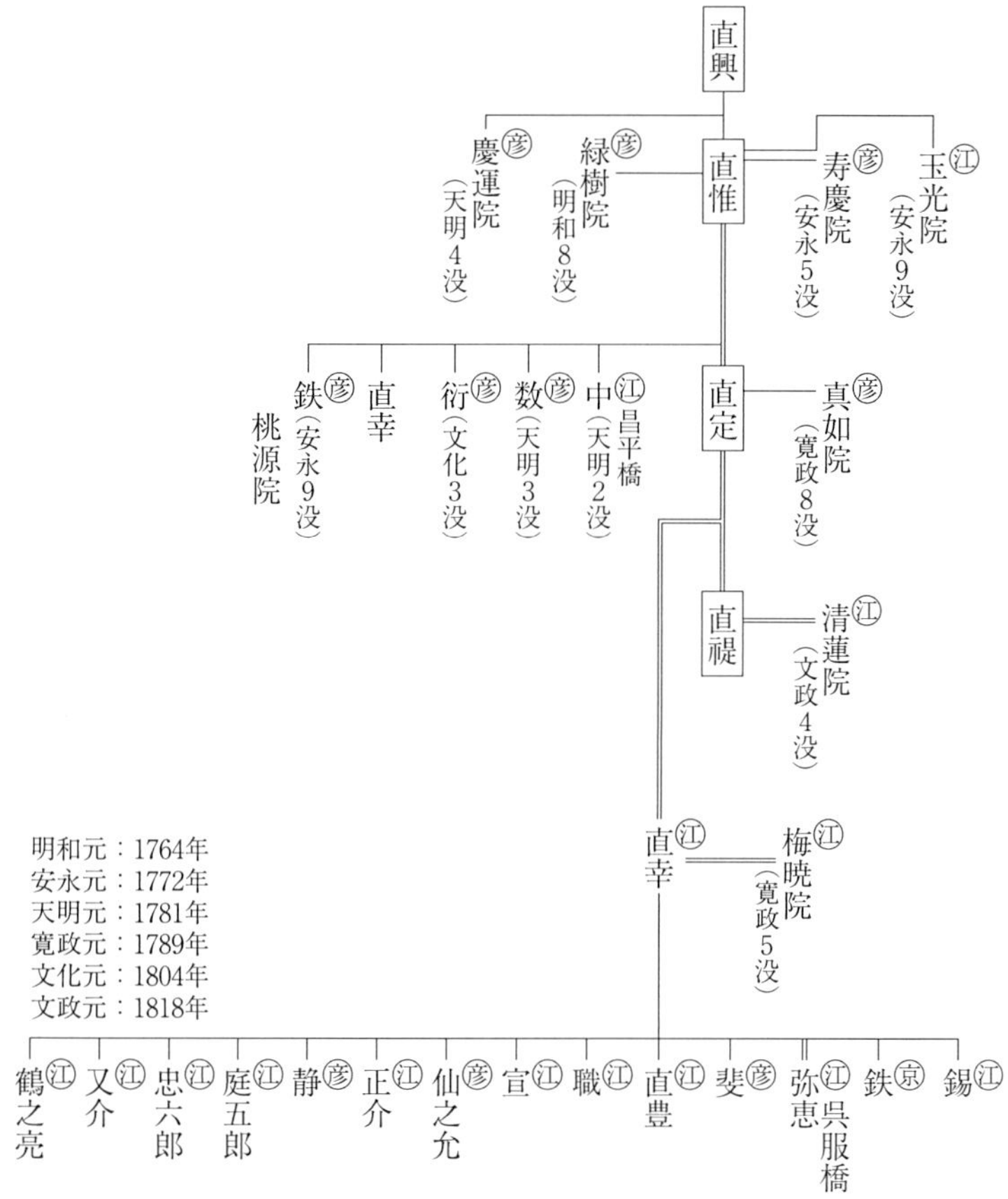

註）明和５年段階での生存者、㊢は在江戸、㊢は在彦根を表す。
（　）内は死没年。□はすでに死没した先代当主、当主との関係は＝本妻、—側妻を表す。

から、庶出男子の成人儀礼の場合を示しておきたい(15)。庭五郎の生母量寿院（かよ）は、女中の筆頭に「お哥代」とあり、家族のなかには入らない。当主直幸は在国中で、世子直豊（玄蕃頭）は在府中であった。在彦根の庭五郎と相互に贈答をおこなった範囲は、①当主（直幸）、②世子（直豊）、③本妻（梅暁院）、④彦根・江戸兄弟、⑤在府の姉（大名小路御前・直中の同母姉職、山下御前・直中の異母姉宣）、⑥在彦根の先代側妻（真如院）、⑦その他（昌平橋・直惟五女中、大手・木俣氏屋敷カ、山崎・印具氏屋敷カ、長浜大通寺）までである。

また、直幸から使者のみを遣

わした範囲は、②世子、③本妻、④彦根・江戸兄弟、⑤先代側妻（真如院）までで、世子から使者のみを遣わした範囲は、①当主、③本妻、⑤先代側妻、本妻から使者のみを遣わした範囲は、①当主、②世子、④彦根・江戸兄弟、⑤先代側妻、である。なお先代側妻の真如院から使者のみを遣わした範囲は、①当主、②世子、③本妻、となっている。

庶子の袖留という祝儀の位置づけの故と考えられるが、贈答の範囲が鶴之亮の七夜祝儀に比べてさらに狭いことが特徴的である。

次に、明和元年（一七六四）十二月十三日に江戸で生まれた宣（直幸六女、母は後藤氏）が、翌二年三月十九日に色直し・箸初め・髪置きの祝儀をおこなった[16]。その際の贈答儀礼を確認する。これより先、二月十七日に江戸を出発した飛脚が二十五日酉刻（午後六時頃）前に彦根に到着し、国元でも寿慶院に相談して二十六日・二十七日のどちらかで祝儀をおこなうようにと伝えられた。「御本奥御鎖前」に出た老女松岡がこれを承り、寿慶院と相談し、二十七日に祝儀をおこなうことになった。また、彦根・江戸両方での「御祝物御取遣帳面壱冊」も江戸の用人から届けられたので、その指示にしたがって彦根においても「夫々様江御使、其外」を手配した。以下は、その史料である。

一、①若殿様・寿慶院様・斐姫様江　宣姫様より御使、宇津木武兵衛相勤之、
一、右御三方様江　殿様（直幸）・御前様（梅暁院）より御使、同人勤之、
一、②真如院様初、御部屋様方江、宣姫様より之御使、勝平次右衛門勤之、
一、斐姫様・寿慶院様江、若殿様より御使、御附御側役務之、
一、若殿様・斐姫様江、寿慶院様より御使、地方御賄勤之、
一、若殿様・寿慶院様江、斐姫様より御使、地方御賄勤之、
一、御数様江、宣姫様より御使、旅御賄勤之、

一、③右御使御請、三月晦日月残りニ江戸表江指上ル、
一、宣姫様より御祝物ニは御目録、其外様ニは御目録無之、
一、同役中御使者相勤候者斗、熨斗目半上下着用致候、其余服紗小袖、若殿様御使熨斗目、御賄衆服紗小袖、
一、④真如院様初、当御地御女中様より之御祝物、於江戸表御当日同役中取計御使為相勤候間、右之段夫々御附江達置候様、三月十七日御使ニ申来ル、依之、夫々江申遣ス、
一、御目録之義、御祐筆頭江申遣ス、
一、御樽代金・干鯛御支度之義、御金方御賄方江指紙出ス、
一、⑤同役中御本奥御鎖前江御歓ニ出ル、槻御門江も同断、御部屋様方江組合使、⑥長浜江御歓状出ス、

彦根の奥向における中心人物は、七代直惟の側妻で直幸の生母寿慶院であった。出自は、堀部左門の姉という。直幸は彦根の今堀弥太夫の屋敷に誕生したので、寿慶院は彦根で直惟の側女中として勤めており、妊娠を契機に彦根の奥向から出されたのだろう。安永五年（一七七六）に直幸が家督を継いだのちに、八代直定の遺言で「御殿御奥方」へ引き取ったという（『井伊御系図聞書』）。傍線①より、彦根には、長男直尚（「若殿」）、寿慶院、四女斐がいた。また、傍線②にある真如院（直定側妻）は槻御門屋敷、[17]緑樹院[18]（直惟側妻、「御部屋様」）は広小路屋敷に居住していた。

まず、宣からは、寿慶院（祖母）・直尚（兄）・斐（姉）・真如院（先代側妻）・緑樹院（先々代側妻）・数（大伯母）に使者が派遣された。当主・本妻からは、寿慶院・直尚・斐の三人のみに使者が派遣された。江戸への御請（返礼）は、三月晦日以前に使者を派遣した（傍線③）。真如院以下、彦根女中からの祝い物は、江戸で用人が取り計らった旨が各自に伝えられたので、真如院以下からの御請の使者は派遣されなかった（傍線④）。当日は、用人が表御殿の「本奥」鎖前に「御歓」に出かけた。槻御門（直尚の屋敷）も同様であったが、緑樹院には組合から使者を派遣し、長浜大通寺（数）には

「御歓状」を送った（傍線⑤）。

以上のように、贈答の範囲は祖母・兄・姉・先代側室及び大伯母となっているが、鶴之亮の時にみられた慶運院・衍・桃源院が含まれず、数のみに贈られている。これは数が直幸の同母姉という関係によるものであろう。このように、庶出女子の場合、庶出男子よりさらに狭い贈答範囲となる。

一方、寛政四年（一七九二）十二月四日に十一代直中の本妻親光院から出生した文（穠）の場合は、井伊家で久々に本妻から生まれた嫡出長女のため、同五年（一七九三）九月の宮参りではいずれの事例より広い贈答範囲となっている。[19]特に上記に加えて、「彦根御舎弟様」「江戸御妹女様」に贈答している点が特徴的である。これは当主からみた場合の呼び方であり、文からは「彦根御伯父様」「江戸御伯母様」、家臣からは「彦根御子様方」「江戸御姫様方」と呼ばれている。[20]

以上から、大名家の家族の範囲は、当主・本妻と当主の子たちまでで、のちに側妻の格式を与えられる女中であっても、「御上成」の扱いとならない限り家族のなかには入らなかった。また、親族の範囲は生存する歴代当主の本妻・側妻・当主の兄弟姉妹[21]が含まれたが、嫡庶・男女の違いにより贈答儀礼を通じて交流する親族の範囲には差異があったことがわかる。

第二節　明和期の財政構造と奥向

本節では、『江戸御奥方女中人数御擬附』から、明和期の奥向財政について検討する。ここでいう「江戸御奥方」

とは江戸上屋敷の奥向の奥方のことである。表9に示した明和元年(一七六四)全体の人数は、七十八人である。内訳では、まず本妻(梅暁院)付の女中として年寄二人・中老一人・側十一人・次四人・中居三人・末四人・借人十人の計三十五人がいる。側女中のうち別格で中老佐野と同じ扱いとなっているえにしは、宝暦十三年(一七六三)に直幸三男某(同年夭折)を出産した。また、側女中十人のなかでも、かよは同十四年に直幸五女職を出産している。明和元年以降では、その・きん・千里・さとの四人も直幸の子を出産した。既述のように、このうち側妻の待遇を得るのは、かよ(量寿院)と千里(智貞院)の二人のみである。

本妻とは別に、「御部屋」付がいる。年寄一人・側年寄一人・中老一人・小姓格三人・中小姓一人・次五人・錫付伽小姓二人・茶之間一人・中居二人・末三人・借人九人の計二十九人がいる。そのうち、側年寄に置かれたやすは、宝暦十一年(一七六一)六月に長女錫を出産しており、のちに本覚院と称され、側妻の待遇を得た。明和六年頃の記録である『旅御賄方万留』では、奥向経費として「御前様御用」「若殿様御用」「御弥寿様」を立項している。よって、「御部屋」とはやすのことであり、奥向女中としての立場は側年寄であったとわかる。年寄の松衛より格下ながら、松衛の給金十両に対してやすが十二両であることも、「御部屋」の待遇であったことを示していよう。なお、「御部屋」付では、中老たのが明和五年(一七六八)に九男直在を出産したが、これは側妻にはならなかった。

錫以外の子付としては、四男豊吉(母は紅林院)に小姓二人・次二人・乳持二人・末一人の計七人、五女職(母はかよ・量寿院)に小姓一人・次三人・乳持二人・末一人の計七人、合計十四人がいる。乳持は子が乳児の間のみ必要とされるので[22]、これを除けば明和期には子一人に五人の女中が平均的に付けられていた。

次に給与内容であるが、年俸的な性格をもつ切扶金(三月と九月の年二回)と月給的な性格を持つ扶持米が支給された。仮に一人扶持が玄米五俵とすれば、これを十二分割にした玄米を毎月支給される。そのうち、半扶持三合減らし

表9　明和元年江戸奥方女中人数

役職(人数・名前)	切扶金	扶持	呉服代	菜代銀＊	鏡餅	菱餅	粽	蓬飯	地鯖
年寄(1人:繁岡)	15両、内:7両2歩3月渡り・7両2歩9月渡り	3人半扶持、内:半扶持3合減・半扶持2合減、3斗2升4合2勺黒米渡り	―	8匁宛	4升5合	1升2合	7合	2升5合	2刺
年寄(1人:鶴山)	12両、内:6両3月渡り・6両9月渡り	3人扶持、内:半扶持3合減・半扶持2合減、2斗4升9合2勺黒米渡り	―	8匁宛	4升5合	1升2合	7合	2升5合	2刺
中老(1人:佐野)	10両、内:5両3月渡り・5両9月渡り	2人扶持、内:半扶持3合減・半扶持2合減、1人扶持黒米渡り	―	5匁宛	4升5合	1升2合	7合	2升5合	2刺
側(1人:えにし)	10両、内:5両3月渡り・5両9月渡り	2人扶持、内:半扶持3合減・半扶持2合減、1人扶持黒米渡り	―	5匁宛	4升5合	1升2合	7合	2升5合	2刺
側(10人:ふみ・その・かよ・きん・そて・くら・千里・さと・こん・この)	7両、内:3両2歩3月渡り・3両2歩9月渡り×10	1人半扶持、内:半扶持3合減・半扶持2合減、半扶持黒米渡り×10	―	5匁宛×10	4升5合×10	1升2合×10	7合×10	2升5合×10	2刺×10
次(4人:志賀・えつ・りよ・みな)	5両、内:2両2歩3月渡り・2両2歩9月渡り×4	1人扶持、内:半扶持3合減・半扶持黒米渡り×4	―	5匁宛×4	3升5合×4	8合×4	7合×4	1升5合×4	1刺×4
中居(3人:みなと・難波・総角)	2両2歩、内:1両1歩3月渡り・1両1歩9月渡り×3	半扶持2合減、3升7合5勺黒米渡り×3	―	2匁5歩宛×3	3升5合×3	8合×3	7合×3	1升5合×3	1刺×3
末(4人:明石・春風・若松・紅葉)	2両、内:1両3月渡・1両9月渡×4	半扶持2合減、3升7合5勺黒米渡り×4	―	2匁5歩宛×4	3升×4	6合×4	3合5勺×4	1升1合×4	1刺×4

借人（10人：国・花・とは・とめ・まつ・夏・むめ・てる・つね・つや）	1両1歩、内：2歩7匁5歩3月渡り・2歩7匁5歩9月渡り×10	半扶持2合減×10	—	1匁5歩宛×10	3升×10	6合×10	3合5勺×10	1升1合×10	—
御部屋									
年寄（1人：松衛）	10両、内：5両3月渡り・5両9月渡り	3人扶持、内：半扶持3合減・半扶持2合減、2人扶持黒米渡り	①	8匁宛	4升5合	1升2合	7合	2升5合	2刺
側年寄（1人：やす）	12両、内：6両3月渡り・6両9月渡り	5人扶持、内：半扶持3合減・半扶持2合減、4人扶持黒米渡り	②	8匁宛	4升5合	1升2合	7合	2升5合	2刺
中老（1人：たの）	10両、内：5両3月渡り・5両9月渡り	2人扶持、内：半扶持3合減・半扶持2合減、1人扶持黒米渡り	①	5匁宛	4升5合	1升2合	7合	2升7合	2刺
小姓格（3人：とさ・みわ・八代）	7両、内：3両2歩3月渡り・3両2歩9月渡り×3	1人半扶持、内：半扶持3合減・半扶持2合減、半扶持黒米渡り×3	—	5匁宛×3	4升5合×3	1升2合×3	7合×3	2升5合×3	2刺×3
中小姓（1人：ゆら）	6両、内：3両3月渡り・3両9月渡り	1人扶持、内：半扶持3合減・半扶持黒米渡り	—	5匁宛	3升5合	8合	7合	1升5合	1刺
次（5人：もん・こと・とき・すみ・きん）	5両、内：2両2歩3月渡り・2両2歩9月渡り×5	1人扶持、内：半扶持3合減・半扶持黒米渡り×5	—	5匁宛×5	3升5合×5	8合×5	7合×5	1升5合×5	1刺×5
錫付伽小姓（2人：こよ・田鶴ね）	5両、内：2両2歩3月渡り・2両2歩9月渡り×2	1人扶持、内：半扶持3合減・半扶持黒米渡り×2	—	5匁宛×2	3升5合×2	8合×2	7合×2	1升5合×5	1刺×5
茶之間（1人：るん）	3両、内：1両2歩3月渡り・1両2歩9月渡り	半扶持2合減、3升7合5勺黒米渡り	—	2匁5歩宛	3升5合	8合	7合	1升5合	1刺

中居（2人：紅梅・まち）	2両2歩、内：1両1歩3月渡り・1両1歩9月渡り×2	半扶持2合減、3升7合5勺黒米渡り×2	—	2匁5歩宛×2	3升5合×2	8合×2	7合×2	1升5合×2	1刺×2
末（3人：若菜・花代・千鳥）	2両、内：1両3月渡り・1両9月渡り×3	半扶持2合減、3升7合5勺黒米渡り×3	—	2匁5歩宛×3	3升×3	6合×3	3合5勺×3	1升1合×3	1刺×3
借人（9人：とり・かね・ふし・すて・みの・ふゆ・なつ・遊・ぶん）	1両1歩、内：2歩7匁5歩3月渡り・2歩7匁5歩9月渡り×9	半扶持2合減×9	—	1匁5歩宛×9	3升×9	6合×9	3合5勺×9	1升1合×9	—
御出生様方付									
豊吉付小姓（2人：りか・鶴）	7両、内：3両2歩3月渡り・3両2歩9月渡り×2	1人半扶持、内：半扶持3合減・半扶持2合減、半扶持黒米渡り×2	—	5匁宛×2	4升5合×2	1升2合×2	7合×2	2升5合×2	2刺×2
職付小姓（1人：波）	7両、内：3両2歩3月渡り・3両2歩9月渡り	1人半扶持、内：半扶持3合減・半扶持2合減、半扶持黒米渡り	—	5匁宛	4升5合	1升2合	7合	2升5合	2刺
豊吉付次（2人：そめ・のへ）	4両、内：2両3月渡り・2両9月渡り×2	1人扶持、内：半扶持3合減半扶持黒米渡×2	—	5匁宛×2	3升5合×2	8合×2	7合×2	1升5合×2	1刺×2
職付次（3人：はま・そよ・ろく）	4両、内：2両3月渡り・2両9月渡り×3	1人扶持、内：半扶持3合減半扶持黒米渡り×3	—	5匁宛×3	3升5合×3	8合×3	7合×3	1升5合×3	1刺×3
乳持豊吉付（2人：はつ・そ代）	4両、内：2両3月渡り・2両9月渡り×2	喰扶持上白米にて御台所仕出し・1歩ト200匁里扶持代、但し毎月渡り閏月共大小無構×2	③	—	4升5合×2	8合×2	1升×2	2升5合	1刺×2
乳持職付（2人：たく・みわ）	4両、内：2両3月渡り・2両9月渡り×2	喰扶持上白米にて御台所仕出し・1歩ト200匁里扶持代、但し毎月渡り閏月共大小無構	③	—	4升5合×2	8合×2	1升×2	2升5合	1刺×2

豊吉付末(1人：老松)	2両、内：1両3月渡り・1両9月渡り×3	半扶持2合減、3升7合5勺黒米渡り	—	2匁5歩宛	3升	6合	3合5勺	1升1合	1刺
職付末(1人：常夏)	2両、内：1両3月渡り・1両9月渡り	半扶持2合減、3升7合5勺黒米渡り	—	2匁5歩宛	3升	6合	3合5勺	1升1合	1刺

出典）花木家文書8
（註1）＊ 毎月渡り、ただし閏月とも大小構いなし。
（註2）呉服代 ①2両、御切苻金相渡り候節、両度に1両ずつ被下 ②10両、但し4季渡り ③金子3両、内：1両4月渡り御仕着代五菜代として・1両5月渡り右同断・1両10月渡り絹小袖代五菜代として。
（註3）乳持1人には上記以外に四ツ組椀本二腰高1人前・台之膳本二足打1人前が支給される。

というのは、表向での借米・上米の制度に相当し、基本給は三人扶持だが、奥向財政に補塡するため三合を上納させたものと考えられる。なお、「黒米」とは玄米のことである。

右以外には毎月、菜代銀が支払われ、節句の祝儀の季節物では、鏡餅・菱餅・粽・蓬飯・地鯖の支給も女中の階層によって定められていた[23]。これ以外に、呉服代が支給された者もいる。また、次節で述べるように、奥向での冠婚葬祭の折々に下され物があった。

表10は、江戸における表向の経費予算の定式割である。当主の所在によって差があり、在国中の経費が抑えられている。たとえば、在府中の当主の御召呉服物代・音信献上呉服物・丹後紙代共は千両である。節句の呉服は在国中でも江戸で献上されるが、在国中は七百両と少ない。また、呉服以外の幕府への献上金や将軍はじめ老中諸役人への年頭・歳暮、法事等の贈答経費(「御献上金・諸御音信年頭歳暮幷御祈禱料御奉納御褒美被下物御法事料共」)は、在府中が千五百両に対して、在国中の計上はない。なお、先代の本妻・側妻や婚家先の娘(昌平橋)の経費は表向から計上された。表9表11に示したように、奥向の経費は奥方入用米が二千俵と本妻の小袖代・女中切扶代三百両が基本であった。

表10　江戸表向経費の定式割　(単位：両)

費　目	在府予算	留守予算
○江戸御定式割(1ヶ年)		
御手金(在府は御着の上、留守は上国前渡し)	150	150
御小納戸方御腰物御拵代其外共	150	150
御召呉服物代・御音信御献上呉服物・丹後紙代共	1000	700
御献上金・諸御音信年頭歳暮幷御祈禱料御奉納御褒美被下物御法事料共	1500	0
御後室様へ被進米代銀子200俵(1俵：25匁)	916	916
昌平橋御奥方様へ被進米代1300俵代幷御女中渡り方共(1俵：25匁)	547	547
玉光院様へ被進候炭薪代・御女中切符共	51	51
定府衆御知行米代(1俵：25匁)	3005	3005
歩銀月割銀上下代呉服代帷子銀鯖代鰑代御役料米代御役料金代御城使衆中間若党給金御歩行衆中間世田谷定夫之内雑用銭	1041	692
内藤新宿御組合辻番所番人給金御割合千田谷伝馬役銭世田谷御代官紙筆料佐野御舟六艘御年貢銭同所竹木筏代大坂大廻運賃共	27	27
御振舞ニ付御客様方御家来支度料御小荷駄沓代御両替切賃小玉銀ニ仕替賃御知行取衆近国渡り方御借銀之内利払共	300	271
御扶持米代幷餅米代馬大豆其外豆類小糠共米両八斗大豆餅米両七斗五升替の積り	4848	3124
御切米代御切符金共	1866	1866
御賄方諸御払方	691	315
(外ニ世田谷より豆葉納御年貢金引置候分)	300	250
御小雑用方諸御払方道中渡り方御飛脚御荷物渡り方共	1746	1228
御普請御作事方御土場方諸御入用	504	504
御桶畳方御入用	120	120
小計	18762	14966
○臨時入用		
御内御音信御用当幷不時御入用共	600	500
玉川上水御割合御出金幷御普請方より例年指定候御出金共	300	300
御普請方御長屋向御修復一ヶ年分	350	350
御普請方ニ而御参勤前御入用積り	0	150
御賄方小雑用方不時御入用共	100	100
小計	1350	1400
○例年別段御下有之分		
御上国御入用当高160貫匁分	2666.2	0
昌平橋御奥方様へ被進御小袖代御女中切符共	97.2	97.2
兵部少輔様被進米代1500俵代(1表：25匁)	626	625
猿楽米代	58・銀13匁2分	58・銀13匁2分
小計	3447・銀13匁2分	780.2・銀13匁2分

表11　江戸井伊家奥向経費

費　　目	予　算	備　　考
奥方御入用米	2000俵	月割(不同)
御前様御小袖代幷女中切符代共	300両	2月・11月
同戊年より増下シ被仰付分(彦根より下る)	300両	2月・8月
若殿召物代・大小拵代(彦根下シ90両)	160両	内70両は江戸御定式
庭五郎・忠六郎・又介・職(郷カ)×70両	280両	彦根より下る分
斐	100両	彦根より下る筈
錫(勢与)	100両	奥方余の代の内にて被進候筈
宣・正介・職×70両	210両	奥方御入用米の内被進候筈

に示した奥向女中のうち、本妻付女中の切扶金は百九十五両、扶持は玄米五俵で計算して七十両となるので、合計二百六十五両となる。借人九人の切扶金と扶持の合計が約二十二両であり、これを差し引くと二百四十三両となるので、本妻の小袖代(衣装料)は五十両前後が予定されていたことになる。

また、『旅御賄方万留』によれば、奥方御入用米二千俵を一俵につき二十匁積もりで直すと銀四十貫目となり、金への両替を六十七匁積もりで直すと五百九十七両銀九歩九厘となる。この支払いの内訳は、女中切扶金に三百三十五両、女中被下椀代に一両一歩十六匁六歩四厘、女中菜代に四十八両三十三匁七歩四厘、奥方御用に二百五十匁、本妻御用に二百匁、若殿御用に百匁、側妻(やす)の御用に百匁、「御奥方御用御子様方御奉納御用幷被下御用共積り」に二百五十二匁八分八里を計上している。このように、奥方入用米からは、側妻付や「本奥」以外の江戸屋敷にいる女中の給金、さらには奥向の諸経費・贈答費等が支払われた。

明和期は直幸の子が多く出生したこともあり、この時期特有の問題としては新たな出生子の生計費や成長した子の経費増をどう賄うかということがあった。次はその経緯を記したものである。(24)

覚

一、御奥方御入用米之義、段々御子様方御出生ニ付御物入多、是迄通弐千表之御入用米ニ而ハ御不足の旨、御役人中被申聞候、段々御吟味之上、戌

ノ年より三百両ツヽ年々増御下シ被仰付候、尤是迄も御子様方之内、右帳面ニも有之通り、錫姫様へハ先年より百両ツヽ、若殿様・職姫様年々五拾両ツヽ、御割合有之処、右増御下シ有之上ハ、若殿様・職姫様・宣姫様・正助様共御壱人様七拾両ツヽ、年々御割合ヲ以、御着類并御附女中御切符等迄一式相済候様可被相心得候、尤御人別様御用相済候上、御余金有之分ハ別段ニ致置キ、後々御手金ニ可仕候、尤御人別様御入用御指引事御用人衆可被指出候、

一、若殿様ニハ御人別様御格段之御事故、右七拾両之上へ六拾両ツヽ増御下シ被仰付、都合百三拾両之大積候間、割合之義ハ前段通可被致候、

御子様方分ハ御壱人様ツヽ之御入用金之内へ積込有之候得ハ右之内よりも出金、且前段之通大概千表斗も御増金候得ハ、臨時御用金、勿論御指問申間敷候条、弥以万端御倹約も可被仰付候得ハ無祓(抜)目随分御為方相考、惣奥御入用金余金候様、専相心得可有之候(後略)、

つまり、出生子が増えたことにより、これまでの奥方入用米の二千俵だけでは不足するので、役人中へ申請して、戌年(明和三年カ)より三百両宛の増加となった。そこで、これまでは錫に百両、若殿(直富)・職に五十両としていたが、以後は若殿・職・宣・正助は各七十両と定めて、着類・女中切扶等まで一切を済ませることにした。ただし、若殿に限っては格別なので、右の七十両に六十両を加えて、都合百三十両の予算で召物代・大小拵代とすることが取り決められた。

表11は、庶子の状況から明和六年(一七六九)頃のものと推定できる。右を基本としながら、さらに予算は増加し、若殿は百六十両となっている。宣・正介・職の七十両は据え置きのままで奥方入用米から支給され、錫の百両も奥方余の内から支給される予定である。今回、新たに江戸で出生した庭五郎・忠六郎・又介・職(郷の誤りカ)の経費は、

彦根の賄方より各七十両が支給され、明和六年八月に江戸に下った斐の経費百両も彦根より下る予定とある。

一方、彦根の庶子の経費に関しては、寛政二年（一七九〇）の『山崎御屋敷日記』（彦根藩井伊家文書五七〇三）に一人三百俵となり、これまで山崎屋敷にいる庶子六人の経費計千五百俵から増額された。一俵＝二十匁、一両＝六十七匁で計算すれば、三百俵は約九十両ということになる。(25) 明和期とでは物価が異なるので単純に比較できないが、江戸・彦根のいずれも子一人に七十両から百両までの予算を立て、そのなかから各自の生活費・交際費や身の回りの世話をする付属の女中たちの人件費が支払われていた。(26)

第三節　奥向の全体構造

前節では、奥向の中核である江戸上屋敷の「本奥」を中心に、その構造を検討した。本節では、その周辺に位置する奥向の構造について、奥向儀礼における贈答関係を通じて考察する。

既述のように、明和五年（一七六八）の段階では、側年寄のやすが「御部屋」＝側妻として扱われていたが、同年の鶴之亮七夜祝儀では家族には含まれず、奥向女中の筆頭に置かれていた。直幸からは、やす、繁岡（「本奥」老女）・鶴山（同）・佐野（中老）・松衛（御部屋付老女）、鶴之亮付では次二人・乳持一人・中居一人・末一人・おしめし洗一人・産婦（きん）までに祝儀が贈られた。

産婦には、本妻、子、鶴之亮、寿慶院から祝儀が贈られた。寿慶院からは、産婦宿にも祝儀が贈られた。本妻からは、産婦宿、子安姥、草刈次郎右衛門（賄役・勝手向取締懸）、小山門左衛門（賄役）、小塙喜平太（旅賄役）、田中懌庵《えきあん》・

綺田元厚《いろいだ》（医師）、鎖前番人木原角左衛門（「御産髪上ケ候者」）、上野源七までに祝儀が贈られた。右には直幸から祝儀は贈られておらず、江戸奥向の差配を本妻が担っていたことがわかる。

続いて、在江戸の玉光院（七代直惟側妻）付の大泉市右衛門（付人）、栢野・平瀬（老女）、側より次女中まで五人、中居より末まで六人、中村伝左衛門（賄役カ）、上番四人、鎖前番三人、馬場孫八（諸色役）、小使九人までに下され物があった。また、江戸・彦根用人中より鶴之亮に干鯛一折が贈られた。これらの贈答ののち、用人・付人・賄役・医師、その他鎖前辺（上番・鎖前番）ならびに奥奉公（小使）には、吉例通りに赤飯・酒・吸物が下された。

以上、大名家の奥向に仕える男性役人には用人（江戸・彦根）・付人・賄役・医師・鎖前上番・鎖前番・小使がおり、出生子（鶴之亮）付の女中は七人（乳持を含む）がいた。

次に女子の場合を確認する。寛政五年（一七九三）に直中の嫡出長女の文が宮参りをおこなった際に[27]、直中・本妻（豊・親光院）・文の三人から祝儀を贈られた「本奥」女中の詳細は次の通りである。瀧岡・瀧瀬（老女）に金子五百疋宛、若年寄に金子三百疋、中老に金子三百疋、側・小姓に金子二百疋宛、表使二人に金子三百疋宛、次・茶之間に金子百疋宛、中居・末に南鐐一片宛、文の付属女中としては、中老に金子三百疋、側・小姓に金子二百疋宛、次に金子百疋宛、乳持に金子百疋、おさし・おしめし洗に南鐐一片宛が与えられた。文の場合は嫡出長女であるためか、中老が付くのが特徴的である。

続いて、文は宮参り後に祖母の梅暁院のもとに立ち寄った。その際に、文から梅暁院に羽二重紅白二疋と一種千疋折、叔母の多寿と琴に嶋縮緬二反・鯣一折宛を贈った。奥向女中へは、局・小野崎に金三百疋宛、中老一人に金二百疋、側・小姓九人に金百疋宛、表使一人に銀三両、次・茶之間七人に南鐐一片宛、中居・末六人に鳥目五百疋宛、文の付属女中に酒肴代金五百疋宛を与えた。男性役人では、付人二人に肴代二百疋一折宛、賄役二人に同二百疋一折宛、上番六人に同百疋一折宛、鎖前番七人・料理人三人・元締役二人に銀一両宛、鎖前辺末々迄に鳥目二百文宛を与えた。直中と本妻のそれぞれからは、梅暁院のみに礼として鮮鯛一折と樽代三百疋を贈った。

梅暁院の居所は特定できないが、上屋敷以外の井伊家屋敷で直幸十七女多寿と十九女琴とともに暮らしていたことがわかる。また、梅暁院付の女中は老女から末まで計二十六人がいた。明和元年のものと比較すると、全体としては明和期の三十五人から借人十人を除いた二十五人に表使一人を加えれば二十六人となるので、梅暁院の奥向女中は本妻(「御前様」)時代の基本構造が維持されている。その内訳は、年寄・中老の人数に変化はなく、側十一人は側・小姓九人に、中居・末は七人から六人に減る一方で、次・茶之間は四人から九人に増えている。人数は同じでも、より格下の役職に振り替えられており、人件費が抑えられていた。

娘付の女中の数は不明だが、これまでみたように各自に五人前後の女中が付けられていたと考えてよいだろう。男性の付人は上屋敷「本奥」と同様の構成であるが、料理人・元締役が加わっているのが特徴的である。

最後に、寛政三年(一七九一)四月に直幸十六男銀之介(十五歳)が、土井利貞(越前大野)の養子となるために出府する際の贈答品の留書から、彦根の奥向構造について検討する。[29]

まず、銀之介に対する家族・親族からの進物は、兄弟四方(武之介・勇吉・恵之介・東之介)・量寿院・真如院・数・明達院・俊寿丸(直心院)から贈られた。特に真如院は、庶子日記を見ると日常的に庶子たちに書籍を与えている。今回も進物の中に七書十七冊・玉篇十二冊の書籍が含まれており、その教養の高さが知られる。

次に、奥向女中からは、「本奥」老女(松園)・山崎屋敷中老(りさ)・銀之介付小姓(うた)・銀之介付次(きく)・次女中(まつ以下全員)・槻御門屋敷中老(ぬい)・高橋五郎左衛門妻ます・園巻・伊丹十左衛門妻かつ・かね・大西順次郎妻やを・銀之介付乳持いそまでが進物を贈った。奥向女中からも書籍が贈られた点は、奥向における子の教育に奥向

表12　寛政３年４月銀之介出府につき進物幷被下物

○銀之介宛	進　　物
四方様	金1000疋
武之介・勇吉・恵之介様	金500疋
量寿院様	紋付懸硯１箱
真如院様	七書17冊・玉篇12冊・諸白３升・浜切鯛２枚・交魚１ツ・蒸鮑２ツ
御数様・明達院様	文選六進註
明達院様	御鼻紙台
俊寿丸様	大奉書３帖・御帯２筋
松園・りさ・うた	漢書評林50冊
きく	唐詩ひんゐ
まつ初、御次女中不残	周礼・儀礼
りさ	末広酒　但徳利箱に入
うた	砂糖漬１曲
まつ初、御次女中	酒２升・鰑３抱
ぬい・ます・園巻・かつ・かね	干菓子１箱
大西氏内やを	左氏伝注疏正義30冊
銀之介様御乳いそ	箱入ふた物
木俣土佐	扇子１箱・五嶋鰑５抱
北野寺	御守札・菓子１箱
清凉寺	干菓子１箱
加藤彦兵衛・青木貞兵衛	煙草粉１斤宛
勝新五兵衛	大奉書１帖・扇子１箱
岡見可妩・細居休静	肴１折　相合
河西庄右衛門	弓張　10指
奈越江忠蔵	国語・扇子１箱
水谷門兵衛・賄中３人	世説新語補・干菓子１箱　相合
上番中・抱守29人	干菓子１箱・肴１折
りさ母	醒ヶ井餅１箱
桂心院	四書無点
医師16人	古今詩珊

○銀之介より	被下物
上番（猿木茂兵衛・大岡彦太夫）	金子100疋宛
抱守内（柄嶋喜平治・前川紋左衛門・渡辺要次）	金子200疋宛
抱守（清水彦次郎以下14人）	金子100疋宛

抱守当分介(中弥六左衛門以下５人)	金子300疋・肴代
元〆役(高木文次・森宗次)	金子200疋宛
鎖前番(古川九郎次・伊藤嘉左衛門)	銀子２両宛
柳松喜十郎・元持平介・建本伝蔵・田中久蔵・夏川他三郎・吉岡庄次郎	銀子５匁宛
板之間之者11人	鳥目300文宛
鑓持２人	鳥目300文宛
中老りさ	金子10両
銀之介様小姓うた	10両
銀之介様次きく	３両
御惣容様右筆き智	金200疋
武之介様小姓まつ	銀子５両
武之介様次茂代	金100疋
勇吉様次(やそ・りえ)	金100疋宛
恵之介様次(たさ・もん・すま)	金100疋宛
東之介様次(まき・ちを・かめ)	金100疋宛
量寿院様次(とせ・きを・ふて・さへ)	金100疋宛
東之介様乳持せき	銀子１両
末若木	銀子５匁
上巻・老松・松風	銀子１匁宛
大西順次郎妻やを	銀子１匁宛
銀之介様御乳持いそ	金子200疋
〔本奥〕	
老女松その	金子500疋
側八重(銀之介生母)	金子100疋
出生様小姓しけ	鼻紙５束
同次(ちさ・やち)	鼻紙３束
表使菊野・次民	金子100疋宛
〔槻御門〕	
中老ぬい	金子200疋
小姓よの	金子100疋
次３人	南鐐１片宛
水谷門兵衛	金子200疋
安藤郷左衛門	紗綾帯地１筋
上田安常	金200疋
桂子院	金500疋
平尾	白玉紙10束

伊藤十左衛門妻かつ	白玉紙10束
高橋五郎左衛門妻ます	金子100疋
了慧	金子100疋
細居休静	紗綾帯１筋
岡見嘉妩	紗綾帯１筋
勝新五兵衛	紗綾帯１筋
青木貞兵衛	萱原綿２抱
明塚藤五郎	10匁の肴
師範(加藤彦兵衛・荒川孫三郎・山根善五右衛門・河西庄右衛門・佐藤孫兵衛・栗林弥一左衛門・龍一郎・大菅権之丞・田中益庵・山本元庵・西辻作右衛門)	佐野綿２抱宛
片岡休賀	10匁の肴
小縣清庵以下14人	扇子５本宛
津田自庵	金子500疋
江戸表買物役(関左七・守野喜右衛門)	扇子３本宛
須田喜右衛門	銀子１匁
研屋権左衛門	銀子１匁
栖巻屋新蔵	銀子１匁
渡辺重右衛門・山岸宗太	扇子３本宛
愛知川宿見衛	金子200疋
高宮宿二郎右衛門	金子100疋
平田村休次郎	500匁
大坂村弥左衛門	500匁
子安ばば	金子100疋
五十嵐半次	扇子５本
橋本八郎左衛門	扇子３本
林安之丞・野田勘六・長谷馬和吉・岩崎喜八郎・久徳右平太・福山雲治	金子100疋宛

出典)彦根藩井伊家文書7393より作成

女中が深く関わっていることを示唆するものだろう。

続いて、家老（木俣土佐守将）、北野寺・清凉寺、加藤彦兵衛・青木貞兵衛、京御賄役（勝新五兵衛）、岡見可妣・細居休静、居合師範（河西庄右衛門）、山崎屋敷庶子付人（奈越江忠蔵）、賄役（水谷門兵衛他三人）、上番・抱守十九人、以上計二十九人の名がある。末尾には、りさ母・桂心院・医師十六人がある。

右に対する銀之介からの返礼は、上番二人、抱守三人（「御櫛上げに付」）、抱守十四人、抱守当分介五人、元〆役二人（「広小路屋敷初めより勤務に付」）[30]、鎖前番二人（「長年番勤務に付」）、鎖前番（柳松以下）六人、板之間十一人、鑓持二人が記されている。

次に、中老りさ[31]は銀之介が誕生した翌年から一昨年まで小姓に付けられて勤めたので金子十両、銀之介付小姓うたは誕生の節の待請から勤めているので先例通りに金子十両、銀之介付次きくは数年滞りなく勤めたため三両を与えられた。

続いて、物容右筆、武之介付小姓、同次、勇吉付次二人、恵之介付次三人、東之介付次三人、量寿院付次四人、東之介付乳持一人・末一人、上巻・老松・松風・やを（大西順次郎妻）・銀之介付乳持一人に与えられた。以上は山崎屋敷における奥向女中と考えられ、二十一人を数える。

右以外の女中では、「本奥」の奥向女中として、老女松園（「幼稚より世話に付」）、側八重（直中長男欽次郎の生母）、「御出生様」（欽次郎）付小姓一人・同次二人、表使菊野、次民の計七人、槻御門屋敷の奥向女中として、中老一人、小姓一人、次三人の計五人がいる。

水谷門兵衛（量寿院賄役）、安藤郷左衛門（誕生の節の御用懸り）、上田安常（誕生の節の御用懸り・現在は薬差上）、桂子院（誕生の節に産婦を預けられ、格別の世話に付）、平尾、かつ（伊藤十左衛門妻）、ます（高橋五郎左衛門妻）、了照、細居

休静、岡見可妩、勝新五兵衛、青木貞兵衛・明塚藤五郎、師範十一人、片岡休賀（年々謡本借用のため）、医師十四人、津田自庵（幼年より世話・現在薬指上）、江戸表買物役二人、研屋権左衛門、柄巻屋新蔵、渡辺重右衛門、山岸宗太、愛知川宿見衛、高宮宿二郎右衛門、平田村休次郎、大坂村弥左衛門、子安ばば、五十嵐半次（真如院付人）、橋本八郎左衛門、林安之丞以下六人（在府の旧抱守）までに祝儀が与えられた。

右は銀之介が出生して成長するまでに関係した奥向（表方・奥方）とその周辺の人々の総体ということになる。庶子日記をみると、銀之介の天明三年（七歳）までの行動は、供一人程度を連れて屋外を歩行するのみだったが、同四年からは手習いを初め、歩行も供一人・抱守・先払・医師を連れての本格的なものになった。同五～六年の日記を欠くので詳細は不詳だが、天明七年（十歳）では兄庭五郎（二十一歳）・又介（十九歳）とともに「御三方様」と称されて武道稽古等を始め、兄たちと行動を共にするように変化する。要するに、出府する寛政三年までの銀之介は奥方住居であったが、昼間は表方に出て武道・学文・芸能の師匠について学び、他所へ歩行に出かけた。そのため、医師・師範・抱守といった男性が成長過程で深く関わることが男子の場合の特徴といえる。

小括

以上、明和期を中心に井伊家の奥向について検討した。直幸の時代（宝暦～天明期）には、宝暦五年（一七五五）から財政改革が本格的に開始され、筋奉行の改編や家老木俣土佐守将による倹約政策が実施されたが、藩財政が好転した様子は窺えないという。明和・安永期の具体的動向は不明とされるが[32]、当該期は前代までと違い直幸が四十六人の子に恵まれたことで奥向財政が肥大化する傾向にあった。本論で用いた奥向財政に関する記録が明和期に多く残されたのも、奥向構造や財政の再編が重要な政治課題となっていたことの証左であろう。

また、井伊家では一夫一妻による家族構成が基本であり、当主の子を出産した女性は「産婦」と記されるのみであった。その一部は側妾となり、「身上がり」をして側妻（「御部屋」）の扱いを受けたが、その場合でも奥向儀礼や贈答の際に家族のなかには入らなかった。当主が死亡、あるいは隠居したのちに家族の仲間入りを許されたが、その場合でも「様」付と「殿」付に象徴される格差もあり、待遇は一様ではなかった。

当主とその家族が日常生活を過ごす奥向の屋敷は表方と奥方の空間に分けられ、それぞれに奥向の家臣及び女中が付属していた。奥向の中心は本妻の居所である江戸の上屋敷であり、彦根の表御殿がこれに準じ、それぞれに「本奥」と呼ばれて、老女以下の職制のもとで奥向を取り仕切った。ただし、直幸没後の梅暁院には引き続き老女以下の女中がおり、本妻時代の奥向女中の構造が継承されていた。また、本章では触れなかったが、直幸の世嗣直富の本妻満（「若御前様」・守真院）[33]は、実家の伊達家の由緒から江戸城大奥との交流があり、老女以下の女中を揃え、井伊家が大奥との交際を開始する際にも重要な役割を果たした[34]。また、直中の嫡出長女には誕生直後から中老が付けられたが、庶出の男子・女子には次女中以下しか付かないといったように、子の場合も個々人の格式に従って上位の女中の配置が異なっていた。

男性役人としては、用人・付人・賄役・上番・鎖前番・小使等が奥向の機構に不可欠な存在であった。また、男子は奥向表方に座敷を得るまでは奥方で暮らしたが、昼間は錠口を通って表方と奥方とを行き来した。そのため、男子の成長に伴い、抱守・師範・医師等の男性役人も、奥向の表方に出入りをして重要な役割を果たした。特に彦根の庶子屋敷では右のような関係から、奥向における表方と奥方の境界の厳格性が曖昧になる場面もあったようである。

天明八年（一七八八）九月二十一日に用人から「山崎御屋敷御鎖前御張紙御書之写[35]」九か条が付人に命じられた。その概要を示すと、次のような内容である。

①山崎屋敷にいる子の付人と賄役は、日中は鎖前辺りに詰めて、諸事を相談して用向を念入りに勤めること。

②「奥方」の鎖前より内側に男は一切立ち入らせてはならず、上番・定番は昼夜鎖前に詰めて猥りなことがないよう勤番すること。

③「奥向」に病身の者がいて医者を通す時は、年寄(老女)達の承諾を受けたうえで賄役が同道すること。

④鎖前より外に女は一切出さないこと。用事があれば定番・板之間が受け付けて伝達すること。中居・半下に至るまで心安くせず、行儀をよくし、定番の者は特に念を入れること。

⑤年寄に逢う場合は、賄役・上番一人宛が傍に付いて用事を伝達すること。

⑥「奥向」の火の本用心は、付人・賄役・上番が気を付けること。もし非常事態の場合は、付人・賄役・上番並びに居合わせた板の間の者までも、早速鎖前の内へ遠慮なく通り、重大事にならないようにすること。台所辺の火の本、その他屋敷内の所々の火所等を念入りに夜中も見廻り、不審があれば用人に届けること。鎖前に猥りがましいことがあれば、上番・定番はいうまでもなく、付人・賄役までも落度とするので、万事心を入れて用人に届けること。定番の者は夜中に特に心がけて勤めること。

⑦家老の用命は座敷で伝達し、祝儀等で出向く者は用人より指出の「張紙名書」の通りに心得ること。

⑧付人は常に作法を正しくし、「奥」より出る女や上番・定番・末々の者、台所廻りの者・小役人・定夫等まで、不作法がないように気づかい、不作法の者がいれば用人に届けること。

⑨上番は大切な場所の番人と心得て、「本奥」同前に勤番すること。

奥向を管掌する用人の配下に置かれ、鎖前に詰めた付人・賄役・上番・定番以下の職務規定を定めたものである。

「奥向」「奥方」「奥」は史料のままを引用したが、同じ空間を指し、本書でいう奥向の奥方のことである。付人・賄役等が鎖前に詰めている場所は、本書でいう奥向の表方のことである。その鎖前の内（奥方）と外（表方）の出入りを付人・賄役・上番・定番が鎖前に詰めて監視していた。しかも、「本奥」と同様に、庶子屋敷においても表方と奥方の出入りを厳格にし、男女の出入を制限することで、奥方の閉鎖性を維持しようとしている。

とはいえ、奥方の閉鎖性とは、表方との有機的関係性のなかで維持されていた。奥向は空間的にジェンダーによって分離されていたとしても、本章で明らかにしたように男女の協業によって運営されていたのである。

（1）　大名家の奥向女中の構造を分析した研究には、津田知子「萩藩御裏女中と集団」（『山口県地方史研究』七八、一九九七年）、柳谷慶子「仙台藩伊達家の「奥方」―七代重村の時代を中心に―」（大口勇次郎編『女の社会史』山川出版社、二〇〇一年）、畑尚子『江戸奥女中物語』（講談社新書、二〇〇一年）、長野ひろ子『日本近世ジェンダー論』（吉川弘文館、二〇〇三年）、北村典子「真田家の奥女中たち」（『真田宝物館だより六連銭』一九、二〇〇六年）、高橋博「大名家の奥附に関する一試論」（『学習院史学』四四、二〇〇六年）、根津寿夫「徳島藩蜂須賀家の「奥」―正室・子ども・奥女中」（『史窓』三八、二〇〇八年）、氷室史子「大名藩邸における御守殿の構造と機能―綱吉養女松姫を中心に―」（『お茶の水史学』四九、二〇〇五年）、松島由佳「「附込帳」にみる奥女中御役替について」（『和歌山県立文書館紀要』一六、二〇一三年）、同「「附込帳」にみる大奥女中の役替えについて」その二（『同』一七、二〇一五年）等がある。また、井伊家の奥向に関しては、皿海ふみ「若君の宮参りと井伊家御成―井伊家奥向との関係を中心に―」（朝尾直弘編『譜代大名井伊家の儀礼』彦根城博物館叢書五、サンライズ出版、二〇〇四年）がある。

（2）　直幸九男の又介の場合は、十四歳になった安永十年（一七八一）閏五月一日に広小路屋敷の奥方から表方に住居替えとなった（『広小路御屋敷御留帳』彦根藩井伊家文書五六七五）。寛政九年（一七九七）の事例では、山崎屋敷にいた綏之介

（二十歳）・勇吉（十五歳）・東之介（十歳）の三人が四月八日に槻御殿に移ることになった。既に綏之介は山崎屋敷でも表方住居であった。勇吉は移った即日から表方住居となり、同年十一月一日に勇吉は袖留の祝儀（半元服）をおこなった。元服前の東之介は、槻御殿でも奥方住居のままであった（『山崎御屋敷日記』彦根藩井伊家文書五七二四）。断片的な事例であるが、井伊家の庶子は元服する十五歳前後に、奥方住居から表方住居に変えられたようである。なお、庶子屋敷は基本的に奥御殿であり、史料上にある「表」とは奥向の表方、「奥」とは奥向の奥方のことである。それは、屋敷の構造及びそこに仕えている者の役職名からも判断できる。

（3）『東京市史稿』市街篇四九（一九六〇年）。
（4）花木正氏所蔵花木家文書八（彦根城博物館所蔵写真帳利用）。
（5）彦根城博物館寄託高橋四郎兵衛家文書三五。
（6）表向における大名家の交際範囲やその関係については、松方冬子「両敬の研究」（『論集きんせい』一五、一九九三年）。
（7）本節での記述は、『井伊家系譜』（『新修彦根市史』六、史料編近世一、彦根市、二〇〇二年）を基本に、『井伊御系図聞書』（彦根藩井伊家文書典籍等E—二五）、『新訂井伊家系図』（彦根藩井伊家文書七二四八五）、『井家粗覧』（彦根城博物館寄託高橋四郎兵衛家文書三八）を参照した。
（8）寛政四年（一七九二）十二月六日におこなわれた勇吉・東之介の酒湯祝儀の記録では、量寿院は智貞院と同じく「殿」付であるが（「覚」彦根藩井伊家文書七四〇五）、翌五年九月の文の宮参りの記録では、量寿院は「様」付、智貞院は「殿」付と格差がみえる（『文姫様御宮参御色直御箸初御祝物御取遣帳』彦根藩井伊家文書八九二〇—一）。
（9）寛政二年十二月二十二日に「恵之介様御腹おせの」が大坂から江戸に向かう途中で彦根に立ち寄り、恵之介に「機嫌伺い」のため暮六ツ時（午後六時頃）に屋敷へ着き、酒・吸い物等を拝領し、同夜七ツ時に出立している（『山崎御屋敷万留帳』彦根藩井伊家文書五七〇三）。
（10）寛政二年十一月一日に量寿院の母が江戸に戻るにあたり、「東之介御腹おとみ」が同道して江戸に下っており（前掲『山崎御屋敷万留帳』）、直幸没後も奥向女中として仕えていた。

(11)『広小路御屋敷御子様方御用日記留帳』(彦根藩井伊家文書六三一五)。安永三年十月に庭五郎と又介が江戸より彦根に上着して広小路屋敷に入り、彦根「本奥」にいた仙之允も広小路屋敷に移った。仙之允生母の文は直幸から三人の教育に念を入れることと、庭五郎・又介に仙之允の名を呼ばせ、「御兄様」と呼ばせないようにと指示された。

(12) 文化十一年(一八一四)の著作である『世事見聞録』(岩波文庫)では、大名の子を出産した妾が、出産後は大名家を追い払われて生活の保障もなく、町人・遊民等の妻となっている点が批判されている。家臣に嫁いだ以外で行方の判明しない者は、そうした境遇になった者もいたと考えられる。

(13)『鶴之亮様御七夜御祝儀被進幷被下物覚帳』(彦根藩井伊家文書八五〇〇)。

(14) 同じ養女の弥恵は与板城主井伊直存の娘であり、井伊家との縁戚関係が深い。

(15)『庭五郎様御袖留御祝物帳』(彦根藩井伊家文書八七六五)。

(16)『宣姫様御色直御箸初御髪置祝儀次第書』(彦根藩井伊家文書八八二一)。

(17)『真如院様御逝去一件書抜』(彦根藩井伊家文書八二四五)では、真如院の遺骸は「槻御門」にあると記されている。

(18)『広小路御屋敷目録』(内題「緑樹院御上り屋敷目録」彦根藩井伊家文書七四四三)。

(19) 前掲『文姫様御宮参御色直御箸初御祝物御取遣帳』。

(20) こうした呼称からも、大名家では、江戸で生まれた男子は彦根に送られ、逆に女子は嫁ぎ先のこともあり、江戸に送られて暮らすという基本形が確認できる。

(21) 他の大名家に養子縁組をした男子の場合は、奥向儀礼の贈答範囲には含まれない。これについては、表向の贈答儀礼とあわせて検討する必要がある。女子が婚姻後も「上々様」と呼ばれて実家の家族の一員として扱われて重要な役割を果たした点については、清水翔太郎「近世中期大名家における正室と側室—」(『歴史』一二二、二〇一四年)に指摘がある。

(22) 寛政元年六月に鉀之介(六歳)と恵之介(五歳)の乳持二人は、二人が「成人」したことから暇を与えられ、彦根から江戸に戻っている(『御指紙留幷御指紙相願候　下』彦根藩井伊家文書五七六〇)。

（23）　前掲『旅御賄方万留』の「御年寄女中諸渡り方」では、この他に膳椀代・味噌・汁之実・水油（行灯用）・小糠等が支給された。
（24）　前掲『旅御賄方万留』。
（25）　一俵＝二十五匁、一両＝六十匁で計算すれば百二十五両。
（26）　『庭五郎様・又介様・銀之介様御入用積り』（彦根藩井伊家文書八〇〇二）によれば、庭五郎の入用は、①膳米・餅米・膳味噌大豆二十俵、②呉服物代五十俵、③神社奉納并被進物・被下物代十五俵、④武芸入用十俵、⑤油・元結入用三俵、⑥諸紙筆墨代七俵、⑦台所入用その他六十俵、以上合計が百六十五俵。他に、⑧馬入用・男女切符・扶持方が百十一四俵二斗三升余あり、総計二百七十九俵二斗三升余となっている。又介・銀之介も同様の予算編成となっている。
（27）　『文姫様御宮参并御色直御箸初御祝儀被為整候一巻留』（彦根藩井伊家文書八九一八〜九）。
（28）　明和元年（一七六四）に表使の職名は確認できないが、遅くとも寛政五年（一七九三）の文の宮参りの記録では表使の役職が確認できる。井伊家は将軍若君の御成を契機に、江戸城大奥との文通を開始しており（前掲皿海ふみ「若君の宮参りと井伊家御成」、本書第六章）、江戸城に女使として登城する老女の職務を分担する形で井伊家でも表使が設置されたものと考えられる。
（29）　『銀之介様御出府ニ付被進物并献上物留』『銀之介様御出府ニ付被下物御指紙留』（彦根藩井伊家文書七三九三）。
（30）　銀之介は天明八年（一七八八）六月二十六日に広小路屋敷から山崎屋敷に移った。
（31）　寛政元年正月に銀之介が疱瘡にかかった際に、昼夜交替三人ずつで「御伽」をした女中五人として、銀之介小姓利佐・同次うた・きく、鉀之介附女中むめ、恵之介附女中たさがおり、むめとたさの二人は借り切りで勤め、末三人・大西順次郎妻やお・銀之介乳持いその三人は屋敷に上って「御伽」を勤めたとある（『御指紙留并御指紙相願　下』彦根藩井伊家文書五七六〇）。したがって、りさはこれ以降に山崎屋敷の中老に昇格したのであろう。
（32）　東谷智「彦根藩筋奉行の成立と機構改編について」・渡辺恒一「近世後期彦根藩地方支配機構の改編について」（藤井讓治編『彦根藩の藩政機構』彦根城博物館叢書四、サンライズ出版、二〇〇三年）。

（33）守真院は、天明四年に直富（天明元年に直豊より改名）と婚姻し、そのわずか三年後に直富が没した。守真院の祖父伊達宗村の本妻が八代将軍徳川吉宗の養女利根という由緒から、守真院は将軍家の一族として扱われた。

（34）前掲皿海ふみ「若君の宮参りと井伊家御成」。

（35）彦根藩井伊家文書七四一一。これより先、安永三年（一七七四）に広小路屋敷にも同様の張紙九か条が出されており、全文の翻刻文が母利美和「彦根藩井伊家庶子の生活と教養形成—近世中期庶子養育制度の成立と展開—」（村井康彦編『武家の生活と教養』彦根城博物館叢書六、サンライズ出版、二〇〇五年）にある。

第九章　奥向女中の参勤交代

江戸時代の女性の旅をめぐる研究には、深井甚三『近世女性旅と街道交通』[1]、柴桂子『近世おんな旅日記』[2]、同『近世の女旅日記事典』[3]等の蓄積がある。ともに女性が残した紀行文（旅日記）に基づいて、深井は女性の無手形旅や抜け参りを、柴は近世初期の人質としての旅や国替に伴う旅、幕末混乱期の旅、文芸、湯治・墓参り・帰郷、観光・見聞、信仰・巡礼の旅等を分析した[4]。本章では、これら先行研究に学びつつ、大名の参勤交代に伴って中奥女中が江戸と国本とを往復していた事象について検討する。

江戸時代の大名は、武家諸法度により江戸への参勤交代を義務づけられていた。そのため、隔年ごとに江戸と国元を往来することを基本とした。大名の本妻は人質として江戸の大名屋敷に居住するものとされ、原則的に江戸を離れることは許されなかった。しかも、「入り鉄砲に出女」の用語に象徴されるように、女性が江戸から出ることは厳しく規制されていたため、江戸屋敷に勤める奥向女中たちが大名の参勤交代とともに江戸と国元とを往来したことは想定しがたく、本妻とともに江戸に残り、国元には別に奥向女中がいるものと考えられてきた節がある。

ところが、大名家の世代交代を期として本妻に一時的な帰国が許された例や後家となった本妻の領国下向が可能となる状況があったこと等の事例が指摘された[5]。また、江戸の各屋敷に奥向が存在し、国元にも大名の子や大名が帰国したあとの生活を支えるための奥向が小規模ながら設けられており[6]、同じ江戸屋敷内であっても当主（「殿様」）付と本妻（「奥様」）付の女中は異なり、それぞれが独自の女中組織を備えていたことが明らかとなった。要するに、規模の差異はあるものの、女中は個々の主人ごとに付けられる属人的編成がなされていたのである。[7] しかも、国持大名クラスになると家風の問題や家格の違い等もあって、入輿した本妻に実家から一緒に付いてきた本奥女中と婚家側の奥向女中とを簡単には統合できず、それぞれのしきたりのもとで奥向が運営されていた。[8] そのため、近世中期に双方（中奥・本奥）を統合する奥向改革を志向する仙台藩のような場合もあるが、[9] 鳥取池田家の場合は、幕末に参勤交代が中止され、本妻が国元に帰国するに際し、当主の中奥（表局）と本妻の本奥がようやく統合されるにいたっている。[10]

以上のように、奥向が主人ごとに複数の組織体で構成されており、奥向女中は主従関係のもとで各役務に従事することで俸禄を得る家来であった。しかも、上級女中の場合は一生奉公を基本とする奉公人である。その属性からみた場合に、大名たる主人が国元に戻って江戸を留守にしている間、つまり主人不在の間に、江戸屋敷の当主付中奥女中たちはどうしていたのか、という点が問題となろう。男性家臣と同様に、江戸と国元を往来した可能性はないだろうか。そこで、以下では因幡鳥取池田家を対象として中奥女中たちの参勤交代の様相について具体的に明らかにする。[11] 対象とするのは、『江戸御用部屋日記』[12] 及び国元の『御用部屋日記』が残る六代治道（一七六八～一七九八）の時期とする。[13] なお、以下の記述で特に断らないものに関しては、右の日記に基づいている。

第一節　池田治道とその家族

まず、六代池田治道とその家族の略歴について簡単に整理しておく。治道は、五代池田重寛の三男として明和五年

（一七六八）三月十日に江戸で庶出子として生まれたため、その誕生は「御内々之儀」とされた。安永七年（一七七八）四月十一日に重寛本妻（田安徳川宗武の娘仲）の養子となり、重寛の子として公認された。治道には、明和二年（一七六五）生まれの長兄治恕がいたが、天明元年（一七八一）七月四日に十六歳で早世した。そのため、翌二年に治道の嫡子願いが幕府に提出され、正月二十九日に認められた。その際に、年齢は十七歳と届けられた。実年齢は数えの十五歳である。重寛はこの年、参勤交代で鳥取に帰国する予定であり、その間に重寛が死去するようなことがあれば、十五歳の幼少相続では不安があるため、十七歳、即ち明和三年生まれとされたのだろう。(14)

重寛が天明三年（一七八三）十月十二日に三十八歳で没すると、同年十二月四日に公称十八歳（実年齢十六歳）で治道が家督を継ぎ、翌天明四年正月二十一日に元服して従四位下侍従に叙任され、相模守を称した。そして、同年四月二十五日に帰国の暇を得て、初めて鳥取に入部した。

治道の本妻は、陸奥仙台六十二万石の国持大名伊達重村の娘生で、寛政二年（一七九〇）三月二十六日に十九歳で池田家に輿入れした。翌三年十二月十二日に治道の三女弥を生んだが、産後の肥立ちが悪く、翌年六月七日に二十一歳で没した。継室として迎えられたのは紀伊徳川重倫の四女丞で、寛政五年十一月十五日に二十四歳で輿入れした。子には恵まれず、治道の没後は転心院と号し、文政九年（一八二六）九月二日に五十七歳で没した。

この時期に鳥取池田家の奥向の中心にいたのは、桂香院である。紀伊徳川宗直の次女として享保十一年（一七二六）に生まれ、寛保三年（一七四三）十一月十一日に十八歳で四代池田宗泰に嫁ぎ、延享三年（一七四六）に嫡子重寛を生んだ。宗泰が延享四年八月二十一日に三十一歳で没したため、二十二歳で出家して円泰院と号し、のち桂香院と改めた。五十三年の生涯にわたって、二歳で家督を継いだ重寛、十六歳（公称十八歳）で家督を継いだ治道、十二歳で家督を継いだ斉邦と、三代にわたる幼少藩主を後見したため、池田家では「尼将軍」と称されていたという。(15)

表13　池田治道の子一覧

名	生母	生誕地	生　年	没　年	享年
斉邦	三宅美尾	鳥取	天明７年２月18日	文化４年７月９日	21
斉稷	佃浦	江戸	天明８年７月10日	天保元年５月２日	43
三津	三宅美尾	鳥取	寛政元年５月10日	安政４年正月26日	69
幸	佃浦	江戸	寛政元年９月19日	天保８年６月26日	49
善之進	不詳	江戸	寛政２年７月17日	寛政４年12月15日	3
完	三宅美尾	鳥取	寛政３年５月８日	天保６年５月25日	45
道興	佃浦	江戸	寛政３年９月13日	文化２年６月17日	15
弥	伊達生	江戸	寛政３年12月28日	文政７年８月16日	34
寵	佃浦	江戸	寛政４年12月８日	文化９年６月６日	21
道一	佃浦	江戸	寛政６年７月26日	天保５年３月25日	41

出典）『鳥取藩史』１

治道の長男秀三郎（のち銀之進）斉邦は、天明七年（一七八七）二月十八日に鳥取に生まれた。母は三宅氏（美尾）とされるが、『校正池田氏系譜』五（鳥取藩政資料三三四一）には、「母は侍妾林氏　京都ノ人　久我家之諸大夫　主計大尉某ノ娘」とある。寛政七年（一七九五）九月二十七日に幕府に願い出て嫡母（紀伊徳川丞・転心院）の養いとなり、嫡子として認めれた。寛政十年五月六日に父治道が没したため、六月二十九日に十二歳で家督を継いだが、文化四年（一八〇七）七月九日に江戸において二十一歳で没した。

次男永之進斉稷は、天明八年（一七八八）七月十日に江戸に生まれた。母は佃氏（浦）である。寛政十年（一七九八）七月七日に幕府に願い出て嫡母の養いとなり、文化四年（一八〇七）兄斉邦の死により家督を継いだが、天保元年（一八三〇）五月二日に江戸において四十三歳で没した。

長女の三津は、寛政元年（一七八九）五月十日に鳥取に生まれた。母は三宅氏である。同十年七月十八日に嫡母の養いとなり、文化三年（一八〇六）に江戸に赴き、同六年七月十日に毛利斉熙（長門萩三十六万九千石）と縁組し、同七年正月二十六日に婚姻し、安政四年（一八五七）正月二十六日に江戸において六十九歳で没した。

次女の幸（儔・姚・美）は、寛政元年（一七八九）九月十九日に江戸で生まれた。母は佃氏である。(16) 同十年七月十八日に嫡母の養いとなり、享和三年（一八〇三）四月十三日に鍋島斉直（肥前佐賀三十五万七千石）と婚姻し、天保八年（一八三七）六月二十六日に江戸において四十九歳で没した。

三男の善之進は、寛政二年（一七九〇）七月十七日に江戸に生まれた。母は不詳。同四年十二月十五日に早世した。

三女の完（庸・昭）は、寛政三年（一七九一）五月八日に鳥取に生まれた。母は三宅氏である。文化三年（一八〇六）八月十九日に江戸に赴き、同十年十月二十五日に牧野貞幹（常陸笠間八万石）と婚姻し、天保六年（一八三五）五月二十五日に江戸において四十五歳で没した。

四男の雄太郎（雄五郎）道興は、寛政三年（一七九一）九月十三日に江戸に生まれた。母は佃氏である。同十年七月に嫡母の養いとなり、文化二年（一八〇五）六月十七日に十五歳で没した。

四女の弥は、寛政三年（一七九一）十二月二十八日に江戸に生まれた。母は本妻の伊達生（伊達重村三女、先妻）である。文化四年（一八〇七）六月二十八日に島津斉興（薩摩鹿児島七十二万九千石）に嫁し、文政七年（一八二四）八月十六日に三十四歳で没した。

五女の寵は、寛政四年（一七九二）十二月八日に江戸に生まれた。母は佃氏である。同十年七月に嫡母の養いとなり、文化八年（一八一一）三月二十八日に秋月種任（日向高鍋二万七千石）と婚姻し、同九年六月六日に二十一歳で没した。

五男の覚之丞道一は、寛政六年（一七九四）七月二十六日に江戸に生まれた。母は佃氏である。嫡母の養いとなり、天保五年（一八三四）三月二十五日に四十一歳で没した。

以上のように、本妻の伊達生から一女、側妾（「伽女中」）の三宅氏から一男二女、同じく側妾の佃氏から三男二女、母不詳の一男の計十人（五男五女）である。三宅氏の子は全て鳥取、佃氏の子は全て江戸で生まれた。また、治道が本妻を迎える寛政二年三月以前に二男二女が生まれたことになる。成人した子は全て本妻（後妻、紀伊徳川丞）を嫡母とし、その養いとなった。

第二節　当主付中奥女中による江戸・鳥取の往復

表14は、池田治道の参勤交代における発着日と、それに伴って中奥女中が江戸と鳥取を発着した日をまとめたものである。

まず、中奥女中は治道の参勤交代の出発日より数日前もしくは数日後に出発し、出発前に出発した時は到着前に、出発後に出発した時には到着後に到着という形式を基本として、江戸と鳥取とを往来した。出発・到着ともに、治道の発着日と同日であることは一度もない。つまり、参勤交代の供といっても、大名の一行に加わって旅をしたのではなく、別行動であった。

寛政九年（一七九七）の場合には、中奥女中は三月十四日に鳥取を出発して四月十三日に江戸に到着した。三月は晦日月であるので、三十日をかけているが、川の支障（「川支」）で八日延着したと弁明されている。したがって、旅程は二十二日を予定していたことがわかる。その他の年の日程も、ほぼ二十二日前後となっている。

治道は江戸で生育したので、家督後の初入国は名実ともに鳥取を訪ねる初めての旅であった。これの供を命じられたのは、若年寄（のち年寄）外山（五十七歳）・半下龍田（二十三歳）・外山下女（二十五歳）の三人の女中である。鳥取藩の奥向構造は、当主に仕える女中を「表局」といい、本妻（「御前様」）に仕える女中を「御前様付」と称した。参勤交代の供を命じられたのは、「表局」の女中に限られた。以下、当主付を中奥女中、本妻付を本奥女中、両者をあわせて

表14　鳥取池田家中奥女中の移動

	発着地	治道の発着日	中奥女中の発着日	中奥女中の動向
天明４年	江戸発	５月１日	４月27日	若年寄外山(57歳)・半下龍田(23歳)・外山下女(25歳)
同年	鳥取着	５月19日	５月18日	同上
天明５年	鳥取発	４月13日	４月14日	年寄外山・伽登美・半下龍田・下女２人
同年	江戸着	５月３日	５月８日	同上
天明６年	江戸発	４月27日	４月22日	年寄外山・伽美尾・半下龍田
同年	鳥取着	５月16日	５月15日	同上
天明７年	鳥取発	３月１日	３月24日	年寄外山・伽美尾・半下龍田
同年	江戸着	４月７日	４月21日	同上
天明８年	江戸発	５月９日	５月７日	年寄外山・半下みどり
同年	鳥取着	５月29日	５月27日	同上
天明９年	鳥取発	３月27日	３月26日	外山・浦・せの・みどり・下女３人
同年	江戸着	４月18日	４月23日	同上
寛政２年	江戸発	５月18日	５月16日	年寄外山・伽浦・半下やしほ
同年	鳥取着	６月10日	６月９日	同上
寛政３年	鳥取発	３月13日	３月11日	外山・浦・やしほ・下女２人
同年	江戸着	４月３日	４月７日	同上
寛政４年	江戸発	８月５日	９月22日	伽たみ・三の間きせ
同年	鳥取着	８月24日	10月14日	伽民・三の間きせ・下女２人
寛政５年	鳥取発	３月13日	３月16日	たみ・きせ・下女２人
同年	江戸着	４月６日	４月10日	伽女中等
寛政６年	江戸発	５月９日	５月３日	年寄佐川・伽くに・半下やしほ
同年	鳥取着	５月28日	５月25日	年寄佐川・伽くに・半下やしほ・(下女２人)
寛政７年	鳥取発	３月11日	不明	不明
同年	江戸着	４月２日	不明	不明
寛政８年	江戸発	５月１日	４月26日	伽ふさ(19歳)・次きせ(32歳)・ふさ下女(20歳)・きせ下女(17歳)
同年	鳥取着	５月22日	５月18日	伽ふさ・次きせ
寛政９年	鳥取発	３月13日	３月14日	伽かね(ふさ)・次きせ・下女２人
同年	江戸着	４月５日	４月13日	同上
寛政10年	―	５月６日没	―	―

奥向女中とする。

また、鳥取藩の奥向女中の構成は時代によって変化するが、上﨟・年寄・若年寄・中老・伽・側・小姓・表使・右筆・次・三の間・仕事・中居・使番・台司・半下等の役職があった。通常は次女中より上が当主や本妻に目見えを許される目見え以上の階層、三の間より下が目見えを許されない目見え以下の階層なので、今回は奥向女中の目見え以上と以下が一人ずつ、及び若年寄に仕える部屋子の下女一人が供のメンバーであった。翌年江戸に戻る際には、この三人に加えて伽女中の登美が同行した。登美の同行はこの時だけだが、以後は伽女中が一行に加わるように変化する。即ち、伽女中に年寄一人、目見え以下の階層（三の間・次・半下）が各一、二名に、それぞれの下女を加えて五名前後で一行を形成し、江戸を発って鳥取に向かい、翌年はほぼ同じメンバーが鳥取を出発して江戸に戻ってきた。その点で、鳥取池田家の奥向女中の参勤交代は小規模だったといえよう。

外山は治道（幼名は岩五郎）の誕生時から付けられた中奥女中であった。明和六年（一七六九）正月改めの『御支配帳』（鳥取藩政資料二〇〇七）では、「江戸女中」の四番目に外山の名があり、三人扶持・金小判十五両、役料小判五両の給金を与えられ、役名は「岩五郎様附若年寄」とある。天明八年（一七八八）二月十五日に勤務十年を賞与され、肴一折・白銀五枚・縮緬二巻を与えられた。よって、安永八年（一七七九）から年寄（老女）を勤めたとわかる。天明八年五月一日には、年寄外山は治道の誕生より出精して勤めたことに加え、桂香院の意向もあって、一人扶持を増加され、都合五人扶持となった。池田家では、年寄は四人扶持四十俵の俸禄を基準としており、五人扶持は最上格の上﨟の俸禄に相当する。外山が生涯にわたって治道の世話をし、人格的につながっていたことの証明だろう。

同行者の龍田も、明和六年（一七六九）には江戸女中の半下として一人半扶持、金三両を給与され、安永四年（一七七五）の分限帳でも同様である。外山は寛政三年（一七九一）、六十四歳になるまで連続して参勤交代の供をした。その後、年寄が同行しない年もあるが、寛政六年には年寄佐川が江戸を発ち、一年鳥取に在国したあと、江戸に戻った。

伽女中は、登美・美尾・浦・民・くに・ふさ(かね)の五人が同行した。このうち、美尾(三宅氏)は天明六年(一七八六)四月二十二日に江戸を発ち、一年在国して、天明七年四月二十一日に江戸に戻った。その間の天明七年二月十八日には、長男秀三郎(斉邦)を鳥取で出産した。天明七年八月五日に美尾の格式は伽女中から中老に変更され、かつ「痛所」があるため国元での入湯願いが出されて許可されたため、次女中せのを伴い八月十一日に江戸を出発し、九月六日に帰国した。その後、美尾は鳥取で暮らし、寛政元年(一七八九)五月十日に三津、同三年五月八日に三女完を出産した。

浦(佃氏)は天明八年(一七八八)正月二十二日に年寄外山・半下みどりとともに国への供を命じられていたが、おそらく懐胎が判明したためだろう。五月七日には外山とみどりのみが江戸を出発した。浦は七月十日に次男永之進(斉稷)を出産したあと、わずか二か月後の九月十六日には半下せのを同道して江戸を出発し、十月十三日に鳥取に到着した。翌九年には鳥取を出発して、四月二十三日に江戸に戻り、同年九月十九日に次女幸を出産した。寛政二年(一七九〇)五月十六日に江戸を発って鳥取に行き、翌三年三月十一日に鳥取を発って四月七日に江戸に着き、同年九月十三日に四男雄太郎(道興)を出産した。いずれも道中は懐妊中であった。その後は在江戸となり、寛政四年十二月八日に五女寵、同六年七月二十六日に五男覚之丞(道一)を出産した。

このように参勤交代に供をしたのは当主とのつながりの強い一部の中奥女中であるが、その他の者は当主不在の間はどうしていたのだろうか。これについての史料は限られるが、天明四年(一七八四)四月二十七日に外山一行が鳥取に向けて出発後、次のように命じられた。

一、左之女中御留守中五日ツ、之宿下り御暇之儀奉願候付、

御前江相伺候処、御聞届相済、其段綱島百兵衛を以申渡ス
　御表使　　御次女中　　御三ノ間　　御半下　　御比丘尼

つまり、中奥女中の表使・次女中・三の間・半下及び比丘尼に対して、交替で五日宛に実家に戻る宿下がりが許可された。大名が不在であっても、大名家相互の交流等もあり、江戸屋敷でそれぞれの仕事に従事するのが基本であったと考えられる(17)。

第三節　往復の経費

鳥取池田家の場合は、四月に参勤交代をするのが基本だったが、表14からも判明するように年によっては将軍に伺いを立てて時期を前後することもあった。多くの場合、三月から四月にかけて将軍から国元への帰国の暇を与えられ、四月から五月にかけて帰国の途についており、江戸への参勤は、将軍から参勤の許可を得たあと、三月中に鳥取を出発し、早ければ三月中、遅くとも四月中に参勤する形式で、隔年ごとに江戸と鳥取を往来した。

当主付中奥女中に対しては正月から二月までに供を命じられ、準備のための支度金を渡される。「例之通」の支度金を渡すようにと指示されているので、支度金の支給額は役職によって規定があったようである。天明七年(一七八七)に江戸を発ち鳥取に向かう際には、支度金として伽女中美尾に金十五両、次女中せのに金八両が支給された。美尾はこれ以前にも供をしているので、支度金はその都度、必要に応じて諸経費として支給されたものとみられる。天明九年には伽女中浦に金十五両、次女中せのに金八両、寛政八年(一七九六)には伽女中ふさに金十五両、次女中きせ

に八両の支度金が渡されており、伽女中は十五両、次女中は八両で一定している。

寛政四年(一七九二)九月十八日に伽女中の民は金十五両、同行の三の間きせは金六両を支給されたが、物入りが多く難儀していることを理由に、給金を引き当てとした前借金である「取替金」を願い出て、民は金七両、きせは金四両を渡された。これは今回が初めてなので「特別」のこととされた。

年寄外山の場合はやや複雑である。天明四年(一七八四)四月十九日には、次のような申し渡しがあった。

一、外山義
　御誕生より出精宜敷相勤候付、毎暮金拾両宛被遣旨被　仰出候、
一、右同人義此度御国江罷越候付、御願申上候趣相伺御取金三十両被遣旨被　仰出候、

治道誕生以来の功労者として年末に十両宛が支給されることに加え、この度の帰国に際して金三十両の「御取金」を願い出て許されている。

さらに、四月二十一日になると同行の龍田が、物入りが多いことから「御取金」を願い出て三両を与えられている。したがって、「御取金」とは支度金とは別に支給される特別給であることがわかる。さらに二人は物入りのため「拝借金」を願い出た。これは前述の「取替金」のことである。家老の返答は、これを許可できないとしながら、「難儀中の難儀」をしていることなので、願いの通り「取替金」を遣わすが、今回は「御初入御供」なので「格別」のことと説明され、外山は金二十両、龍田は金三両を許され、給金のうちをもって返納することを命じられた。

天明六年(一七八六)二月十六日にも、外山は二度目の帰国の供を命じられた。今回は宿願があり伊勢参宮をしたいと願い出て、四月八日に許可された。これには伽女中美尾、半下龍田も同行することになった。さらに三人は物入りが多く「難義」するので、支度金を渡してくれるように願い出ていたが、四月十八日の家老よりの返答では、願いは

認められないとのことであった。しかし、「難義」をしているので「拝借金」を許され、外山は金二十両、美尾は金十五両、龍田は金三両を許されている。出発は十九日に予定されていたが、この借金を得るために二十二日に延期された。おそらく、この借金は伊勢参宮を含めた旅行中の経費を拝借したものだろう。五月十五日に外山一行は伊勢参宮を終えて、鳥取に到着した。二十五日の日数なので、伊勢参宮といっても駆け足だったのだろう。ちなみに、国元では外山・龍田・美尾と下女二人の計五人は、「折々罷出候節絹布着用致し度」と外出時の絹布着用を願い出た。これは女中奉行より家老中へ伝えられ、六月三日に聞き届けられている。国元においても江戸風の生活をしている様子が窺える。

こうして外山たちは借金が嵩み、寛政元年(一七八九)四月二十七日には次のような処置がとられた。即ち、天明六年(「去午年」)に江戸で外山が拝借した金二十両、及び龍田の金三両、天明八年(「去申年」)に江戸で外山が拝借した金二十両と半下みどりの三両は、天明八年五月より同九年三月までの利息が金二両と十六匁五分あるが、難儀しているので「遣わし切り」となった。

以上、断片的ではあるが、中奥女中が国元への供を命じられると支度金が渡されるが、それでは不足するため拝借金を願い出た。これは給金を引き当てにするため取替金とも呼ばれ、通常は給金から返納したが、返納が滞る場合には帳消しにされた。旅行中の旅費に関しては日記から窺うことはできないが、これはおそらく他の男性家臣と同様に、復命後に実際にかかった日数を計算して支給されたのではないかと思われる。

第四節　その他の手続き

女性が旅をする場合には、関所手形が必要となる。本節では、どのような手続きがとられたかを天明四年（一七八四）の場合を例示してみたい。

（天明四年四月十三日）

一、当年御国江之御供之女中御関所手形ニ付髪之内取調へ、乗物数等申上候様、女中奉行へ申渡し置候処、調へ差出候付、則左之通御家老中へ申達候処、直に御留守居江相廻し候様被申聞於別紙相廻ス、

一、前髪切髪先揃、つりはけ少々有之、左の目の上疱瘡の跡壱ヶ所有之
外山　辰五十七歳

一、前髪切髪先揃、首之上髪中ニ疱瘡の跡壱ヶ所有之、顔之内所々ほくろ有
龍田　辰二十三歳

右両人共乗物引戸　溝付

一、前髪切髪先揃、
外山下女　辰二十五歳

右四手駕籠

右之通東海道罷通申候、以上、

辰四月　綱島百兵衛

関所手形を整えるために、三人の容姿と乗物数とを上申するよう女中奉行(綱島百兵衛)に申し渡しがあったので、家老に右の通りを上申すると、女中奉行から直接、「御留守居」へ書類を廻すようにとのことであり、別紙を「御留守居」に廻送した。この「御留守居」は恐らく藩の留守居役を指すと思われる。箱根と今切は幕府の留守居手形を必要とする「重き関所」(18)であるから、藩の留守居役を通して幕府の留守居から関所手形を入手したのだろう。(19)留守居に廻された調べ書の詳細は、三人の髪の特徴、疱瘡やほくろの有無と年齢の報告である。乗物に関しては、年寄と半下は引戸・溝付の駕籠であり、下女は四手駕籠である。これはいずれの年も同様であり、江戸から鳥取、鳥取から江戸の帰路の場合でも同様であった。

四月二十六日になると、明日の出立に向けて箱根と今切の関所手形を家老から渡された用人は、徒頭を座敷に呼び出し、関所手形を「道中仮筥」に入れて徒頭に渡した。徒頭は中を改めて受け取り、付添の供者(徒者)である宮原三郎兵衛に渡した。宮原にはさらに女中付添を勤める旨の「御国同役」への添状を渡された。添状の奥には、女中の名前が書き入れられており、女中の添状はないので別に「葉書(端書)」が付けられた。

この手続きは国元から江戸に戻る際にもほぼ同様であるが、関所手形の手続きが異なっている。以下、右の一行の戻りにあたる天明五年の例をみることにしたい。

天明五年三月十六日に江戸への供の人名について用人から女中奉行に申し渡しがあり、老女外山・伽登美・半下龍田に伝達された。これと同時に、次のような指示が出された。

一、右之女中御関所御手判之儀御頼被成候ニ付、例之通取調書差出候様女中奉行江申達ス

三人の「御関所御手判」を頼むため、三人の取調書の提出を女中奉行に命じている。この命令を受けて、女中奉行は三人の調べ書の作成に取りかかった。

三月二十二日には伽女中の登美のみに支度金十五両が支給された。外山と龍田には渡されていない。三月二十四日になると、次のような指示が出された。

一、左之女中此度江戸御供被　仰付候付、御関所御手判之儀京都御諸《（ママ）》司江御頼之御書被成候間、例之通相認候様御書役江申渡ス、

外山　下女壱人　　登美　下女壱人

龍田

都合五人

つまり、関所手形の発給を京都所司代に依頼するための「御書」を作成するよう用人より書役に指示が出された。先の指示より八日を経ている。ちなみに、この日、登美は支度金では不足するため拝借金五両を願い出て許可され、年末の給金より返済するように命じられた。

四月八日になると、来る十三日に中奥女中が出立し、東海道を通るための「御関所通り御手判」が必要となるため、京都所司代の戸田忠寛に頼むため、当主治道の書状(「御書」)(20)と女中奉行が作成した書付とを京都の「御留守居」に宜しく手続きをするようにと達することになった。書状は「例之通」に書役が認めたとあるので、右筆書きの形式的な書状と考えられる。しかし、内法で長さ八寸三歩、横二寸五歩、深さ一寸五歩の箱を作って入れ、外側は油紙で包んだ。これを「態飛脚」便で送ることを家老中に伝えて治道の許可をとり、江戸への常割の足並にて明朝差し出すことになった。

十三日に治道が江戸に向けて出立し、翌十四日に女中一行五人と付添の吟味役手杉文右衛門と徒者宮原三郎右衛門・谷村分五郎が出立した。三郎右衛門と分五郎には、江戸同役への添状のみが渡された。江戸であれば、通常は出

立の前日に添状と関所手形とが徒者に渡されるが、鳥取では関所手形は渡されていない。京都への依頼文書が九日に鳥取を発していることからも、関所手形は京都で受け取る段取りになっていたのだろう。

参考までに、寛政五年（一七九三）の場合を示しておくと、二月十九日に伽女中民ときせ（役職不詳）が江戸への供を命じられた際には、①女中奉行には「御関所御手判」を頼むための取調書の作成を命じ、②家老には「御関所御手判」を頼むための「御書」作成を連絡し、③書役には京都所司代（「御所司」）へ「御頼の御書」を認めるよう指示し、④吟味役には賄役の選出を命じ、③徒頭には付添役の面々を取り調べて連絡するように、用人から各関係筋への準備を働きかけている。三月十六日出立時には同役宛の添状と伏見留守居河田源次郎宛の添状を持参した。これらの一連の手続きは、「例の通り」と日記に記されているように、ほぼ通例に従って進められていた。

こうして江戸・鳥取ともに一行が無事に東海道を通って到着すると、女中奉行から用人に無事に到着した旨が伝えられ、延着があった場合にはその理由とが報告された。付添の徒者からは、到着した旨と同役宛の添状が用人に渡された。

小括

奥向女中の旅に関しては、大名家で出生した子の帰国・出府の付添として江戸と国元を移動する旅や代参・湯治・寺社参詣等の旅があったことが知られてきた。これに対して、本章では鳥取池田家の中奥女中が、大名の参勤交代に伴って、別行動ではあるが恒常的に供をしていることを明らかにした。即ち、大名が江戸から国元に帰る際には、属人的関係の強い中奥女中（「殿様付」、表局女中）の年寄（老女）や伽女中（側妾）が国元に供をし、大名が国元から江戸に戻

る際にも、それらの中奥女中たちが江戸に供をすることが制度化されていたのである。(21)

本章で明らかにできたのは、近世中期の一大名の治世期に限定される。そのため、このような慣行が成立し、制度化する過程を広く検討することが今後の課題である。とはいえ、幼少時から養育にあたる付属女中たちとの人格的なつながりの強さを考えれば、大名の参勤交代に供をし、江戸・国元の双方で世話をする行為は、近世前期から慣行化していたことが想定されよう。

また、鳥取池田家の他、紀伊徳川家、津山松平家の事例が紹介されているが、薩摩島津家でも「側室」が東海道を往来する姿を参府途中のシーボルトが目撃し、贈答等の交流を持った事例がある。

一八二六年（文政九）の『江戸参府日記』には次のようにある（傍線筆者）。

「四月五日〔旧三月二八日〕どうしても川は渡れない。薩摩侯の夫人や他の大名の荷物を運ぶことさえできず、近くの土地で水の減るのを待っていなければならないという知らせをちょうどいま受け取った。」

「四月六日（中略）われわれはなおかなり増水している富士川を独特の非常に高い船縁のある舟で渡った。ここで私は前に述べた薩摩侯の側室が乗物で通りかかるのに出会った。私は失礼をも顧みず、如才ない従者を通じて彼女に二、三個の指輪やその他ヨーロッパの装身具を差し出したが、側室は満足して受け取られ、家来をよこして返礼をされた。」

この時期の島津家は、島津重豪（一七四五～一八三三）が天明七年（一七八七）に嫡子斉宣（一七七三～一八四一）に家督を譲り隠居していたが、斉宣が文化四年（一八〇七）の「近思録崩れ」という家中騒動で隠居を強制され、斉興（一七九一～一八五九）が父斉宣の家督を継ぐことになった。斉興は文政十年（一八二七）より調所広郷を採用して、藩財政改革を進めたが、嘉永二年（一八四九）にいわゆる「お遊羅騒動」が起き、同四年に隠居して、世子斉彬（一八〇九～一八五八）に家督を譲ることになる。文政七年（一八二四）に斉興の本妻弥（鳥取池田治道の四女）は死去しており、文政九年段階では側妾の遊羅が本妻同然の立場にあった。[22] したがって、シーボルトが出会った「夫人」「側室」とは、この遊羅である可能性が高い。遊羅は寛政七年（一七九五）に江戸で生まれ、二十歳の頃に斉興の「側室」になったとされ、文化十四年（一八一七）に久光を生んだ。実質的に本妻に近い立場にある女性であっても、遊羅は公的・法的・身分的には女中（使用人）であるから、逆にその立場を利用して江戸と薩摩を往来できたということだろう。しかも、シーボルトが妻に近い立場にある女性の旅行に驚きを示さなかったことからすれば、大名の参勤交代に伴って当主付きの中奥女中たちの旅が恒常化していたことを想定させるし、女性の旅が増加するとされる文化・文政期には、奥向女中の旅そのものも特別に驚くべきことではなくなっていたといえるのではないだろうか。

（1）　深井甚三『近世女性旅と街道交通』（桂書房、一九九五年）。
（2）　柴桂子『近世おんな旅日記』（吉川弘文館、一九九七年）。
（3）　柴桂子『近世の女旅日記事典』（東京堂出版、二〇〇五年）。
（4）　幕末に参勤交代制が緩和され、大名の家族の帰国が許されたことに伴う旅日記については、『延岡藩主夫人　内藤充真院繁子道中日記』（明治大学博物館編『陸奥国磐城平藩・日向国延岡藩内藤家文書増補・追加目録』八、二〇〇四年）、『延岡藩主夫人　内藤充真院繁子著作集一』（同編『陸奥国磐城平藩・日向国延岡藩内藤家文書増補・追加目録』九、二〇〇五年）、神崎直美『幕末大名夫人の知的好奇心―日向国延岡藩内藤充真院―』（岩田書院、二〇一六年）がある。
（5）　前掲柴桂子『近世おんな旅日記』、来見田博基「法鏡院『帰府の記』史料解題」（鳥取県立博物館編『特別展女ならでは世は明けぬ―江戸・鳥取の女性たち―』鳥取県立博物館資料刊行会、二〇〇六年）、磯部孝明「宣寿院の一関下向にみる奥女中の役割」（『一関市博物館報告』一六、二〇一三年）、菊池慶子「大名正室の領国下向と奥向―一関藩田村家宣寿院の事例を中心に―」（『東北学院大学論集』歴史と文化（旧歴史学・地理学）五二、二〇一四年）。

（6）福田千鶴「近世中期における彦根井伊家の奥向」（村井康彦編『武家の生活と教養』彦根城博物館叢書六、サンライズ出版、二〇〇五年）。本書第八章。

（7）来見田博基「鳥取藩の御女中一覧表」（『日本近世武家社会における奥向構造に関する基礎的研究』平成二十一年度～二十三年度科学研究費補助金基盤研究（C）研究成果報告書、課題番号二一五二〇七〇二、研究代表者福田千鶴、二〇〇二年）。寛永十九年（一六四二）から明治二年（一八六九）までの鳥取藩奥向女中の構造が通覧でき、個人付編成であることが理解できる。来見田も解題で「御女中の人数が一定でないのは、時期によって藩主夫人の有無や、藩主の子女の人数に違いがあり、仕える御女中の人数も、それに応じて変動するためである」と指摘している。

（8）福田千鶴「奥女中の世界」（藪田貫・柳谷慶子編『〈江戸〉の人と身分四　身分のなかの女性』吉川弘文館、二〇一〇年）。本書第十章。

（9）柳谷慶子「仙台藩伊達家の「奥方」―七代重村の時代を中心に―」（大口勇次郎編『女の社会史』山川出版社、二〇〇〇年、のちに柳谷『近世の女性相続と介護』吉川弘文館、二〇〇七年所収）。

（10）福田千鶴「幕末の池田家と宝隆院」（前掲『特別展女ならでは世は明けぬ』）。この点については、井手麻衣子「史料紹介・鳥取藩政資料『御女中奉行日記』」（前掲『日本近世武家社会における奥向構造に関する基礎的研究』）を分析することで、より具体的に明らかになると思われる。

（11）山下奈津子「近世後期、紀州徳川家の女中の特質について」（『和歌山市立博物館研究紀要』二六、二〇一一年）は、紀伊和歌山徳川家では、明和四年（一七六七）から参勤交代による藩主の移動に伴う女中の移動が確認でき、必要最低限の女中を移動させることで人権費を削り、和歌山で藩主の留守中の女中は宿下がりになったこと、「側室」も藩主と行動をともにして江戸と和歌山を往来すること等を明らかにしている。また、妻鹿淳子「奥女中の参勤交代―津山藩の場合―」（『津山市史だより』七、二〇一六年）でも、藩主の幼少期から側で養育にあたった女中が参勤交代に伴い江戸と国元を往来し、その人数は五十人から七十人超の行列を立てていたことを指摘している。

(12) 江戸詰用人の執務日記で、藩主の在府・留守を問わず記録された。安永九年(一七八〇)九月から元治元年(一八六四)五月までの二二一冊と国元で保管された写一四八冊、及び「江戸日記見出し」二冊が伝来する(鳥取県立博物館編『鳥取藩政資料目録』、一九九七年)。天明二年(一七八二)の『江戸御用部屋日記』三月二十二日の条では、年寄野沢、伽女中たみ、伽女中ふで、次女中ふさの四名が当年の帰国の供を命じられており、五代重寛の代から中奥女中が参勤交代に伴って帰国していることが確認できる。

(13) 鳥取藩ではこのあと、七代斉邦は十二歳、八代斉稷は十歳、九代斉訓は十三歳、十代慶行は十歳、十一代慶栄は十五歳と幼少相続が続き、最後の藩主となる十二代慶徳は十四歳で家督を継いだ。そのため、奥向の形成や奥向女中の動向がつかみにくい。

(14) 『寛政重修諸家譜』巻二六五では、明和三年(一七六六)生まれとなっている。

(15) 前掲『女ならでは世は明けぬ』解説三五頁。

(16) 『江戸御用部屋日記』寛政元年五月七日の条に、伽女中浦が懐胎したとある。

(17) 前掲山下奈津子「近世後期、紀州徳川家の女中の特質について」によれば、当主が江戸参勤したあとの国元では、中奥女中に暇が出されている。

(18) 前掲深井甚三『近世女性旅と街道交通』(二一五頁)。

(19) 丸山雍成『日本近世交通史の研究』(吉川弘文館、一九八九年、三六七頁)によれば、「寛永七年、松平重則が留守居となり、同十年二月に四人(十九年には八人)が常職となって、従来臨時的な役職だった大留守居に代わり、諸国関所の女手形発行などを管掌するように至った」とある。

(20) 「御頼被　仰入候ニ付(平出)御書」と記されており、「御書」の前に平出があることから、これは治道の差し出しで発給された所司代宛の書状と考えられる。

(21) 参勤交代とは別に、畑尚子「水野家奥女中かもりの手紙」(『東京都江戸東京博物館研究報告』一〇、二〇〇四年)によれば、出羽山形城主水野忠精の上洛に奥女中かもりが同行しており、「老女に次ぐ立場で、忠精の扶育にかかわった者ではないか」とその人格的つながりを推定している。

(22)　松尾千歳「お遊羅騒動―事件の首謀者は誰か？―」（福田千鶴編『新選御家騒動』下、新人物往来社、二〇〇七年）。

第十章　近世後期における奥向構造―奥向女中の職制と役務

本章では、大名家の奥向女中の構造を分析し、その職制と役務について検討する。なお、史料的な制約から近世後期に限定される。

江戸時代の武家屋敷は、儀礼・対面・政治が営まれる表向（表御殿）と日常生活を営む奥向（奥御殿）に分けられ、奥向はさらに当主（将軍や大名等）の日常の居場所で執務や接客などを営む表方、女性を中心とした当主の家族が日常生活を営む奥方という、二つの空間に分けられ、錠口を管理することで表方と奥方相互の閉鎖性が保たれていた。江戸屋敷の表向には儀礼を営む書院や江戸詰の役人たちが勤務する役所があり、奥向の表方には当主の日常の居場所である寝所・居間、対面や接客をする居間書院、当主の側廻りを担当する近習等が詰める側向、奥向役人が詰める御用場・詰所や食事を作る台所等がある勝手向があり、奥方には当主の家族や側妻のいる御殿向、奥方を担当する男性役人が詰める広敷向、奥向女中が生活する長局向が備えられ、御殿の周辺には江戸詰家臣たちや定詰家臣とその家族たちの住む長屋や作事場等がめぐらされていた。

大名家によって奥方は、「裏」「局」「構」「広敷」などと異なる呼び方をしたため、そこに勤める女中を「御裏女中」と呼んだ萩毛利家、「御局女中」と呼んだ鳥取池田家、「御構女中」と呼んだ福岡黒田家の例、「広敷女中」と呼んだ尾張徳川家の例等がある。また、当主付の女中を「御表女中」と呼んだ津山松平家、「表局女中」と呼んだ鳥取池田家の例等がある。他にも、大名家では上屋敷、中屋敷、下屋敷といった複数の屋敷を江戸に持ち、国元にも複数の屋敷があり、それぞれに奥向が設けられたので、その屋敷の名(御殿名)をとって「扇御殿女中」「松竹御殿女中」のように「御殿女中」と呼ぶ例があった。さらには女中の所在から、「江戸女中」「御城女中」「御国女中」と呼ぶ例もある。このように女中の呼び方は様々ではあるが、本章では奥向空間の奥方にいて、様々な職務に従事した女性たちの総称として奥向女中を用いる(1)。また、奥方のなかで、当主付として中奥に勤務する女中を中奥女中、本妻付として本奥に勤務する女中を本奥女中と定義して用いる。

なお、大名家の奥方を「大奥」と呼ぶ例があるため(2)、江戸城・将軍家の女中のみを指して「大奥女中」とするのは適切ではない。かつて将軍家の女中を指す場合には幕府女中と呼ぶことを畑尚子は提唱した(3)。ただし、実際に幕府女中と呼ぶ例を確認できないところに難点がある。では、江戸城大奥に仕える女中はどのように呼ばれていたのかといえば、「御城女中」「御本丸女中」「御西丸女中」等と呼ばれていた。そこで、本章では江戸城・将軍家の女中を指す必要がある場合には江戸城奥向女中と呼び、本丸と西丸を区別する必要がある場合には江戸城本丸奥向女中、江戸城西丸奥向女中と呼ぶことにする。さらに、江戸城本丸奥向女中は将軍付・御台付に分かれ、江戸城西丸奥向女中は世子付・簾中付あるいは大御所付・大御台付に分かれることになる。

奥向女中に関する基礎文献は、三田村鳶魚の『御殿女中』(4)(一九三〇年)である。内容は元女中の聞き書き等が中心だが、寛政度の「大奥女中分限」の一部も紹介されている。その後、畑尚子により、奥向女中の研究が実証的に大きく進められた。近年では大名家に伝来した史料群のなかにまとまった奥向関係の史料が確認され(5)、同時代史料に基づく奥向女中研究は着実に進みつつある(6)。

なお、奥方は表方や表向の世界(男性社会)から隔絶された閉鎖的な空間として理解されてきた。ただし、奥向役人のなかで奥方の諸用や財政を専門に扱う奥用人・奥目付・錠口番・守役・付人等の男性役人が奥玄関から下錠口の手前の空間（広敷向）に日中は詰める江戸屋敷の構造をもつ場合もあり、また奥方で生活する元服前の男児など、様々な男性の存在があった（本書第八章参照）。つまり、当主以外の男性が奥方の空間から全く排除されていたわけではない。また、場合によっては奥方の女性ですら、表方や表向の世界へ出てくることがあった(7)。要するに、奥方は表方や表向と隔絶していたわけではなく、相互に有機的なかかわりあいのもとで奥向の世界が形作られ、奥向女中の職制や役務を成立させていたのである。以下では、奥向女中の多様な存在形態を整理することにしたい。

第一節　奥向女中の職制と役務

1　鳥取池田家の奥向女中の職制

まず、因幡鳥取池田家の奥向女中の職制について検討する(8)。以下、特に断らない限り、史料は鳥取藩政資料（鳥取県立博物館蔵）を用いている。

表15は、幕末の鳥取池田家の奥向女中の職制と給与である。上臈（同格）・年寄（老女）・若年寄・中老・側女中・小姓・表使・次・三の間・中居・半下・乳持の十二階層があり、それぞれに応じて俸禄・役料・五菜銀・椀代等が支給された。小姓以上は用人（奥向を統括する男性役人）の支配、表使以下は女中奉行（用人配下の男性役人）の支配に属した。鳥取池田家では、上臈から次女中までが当主（大名）や本妻への目通りが許される目見え以上の上級女中であり、三の

表15　鳥取藩女中一覧

役名	扶持	給与	五菜銀	椀代	その他
上臈格（寿仙院）	10人	銀8貫目	396匁／1ヶ月に33匁宛	17匁	—
年寄（老女）	4人	40俵	396匁／1ヶ月に33匁宛	8匁3分	役料金5両
若年寄	3人	40俵	396匁／1ヶ月に33匁宛	8匁3分	役料金5両
中老	3人	30俵	396匁／1ヶ月に33匁宛	8匁3分	役料金5両
側女中	3人	28俵	396匁／1ヶ月に33匁宛	8匁3分	—
小姓	3人	25俵	396匁／1ヶ月に33匁宛	8匁3分	—
表使	3人	25俵	396匁／1ヶ月に33匁宛	8匁3分	心付銀1枚・金300疋（定例毎年）
次	3人	20俵	198匁／1ヶ月に16匁5分宛	4匁6分	心付銀200疋（定例）
三の間	2人	9俵	54匁／1ヶ月に4匁5分宛	3匁	不寝料36匁／1ヶ月に3匁宛
仲居	2人	8俵	48匁／1ヶ月に4匁宛	3匁	不寝料36匁／1ヶ月に3匁宛、褒美銀20目・心付銀30目（定例）
半下	2人	4俵	42匁／1ヶ月に3匁5分宛	2匁5分	不寝料36匁／1ヶ月に3匁宛、出精勤銀60目・褒美銀3両・心付銀40目（定例）
乳持	2人	15俵	—	—	—

出典）『女中奉行・御局女中・扇御殿女中　付属支配共　御乳持　取揚媼婆』（鳥取県立博物館所蔵鳥取藩政資料）

間より下では日常的な目見えが許されない下級女中である。

さらに、奥向女中は「表局」と「御《お》前《まえ》様付」に分けられた[9]。「表局」は当主に仕える女中で、当主が「御広敷御居間」（中奥）にいる時の世話をし、その一部は当主の参勤に伴い江戸と鳥取を往復した。「御前様付」は、本妻に仕える女中で、江戸屋敷に詰めた。安政四年（一八五七）十二月に江戸の中奥は「御奥御休息」と改称し、「表局」の名は廃止となり、全ての女中が「御前様付」となった。文久二年（一八六二）には大名の家族の帰国が許されたため、江戸の奥向は鳥取に統合され、さらに元治元年（一八六四）には奥向は一切、「御前様広敷」に統合されて、鳥取における「表局」と「御前様付」

の区別も廃止された。

次に奥向女中の総数を確認する。「表局」・「御前様付」をあわせた奥向女中の人数は、寛永十九年(一六四二)で二十三人、元禄十三年(一七〇〇)で六十六人、享保五年(一七二〇)で九十三人、寛延三年(一七五〇)で四十人、安永四年(一七七五)で百三人、文政八年(一八二五)で百二十一人、安政三年(一八五六)で八十五人である(10)。次第に人数が増加しているが、一定していない。これは本妻や子、事実上の妻の格式を得た側妻の有無など、その時々の家族構成に変化があるためである。

右のように奥向女中の人数に変化はあるものの、その役務に基づいて分類すれば、①「役女」と呼ばれる役女系列の女中、②当主や妻(本妻・側妻)の側廻りを務める側女中の系列(以下、側系列と略称)、③役女と側女中たちの下で雑役に従事する女中の系列(以下では下女系列と略称)の三つに大別できる。以下では、幕末の鳥取藩において、上臈から小姓までの沿革と女中の履歴を藩の記録類から抜書きした「御局女中」上(鳥取藩政資料)と『鳥取藩史』の解説をもとに、職制と役務内容をみていくことにする。

2　役女系列の奥向女中

役女系列の筆頭は、年寄(老女)である。元禄十三年(一七〇〇)の「控帳」に初めて役職名がみえ、正徳四年(一七一四)から「分限帳」への記載が始まる。役務は惣女中を取り締まり、寺社への代参等を担当した。安政六年(一八五九)の『御支配帳』には、「表局」に三人、本妻付に二人、宝隆院付(先代本妻)に一人、娘付に一人の合計七人がいた。

若年寄は年寄の助役で、寛延元年(一七四八)より設置された。将軍家の分家である徳川三家・同三卿では、江戸城奥向女中の御客応接(年寄の補佐、女使の応接役)に相当する役であったというが[11]、大名家では必ずしも常設の職ではなかった。明治二年(一八六九)に鳥取池田家で奥向女中の人員削減が進められると、他に先駆けてこの職が廃止されたのも、若年寄が職として固有の内容を持たず、年寄の補助的存在だったためであろう。

表使は、その名の通り「表」と交渉する使者役であり、客番等も務めた。侯爵浅野長勲の回想では、「表と奥の境の錠口へ行って、双方談じあう役目」と説明がある[12]。つまり、表使の交渉は奥向の表方と奥方の境にある錠口でおこなわれた。なお、表使の上役に錠口を置き、表使にその補助をさせた福岡黒田家の例、逆に表使の下に錠口番を置き、表使の人員不足の際に「諸〆り」を担当させた仙台伊達家の例等があり、大名家により職位には多少の差があった[13]。

右筆は記録や文書の作成をする役職で、鳥取池田家では表使が兼帯することが多かったという。『幕末百話』[14]には、「御祐筆まで勤めたというのになると、字は勿論の事、読書、算盤、和歌・香・花、なんでも出来る。才気も溢るるまであり、品格のよいのは前へ出ると自然に頭《かしら》が下りました。色は白くて化粧《みじまい》の好いこと、キチンとして扮装《なり》なんか崩しはしません」と回想されている。また、ある大名家では右筆が「姫様」の手習いの稽古をつけていたともあるので、右筆は奥向女中のなかでも多才な能力を備えた実力者が勤め、奥の教育係りという側面もあったようである。

以上から、役女系列は単純な構造であれば年寄(老女)のみで担われたが、役割分掌が進むと、年寄は若年寄・右筆・表使等に分化したと考えられる。

3　側系列の奥向女中

側系列の振り出しは、小姓である。この役名は享保十八年(一七三三)の「分限帳」に初めてみえ、それ以前は「御茶取」と称えていたという。主人一人に対して一〜二人が付けられ、常置の役だが欠員の場合もある。「御局女中」には七人の履歴があり、二人が年寄の姪、四人が武家の出身で、残る一人は不詳だが、身元の確かな者から選ばれる傾向にある。本名のままで採用される者もいたが（ゆかり・しらべ）、多くは源氏名に改名した（ろく→小照、ちゑ→菊代、とら→小秀、くま→花代、さわ→路）。安政四年（一八五七）に「雇《やとい》」となった小照は、翌年に「召出《めしだし》」となり、文久三年（一八六三）に側女中に繰り上げとなった。文久二年に「雇」となった所縁《ゆかり》は、慶応二年（一八六六）に「本役」となり、明治二年（一八六九）の人員削減により永《なが》の暇《いとま》となった。慶応三年に「雇」となったしらべは、明治元年に解雇となり、同三年に再び小姓に「雇」われたが、翌年の人員削減により再び解雇となった。一方、文久元年（一八六一）に最初から「召出」であった菊代は、元治元年（一八六四）に病気を理由に永の暇を願い出て許可された。小姓に限らないが、採用には一生奉公の「召出（本役）」と年季奉公の「雇」があり、一生奉公の場合でも病気などの止むを得ない事情の場合は永の暇をとることができ、逆に年季奉公の場合でも事情が許せば途中で一生奉公に変えることができた(15)。

小姓の仕事は主人の側に常に仕える小間使いであるが、「御仕着料」（衣装代）が付き、格上の女中より給金が高い者がいるなど、待遇がよい。鳥取池田家の小姓七人のうち三人が側女中に転席となっており、そのうち一人は本妻（「御簾中」）の進言によって側妾（「伽女中」）に進んでいる。また、「お小姓」は姫の「身替り」にならなければならない場合があり、「上振袖（御姫様の通り）」を着るので費用が随分とかかり、「召物といい、器量といい、粒が揃わねばなりません」という薩摩島津家の話も伝わる(16)。このように、小姓には器量のよい娘が揃えられ、将来の側妾や姫の「身替り」としての役割も期待されていたために、よい待遇が与えられていたのである。

側女中の役名の初出は享保四年（一七一九）の「分限帳」であり、それ以前はよくわからないという。伽女中も総じて側女中に含めることができるが、安永五年（一七七六）の「分限帳」から伽女中が別に職名として立てられるようになった。文久三年(一八六三)五月に十二代慶徳の本妻寛(貞鏡院)と宝隆院(十一代慶栄の本妻整)の供として国許に下ってきた江戸女中は、国女中と同様の扱いとなり、明治二年(一八六九)九月十六日の改革で次女中が廃止になると、側女中と表使は次女中が勤めてきた用向も兼ねることになった。

側女中の上役には中老が置かれたが、常置の職ではなかった。側女中から中老に進み、さらに役女系列の老女へと進む昇進例があることからも、中老は基本的には側系列だが、役女系列にもつながる両属的な役職であったともいえる。

側系列の最上位に位置する上﨟は、もとは三卿の一つ田安徳川家から本妻を迎えた際に付き添ってきた女中の最高位の職名であったが、明和五年(一七六八)に本妻が没すると、上﨟は田安家に引き取られた。以後は文化三年(一八〇六)まで置かれず、翌四年からは数十年奉公した伽女中のうち、当主の子を出産した格別に由緒のある者を「上﨟格」として遇する場合に置くことになった。つまり、上﨟とは、本来は田安徳川家から本妻を迎えた際の付属女中の職制であったが、近世後期に「藩主生母」の格式を整えるために、上﨟の高い格式を利用して老女の上位に位置づけて優遇したものであり、同じ上﨟といっても前者と後者では明らかに性質が異なる点には注意が必要である。

4　下女系列の奥向女中

下女系列で最高位の役職は、目見え以上の次女中である。「次」という役職名は当主や本妻がいる居間(御座の間)に隣接する次の間に由来するものであり、居間からの指示を三の間以下に伝えたり、逆に三の間以下からの諸事を居間に取り次いだりすることが本来の役目であった。享保二年(一七一七)作の「画本時世粧《えほんいまようすがた》」でも、本妻(「奥方」)のいる居間には「おそば」「お中老」「ゆうひつ」が描かれるが、次女中は描かれていない。目見え以上であっても、「奥方」と同じ部屋で近侍する女中とは格差がある。鳥取池田家では三の間以下と以上の中間にあり取り次ぎをする役目であった。仙台伊達家では上﨟・年寄の給仕と送り迎え、茶の間での細い道具を扱う役職であったが、これは上級女中と下級女中との間を取り次ぐ中間的な役割だったものが、職制の分化によって年寄などの役女の補助的役割を担うように役務が上昇したものと考えられよう。

鳥取池田家で、目見え以下の上位にある仕事は呉服の間ともいい、文字通り当主や本妻の呉服の裁縫を担当する役、三の間は台所で作った食事を船で三の間に運び、膳部を整える役、台司は食事を作る役、中居は使番兼雑役で、半下はさらにその下で雑役に従事した。仙台伊達家でも呉服の間は同様であるが、三の間は次女中の下役を勤め、膳部と町人の取次は中居が勤め、中居とは別に使番が独立した職制として置かれている。半下は仙台伊達家では「走太」と書かれ、その取り締まりを担う役職が「御末頭」と呼ばれたように、他の大名家で末女中とも呼ばれる下層の女中にあたる。「画本時世粧」では、服装から中居・針名《しんみょう》(呉服の間)と末と半下の三階層に分かれており、末と半下では明らかに仕事の内容が異なる。服装も、中居や針女は柄物、末は縦縞、半下はさらに前掛け・襷がけをして、いかにも下級女中の風情で描かれている。

以上をまとめれば、下女系列の基本は次・中居・末であるが、中居は三の間・呉服の間・台子・使番(使者役)、末は茶の間・半下の役務を担い、大名家によっては必要に応じてそれぞれに分化させた役職を置いていたと考えられる。

最下位の乳持は、奥方で出生した子がある場合には、乳幼児のために必要に応じて雇われ、「お差《さし》」とも呼ばれた。これ以外に、「御しめし洗い」(おしめの洗濯係)や取り上げ乳母を置く大名家もある。鳥取池田家ではこの役職に百姓出身の者を多く雇い入れている。

5　その他の奥向女中

秋田佐竹家の奥向女中は「上老女《かみろうじょ》より、下《しも》お末部屋方《すえへやがた》まで五十九名」であり、「老女、中老、御部屋、御傍《そば》、御小姓、御次、御膳部女中《おたてづめ》、お末、部屋方」がいて、この内にも種々の「御役」があり、側女中と次女中の間には「十人程のソレは〳〵美しい十七、八妙齢《としごろ》の女の子がおります。これは御下方(三味線・太鼓・鼓・笛・唄等)でいつでも長唄その他の間に合います」と回想されている(17)。右のうち、「御部屋」は側妻、「部屋方」は老女や側等の上級女中が自分の部屋で直接雇った使用人の女中である。さらに、独自のものとしては芸能専門の「御下方」という若い娘たちがいた。十八世紀中頃になると、大名側が奥向奉公の条件として歌舞音曲を求めるようになったと指摘されている(18)。「御下方」のような女中を設けてはいないが、大和郡山柳沢家では隠居の信鴻が踊や三味線などの芸能について面接試験をし、側女中や次女中に採用していた事例も知られている(19)。

第二節　奥向女中構造の三つのタイプ

1　奥向女中構造の基本形

第一節を踏まえて武家の奥向女中の構造を整理すれば、もっとも単純な基本型は、年寄(老女)・側・末の三階層から構成される。大名家では年寄（老女）・側（中老）・次・中居（三の間）・末（半下）の五階層を置く例が多く、さらに役務負担が重くなると職階が細かく分化していくことになる。

奥向女中の先駆的研究である畑尚子の分析では、これを二つのタイプに分ける。[20]

第一は、幕府女中の職制を規範としたAタイプで、上﨟・若年寄・表使・右筆等の職階を置く複雑な構成をとり、尾張・紀伊・水戸の徳川三家、加賀前田家百二万石（外様）、薩摩島津家七十二万石（外様）、陸奥伊達家六十二万石（外様）等が該当するという。

第二は、老女・中老・側・次・中居・末（半下）を基本的な職階とする単純な構成をとるBタイプで、松江松平家十八万石（徳川一門）、熊本細川家五十四万石（外様）、忍松平家十万石（譜代）、臼杵稲葉家五万石（譜代）、山形水野家五万石（譜代）等が該当するという。

畑によれば、この二つのタイプの差異は、家門（徳川一門）・譜代・外様といった区別や大名家の石高規模の大小等によるのではなく、将軍家の奥向との緊密さの違いにあり、江戸城大奥の影響の有無によると分析した。言い換えれば、江戸城大奥との交流は由緒や格式のある大名家だけに限られていたので、江戸城大奥と交流のない大名家では江戸城奥向女中の職制の影響が少ないため単純な構成をとり、逆に交流のある大名家では江戸城奥向女中に対応する形で整えられたため複雑な構成をとったということになる。

将軍の娘で徳川三家や加賀前田家など三位以上に叙される大名家に嫁いだ将軍の娘の住居を「御守殿」、四位に叙される広島浅野家や鳥取池田家等の国持大名家に嫁いだ将軍の娘の住居を「御住居」といい、その人を指してまた「御守殿」「御住居」と称した。将軍家から降嫁があると、大名家ではそれまであった奥御殿の屋敷とは別に屋敷を建造し、入輿後の生活空間を整える必要があった。この屋敷は大名当主の屋敷に隣接しているが、全く独立した建造物であり、門も別に設けられ、屋敷内には表方と奥方の空間を持ち、表方の空間には御守殿・御住居付の男性役人、奥方の空間には御守殿・御住居付の女中がいた。これら付属の人々は幕府から出向する形で御守殿・御住居に仕えたので、女中の構成も江戸城奥向女中の構成を基本的に引き継いだことは十分に考えられる。

これら御守殿・御住居付の女中は、大名家の奥方としては最大規模の女中構造を持っていた。現在わかっている「御守殿」付で最大のものは、尾張徳川家に嫁いだ鶴（五代将軍徳川綱吉の娘）の七十三人であり、最小のものでも加賀前田家に嫁いだ溶（十一代将軍徳川家斉の娘）の四十九人で、平均六十五人となっている[21]。それぞれに少しずつ職制が異なるが、基本的には江戸城奥向女中の職制を規範としたAタイプにあたる。

右を前提としながらも、浅野長勲の回想からは、大名家の奥方と御住居の奥方との違いについて興味深い点が窺えるので検討してみたい[22]。

まず、浅野家の奥向女中の構成については、次のように述べる。

奥向の女中としては、老女が一番上で、江戸に四人ぐらいおる。広嶋は前には二人三人いましたが、後は一人ぐらいになっていた。その次が若年寄。それから役女として右筆。それから表使。表使は表と奥の境の錠口へ行って、双方談じ合う役目です。ここへはほかの者は行けない。そこへ行って杉戸の内と外とで談判する。右筆は一種の権力があって、老女、若年寄と雖も、追い使うことは出来ない。殆んど同等の権利を持っておった。けれども役は下なのです。それから側女中、次女中ということになる。側女中、次女中は広嶋では五、六人でしたか、江戸ではもっと多かった。江戸表には右のほか、中奥掛とか、御住居掛とかいうものがありました。

つまり、目見え以上の奥向女中は、役女系列では老女・若年寄・右筆・表使、側系列では側・次がいた。上臈がいない点、江戸城奥向女中の職制にない側女中がいる点ではBタイプのようだが、若年寄・右筆・表使を置く複雑な構成である点からいえばAタイプともいえる。浅野家は江戸城大奥との交流が確認できるので、その点からすればAタイプになる。

一方、御住居（十一代将軍徳川家斉の娘末）掛の奥向女中の様子については、世子だった長勲が御住居に挨拶に出かけた時の様子を次のように述べる。

御住居のおられる次の間まで来ると、上臈、年寄、中老などという者が、そこに並んで坐っている。この中老が側女中のようなものなのでしょう。人数は上臈が一人、年寄が三人、中老は四、五人くらいおったようです。ここで脇指を抜き置いて、一応膝をついて挨拶しなければならん。向こうは坐ったなりで挨拶する。殆ど対対《ついつい》です。それから敷居の手前で、扇子を抜いてお辞儀をしていると、御住居がはいれと言われる。

つまり、上臈・年寄・中老がいたが、側女中がいない点からして、典型的なAタイプである。さらに、御住居の威厳が非常に高く、奥向女中もその影響を受けていたので、浅野家の世子に対しても対等に臨むほどで、長勲は別のところで浅野家の奥向女中と御住居掛の奥向女中との間に「争いの起こることもあり」と回想してもいる。

この浅野家の二つの奥向女中の構成を比較すると、浅野家本来の奥方と御住居の奥方はともに江戸城大奥と交流があり、両者は類似した職階を持ち、Aタイプに分類されるが、それぞれは異質な構造であると認識されていた。しかも御住居が大名家に降嫁したからといって、大名家本来の奥向女中の構成が将軍家出身の御住居の奥向女中の構成と必ずしも同じ職階を持つように同質化せず、互いに異なる職階を置いて独自の構造を維持していた。つまり、江戸城大奥との交流の有無が大名家の奥の職階構成を複雑化させ、Aタイプの類型を生み出した要因であったにしても、その有無のみでは右のような認識差が起こる理由が不明となる。

そこで、この問題を解決するために、御住居付の奥向女中には「上臈がいるが、側女中がいない」点に注目したい。

そのうち、「中老は側女中のようなもの」とあるので、中老と側女中の役割に本質的な差はなく、側系列の呼び名の違いや役割分掌に基づく差とみなされる。一方、上臈は御住居付のみの役職であり、浅野家本来の奥方には存在しないから、上臈について検討してみたい。

2　二種類の上臈

上臈の本来の意味は、上位に座すべき官位の高い人のことで、公卿のなかで特に身分の高い人をいい、これが次第に官人の役職名として用いられ、内裏の女房で御匣殿《みくしげどの》、尚侍及び二位・三位の典侍、あるいは大臣の娘・孫娘で禁色を許された者等を上臈と呼ぶようになり、さらに広く格式の高い身分の女性を上臈と呼ぶよう転じた(24)。また、上臈は嫁の里から付いてくる女中の意であり、将軍・御台所に近侍する最高の女中で、必ず堂上家(公家衆)の娘を招請するのが慣例で、年齢には制限がなかったが、若年で、学才ある者を招いた。その理由は、平素側近にあって君主身辺の用を勤めるとともに、茶の湯、挿花、香合せを始め、学芸雅興の催しがある時には指導の任にあたるからという(25)。

第一節で述べたように、鳥取池田家でも、設置当初の上臈は徳川三卿の田安家と婚姻した場合に里側から付属してきた女中の最高位であり、その職務は規式・作法などの指南・顧問をするいわば教育係りで、それらの女中は京都の公卿の娘を雇ったものであった。この高い格式が、のちに「藩主生母」となった側妾に上臈格という奥向女中最高の格式を与えて待遇を整えることにも利用された。

仙台伊達家にも、大上臈・小上臈が置かれていた。これは、「奥方付」女中の最高位として本妻(「姫君」)の側向きに従事する役職で、「堂上方息女」(公家の娘)が多く雇われた。それらのなかには、公家から本妻を迎えた時に付き添って来た公家出身の女性たちから召し抱えられた者がおり、規式事等の他、本妻の給仕や配膳、人によっては江戸城への御城使や他所への用向きといった外向きの務めを担う場合もあった。また、懐妊が確認され着帯の儀式をおこなった者は、一律に「老女中格」となり、その後、無事に子を出生した者を「御一門格上﨟」に昇進させることが格式として取り決められており、側妾の格式としての利用もみられた。つまり、仙台伊達家でも鳥取藩と同様に二種類の上﨟が確認されるのである。

仙台伊達家では六代宗村が将軍家の養女を本妻に迎えたことから、「御守殿之御風儀」となった。そのため、七代重村は五代吉村の時代の奥向に戻して「伊達風」「仙台風」を確立することをめざし、天明年間（一七八一～一七八九）に「御奥方格式」を定めた(26)。特に、江戸上屋敷の奥方では、大上﨟・小上﨟については本妻の世話役に専従し、当主の用向にはほとんど加わらなかったが、老女から下の女中衆は本妻と当主の両方付の女中として勤務するシステムとなった。将軍家や他の大名家では、奥向女中は当主付、本妻付、個々の子付などに分かれて仕えるのが一般的であったため、柳谷慶子はこうした職制は伊達家独自のものと指摘した。さらに、本妻がいる江戸上屋敷は江戸城大奥の影響が強く及んでいること、これに対して仙台城中奥は側妾の居所として職制の規模が小さいものとなり、江戸城大奥の影響度も少なく独自のシステムが維持されることになったこと、長松院（五代重村の本妻）が公家から入輿したことで伊達家の奥方に公家風の影響があったとまとめている。

幕末の公家社会おける摂家・親王家の女房には、上﨟・老女・若年寄・中﨟・表使・女中（平女中）・次・茶の間（中居）等といった職制があったことがわかっている(27)。江戸城奥向女中の職制は、摂家・親王家の女房の役職名と名字を手本としたものという指摘もある(28)。そこで、上﨟を最高位に複雑な構造を持つ典型的なAタイプは、公家風の女中の構成をまねたものと考えるのが適切だろう。要するに、上﨟は、徳川将軍家や徳川三家・三卿、または公家の娘が大名家に嫁ぐ場合に、付き添いの女中に格式の高い上﨟（公家出身）を付けて送り出したものであり、通常の大名家に置かれた職制ではなかった。つまり、本来の意味（本妻の相手役）での上﨟が置かれているかどうかが、奥向女中の構成を特徴づける第一の指標となる。

3　年寄（老女）の役割分化と表使の設置

大名家と江戸城大奥の交流の実務面を担ったのは、「御城使」「女使」等と呼ばれる奥向女中である。彼女たちは江戸城大奥への使者役として登城し、将軍家の着帯や出生・七夜・髪置・婚礼等の奥向儀礼の際には登城して贈答儀礼の使者役を果たし、また定められた年中行事にも登城して礼をおこなった。そこで、ここでは年寄（老女）の役割分化という観点から検討する。

彦根井伊家の明和元年（一七六四）の奥向女中の構成は、江戸の本妻付は年寄二人・中老一人・側十一人・次四人・中居三人・末四人に借人女中十八人の計三五人、側妻（「御部屋」）付は年寄一人・側一人・中老一人・小姓格三人・中小姓一人・次五人・長女付小姓二人・茶の間一人・中居二人・末三人に御借人女中九人の計二十九人、江戸で暮らす子（三人）の付属女中（小姓・次・乳持）十四人、以上計七十八人となっている。これ以外に、人数はわからないが、国元の彦根にも女中がいた（本書第八章参照）。近世中期の彦根井伊家の奥向構造は、上﨟を置かず、役女系列は年寄のみで担う単純なタイプであったことがわかる。

天明四年（一七八四）に十代井伊直幸の世子直富の本妻として仙台伊達家から迎えられた満（以下、守真院とする）は、祖父宗村の本妻が八代将軍吉宗の養女であった関係から将軍家一族として扱われ、弘化元年（一八四四）に死去するまで江戸城大奥と交流があり、女使は守真院付の老女が勤めていた（本書第六章参照）。それまで彦根井伊家では江戸城大奥との交流はなかったので、守真院の個人的な縁戚関係に基づく交流であった。また、老女が女使を勤めているので、守真院は仙台伊達家から輿入れしたにもかかわらず、上﨟を置いていなかった。これを逆にみれば、大奥との交流を担う役職として上﨟を置く必要は必ずしもなく、最高位の女中が担えばよかったことがわかる。上﨟を置かない理由は、井伊家の家格にも関与していよう。

宝暦十三年（一七六三）になると、将軍若君（十代家治の長男、のちの家基）が日吉山王社に初宮参りをする際に井伊家への御成があり、これを契機に井伊家の本妻と江戸城大奥との間に文通が始まり、幕末まで続けられた。この点で注目される大きな変化としては、御成以後に表使の職制が確認できるようになることがある。江戸城大奥との交流開始により、老女には女使としての外交面での仕事が新たに加わり、老女の仕事を分掌する必要が生まれ、内政面を担当する表使が新設されたと考えられる。

以上から、役女系列が年寄（老女）単独なのか、あるいは年寄・若年寄・表使・右筆等に分掌されているかによって、奥向構造の大きな特徴差が認められるのである。鳥取池田家では右筆は表使が兼帯することが多く、若年寄は常置の職ではなかったことや、井伊家の職制変化に鑑みれば、役割分掌のなかでも特に表使の設置の有無が奥向女中の構造を特徴づける本質的な要件となる。

以上をまとめると、上﨟は公家風の奥向女中の最高位であり、井伊家クラスの大名家の奥向に置かれる役職ではなかった。将軍家や徳川三家・三卿から輿入れがある場合には、本妻の格式を整えるために京都から雇われた上﨟が付き添ってきたもので、女中の最高位として自ずと将軍家との交流も担うことになった。上﨟を置かない大名家の奥向で将軍家大奥との交流がある場合には、老女には奥向の取り締まりという内政的役割に加えて、将軍家大奥との交流という外交的役割が加わることになり、内政面を実質的に支える表使や文通等の実務を担当する専従の右筆を設置することで年寄の役務の分担化が図られた結果、奥向女中の構成が複雑化した。したがって、大名家の奥向女中の構造には、年寄の役割分掌がない年寄・側・末の三身分三系列の基本型、年寄の役割分掌が進み表使を置く役女分掌型、上臈を最高位に置く公家風の江戸城奥向女中型の三類型があるとまとめられる。(29)

第三節　奥向女中の採用・昇進・その後

奥向女中の採用は、面接試験である目見えが済むと、仮採用となった女性の家へ人を派遣して、両親の身上や資産等を調査する宿見があり、親類書を提出して、屋敷への引越しという順序で進められた。裕福な町人や百姓の娘の場合は結婚までの見習奉公がほとんどであったため、数年すると暇を願って宿下がりになるという。(30)

加えて、信濃松代真田家では採用にあたり奥掛りの役人(男性)に奉公人請状を提出した。その第一条では、奉公人の名前、年齢、年季、奉公役名を記したうえで、その者が奉公している間に問題が生じた場合には人主と請人が解決して役人には迷惑をかけないという違乱担保文言があり、給金・扶持・菜銀の内容、元替金の受取の確認、途中で暇を出されても恨まず、元替金は勤務した月日の割合をもって返上する旨を確認したうえで、人主と請人が連名で請印を押すと誓約されている。第二条では、公儀法度、及び「御家」(真田家)の作法を遵守すること。第三条では、奉公人の宗旨を記し、寺請判は人主と請人の手元に預かり置く旨を記して、証文を作成した。親類書も提出され、請状と同様に人主と請人で作成し、奉公人の親類の名及び職業、奉公人との関係が記された。

以下では、天保九年(一八三八)から慶応四年(一八六八)までの女中奉公人の請状・親類書四十七点(国文学研究資料館所蔵信濃松代真田家文書)について、順を追って概要をみてみたい(31)。

○年齢

十代から四十代まで幅広い年齢層からの採用があるが、中心は十代・二十代の女性である。最年少は十一歳で小姓に採用されており、同時に採用された小姓も十三歳と若い。最年長は四十八歳で末に採用された例があり、三十代は一人と少ない。

○年季

年季は請状が残る十七件のうち十五件が十年季である。弘化四年(一八四七)十一月に側に採用されたまち四十歳の場合は、翌年から三年季で雇われ、嘉永三年(一八五〇)五月六日に願い通りに永の暇を得て奉公を止めた。採用は九月が五件で最多で、八月が四件と続くが、正月と十月以外は採用の事例があるので、女中奉公の出替わり時期は取り立てて定められておらず、必要に応じて採用があったとみられる。

○奉公役名

採用は、中老一人、側三人、小姓三人、次二人、仲居一人、末十人である。下級女中の末が半数を占めるのは、末が雇用による女中奉公が中心だったことを示すものであろう。四十八歳で末に採用された若菜の例もあるが、年齢はほぼ二十歳前後である。

○給与

一年間の給金と扶持米と菜銀が、各職に応じて支給された。請状からわかる範囲では、中老は給金七両・三人扶持・菜銀月三十四匁、側と小姓は給金五両・二人扶持・菜銀月三十匁、次は給金四両・一人扶持・菜銀月十八匁、仲

女中奉公人請状

人主	人主肩書	請人肩書	身分
父	松平甲斐守内	松平甲斐守内／弟	武士
父	—	—	—
父	飯倉片町すし屋	麻布本村町肴屋／伯父	町人
兄	京橋銀座１丁目豊田屋／諸国産物渡世	浅草天王寺大坂屋／産物渡世／伯父	町人
父	石川近江守内取次役	同家中取次役／兄	武士
父	武州川崎市場村百姓	芝飯倉町四ツ辻家主藤右衛門店万屋／糸商売／伯父	町人
養父	湯島三組町町医師	湯島三組町三河屋／糀渡世／兄	町人
忰	松平大隅守内鷹部屋書役	同庭奉行	武士
父	板倉内膳正内広間役	本多弥八郎内御納戸役／伯父	武士
父	浜町銀座／銀座役人	弟	町人
父	品川領大井原村百姓	魚籃下金森左京奥家老／伯父(姉の夫)	百姓
父	竹中主水家来用役	小普請組奥田主馬組／叔父	武士
伯父	内藤能登守家来奥家老	三浦志摩守家来右筆／兄	武士
伯父	赤坂新町３丁目豆腐屋渡世／日高屋久兵衛	赤坂新町３丁目家主日高屋煙草屋渡世／父	町人
養父	町医師／芝中門前住居	麹町２丁目住居／実父	町人
父	大久保加賀守内横目付	大久保加賀守内徒士目付／妹の夫	武士
父	品川領大井原村百姓	金森磯之丞内	百姓
弟	赤坂三郎坂下秋岡与九郎屋敷住居	同御膳所小間遣／兄	町人
養父	両国米沢町１丁目蘭学医師	本所花町家持／鰹節砂糖問屋／実父／土佐屋	町人
父	牧野豊前守家来	村越豊之助家来	武士
伯父	丹波左京大夫家来徒士目付	松平左衛門佐家来広間番／実父	武士
子	西条村表組	親類	百姓
伯父	牛込神楽坂伊勢屋／呉服渡世	麹町平川町２丁目／家主／伯父／相模屋／糸渡世	町人
父	青山峯之助家来奥御広敷	大久保加賀守様家来給人／伯母の夫	武士
父	山内摂津守家来奥付	同藩麻布坂下町住居医師／伯父	武士
父	南原村大泉寺	同村	寺
伯父	紺屋町	紙屋町	町人
伯父	紺屋町	紙屋町	町人

表16　真田家

年	月	名前	歳	年季	役名	給金／年	仕着代	扶持	菜銀／月	取替金
天保9	3	のふ	30	10	側	5両	—	2人	30匁	2両
天保11	7	徳	16	10	末	1両2分	—	1人	15匁	2分
天保14	閏9	さだ	20	—	—	—	—	—	—	—
天保15	9	たつ	20	10	末	1両2分	—	1人	15匁	2分
弘化2	8	鶴	27	10	側	5両	—	2人	30匁	2両
弘化4	3	花	20	10	末	1両2分	—	1人	15匁	2分
弘化4	11	まち	40	3	側	5両	—	2人	30匁	2両
嘉永3	12	たせ	43	10	中老	7両	—	3人	34匁	2両2分
嘉永4	9	みち	18	—	末	1両2分	—	1人	15匁	2分
嘉永6	9	調	—	—	—	—	—	—	—	—
嘉永7	7	はな	20	10	末	1両2分	—	1人	15匁	2分
安政3	3	たき	16	—	—	—	—	—	—	—
安政4	12	らく	25	—	—	—	—	—	—	—
安政4	9	てる	18	10	次	4両	—	1人	18匁	1両2分
安政5	8	うた	18	10	小姓	5両	1両	2人	30匁	2両
安政5	8	わき	23	10	末	1両2分	—	1人	15匁	2分
安政6	2	とく	19	10	末	1両2分	—	1人	15匁	2分
安政6	3	もと	25	—	—	—	—	—	—	—
万延元	閏3	きの	13	10	小姓	2両2分	2分	2人	30匁	1両1分
万延元	閏3	たけ	11	10	小姓	5両	1両	2人	30匁	2両2分
万延元	9	ます	21	—	—	—	—	—	—	—
元治元	4	若菜	48	10	末	1両2分	—	1人	15匁	2分
慶応元	8	かね	18	—	—	—	—	—	—	—
慶応2	5	ふじ	19	—	—	—	—	—	—	—
慶応3	2	つる	23	10	次	4両	—	1人	18匁	1両2分
慶応4	3	まみじ	22	当分	末	1両2分	—	1人	1分	2両2分
慶応4	5	つた	19	—	末	1両2分	—	1人	15匁	2歩
慶応4	6	千代	25	—	仲居	2両	—	1人	16匁	2歩

居は給金二両・一人扶持・菜銀月十六匁、末は給金一両二分・一人扶持・菜銀月十五匁である。ただし、小姓のみは仕着代金を支給され、同時期採用のきのとたけでは、年長のきのの方が低く支給されるなど、個人差がみられる。

○人主

奉公人の出自を示す人主(宿元・身元引受人)は、武士十一人、町人十一人、百姓三人、寺一人である。目見え以上の役職の場合は武士を出自とし、松平甲斐守・松平大隅守・石川近江守・内藤能登守・大久保加賀守・山内摂津守・本多弥八郎・竹中主水・青山峯之助の家中と様々だが、奥向の役職経験者が多いことが特徴的である。嘉永三年(一八五〇)十二月に四十三歳で中老に召し出されたたせの場合は、倅が松平(島津)大隅守の家中で祐筆部屋書役を勤めているが、姉は同家中で奥小姓を勤めている伊集院鉄次郎の母、甥は同家中の小納戸役と庭奉行、従弟は中奥小姓を勤めており、親族が島津家の奥向に深く関わっている。しかも、夫の死後に家督を継いだ子が人主であり、後家とわかる。

目見え以下の役職は百姓・町人・寺の出身者からなる。嘉永七年(一八五四)七月に二十歳のはな(役名末)、安政六年(一八五九)二月に十九歳のとく(役名末)の二人の娘を奉公に出した品川領大井原村百姓長五郎の場合は、請人(保証人)は、いずれも金森家家中の田中平馬という武士が立っている。安政五年八月に二十三歳で末に雇われたわきの場合は、父星野紋治郎は大久保加賀守家中の横目付、請人はいとこでこれも同家中の徒目付であり、下級武士層を出自としている。

実父がいながら養父を人主に立て、実父が請人になる例がある。安政五年に十八歳で小姓に雇われたうたの場合は、芝中門前住居の町医師である深和良覚を人主に立て、麴町二丁目に住居する実父土屋宇平衛が請人となった。土屋の名字を名乗ることから武士とみられるが、おそらくは牢人だろう。万延元年(一八六〇)閏三月に小姓に雇われきのは、実父は本所花町鰹節砂糖問屋の土佐屋治左衛門であるが、娘の請人となり、人主は養父大木日哲(両国米沢町一丁目住居・蘭学医師)が立っている。弘化四年(一八四七)に四十歳で側に雇われたまちは、実父は死去し、跡目を継いだ兄の三河屋忠七(麹渡世)が請人に立ち、湯島三組町住居の町医師小野成可長が養父となって人主に立っている。側女中や小姓は目見え以上の格式であるため、いずれも町人や牢人でなく町(蘭学)医師の娘として出自を整えたのだろうが、町医師の身分を考えるうえでも興味深い。

○年季奉公と一生奉公

女中は一生奉公といわれるが、請状では年季を定めており、十年を一区切りとしていた[32]。鳥取池田家でも女中の採用には「召出」と「雇」の二つの系統があった。この点で、三田村鳶魚が「御本丸(筆者補：江戸城大奥)でも、諸大名でも、年季奉公などというのはなかった。ただ低級な女中は御暇を願って下がることが出来た[33]」と説明した点は修正される必要がある。奥向女中の世界でも雇用契約による年季奉公が着実に浸透しており、特に下級女中にその傾向が強かった。ただし、町人や百姓の娘が嫁入り前の数年間を御殿奉公に出たつもりでも、伊達家奥向に仕えて年季を迎えて二十六歳となり、婚期を逃して老人の後家に嫁がざるをえなかった只野真葛の例[34]や、気がつけば三十路となっており、一生奉公に変えて女中奉公を続けるかどうかを悩んだ吉野みちの例[35]もあり、数年のつもりで奉公しても気がつけば年季を迎え、年季奉公から一生奉公へと変えた女性も実際には多かったのだろう。

新規の採用ばかりでなく、主人の死後に再雇用される場合もあった。萩毛利家で二代藩主の継室房(昌寿院)が元禄三年(一六九〇)に四十一歳で死去した際に、大名家では法事後に奥向女中二十一人全員を解雇しようとしたが、奥方(「両御前様」)から姫付に熟練者がいないことを理由に、十一人をそのまま奉公させ、残り十人を退職させることになった。ここから、奥向女中は単に数が揃えばよいのではなく、質が求められていたことがわかる[36]。特に老女や表使といった重職ではそうした側面が大きかったし、大名家で一定期間を勤めて熟練したキャリアを持つ女中には、同じ大名家のみならず、他にも再雇用の道が開かれていた。上級女中に限らず、下級女中の場合であっても、複数の奥向女中奉公を勤めたあと、結婚・再婚・離婚を経て、再び奥向女中奉公に出て江戸城大奥の部屋子として仕えた関口千恵の例は[(37)]、奥向女中構造の全般において再雇用が恒常化していた様相の好例を示している。このように、奥向構造が属人的関係でありながらも雇用労働に基づく再雇用を可能とする体制を内包していたことが、近代化過程において奥向構造が解体するなかで奥向女中が自らの労働に基づいて対価報酬を受け取る職業としての「女中」へと質的転換をはかることを可能とする内在的要因を準備することになったと評価できよう。

○昇進のルート

側系列の女中における昇進のトップは、側妻の地位を与えられ、「御上成」の格式を与えられて当主の家族として認められることだが、当主の子を出産した女性が全て側妻になれるわけではなかった。彦根井伊家の十代当主直幸は、寛政元年（一七八九）に没するまでに二十四人の女性との間に二十六男十七女を儲けた。そのうち、側妻となったのは、長女錫の母本覚院（やす、周防徳山毛利家家臣江見後藤兵衛の娘）、世子直豊（早世）の母紅林院（力、高橋源次妻の伯母）、世子直中の母量寿院（かよ、幕府馬方大武藤介の娘）、十一男直広（のち与板井伊家当主）と十三男直専（のち松代真田家当主）の母智貞院（千代野、江戸町医者坂本順庵の娘）の四人である。他の女性たちは史料上では「家女」（「家の女房」の略称）と記される。妻妾の分類でいえば側妾になり、奥向女中の役名でいえば側女中（または伽女中）にあたる。出産後も奥向女中として井伊家に仕える者もあれば、家臣の妻として下げられた者、暇をとって行方知れずとなった者、当主の死後に比丘尼（出家）になる者もいた。荻生徂徠は『政談』でこうした状況を批判し、出家は年を取った女中のみに許し、その他は縁付けさせるべきで、特に京都から呼んだ女中は京都へ帰して長く親類に預けさせるべきと提言した。

役女系列の昇進のトップは、年寄（老女）に上り詰めることである。仙台伊達家の場合は目見え以下の三の間から目見え以上の次女中へ昇進する者が多くいた。三の間は凡下宿（武家以外の宿元）からの採用でありながら、女中昇進の振り出しの役職であった。

最下層の役職から年寄にまで上り詰めた例もある。鳥取池田家の年寄米田は、半下という下級女中から奉公を始めて九年目に中居となり、その後は台子を経て、二十一年目に目見え以上の次女中に昇進した。二十七年目に表使、三十六年目に中老、三十九年目に若年寄、それから十年を経た四十九年目についに年寄に上り詰め、志保田と改名した。天保十二年（一八四一）に仕えていた九代斉訓が江戸にて死去したため、棺とともに帰国して剃髪し、翌年死去した。勤続五十年、最下位の女中から最高位へと昇進した例である。

こうした目見え以下から目見え以上に昇進した事例は、米田以外にも六件確認できる。菊井（菊浦）は文政十一年（一八二八）に仕事に召し出され、勤続十一年目の天保九年（一八三八）に目見え以上の表使に繰り上げとなり、以後、中老→若年寄→年寄へと昇進した。本江は、天保九年（一八三八）に仕事に召し出され、弘化三年（一八四六）に表使に繰り上げとなり、以後は中老→若年寄へと昇進した。滝尾（太田）は、天保十二年（一八四一）に仕事に召し出され、中老→若年寄へと昇進した。岩尾は、文政十年（一八二七）に半下に召し出され、表使→中老格→中老へと昇進した。多賀野は、安政六年（一八五九）に仕事に召し出され、表使→表使格→中老→側→側上席へと昇進した。

昇進ルートは側系列と役女系列とがあり、鳥取池田家の場合は、前者は小姓→側（伽）→上﨟格、後者は半下→台司→中居→仕事→三の間→次→表使→中老→若年寄→年寄のコースをたどるが、側女中から役女コースに入り中老→若年寄格にいたるケースもある。いずれも、格式（席順）や給金の問題が絡んでいた。

なお、年寄にまで上り詰めれば一生奉公だが、老齢や病気などにより勤務が叶わない場合は暇を願い出て、功績がある者は家を立てることが許された。多くはその女中の名前をとって名字とし、親族のなかから養子に迎えて跡目を取らせ、相応の者がいない場合は親族以外から適当な者を選び養子とした。これを名跡立てといい、役女系奥向女中にとっての昇進の終着点である。

彦根井伊家の場合は、勤続年数に関係なく、勤功に基づいて許可された。鳥取池田家では、勤続年数が四十年以上と取り決められていたが、年数が満たなくても当主や本妻の特別の申し入れにより名跡立てを許された。また、勤続年数が足りない場合には、一生扶持を与えられ、奥向に出入り自由の特権を与えられた。乳持は百姓出身の者が多かったが、格別な由緒があるという点から名跡立てを許された事例もある。

荻生徂徠は『政談』のなかで、女中の「跡目」を立てることは納得できる根拠がないと批判する。その起こりは、おそらく婿養子をとることと混乱してできたことではないかとし、「慈母」といって子のない女のために親類で禄を持つ旗本のなかから人を選んで「母分」とし、法事等をその家で執行させるのはよいことだが、その女の名字を名乗らせて「跡目」と号することはあってはならない、と断じている。ここからは、享保期(一七一六～一七三六)には奥向女中の名跡立てが顕著となり、そのことが幕府においては新規の旗本取り立てという社会問題になっていたことや、名跡立てを必要とする背景には奥向で一生奉公を遂げた奥向女中の没後にその供養の担い手をどうするのかという社会問題があり、その救済措置としての側面があったこと等がわかる。

時を同じくして、奥向女中の名跡立てを制限する大名家の事例が知られている。まず、萩毛利家では元文六年(一七四一)二月に、女中の跡目相続を子・兄弟であっても以後は一切認めない旨の法令を出した。それまで名跡立ては女中側から願い出れば自動的に認められていたが、この時期にはこれを制限しなければならないほど顕著な慣例となっていた(38)。

徳島蜂須賀家の場合も同様であった。奥向女中は長年の勤功と一定の地位(次女中)に昇進すると養子を迎えることが許され、養子は家臣として召し出され、扶持米(乳母等のケースは知行)が支給され、奥向女中は養子のもとで隠居生活を送った。つまり、蜂須賀家では奥向女中の老後を保障し、勤功次第で家臣の「家」を創設できるという新規取り立ての慣行を十七世紀末までには作り出していた(39)。しかし、延享元年(一七四四)にはこの慣行は改変され、長年の勤務功績は加味せず、奥向女中の小姓以上のみに「勤功」に基づいて名跡を立てるように許可条件が規定され、長年の勤務功績者には生涯手当てを支給するように変化した。奥向の人事により新たな「家」を恒常的に創出するよりは、生涯扶持を与えて一代限りとすることで藩の経済的負担の軽減化を図ったものだが、表向において固定化した家中構造との摩擦を避けるための解決策としても必要な規則化であった側面を見逃してはならない。

要するに、享保期までは勤功のあった奥向女中の名跡立ての慣行が拡大する傾向にあったが、享保期以降は名跡立てに制限を加え生涯扶持に変えることで奥向女中の勤功を限定的に評価しつつ、その生涯の生活を保障する社会制度を整えた。それにより女性が得た俸禄は、表向の家臣に比すれば量的な少なさが顕著であった(40)。そうであるとしても、近世社会全体でみれば、身分制という固定的階級社会のなかにあって、奥向女中は女性の身分上昇の願望を叶えることのできる数少ない場であったったことを認めざるをえないだろう。

小括

奥向女中の出自は、①京都の公家、②武家、③町人・百姓(庶民)の出身者に分けられ、目見え以上の者は宿元(身元引受人)が侍宿(公家・武家出身)、目見え以下の者は凡下宿(庶民出身)という出自の違いがあった。しかしながら、必要に応じて旗本などと養子縁組をし、武家出身としての出自を整える等の抜け道もあった。

奥向女中の構造は基本型・年寄分掌型・江戸城奥向女中型の三類型に分けられ、後者になるほど職制が細かく分かれ、仙台伊達家では十八階層、鳥取池田家では十二階層に分かれる時期もあった。奥向女中として括られる身分のなかでの上下関係を厳密にし、これほど細かな階梯を設定せねばならなかった理由は今後に検討すべき課題として残るが、大名家側で家格に応じた職制を整備するという上からの動向の一方で、娘を奥向奉公に出したいとする人々の願望という下からの社会的要請もあり、奥向女中の階層を次第に増やして採用人数を対応させた結果が反映しているとも考えられる。加えて、本章での分析結果は近世後期から幕末にかけての分析でしかないため、今後は奥向女中の構造が近世を通じて三類型に整えられていく過程の検討が必要になる。

とはいえ、奥向構造の階梯が複雑であればあるほど、その階梯を個人の努力で一つ一つ上っていく道が開かれており、場合によっては「御部屋様」となって「おふくろ様の権力[41]」を行使し、あるいは奥向女中の最上位の年寄(老女)になって表向の役人と渡り合う権力を持って政治向きに関与できたという事実は、奥向女中の世界が江戸時代の身分制のなかで最たる「身上がり」のシステムを内包する場であったことを意味する。一生奉公であれ、年季奉公であれ、いったん奥向女中の世界に入り込むと、そこでは行儀見習いの花嫁修業や学問・芸能等を身に着けることができ、場合によっては最下層の女中から側妻・年寄にまで昇進でき、名跡を立てたり、一生扶持をもらったりして老後を過ごす生活保障を与えられた。奥向女中の世界はまさに江戸時代の女性にとって、自己実現を大きく可能にする場であったことは間違いないだろう。

ただし、そうした華やかにみえる世界の裾野には、名も知られぬ膨大な数の奥向女中がいたことも忘れてはならない。これらの女性たちを記録上で把握することは難しいが、仮に大名家に平均三十人の奥向女中がいたとして、大名二百五十家とすれば七千五百人となり、これに部屋子の数をいれれば大名家に仕える奥向女中は年間で少なくとも一万人を超えたことになる。これに江戸城や旗本家の奥向女中を加えれば、その総数は江戸だけでも数万人の奥向女中がいたと推定される。

河鰭實英は下級女中の仕事について、「重い石を一つ一つ積んで行くように、終日労働時間などを念頭に置かずに忽々と下働きをして過ごすもの」であり、「その地味な下働きがあってこそ上級女中が事もなげに重い任務をはたすことができる」と述べ、華やかな世界を支えた下級女中の並々ならぬ苦心の生活について注意を促している(42)。近年、奥向女中の世界の華やかな側面に注目が集まっているが、その一方でその世界を下支えした多くの下級女中の地道な世界をも顧みていく必要がある。

(1)　筆者はかつて江戸時代の女中を奥女中として概念化する必要を主張した(「近世史部会共同研究報告批判」『日本史研究』六二〇、二〇一四年)。しかし、その後の研究から、表局や中奥付の女中の存在が明らかとなったことから、これらを含めた女中の総称として奥向女中を用いる。

(2)　尾張徳川家、紀伊徳川家、前橋松平家、薩摩島津家、福岡黒田家、豊後府内松平家等で「大奥」の使用例が確認できる。

(3)　畑尚子『江戸奥女中物語』(講談社現代新書、二〇〇一年)、同『徳川政権下の大奥と奥女中』(岩波書店、二〇〇九年)。畑は大奥女中・本丸女中・西丸女中を用い、幕府女中は「徳川幕府が雇用する女中」と定義した。筆者は本章の初出論文(二〇一〇年)において、畑の提唱に従って幕府女中を用いたが、本書では、本文に述べた理由から幕府女中を江戸城奥向女中に改めることにし、奥向女中構造の三類型のうち幕府女中型としていたものを江戸城奥向女中型と改めている。

（4）三田村鳶魚『御殿女中』（青蛙房、一九六四年版を利用、初出は一九三〇年）。

（5）福田千鶴『近世武家社会における奥向史料に関する基盤的研究』（平成十六年度～十九年度科学研究費補助金研究成果報告書基盤研究C、二〇〇八年）。菊池慶子『近世武家女性のライフサイクルと奥奉公に関する基盤的研究』（平成二十三年度～二十六年度科学研究費助成事業・学術研究助成基金基盤研究C研究成果報告書、二〇一五年）等。

（6）谷口繁子「ご殿女中のことども」（『ふるさと阿波』八九、一九七六年）、齋藤鋭雄「江戸中期幕藩間の儀礼について―伊達宗村の結婚―」（『宮城縣農業短期大学学術報告』四三、一九九五年）、津田知子「萩藩御裏女中と集団」（『山口県地方史研究』七八、一九九七年）、柴桂子「徳川慶喜の母貞芳院吉子と奥女中西宮秀」（『江戸期おんな考』九、一九九八年）、氷室史子「大名藩邸における御守殿の構造と機能―綱吉養女松姫を中心に―」（『お茶の水史学』四九、二〇〇五年）、畑尚子「尾張徳川家の奥女中―十二代藩主斉荘御簾中・貞慎院と御付女中を中心に―」（徳川林政史研究所『研究紀要』四〇、二〇〇六年）、高橋博「大名家の奥附に関する一試論」（『学習院史学』四四、二〇〇七年）、根津寿夫「徳島藩蜂須賀家の「奥」―正室・こども・奥女中―」（『史窓』三八、徳島地方史研究会、二〇〇八年）、桑原恵「蜂須賀家家臣団成立書の「乳人」「老女」関係史料について」（『徳島大学総合科学部・人間社会文化研究』一五、二〇〇八年）、吉成香澄「将軍姫君の公儀付人・女中について―尾張藩主徳川斉朝夫人淑姫の事例から―」（徳川林政史研究所『研究紀要』四四、二〇一〇年）、山下奈津子「近世後期、紀州徳川家の女中の特質について」（『和歌山市立博物館研究紀要』二六、二〇一一年）、水沼尚子「幕末期江戸藩邸の奥向―前橋藩松平家記録「朝夕申継帳」を素材に―」（『女性歴史文化研究所紀要』二〇、二〇一二年）、松島由佳「『附込帳』にみる奥女中御役替について」（『和歌山県立文書館紀要』一六、二〇一三年）、田中正弘「名主岡田家姉妹の「御殿奉公」について―大名家奥への見習奉公から江戸城大奥の部屋方へ―」（『岡田親之日記』二・栃木市史料叢書、二〇一四年）、松島由佳「『附込帳』にみる大奥女中の役替えについて　その二」（『和歌山県立文書館紀要』一七、二〇一五年）等。

（7）柳谷慶子「仙台藩伊達家の「奥方」―七代重村の時代を中心に―」（大口勇次郎編『女の社会史』山川出版社、二〇〇一年、のち『近世の女性相続と介護』吉川弘文館、二〇〇七年所収)、同「武家権力と女性―正室と側室―」(藪田貫・柳谷慶子編『〈江戸〉の人と身分四　身分のなかの女性』吉川弘文館、二〇一〇年)。ただし、表向や奥向の表方への出座の際、その空間を奥方の空間に見立てて使う「奥締り」という方法があり、そのような手続きを経ることなく成人女性の出座が可能であったのか、なお検討すべき点がある。

(8)　鳥取藩の奥向女中に関しては、『新修鳥取市史』二・近世篇(一九八八年)、谷口啓子『武家の女性・村の女性』(鳥取県史ブックレット一四、二〇一四年)に詳しい。なお、谷口は「奥勤めを行う女性たちは奥方女中、奥向女中あるいは御女中と呼ばれた」と三種類の呼び名があったことを指摘したうえで、「奥方女中」を統一的に用いている。

(9)　前掲谷口啓子『武家の女性・村の女性』(二六頁)では、五代重寛に徳川三卿の田安家から本妻を迎えた際に制度改革があり、明和六年(一七六九)から『御支配帳』に「御前様付」として名が載るようになったと推定している。

(10)　来見田博基「鳥取藩の御女中一覧表」(福田千鶴『日本近世武家社会における奥向構造に関する基礎的研究』平成二十一年度～二十三年度科学研究費補助金研究成果報告書基盤研究C、二〇一二年)。なお、谷口啓子が指摘するように、本妻の実家から付けられた奥向女中は俸禄を実家側から支給されるため、『御支配帳』には名前が載らない点への注意が必要であり、実際にはこれ以上の奥向女中がいたと考えられる。

(11)　「前世界雑話稿」(『松平春嶽全集』一、原書房、一九七三年、初出一九三九年、二六二頁)。

(12)　「大名の日常生活」(柴田宵曲編『幕末の武家』青蛙房、一九六五年)。

(13)　江戸城大奥では錠口が上の錠口を管掌し、表使は下の錠口を管掌して、留守居・広敷用人と対談し、奥向御用品買上等の一切、修繕・畳替等の諸事を取り扱った(「幕儀参考稿本」『松平春嶽全集』一)。

(14)　篠田鉱造『増補幕末百話』(岩波文庫、一九九六年)。

(15)　奥向女中の人事異動を記した『附込帳』を分析した前掲松島由佳「『附込帳』にみる奥女中御役替について」の研究によれば、紀伊徳川家の場合は、「召出」が目見え以上で藩士家からの取り立てであり、「召抱」は目見え以下で町人・百姓出身の奉公人であり、三の間は両者が混在しているという。よって、鳥取池田家の「召出」「雇」とは、意味合いを異にしている。
(16) 前掲篠田鉱造『増補幕末百話』。
(17) 前掲篠田鉱造『増補幕末百話』。
(18) 氏家幹人『江戸の性風俗』(講談社現代新書、一九九八年)。
(19) 畑尚子『江戸奥女中物語』(講談社現代新書、二〇〇一年)。
(20) 前掲畑尚子『江戸奥女中物語』。
(21) 前掲氷室史子「大名藩邸における御守殿の構造と機能」。
(22) 前掲「大名の日常生活」。
(23) 尾張徳川黎明会編『徳川禮典録』下(一九四二年)。
(24) 浅井虎夫著・所京子校訂『新訂女官通解』(講談社学術新書、一九八五年、初出一九〇六年)。
(25) 川鰭實英『宮中女官生活史』(風間書房、一九六三年)。
(26) 高橋あけみ「「御奥方格式」について―美術工芸的アプローチ―」(『仙台市博物館調査研究報告』三二・三三合併号、二〇一二年)に全文が翻刻紹介されている。
(27) 下橋敬長『幕末の宮廷』(東洋文庫、平凡社、一九七九年)。
(28) 山本博文『大奥学事始め―女のネットワークと力―』(NHK出版、二〇〇八年)。
(29) 二身分とは目見え以上(年寄・側)・以下(末)、三系列とは役女系列(年寄)・側系列(側)・下女(末)系列である。
(30) 前掲畑尚子『江戸奥女中物語』。
(31) 本史料に関しては、前掲『日本近世武家社会における奥向構造に関する基礎的研究』に全文を翻刻・紹介している。
(32) 幕末に江戸で奥向奉公を望む岡田家が得た情報では、大名家の奥向での小姓勤めは五～七年、万石以上では平日は絹布着用、柳の間三～四万石クラスでの小姓の給金は五～七両で一芸が必要、江戸城勤めは、給金はなく、十か年が定めであるが、仕着代が年三度あるので、江戸城勤めの方の出費が少なくてよいとされている(前掲田中正弘「名主岡田家姉妹の「御殿奉公」について」)。
(33) 前掲三田村鳶魚『御殿女中』二二頁。
(34) 関民子『只野真葛』(吉川弘文館、二〇〇八年)。
(35) 増田淑美「吉野みちの生涯―その手紙を通して―」(近世女性史研究会編『江戸時代の女性たち』吉川弘文館、一九九〇年)、山本博文『江戸人のこころ』(角川学芸出版、二〇〇七年)。
(36) 前掲津田知子「萩藩御裏女中と集団」。
(37) 大口勇次郎『江戸城大奥を目指す娘―生麦村関口千恵の生涯―』(山川出版社、二〇一六年)。
(38) 前掲津田知子「萩藩御裏女中と集団」。
(39) 前掲根津寿夫「徳島藩蜂須賀家の「奥」」。根津は、「江戸時代の女性の自己実現の場」であり、「社会進出の機会でもあった」と評価している。
(40) 長野ひろ子は、職制のあり方が「表」の男性家臣団と同質でありながら、女中に対しては、①知行ではなく、給金・扶持が基本である、②「表」と比較して、給金・扶持が量的に少ない、③世襲ではない(一代限り)という特徴をあげ、これは中世以来日本社会に浸透してきていた家父長制的「家」の問題が根本にあり、女性が家長にはなれなかった点に原因を求めている(『日本近世ジェンダー論』吉川弘文館、二〇〇三年、二二八～二二九頁)。概ね支持できる見解だが、②に関して付言するならば、武家領主にとっての知行は軍役に対する反対給付であり、家臣に与えられた知行内では多くの陪臣が養われ、軍団を形成している。それ故、石高制及び領主制全体のなかでの知行や俸禄の本来的意義を踏まえるならば、将軍の軍事力の一翼を担う幕府老中の知行高と江戸城大奥の老女に与えられた給金・扶持を単純に比較して、その量が絶対的に少なかったとしても、それは女性が家父長制的「家」支配のもとで家父長に従属的でなければならなかったからというよりは、老女の役割として将軍権力の軍事力を担う軍団編成の機構を伴う必要がなかったことに求めるべきであり、その点でなぜ女性が軍事力から排除されたのかというジェンダー分業の本質がまずは問われるべきだろう。

(41) 深谷克己『江戸時代の身分願望』(吉川弘文館、二〇〇六年)。

(42) 前掲河鰭實英『宮中女官生活史』。

第十一章　「中奥」再考

江戸の武家屋敷は、儀礼・対面・政治を営む「表」、男当主の執務及び生活空間である「中奥」、妻子が日常生活を送る「奥」という三つの空間に分けられると説明されてきた。しかしながら、「中奥」の理解については史料的な制約もあり、いまだ十分な定義がなされているとは言いがたい。そのようななかで畑尚子は、「江戸城本丸御殿を規範にして、その定義（表・中奥・大奥の三区分―筆者補）に当てはめ大名屋敷の藩主の居所を見ようとした」ところに「中奥」理解を混乱させた大きな原因があったと指摘し、多くの「大名屋敷図」を分析した結果、「藩主の奥向である中奥を、藩主の居所の「中奥」と勘違いして捉えてきた」という重要な見解を示した。(1) 筆者なりに噛み砕いてこれを説明すれば、従来の通説で男当主の執務及び生活空間として理解されてきた「中奥」（畑のいう［中奥］）と実際の中奥は異なっており、本妻の居る奥方とは別に男当主（大名・藩主）のための奥方（畑のいう「奥向」）があり、これが本来の武家屋敷の中奥である、ということになる。この見解自体は、筆者も強く支持するところである。

ただし、畑が「藩主の居所」をもとに大名屋敷を類型化しようとしたことで、通説でいうところの「中奥」の存在を武家屋敷にも認めた点には検討の余地がある。これは奥向の表側にある表方が「藩主の居所」であることから、これを従来の「中奥」と理解するためだが、そもそも、そのような中間的な空間を中奥と称したのかどうか史料に基づいて再検討する必要がある。換言すれば、従来の「中奥」理解は考え方としての「中奥」ということができ、その存否については史料に基づいて検証する必要がある。さらに、畑が「中奥を藩主の奥向」と正しく理解しながら、それを表向の空間にあるものと理解して武家屋敷の類型を示した点は本書と見解を大きく異にする。

そこで本章では、奥向（奥御殿）の奥方のなかに本妻の本奥とは別に独立に設定された男当主の休息所のある奥方空間を中奥と定義し、中奥を表向や表方の空間として捉える認識からの脱却をはかりたい。より厳密にいえば、中奥は奥向のなかに設定された錠口の内側＝奥方に存在する、ということを論証したい（2）。

第一節　広島浅野家の場合

まず、明治期に浅野長勲が回想した「大名の日常生活」のなかには、次のような説明がある（3）。

①表の方では寝室に入る時に小姓がお辞儀をして、詰所に引き取る。ただし枕許に不寝の番が二人おり、次の間にも二人ぐらい居た。

②表へ泊れば表で朝食を食べ、広敷へ泊れば広敷で朝飯を食べる。時には広敷で夜食を済まして表へ出ることもある。

③霞ケ関の屋敷には、中奥に続いて新奥というものがあって、これは上総介という、後に十二代安芸守（慶熾）になった者の本妻（「室」、尾張徳川家出身の「利姫」）が当時は寡婦となって居た。

④当時は戸主にも妻がなく、私にもなかったので、霞ケ関は中奥ばかりで、奥がなかった。

⑤夜寝るのは四つ半頃（午後十一時頃）で、昔は日の長短によって時が違うが、この時が錠締まりで、表と広敷との

間の錠口を締めてしまう。
⑥広敷は、江戸でいえば、妻のいる所が奥、妾のいる所が中奥だった。「御住居」の所は、別段に出来ていた。
⑦表には奥書院などというものがあり、これが表の表ともいうべきもので、ここで人に応対する。奥の方にも区別があって、側の者のいる所と、目通りの出来ぬ者のいる所とは違っていた。
⑧中奥と奥とは、家は続いているので、家のなかで区域がついている。奥でも寝所に充当する座敷があり、中奥にもそれがある。妻がいない場合でも、妾があればある。これが「御住居」となると、境に杉戸が立って、表と奥との境界が厳重になる。
⑨御国御前は、私の方にはなかった。上杉などにはあったそうだが、これも公辺へ貫いていうのではなく、内々の称えと思われる、妻は江戸に人質としているわけだから、広島には妾がいた。
⑩妾を選ぶのもなかなか厳重であり、親の許しを受けるので、随意にはならない。妾の部屋は別にあるわけではなく、部屋子として老女なり、若年寄なりが世話をする。

以上、断片的ではあるが、表向と奥向の関係、及び中奥の位置を窺うことができる。

まず、江戸の上屋敷（霞ケ関）は、当主が日常生活を送る空間である。それは就寝や食事をとる空間が「表」にあること（①②）から判断できる。即ち、幕末の浅野家の上屋敷の基本的性格は奥御殿＝奥向であった。それは、表には表書院ではなく奥書院があるところからも推定できる（⑦）。奥御殿の表側（「表の表」）に置かれた奥書院には、人との応対をする場所としての機能があり、ここで公式の来客や家臣との儀礼を営んだ。一般に当主の居間や寝所は表方の奥まった所にあり、そこで食事や就寝等が営まれた。よって、この表とは本書でいう奥向の表方のことである。

奥御殿＝奥向の表方に対する奥方の空間は、浅野家では「広敷」と呼ばれた。通常は奥方への出入り口の錠口付近の奥方側にある奥向役人の詰所を指して広敷ということが多いが、第二節で紹介する鳥取池田家でも同様に奥方を「広敷」と呼んでおり、類例がないわけではない(4)。

次に、表方(「表」)と奥方(「広敷」)との間には錠口があり、就寝時の四つ半に閉められた⑤。よって、錠口で仕切られた「広敷」は女性たちが中心に生活する空間であり、やはり奥方である。その「広敷」の中が、「中奥」(妾のいる空間)と「奥」(妻のいる空間)に区分されていた⑥。即ち、「中奥」は錠口の内側＝奥方の空間にあり、男当主付の側女中(妾)がいて、日常的にその世話をしたのである。

ただし、その頃の浅野家には本妻がいなかったので、当時の「広敷」は「中奥」のみで、「奥」はなかったのだという④。またこれとは別に、「中奥」から続く空間に尾張徳川家出身の寡婦が「新奥」を設けて住居し③、これとは別に「御住居」の住む御殿も設けられていた⑥。なお、本妻は基本的に江戸に人質としているので、広島には妾がいたが、それも特別な部屋があるわけではなく、老女や若年寄等の部屋子として置かれていた、ということになる。つまり、広島城にも「中奥」はあるが、「奥」はない、ということになる(5)。武家屋敷は、その住人の変化によって別棟の御殿(「新奥」や「御住居」)が増築されて奥方が肥大化する方向がある一方で、本妻が不在の場合は奥方を縮小化させる方向もあったのである(6)。

第二節　鳥取池田家・宇和島伊達家の場合

『鳥取藩史』(7)二では中奥について、「江戸日記」の記事をもとに次のように説明する。

奥向女中を大別して、表局並に御前様附となす。表局とは藩公附の女中にして、御在府年は江戸藩邸に、御在国年は鳥取御城に勤むるものとす。御広敷御居間を中奥と唱え、表局女中は専ら藩公中奥御座中の御用を勤む。然るに安政四年十二月、江戸に於て中奥は御奥御休息と改められ、表局の名義廃せられ、同女中は尽く御前様附とせらる。

つまり、鳥取池田家の奥向女中は当主付と本妻付に分かれ、当主付女中が在府・在国ともに当主の世話をした。中奥と呼ばれた「御広敷御居間」の場所は明記されていないが、奥向女中が勤務できる場所かつ表局の廃止後の名称が「御奥御休息所」であることからも、奥方に設置された当主用の居間と考えるのが妥当であろう。また、元治元年（一八六四）に本妻が鳥取城に帰国した際に「奥向の事一切御前様御広式（敷）一手となり、御国に於ても表局の区別廃止せられたり」（『御国日記』）と説明されるので、鳥取池田家でも奥方を「広敷」と称していたことがわかる。

以上のように、鳥取池田家でも奥方における当主の休息所が中奥であり、国元にも中奥があったが、幕末になり当主付の奥向女中（「表局」）が廃止されるにあたり、「中奥」から「御奥御休息所」へと名称の変更となった。これは、一局としての独自性を喪ったことによるのだろう。さらに、江戸の本妻が国元に移るにあたり、国元の「中奥」も本妻の奥に統合され、ここに「中奥」は消滅した。

次に、宇和島伊達家では、奥方における当主の居場所を「御休息所」と呼んでいた。江戸後期の宇和島伊達家の「奥」は、正室のいる「御奥」と、側妾のいる「御休息所」とに分かれており、藩主の正室は「御前様」、側妾は「御相伴」・「御相伴女中」と呼ばれており、江戸の「御奥」では本妻の猶と側女中のゆかが、宇和島の「御休息所」では「御相伴」の栄が生活していたという。(8) よって、この「御休息所」は側妾がいる点で錠口の中に設けられていたと考えられ、国元奥方における当主の休息所、即ち中奥であったとみなされる。

第三節　萩毛利家の場合

長門萩毛利家の場合は、文久三年（一八六三）に十三代毛利敬親の本妻都美が江戸より国元萩に帰国した。その年の二月九日から十二月晦日まで祐筆真砂が記録した『女儀日記』[9]から、中奥に関する記事を以下に摘記し、検討する。

（二月九日）一、今日中奥女中下宿致し候見送り候　清覚院

中奥の女中が下宿するのを十一代斉元の「側室」清覚院（田村氏）が見送ったという。日記の初日であり、この日から続々と江戸の女中たちが帰国していたなかでのことである。この記事からは、第一に萩城に中奥が存在したこと、第二に中奥とは「中奥女中」と呼ばれた中奥付の女中が勤務する空間であったことがわかる。

翌十日、本妻たちが萩城に到着した。さらに十一日には当主敬親も江戸から萩城に到着した。それからしばらく中奥の記事は確認できない。その後、不穏な対外情勢から、当主家族は萩から山口に居を移し、当主敬親は屋形（藩庁）が出来るまで御茶屋で暮らし、宮野御殿（龍福寺）に本妻都美、五十鈴御殿に世子元徳（「若殿様」）とその本妻（「若御前様」）、讃井御殿（讃井園龍寺）に十代斉熙三女慈芳院（万寿）の三御殿が置かれた。

（十月十五日）一、御屋形へ御中奥出来、十八日頃ニ引移り候ニ付召させられ候出候、
御その殿
清覚院
初　瀬

竹野
若竹

つまり、屋形が完成し、中奥も出来たので、そこに移る女性たちが本妻の前に召し出された。敬親の側妾の園（「御その殿」）、敬親の実父斉元の「側室」清覚院、中奥女中三名（初瀬・竹野・若竹）の計五人である。本妻から園と清覚院には縞紅柄の小袖、中奥女中には五百疋が与えられた。十八日には予定通り引越しがあり、本妻から園と清覚院に鮨を与えた（「今日御屋形中奥へ引越ニ被下候」）。この他、本妻付であった古とも屋形の中奥へ移ることになり、十六日に古とは本妻その他に置土産を贈った。古とへも本妻付女中から贈り物があった。十九日に古とは暇乞いをし、二十二日に中奥に引越した。

（十月廿二日）一、今日中奥へ引越候、　古と
　御かけ合　付そへ
　御下薬　被下候、　梶尾
引越ニ付、きち　紅井
宮野御殿へ遣し候筈ニ御座候所、紅井不快ニ付　きち
　早朝ニ出候、中奥へ見送り帰り候、　き佐

この日、本妻は近郊の湯田に湯治のため逗留中であった。古との引越しのために宮野御殿に次女中のきちと紅井の二人を派遣する予定だったが、紅井が体調不良のため、き佐が代行することになり、早朝に湯田を出て宮野御殿から

屋形の中奥まで古とを見送った経緯が記されている。本妻は十一月十六日に湯治から宮野御殿に戻った。十二月五日は本妻の誕生日が祝われ、本妻から当主に肴一籠を贈ったが、これは中奥に廻された。

（十二月五日）　一、殿様へ
御前様より御到来の
御肴　一籠
右御中奥へ廻ス、明日御入の事清覚院迄申出ス、

その際に、中奥にいる清覚院のところに、翌日、本妻が訪問することが伝えられた。『女儀日記』の解説で、清覚院は「側室」と理解されているが、「殿」や「様」が付けられていないことからすれば、厳密には奥向女中であり、老女上格のような立場にあったものとみなされる。

そのことは、歳暮の贈答儀礼からもわかる。十二月二十日に本妻が二日後に訪問する都合を屋形の中奥まで確認しに行かせたところ、「明後御早々御入遊し候て御よろしき」旨の返答があった。二十二日の五つ時に本妻は屋形を訪問し、その際に家族間の相互の贈答対象は、「殿様・御前様・若殿様・若御前様・慈芳院様」のみで、園や清覚院は贈答の対象とはなっていない。即ち、屋形と三御殿の主人のみが山口に在住する毛利家の家族であったということになる。よって、中奥の主人は当主敬親であり、当主の側女中の園や先代の「側室」清覚院の部屋を中奥と呼んだわけではないことがわかる。

要するに、山口に新設された屋形は、表向の空間に藩庁があり、奥向の空間には当主が日常の政務や生活を過ごした表方があり、奥方には中奥が置かれて当主付の女中がその世話をし、本妻の本奥は設けられていなかったと考えられる。また、逆に、萩毛利家の中奥は中奥女中が当主の世話をする空間であるから、錠口の内側にあったと考えるの

が妥当である。以上から、萩毛利家の中奥とは奥向の奥方に置かれた当主の休息所であり、当主付の中奥女中がいてその世話をした空間であったとまとめられる。

第四節　掛川太田家の場合

『幕末掛川藩江戸藩邸日記』(10)は、掛川太田家の江戸屋敷で近習役を勤めた渡辺嘉彰の公私日記である。近習の勤務実態については第十二章で詳しく取り上げるが、近習は奥向御用を担当する用人の下に置かれ、小納戸・小姓とともに当主の日常の用務を担当した。特に嘉彰は「御次勤め」といって、当主が日常を過ごす居間の次の間(二の間)に詰めることを基本としていた。また、嘉彰が奥向役人であることは、次の事例によって明らかである。

一、寛次郎様御発駕之節、御白洲御見送り罷出候儀、是迄ニ無事故、小納戸江相談之上、頭衆ト是迄之御次向き御白洲江罷出御見送り申上候先例も無之、此度斗り罷出候儀、如何之事候間、御免を蒙度旨、七兵衛方より申達候処、此度之儀御身近ニ勤候間、格別之　思召を以右之通り被仰出候旨被申聞、左候ハヾ御次向き御見送り罷出候節、表向き之者ニ打混シ不申、表江罷出候ハヽ、御次向きハ北側江罷出候様致度旨申達候処、至極尤之事故、年寄衆江可申達旨被申聞候、右ニ付御見送り節右之通り御次向き斗り一屯ニ致御見送り申上候事、

当主太田資功の弟寛次郎が延岡内藤家の養子となり、万延二年(一八六一)三月二十六日に太田家の常盤橋門口上屋敷を出駕することになった。幼少の寛次郎の諸稽古の相手を勤めてきた「御次向き」の近習たちは、表向の玄関にある白洲に出向いて見送りたいと希望した。しかし、その先例がなかったために小納戸とも相談し、年寄に願い出て許

可を得ることになった。その際、「御次向き」は「表向き」の者に混じらず、北側に「御次向き」のみで固まって見送ることが条件とされた。このように近習役は本来、表向の儀礼に立ち会うことは許されず、表向に属する人々との交流を禁じられていた。即ち、奥向御用を担当する用人配下にある近習の基本的性格は奥向役人であり、その近習が番をする居間とは奥向の空間である、ということになる。

ただし、実際にはその居間を「表」と表記することがあった。次は万延二年九月十五日の記事である。

一、駒込御館より
大殿様（太田資始）ニも御中口通り被為入、此方御刀取ニ罷出、表御居間おゐて御膳等被召上、夫より御次供ニて御物見江被為入候事、後は奥故、此方御構不申上候事、

駒込下屋敷より隠居の資始が上屋敷を訪問した。資始は中の口の玄関に来訪し、近習が刀を受け取って「表御居間」に入り、食事を取ったあと、「御次」が供をして物見に入った。おそらく月見だったのだろう。その後、「奥」に入ったので、近習は関与しなかったとある。この「奥」とは近習番が入れない空間であることからも、錠口の内側にある奥方であると考えられる。よって、奥方の居間に対して、奥向表方の居間を「表御居間」と称したのであり、近習（「御次」）が給仕をしたところからも、当主が日常を過ごす「表御居間」は奥向表方である。よって、「表」と書かれていても、それが表向だと理解するのは誤認とわかる。なお、「御中口」は「奥御玄関」とも呼ばれていた[11]。

また、次のような記事もある。

一、御鏡御開ニ付、御表御居間ニおゐて　総次郎様・熊三郎様二方様御汁子を御吸物被　召上候ニ付、御近習ニ而御給仕相勤申候、夫格ニ而帰宅、尤麻上下着用也、（安政七年正月十一日）

「御表御居間」で総次郎・熊三郎の二男子（資功の子）が鏡開きの汁粉を食し、近習が麻上下を着してその給仕をし

たという。元服前の子であることからしても、この「御表御居間」とは、奥向表方の空間にあると考えざるをえない。

その一方で、次のような記事もある。

一、山王祭礼ニ付、駒込御館より　御子様方被成御出候得共、奥故構無之事、(安政七年六月十五日)

駒込の下屋敷より資功の子が上屋敷に来邸して山王祭礼を見物したが、「奥」のことだったので近習は関与しなかったという。つまり、近習が関与できるのは奥向表方における給仕が基本であった。

太田家は老中職を勤めた関係で、常盤橋門口に役屋敷を拝領して上屋敷とした。そこで、老中役宅としての表御殿が整えられ、表向には表大書院・小書院・対客の間があったことが日記からわかり、他の老中屋敷の絵図等からは公用人役所等も備えられていたと考えられる。これに対する奥向表方には、当主が日常を過ごす居間、家臣や使者との対面や祝儀を営む居間書院、奥向役人の詰める用部屋等があった。太田家ではこの空間を奥向の奥方に対して「表」と呼び、この奥向表方を従来は「中奥」と理解してきたのだが、その本質は奥向表方と理解すべきなのである。

さて、問題の中奥であるが、断片的ながら次のような記事がある。

一、節分ニ付、年之夜御祝儀西御殿江罷出、御帰之上相詰居候処、御中奥故以小納戸申上候、　殿様ニは以小納戸申上候、(安政六年正月元旦条)

安政六年は上屋敷東御殿に「殿様」(資功)、西御殿に「大殿様」(資始)が住んでいた。正月の祝儀を述べるため嘉彰は西御殿に出仕し、「大殿様」(資始)が元旦登城から帰宅したので詰めていたところ、中奥に入られたので、小納戸をもって祝儀を述べた。東御殿にいる「殿様」にも、小納戸をもって述べた、ということになる。太田家における小納戸と近習の違いは格式の差にあり、小納戸・近習・小姓の順であった。また、職掌は似ているとはいえ、勤務する空間に明確な違いがあったことが次の記事からわかる。

一、富岡辰次郎過日駒込御子様方御相手被仰付、今日御上屋敷参り改勤致候ニ付、私召連廻勤為致候、幷御次・小納戸江も吹聴申述候事、御小納戸江相願、奥様江御目見致候事（安政七年閏三月九日条）、

「大殿様」付小納戸勤めであった富岡辰次郎が駒込下屋敷にいる子の相手役を命じられたため、上屋敷にその旨の挨拶に出向いたので、嘉彰が富岡を連れて廻り、次勤め・小納戸にも挨拶を終えた。さらに「奥様」への対面は、小納戸に依頼した、ということになる。つまり、近習役は錠口から先の奥方へは入れないため、小納戸に頼んだということだろう。このことから、中奥にいる資始に小納戸をもって年頭祝儀を述べてもらわなければならなかったのは、中奥が錠口の内側にある奥方にあり、近習は入れなかったからとわかる。

では、小納戸は本当に奥方に入ることができたのか。その点については、次の一件から小納戸が奥方に勤務していたことが証明される。万延二年（一八六一）正月八日に尾張徳川家の付家老成瀬正肥が年始の挨拶に上屋敷を訪ねた。当初は居間書院で雑煮と吸物を麻上下着用の近習役が給仕する予定であったが、その到着が遅れたため居間書院に着座することなく、いったん表書院に着座したのち、すぐに奥方（「御奥」）に入った。本来、表書院での給仕は平服と決まっていたが、急なことだったので上下のまま給仕をし、刀持は平服で勤めた。当主資功が表書院まで出向き、当主の先立ちで錠口を通って奥方に入ったが、その際に事件が起きた。

一、右ニ付、殿様・隼人正様《（成瀬正肥）》御刀持ニ御居間ニ扣居候処、御二之間御錠口江役女罷出、隼人正様御刀請取可申旨申聞候ニ付、隼人正様御刀持居候敬之助不斗風之旨、役女江直相渡シ候儀、就而は御近習勤之大慶を失候事ニ付、恐入差扣相伺候、右ニ付片番居候得共、一向心付不申事故、敬之助不念トハ乍申、片番不残恐入差扣相伺候、

つまり、近習刀番が居間に控えていたところ、居間に隣接する次の間（「御二の間」）に設けられた錠口へ役女が出て

来て、成瀬正肥の刀を受け取るというので、正肥の刀を持っていた近習刀番が迂闊にも役女に刀を渡してしまった。これでは近習勤めの大慶を失うということで、成瀬の刀を持っていた刀番敬之助とその相方の刀番も差し控えを伺うことになった。

なぜこのことが問題となったのか。その理由については、次のようにある。

一、右ニ付而は、安政六年六月廿日、於御添屋敷内藤右近将監（政義）様被為入候節は、御奥江御通ニ付、御刀は小納戸江相渡候、万延元年十二月廿八日成瀬隼人正様御出之節も御奥江御出ニ付、御先立崎右衛門殿立戻り可申旨被申聞候間、牧野平馬、崎右衛門殿江相渡候ニ付、是迄は小納戸ニ而も其場ニて請取来り候儀故、今日も小納戸罷出候事敬之助心得罷出候処、小納戸は不罷出、役女罷出、是江相渡シ可申旨被申聞候故、前文之通り敬之助相渡候得共、一体小納戸罷出請取可申儀は無之哉、其段小納戸江相咄し候所、此方ニ而は罷出候儀出来不申被申聞候間、左候ハヾ以後之所如何相心得被申、前文之儀頭衆達置候、

つまり、安政六年（一八五九）六月に御添屋敷の奥方に内藤政義（日向延岡）が入った際は、刀を小納戸に渡した。万延元年十二月に成瀬正肥が来訪して奥方に入った際は、先立ちを勤めた用人渡辺崎右衛門が戻って来るというので、戻って来た崎右衛門に渡した。これまでは小納戸がその場に出て受け取っていたので、刀番の敬之助は今日も小納戸が出てくると思っていたら、小納戸ではなく、役女が出て来て渡せというので、このような次第になった。そのことを小納戸に伝えると、出られないというので、今後はどう心得たらよいか、ということを頭衆まで報告した、ということであった。結果は、敬之助及び相方は差し控えに及ばず、ということで落着した。

ここで重要なのは、客が奥方（「御奥」）に入る場合は、近習刀番が錠口の手前で奥方にいる小納戸、もしくはそれに相応する人物に刀を渡すのが規模だと考えており、女の役女等に渡してはその名誉を失う、とする考えが示されてい

ることである。ここから、太田家では錠口の外、つまり奥向表方で当主の日常の世話をするのが近習、表方に出て来ることもあるが、錠口の内側の奥方でも当主の日常の世話をするのが小納戸、という勤務空間の差異が明らかとなる。

以上を前提に、再び中奥の問題を検討してみたい。

一、太田内蔵頭様五時ニ御逢として被為入候間、御中奥江御通りニ付、御刀は御居間書院上候間、御床前ニ御刀懸ニ掛置、御帰之節御刀持候て御跡ニ付被参、表御書院江御通りニ付、同所より御後ニ置候事、尤一旦表御書院江御通り、夫より御中奥江御通り候事、（安政七年十一月二日条）

太田内蔵頭（旗本・資始の義理のいとこ）が五時（午後八時頃）に来訪し、表書院を通って中奥に入った。刀は居間書院の御床前の刀懸に掛けて置き、帰る時は刀を持って後に付き、表書院を通って帰ったとある。ここでは居間書院に刀を置いて中奥に入ったことがわかるだけだが、近習刀番が中奥について行かないことを踏まえれば、やはり中奥は近習の入れない錠口の内側にある奥方にあった可能性が高い。

次の記事は、既述の寛次郎が内藤家の養子入りのため出立する際の様子である。

一、寛次郎様　内藤右近将監様江御引移ニ付、六半時頃　大殿様当御館江被為入、（中略）暫過、寛次郎様御中口通被為入、　殿様ニは御居間書院御廊下迄御出迎、直ニ御居間御着座、御三方様共暫御対談、夫より　大殿様、寛次郎様御居間ニて朝御飯被召上候、尤御給仕致し、尤御朝夕通り、　殿様ニは御中奥ニて被召候ニ付、御給仕不致候事、（万延二年三月二十六日条）

六半時頃（午前七時頃）に大殿資始が来館し、寛次郎も中の口から入ったので、当主資功が居間書院の廊下まで迎えに出て、すぐに居間に着座した。三人は暫く対談し、それより資始と寛次郎は朝食を取り、近習が通常通りの給仕をした。ただし、資功は中奥で朝食を済ませていたので、給仕をしなかったとある。既述の成瀬の事例のように、近習は表向の表書院で給仕を担当することもあったので、近習が給仕を担当せず、朝食を食べることができる中奥とは、やはり錠口の内側＝奥方にある当主の休息所と考えるのが妥当だろう。

なお、太田家では文久二年（一八六二）正月に当主資功が三十六歳で没し、九歳の資美が遺領相続を認められた。しかし、結婚前で本妻不在のため奥方の名称が問題となった。

殿様御事、御若年未タ　御奥様御引取も無之内は、是迄御奥申上候儀、以来　殿様御部屋ト申唱候様改候、就而は、　諦倫院様御事、　御後室様之御事ニ付、急度致候節は、　諦倫院様御住居、又は御後室様御住居ト申唱候様可被致候、乍去猥ニ御名等申上候儀恐入候儀ニ付、御内輪ニ而は先以御前様ト御住居申候様可被心得候、右ニ付、是迄奥御附之者は、御後室様取締役と相心得候様可致候、（文久三年四月三日条）

要するに、当主が幼年のため、本妻不在であれば、奥方を「御奥」と呼ばずに「殿様御部屋」と名称変更し、後妻となった諦倫院（資功の本妻）の住居はその名か、または「御後室様」を付けて呼ぶことにするが、名前を呼ぶのは失礼なので内輪には「御前様」の住居と心得たうえで、奥付の者も「御後室様取締役」と名称を変更した。ただし、その十二日後に太田永之丞（旗本）が来訪した際の記事は次のようにある。

一、太田栄之丞様被為入、御入側通り上之御錠口より御部屋江御通り、御刀は表御書院二之間御入側堺ニ而請取、御二之間御入側御杉戸際御刀掛江掛置候事、（文久三年四月十五日条）

太田が（居間の）御入側を通って上の錠口より「御部屋」に入った。刀は表書院二の間の入側の境で受け取って持ち、（居間の）二の間入側の（上の錠口の）杉戸際の刀懸に掛けた、ということになる。即ち、幼年当主の「御部屋」は錠口の内側＝奥方にあり、当然、そこには当主付の女中がいて、その世話をしたと考えられる。当主に本妻が出来れば、「御部屋」は中奥と呼ばれ、本妻の本奥と区別されたのではないだろうか。

なお、「上之御錠口」とあることから、別の錠口があることがわかる。

一、於御城以　思召檻飼之鶴御拝領被遊候ニ付、公用方江御用部屋小間遣持参、公用方より私儀請取、御錠口通り持参、御居間書院御床江居置、八時過ぎ御帰り、直御祝被遊候事、（安政六年二月四日条）

江戸城（将軍）より特別に飼育鶴を拝領したので、表向役人である公用方役人の部屋へ用部屋の小間使いが持参した。[12]そこで、近習の嘉彰が鶴を受け取り、錠口を通って奥向表方の居間書院の床の間に飾り、資始が八時（午後二時頃）に帰邸すると、すぐに祝儀となったという。これにより、表向から奥向表方に渡る途中にも錠口があり、奥向の近習たちは表向に入ることはできたにしても、相互の出入りは錠口によって管理されていたとわかる。

第五節　松代真田家の場合

最後に、信濃松代真田家の江戸屋敷について検討する。既に北村典子の詳細な研究[13]がある。それによれば、世子夫妻の住む南部坂下屋敷の構造は「奥向きのなかの「御表」と「御奥」」に分かれており、下屋敷の「御表」は溜池上屋敷とは異なり、「側付の役人の詰める執務兼私的生活空間」であったと指摘した。しかしながら、「御表」は「実質的な機能上は中奥に位置づけられる」とし、「御表」を従来の「中奥」理解に基づいて、当主の日常的な生活空間や男性役人の執務空間を「中奥」として理解した。

しかし、史料上には「御表」と「御奥」とあるのみであり、「中奥」とは記されない。つまり、「御表」をあえて「中奥」と称えなければならない積極的な理由はない。さらに、「御表」が本書でいう表方、「御奥」が本書でいう奥方であり、真田家の南部坂下坂屋敷には本書でいうような中奥は奥方に存在しなかったのではないか。そのことを以下では検証してみたい。

南部坂下屋敷は表方(「御表」)と奥方(「御奥」)に分けられる。「南部坂屋敷絵図」(個人蔵)によれば、表方の表側には書院・二の間・使者の間・広間・表玄関があり、奥側には居間・次の間・御客の間・三の間といった当主の日常を過ごす空間に続いて、近習役詰所・御用の間・膳所・台所・本〆詰所・帳場等がある。奥方へ入る錠口は上(御鈴)と下があり、上側に寝所・次の間・三の間・御祝の間・居間・化粧の間・湯殿・納戸等があり、下側に祐筆・台子・使者の間・対面の間・膳所がある。そのさらに先には、女中長局がある。下の錠口付近には玄関があり、その周辺には守役・奥支配・帳場・上番所板の間等の役人詰所がある。時期によって多少の変更はあろうが、これらが基本的な構造とみなされる。

表17　真田家江戸詰役高

役　職	役高
家老	600
中老	450
大目付	400
番頭	350
側用人	350
奏者	300
側役	150
側納戸役	120
膳番・刀番・徒士頭	120
側祐筆	100
近習役	100
小姓役	100
側医	90
表用人	200
三奉行	200
取次	200
物頭	200
使役	150
勘定吟味役	150
吟味役	120
普請奉行	120
目付	120
馬奉行	100
祐筆	70
金奉行・納戸役	100
番方	100
奥支配	70
次小姓	金10両
茶道	金10両
馬乗	金10両
御目見以下給金	
膳立・奥坊主・物書等	金６両

出典)『江戸詰御役高取調』真田宝物館11-１-30-７

天明七年（一七八七）には養子の幸専と実娘の三千の婚礼が整った。二人が、南部坂下屋敷に移るに際して、六代幸弘は「南部坂御奥御勤方御暮方御極帳」四冊を作成して諸事を取り決めた。その一つ、「南部坂御奥御本〆役取計方御規定」[14]によれば、奥本〆役は毎日朝四時（午前十時頃）から八つ時（午後二時頃）まで勤務し、夕暮れ時に再度詰めて翌日の準備をおこなった。史料には「万端之御取計御表御奥御隔心之儀無之御一和之趣を以　若殿様本〆役双方同様相心得御暮方之儀何分御規定之御賄料を以御上屋敷御厄介ニ不被為成、毎月之御定金を以何分諸向より致出精」とあるように、本〆役は幸専（若殿）付であるが、表方と奥方の双方の暮らしが成り立つように奥向財政の調整等、奥向全般を預かる職であった。つまり、「御奥本〆役」の「御奥」とは表方と奥方を統合した奥向を指している。また、奥元〆役が幸専付役人であることは、その詰所が表方に置かれていることからも判断できる。

次に「南部坂御附面々江被仰出之趣」は奥方への出入りを中心に四十三項目について指示したものである。そのなかから、幸専の奥方における居場所がわかる項目の現代語訳を以下に摘記した。

①幸専の朝夕の食事は表方で済ませ、夕方より奥方へ入る。その節、表方の守役が御鈴の間へ行き、老女にその旨を伝え、本妻三千は座敷内で出迎え、老女・中老は御鈴まで出迎えること。ただし、刀は老女が受け取ること。理由があれば、奥方で夕膳を三千と同座で取ってもよい。

②毎夜の夜食は奥方で三千と同座に取ること。夜詰は五半時過（午後九時頃）より四時（午後十時頃）を限り、老女が心付て申し上げること。起床は六半時（午前七時頃）を申し上げ、その節、表方へ老女が御鈴より案内を申し入れ、守役と刀番兼帯の近習が出迎え、老女より刀を受け取ること。ただし、守役が詰めていない時は、納戸懸りの近習が御鈴に出向くこと。

③上の御鈴の間で用事の時は、老女・中老・守役・納戸懸りの近習が用向きを伝えること。

④五節句、月次、登城、上野・増上寺参詣の前夜、重い精進日は、夜詰引きの時刻より表方に入って休むこと。翌朝、起床後に老女をもって機嫌を伺うこと。老女と守役をもって申し上げること。
⑤幸専の守役二人は奥方へ出入りをしてよい。年頭・五節句、その他、恐悦事があれば入り、老女をもって恐悦の旨を申し上げ、退座すること。ただし、元日は礼をすること。「御流れ」頂戴はなし。玄猪は「御手餅」を与える。
⑥月待ち、または恐悦事に御側向に酒を下さる節に守役を呼ぶ時は、「御前」において酒を頂戴すること。幸専が奥方にいる節に守役の用筋がある場合は、御鈴で老女・中老に伝えること。
⑦錠口は奥方に出入りを許された役人・医師の他は出入りの際に名面を上番所で帳付して自分で願い出、または奥に通ることを老女から断りがあれば、役人と上番徒士が名面を見合わせて通すこと。
⑧年頭の礼は、五節句と同様に守役・惣女中・奥支配は礼をすること。ただし、礼順は上屋敷と同様に心得ること。
⑨朔日・十五日・二十八日には奥支配の面々は、非番であっても奥方の三の間に出て、当日の祝儀を老女をもって申し上げること。
⑩錠口上番徒士は、年頭・五節句には茶の間で古格の通り祝儀を申し上げる。老女は次女中を召し連れ、茶の間で礼をすること。

以上のように、幸専が奥方に入った際には、本妻と「同座」であることが基本であり、特別に幸専用の座敷が用意されているわけではなかった。また、表方勤務の幸専付守役も奥方への出入りが許され、奥方の祝儀に加わったが、年頭以外は老女を通じて祝儀を述べた。寛政三年（一七九一）の「江戸御在所御奥向分限帳」の構成によれば、三千付の奥向女中は老女一人・中老一人・側女中四人・小姓一人・側格次兼二人・次二人・中居二人・末二人となっている。(15)

表抱えの女中は中老一人・側五人・小姓一人・次一人がいるが、これは幸弘付と考えられ、幸専付女中は別に置かれていないようにみえる。よって、右で守役から礼を受ける老女とは三千付の奥向女中であり、幸専付の奥向女中が世話をする中奥は設けられていなかったと考えられる。なお、表方付の役人で奥方への出入りを許されたのは守役のみであり、近習等に関する取り決めはない。近習は錠口より内側の奥方には入れなかったことによるのだろう。

このように松代真田家の南部坂下屋敷は奥御殿（奥向）であり、その屋敷は表方と奥方に分けられていたが、奥方には当主が本妻とは別に日常を過ごす居間やその世話をするための当主付の女中は置かれていなかった(16)。即ち、中奥は存在しない。なお、表方を「中奥」と呼ぶような用例がない以上、従来の「中奥」理解に基づいて表方を安易に中奥に置き換えることには慎重であるべきだろう。

小括

以上、六事例をもとに、中奥の基本的要件を検証してきた。その要件とは、第一に奥方に設けられた当主の個人部屋があること、第二に奥方である故に当主付女中がいて日常の世話をしたこと、の二つである。過渡的・例外的にこの条件を満たさない中奥があったとしても、本質的にはこの二つの要件を満たす空間を中奥と定義し、今後は用いていくことを提唱したい。

また、武家屋敷を三つの空間に分けて捉えることも大きく見直す必要がある。既に畑尚子が指摘していたが、本章では具体的な史料を用いて空間構造を明らかにし、その場所を特定した。武家屋敷は基本的に表御殿と奥御殿の二つに分けられるが、両御殿を独立的に建造した大坂城のような事例は少なく、江戸の武家屋敷においてはハレの場面で利用される表御殿は極力縮小され、ケで日常的に用いられた奥御殿の表方空間にある書院がハレの際に代用された。政務をおこなう老中の役宅や将軍の御成のための御殿や上使を迎える上段のある部屋を必要とするような大名家の屋敷を除けば、政庁組織の大部分を国元に置く大名の江戸屋敷は基本的には奥御殿（奥向）であり、その奥向が表方と奥方という二つの空間に分断され、錠口を設置して出入りを管理した。この錠口の外側が表方（「御表」）、内側が奥方（「御奥」）であり、その奥方に設けられた当主が日常生活を過ごす休息のための空間が中奥である、というのが、本章の結論である。また、このように表向と奥向の関係を整理することで、奥向にある表方を表向と混同する理解も是正されよう。

なお、奥方のみを指して「奥向」とする用例がないわけではない。しかし、たとえば次のような用例もある。

一、今日初午に付、桂香院様江奥向ニ而左之通被進之、見分之上奥江相廻ス、右御品前廉御用意申付置候事、

赤飯一重・御煮染一重・御肴代百疋・御目録　桂香院様江

これは鳥取池田家の用人の執務記録である『江戸御用部屋日記』寛政元年（一七八九）二月七日の記事である。「奥向」と「奥」が使い分けられており、「奥」が桂香院のいる空間を指している。桂香院は四代宗泰の後家であり、この年の池田家は本妻不在であった。問題は「奥向」の意味するところだが、同史料では用人の管轄下にある事柄を「奥向」と称している。つまり、『江戸御用部屋日記』に具合的に記載された内容が「奥向」に関わる事項となるが、その場合に同日記中には女中の人事についても記されており、女中に関わる案件が用人管轄下の事柄であることが確定できる。よって、奥向とは奥方のみの事柄ではなく、表方と奥方双方の事柄を指している。

また、たとえば次の記事はそのことをよく示している。

一、奥向女中共、此度左の通り被仰付候段、御用人申達之

奥向女中共、是迄表局、幷御前様御附と別れ居申候処、此度思召を以御風儀替に相成、表局女中共不残此以後御前様附と被仰付、（後略）

これは『江戸御用部屋日記』安政四年（一八五七）十二月三日の条で、これまで当主付「表局」と「御前様附」と別れていた「奥向女中」を統一し、以後は全て「御前様附」とする旨を用人が「奥向女中」に対して達したものである。つまり、奥方の空間に勤務する女中を鳥取池田家では「奥向女中」と総称し、用人の管轄下に置いていたことがわかる。よって、奥向には表方と奥方が含まれることが確定できよう。

（1）　畑尚子「大名屋敷図にみる中奥について」（『日本歴史』七六五、二〇一二年）。

（2）　江後迪子「武家の江戸屋敷の生活Ⅱ―鹿児島藩島津家中奥日記から―」（『港郷土資料館研究紀要』五、一九九九年）は、宝暦四年（一七五四）から明和七年（一七七〇）までの島津家上屋敷の「日記」を分析し、これを中奥日記と特定し、「島津家の中奥は室（奥様）も日常的に出入りし寝泊まりすることもあって、必ずしも藩主のみの生活の場ではなかった。身の回りの世話をする上臈、中臈などをはじめとする側女中は御守殿、中奥と奥それぞれに配置され、独立した立場であった」と説明し、従来の「中奥」理解とは異なることを指摘しながら、考え方としての「中奥」を否定しきれていない。女中が恒常的に配置された空間であることからも、この中奥は錠口の内側にある当主の休息所であり、日常の世話は中奥付の側女中が担当したと理解する必要がある。また、水沼尚子「幕末期江戸藩邸の奥向―前橋藩松平家記録「朝夕申継帳」を素材に―」（『女性歴史文化研究所紀要』二〇、二〇一二年）は、当主付中奥の構造を分析した希少な研究だが、やはり中奥が江戸屋敷のどの空間にあるのかを分析していない。中奥には当主付の女中たちがいることを踏まえれば、この場合の中奥も錠口の内側、即ち奥向の奥方にあると理解すべきだろう。

（3）　柴田宵曲『幕末の武家』（青蛙房、一九六五年）。

（4）陸奥弘前津軽家でも奥方を広敷と称した（『御用格（寛政本）』下）。
（5）陸奥仙台伊達家では、国元仙台城の奥方を「中奥」と称していた（菊池慶子「藩政と「奥方」の役割」『仙台市史』通史編五近世三、二〇〇四年）。
（6）本奥のない武家屋敷という視点を持つことは重要である。畑尚子は小浜藩酒井家の安政六年（一八五九）頃の屋敷絵図を示し、三つの御殿のうち、一番奥の御殿には長局と女中の詰所、御小座敷と御居間があり、玄関には「御中奥御玄関」とあることから、「二つの定義に当てはまらない中奥」として紹介した（前掲「大名屋敷図にみる中奥について」）。しかし、これも本奥のない武家屋敷と理解することで、その空間は奥方における男当主の居場所である中奥と理解できるようになる。
（7）『鳥取藩史』二（鳥取県立鳥取図書館、一九七〇年）。
（8）山口美和「伊達宗城の家庭生活―愛妾栄を中心に―」（『霊山歴史館紀要』二十、二〇一一年）、同「伊達宗城の家庭生活―正室猶姫を中心にして―」（『西南四国歴史文化論叢　よど』十三、二〇一二年）、同「伊達宗城の家庭生活―愛妾和を中心に―」（『霊山歴史館紀要』二一、二〇一三年）。
（9）山口県文書館蔵毛利家文庫。山口古文書同好会編『文久三年女議日記　御日記帳を読む』上（二〇〇三年）・『同』下（二〇〇五年）。
（10）奈倉有子編『幕末掛川藩江戸藩邸日記―渡辺嘉彰『公私日記』―』（清文堂出版、一九九五年）。
（11）安政六年四月十一日条に五十橋・寛次郎・秋元志朝（下野館林）が表門から奥玄関を通って屋敷に入っている（「御表御門より御奥玄関江御通被遊候事」）。
（12）老中職就任に伴って江戸上屋敷内に設置される諸係りのこと。大友一雄「幕府老中職文書群に関する基礎的研究―松代藩公用方役人と文書システム―」（国文学研究資料館編『近世大名のアーカイブズ資源研究―松代藩・真田家をめぐって―』思文閣出版、二〇一六年）を参照。
（13）北村典子「真田家南部坂下屋敷の「御奥」」（真田宝物館編『お殿様、お姫様の江戸暮し』二〇〇九年）。

(14) 真田宝物館蔵真田家文書一―一一―一―三八。

(15) 北村典子「真田家の奥女中たち」(『真田宝物館だより六連銭』一九、二〇〇六年)。

(16) ただし、寛政期の『御側御納戸日記』(国文学研究資料館蔵信濃国松代真田家文書)をみると、「中奥」の用語をみることができる。たとえば、寛政十年八月二十三日条には、「一、上美濃紙壱帖出し、御奥へ相廻す、(中略)一、小盤紙弐帖受取、中奥御用ニ付相廻ス」とあり、隠居幸弘の住む南部坂屋敷には「御奥」とは別に「中奥」があり、それは側納戸ら側向が勤務する奥向表方とは別の空間と認識されているから、この「中奥」とは錠口の内側に設けられた隠居幸弘の休息所と考えるのが妥当だろう。

第十二章　奥向と表向―人柄の支配と空間の支配

家臣団構造における奥向役人に言及した研究は少ない。そのなかで、陸奥弘前津軽家の奥向役人には、側用人（二人）・小姓組頭・児小姓頭・錠口役・近習小姓・手弓頭・手筒頭・小納戸役・近習医者・近習詰・膳番・手道具頭・大納戸役・茶道頭・坊主頭・奥馬役・奥馬医・奥馬飼料役等の役職があったことが紹介されている(1)。彼らは、当主が日常を過ごす奥向の表方に勤務する人々である。各大名家でも類似した構成をとったものと考えられる。そこで、本章ではいわゆる近習役に着目し、奥向と表向における空間の支配とそこに勤める人柄の支配とが必ずしも一致せず、ズレが生じることを指摘したうえで、いかなる方法で双方の分離が可能であったのかについて解明したい。なぜなら、表向から隔離されていたのは奥方（女性）だけではないことを論証したいからである。

第一節では、近習の役割を先行研究及び諸史料により概観する。第二節では、寛文期（一六六一〜一六七三）に板倉重矩が近習に命じた『近習江被　仰渡覚』から、主君が求めた近習の理想形を抽出する。第三節では、『幕末掛川藩江戸藩邸日記』(2)を用いて、遠江掛川城主太田家の江戸屋敷における近習の勤務実態とその行動範囲を確定し、右に設定した課題を解決したい。

第一節　近習役について

近習とは、公家・武家を問わず、主人の側近くに仕える役をいう。主人との親密な関係のもとに制度が整えられていき、室町幕府における近習制度は、将軍権力の軍事的・経済的・政治的基礎であり、幕府体制の強化に役立ったばかりでなく、有力守護大名を根幹とする幕府体制から将軍権力の相対的独自性を保証する役割を果たしたとされる。(3)このように、近習の研究は中世史を中心に進められてきたが、江戸幕府将軍についても、近習のなかから政治権力の一翼を担う地位に昇進する近習出頭人を論じた辻達也・高木昭作の研究(4)、近習制の成立を論じた小池進の研究(5)、側衆や側用人等の将軍側近を分析した深井雅海・福留真紀の研究(6)等がある。このような政治権力との関わりを持つ近習役の一方で、政治向には一切かかわらずに、主人の日常的な身の回りの世話に徹した近習役の存在がある。本節で扱うのは、後者の近習役である。これについての専論をみないため、まずは諸種の概説や史料により、その職掌を概観したい。

『日葡辞書』には、「Qinju キンジュ（近習）」の項目があり、「主君の側近に仕える家臣」の意であると説明する。これに類するものとして、「Coxŏ.1, Coxŏxu コシャウ、または、コシャウシュ（小姓、または、小姓衆）」の立項があり、「近習の者、または、身分のある召使」とし、「徒《かち》小姓」（徒歩で行く小姓）を参考として挙げる。つまり、近習のなかに小姓は含まれるが、小姓にはいくつかの階層があった、とまとめられる。ちなみに、『日葡辞書』に「小納戸」の立項はない。

次に、和田英松著・所功校訂『新訂官職要解』では、「御小性衆」とは「将軍の側に侍して種々の用務を勤める役」であり、『明良帯録』に「御小性の差引を心得、奥向取締、御用向の取調、其外君辺の御用、何にても心得取扱なり」との説明があるとする。また、これとは別に「中奥小性」「中奥番」という役職があったと解説する。なお、ここでいう「奥向」とは、江戸城奥のことであり、本書でいう奥向の表方のことである。

続いて、「近習番」については次のように説明する。

この（御小性衆・中奥御小性・中奥御番等—筆者補）ほか、奥向に伺候して勤番するものに、焚火間番頭、桐之間番頭、土圭間番、廊下番頭、近習番、次番、手水番などがあった。けれど、いずれものちには廃せられた。

つまり、「近習番」は江戸城「奥向」に伺候する番役の一つであったが、のちに廃止されたとしている。

これに続く「御小納戸衆」では、次のように説明する。

これも将軍近侍の役で、将軍の髪月代、膳番、庭方などの事務を各々手わけして掌っていた。『吏徴』に百十人と見え、上に御小納戸頭取が四人あった。『明良帯録』に「御小納戸衆の差引、諸届諸願等の相談、奥向の取締等を心得、御細工方、御納戸の請取物を調べて、君辺の御用向は何にても取扱う。

つまり、江戸城「奥向」で将軍の日常の世話をするのは小姓と小納戸であり、その「奥向」御用のうち、小姓は一切合切を取り扱ったが、小納戸は髪月代、膳番、庭方等の特定の仕事があり、さらに将軍への諸届・諸願の相談役、奥向の取り締まり（目付役）、諸物品の出納役があった、とまとめられる。

なお、たとえば江戸城における年始登城の儀式において、将軍はまず江戸城奥の御座間、即ち奥向の表方において徳川三卿（田安・清水・一橋）の礼を受ける。この時の酌人は小姓と小納戸である。続いて、表向の白書院において徳川三家（尾張・紀伊・水戸）及び大広間席の前田・池田等から礼を受けるが、この時の献上太刀・目録を下げる役は奏者番であり、前田家の給仕は両番頭（書院番頭・小姓組番頭）、将軍から下された時服を持ち出すのは中奥小姓の役目であった。大広間における立礼（将軍が立ったまま礼を受ける）の場合も、お流れの酌人は両番頭、時服の持ち出しは中奥小姓であり、白書院の場合と同じである。

以上から、江戸城の表向においては奏者番・両番頭・中奥小姓が給仕や献上物・下され物の授受の担当をし、奥向においては小姓と小納戸が給仕を担当するという違いがあり、同じ年始登城の儀礼であっても表向と奥向とでは担当者が異なることがわかる。

諸藩における近習役については、鳥取藩の「職制志」（『鳥取藩史』二）を検討したい。「御近習及御側銃頭御刀番」として、次のように説明する。

古へ、近習とは君側に近侍する臣下の総称なりしが、其内重く用いらるゝ物頭格の者、即ち御近習の物頭は、御用人又は御側役の名を以て区別せられ、狭義の近習役を生ぜり。普通御近習と称せらるゝもの是なり。多くは御小姓を経て之に進む。常に藩公に昵近し、御小姓と共に政務以外日常の用務を弁す。

要するに、鳥取藩の場合は、藩主の側に近侍し、政務以外の日常の用務を担当するのが近習役であり、その上役である近習物頭が用人や側役と呼ばれて、表向の番役を勤める物頭と区別された。また出世のコースは、小姓→近習→近習物頭（用人、または側役）であった。

用人（側役）支配の平士役人には、「御近習目付・御側詰・御近習御刀番・御医師・御茶道・御小姓・御付及御用達・御鉄砲奉行・御弓奉行・御鑓奉行・金の間詰・御儒者・大小姓・御書役・御判留・御祐筆・御膳奉行・御徒頭・御台所吟味役・日記取調役・記録方・周旋方・御中小姓・根取算筆御根取調役・女中奉行女中・御数寄屋方・無足医師・御鷹師頭・御馬方・御料理頭・御絵師・砲術家業其他業家」があり、多岐にわたる。それ故、用人のことを「諸役人の触頭」と称し、「常に君側に出入りし、枢機に参画し、大小の機務与らさる処なく、最も勢力有る職務なり」と評し、禄高三百石以上の役席で、鉄砲二十人を預けられ、その内、六人を仕人として与えられ、他に合力米が渡される場合もあった。人員は三人ないし四人としている。

用人触口の筆頭にある近習目付は、享保十一年(一七二六)に新設され、安政二年(一八五五)七月に小納戸に名称を改められた。近習のなかから四人を選んで近習格とするが、礼席は近習の上であり、職掌は「外様役人の立入る可からざる御次廻りの万事を、注意監視する」ことにあり、奥向に表向勤務の者(「外様役人」)が入り込むことのないように監視する役であった。また、寛延元年(一七四八)からは、近習目付は納戸役、及び御居間廻御吟味役兼帯を命じられた。従来、納戸に関する役には、腰物役、納戸役があり、正徳以前は近習のなかからこれを兼務したが、次第に専任の奉行が置かれるようになっていたのを享保十五年にもとの近習兼務に戻し、寛延元年に近習目付の仕役にしたもので、安政二年に近習目付が小納戸と改名したのも、この役を兼務していたからではないか、としている。

次に、小姓に関しては、「君主扈従」の義で、「使用の範囲漠然たるもの」とし、池田家が姫路から鳥取に国替となった前後には、給人の御城詰を小姓衆、無足士分の者を中小姓と称した。元服前の幼年者が児小姓に召し出され、元服後は近習もしくは中小姓に召し出されたが、延享元年(一七四四)に児小姓は廃止された。

表小姓は享保十二年に新設され、廃止される時期もあった。延享四年に再置された際には、近習同然の仕役(使者、代香、御供)を用人から命じられている。つまり、用人触口であるから、表小姓とあっても奥向役人である。いわば、奥向の表方の小姓という意味であろう。四人扶持で、後に金十五両を加えられた。ただし、小姓はもともと近習の見習いであり、近習に進むためにはいったん小姓を経由する必要があるため、近習とは勤向きを異にした。おおよそは次のような役務であったという。

御脇差　御扇　御懐中　御提物　御煙草入　御煙管　御席筆　御頭中　御足袋　御日笠　御手傘　御茶御白湯　御嗽　御小通　御手水　御手掛　御手拭　御煙草盆　御火鉢　御手清し　御洗足　御火ぼとり　御手紙包　御真粉御盖引　御燭台　御硯　御鞭　御筆洗　御糊入　御机　御本箱　御床違棚　御押入　御掃除御側道具　御手袋　御脚胖　御下帯　御草履　伊勢の藻　御月代の節御頭洗　御櫛揚手伝　御掛物掛替　御勝手向　御先立　御ふき

つまり、様々な日常の手伝いである。このような職務を遂行したあとに、近習役に転じた。

さて、近習役の人数は一定せず、享保八年(一七二三)には十二人に定められ、同十年には八人に減じた。その後は再び増加して多い時には三十人に及ぶこともあったが、通常は十三〜十四人であり、六人扶持五十俵であった。近習役のなかから腰物奉行・納戸奉行等を兼務し、既述のように寛延(一七四八〜一七五一)以後は近習目付が納戸役を兼務した。近習・小姓は両仲間と称し、常に勤務振や礼儀作法を打ち合わせて稽古・研究をした。表向の役人である「御家老御着座衆」へ出向いてはならず、「外様の者」とも出会わないようにし、「御前向」のことは親子兄弟にも話してはいけない、と取り決められていた。日常の用務中で、近習役の仕役は次のようであった。

御刀　御判　御召　御櫛揚　御湯　御飯鉢　御湯桶　御銚子　御守箱　御薬　御床御鎮りの節御不浄事　御戸前
御城供　御駕籠共　御使者　御代番御代参御熨斗　御真粉　御系図　分限帳　御刀懸

そのなかで、専任の役として御城供・御櫛役・御薬役等が置かれたとする。安政五年(一八五八)の軍式改革により、昵近者に御側銃頭并御刀番を新設し、礼席(小納戸の上)は異なるものの、近習同様の仕事をすることになった。慶応三年(一八六七)に御側銃頭は廃止され、刀番の専任となったが、明治元年(一八六八)に表御式台が締切りとなり、使番の奏者が不要となったため、刀番が表向における奏者の用務をも担当するようになった。

以上のように、近習とは基本的に奥向において主君の近辺にあり、日常の用務を担当する職であり、その職務は幅広いが、近習目付（小納戸）の下、小姓の上に置かれた職務であったとまとめられよう。(7) なお、表向（外様）の者と奥向（側向）の者の交流を禁じる法令は他の大名家でも確認できることであり、鳥取藩に限定されるものではない。(8)

第二節　板倉重矩『近習江被　仰渡覚』

本節では、板倉重矩（一六一七～一六七三、京都所司代・老中、三河中島五万石）が寛文二年（一六六二）から同十一年までに近習に命じた『近習江被　仰渡覚』(9)（以下、『覚書』と略称）から、主君が近習に求めた理想像を具体的にみていく。

重矩の遺領を継いだ重種の時期と推定される天和二年（一六八二）の分限帳(10)によれば、近習頭が三人（各二百石）、近習惣頭（近習頭兼帯）が三人（百五十石・二百石・二百五十石）、近習目付が三人（百五十石・百石・百石）、近習書役二人（百石・五十石）、小納戸四人（不詳）、近習十六人（各二十五人扶持）、小姓七人（各二十人扶持）、御側坊主五人（不詳）という役職が確認できる。近習は、知行取の近習頭―近習惣頭―近習目付―近習書役という構成をとり、近習頭の下に蔵米取の小納戸・近習・小姓・側坊主が附属していたと考えられる。

重矩の時期の近習頭は、石川弥右衛門・堀内庄左衛門・水野金右衛門の三人であった。その下に配された小納戸・近習・小姓・側坊主の人数は確定できないが、重矩が大坂定番、京都所司代、老中と幕府重職にあったことを踏まえれば、重種時代の人数と同じか、それより多かったとみても大きな間違いではなかろう。

『覚書』からわかる近習の勤めの第一は、寝所（「寝間」）に続く次の間（「御次」）に勤番することである。年不詳だが、留守の間に近習が詰めていないことを知って不届きと思った重矩は、今後は、小納戸一人・近習一人・児小姓一人・

小僧一人が常に詰め、用があって外出しなければならない際は仲間で助けあい、右の人数を欠かさないこととした。また、勤番には寝番があり、夜詰引きで昼間の勤番が下がったあとに寝番が外出していると聞き、今後は寝番の者は夜詰が過ぎれば次の間が空かないように寝番を勤め、もし用事があれば、近習頭に断って夜詰前に用事をすませ、その間は非番の者が勤め、夜詰が過ぎれば早速出勤し、次の間が空かないようにすること、と命じている。

寛文五年(一六六五)五月六日には次の間で眠る近習の不作法が問題となり、草臥れていれば引き込んで臥せるか、あるいは立廻るか、手水等を使って目を覚まし、次の間が空かないように勤めること、番所で眠るのは心がけがないことであり、万一不慮のことがあり、「気違者」等があった場合は間に合わないことになるので、よく心得て改めること、と命じられた。

これより先、寛文三年四月十九日には、次の五か条が命じられた。

①膳の給仕は、当番次第におこない、料理の間での行事や来客の時は、残らず給仕をする。時宜により、近習頭から給仕について申し渡す。
②留守中に用のない時は、寝間への出入りは禁止。また、硯・紙・書物等の道具を妄りに取り散らさないこと。
③寝間及び次の間は、小納戸に従い、当番の小姓とともに掃除をすること。
④料理の間・書院へ出座の時は、次の間が空かないように当番の中小姓一人が残って詰めること。
⑤寝間を叩き掃きの日限は、毎月三日、十三日、二十二日に定める。

近習の職務は次の間の勤番のみならず、来客時の給仕もその重要な任務であった。なお、当主が来客で料理の間や書院に出座している間は、近習が次の間を空けることになるので、代わりに中小姓一人が残って勤番する、としている。また、寝間と次の間の掃除も、近習たちの役割であった。

次の間に勤番している間は、会話をしないことが繰り返し命じられた。特に、男色・女色・金銀の話をしてはならず、金銀については避けられない事情があれば格別に許すが、総じて番所において無益の雑談をすることは禁じられた。また、近習の作法がよければ、「外様」までの「掟」になるので、傍輩中には万端慇懃に振る舞い、心安い間柄であっても「殿言葉」で会話をするようにと指示された。このように、近習には家中の手本となるべき行儀作法や立ち居振る舞いが求められ、俗世的な事柄を持ち込むことが禁じられたのである。

そこで、武芸に精を出し、読書・手習等をよくし、読物等をすれば諸事の心得にもなることが多く、書物を持たない者には与えるので、精を出して諸事稽古をおこない、常々作法よく奉公するようにと、繰り返し注意された。特に、寛文五年は五月六日、五月十五日、五月二十五日、六月十八日と立て続けに命じている。重矩が老中になるのは寛文五年十二月二十三日なので、この年に集中的に命じられた理由はよくわからない。

武芸のなかでは射芸を重んじ、弓稽古日は三日、七日、十四日、十八日、二十三日、二十七日の六日とされた。弓馬幷馬具を次の間に置いて仕掛け様や名所を覚え、次の間にて巻き藁を射させ、互いに直す際には会話が殿様に聞こえても構わない。また、鉄砲・兵法・鎗・諸芸は、師匠に断り、近習頭が見分すること、としている。ただし、これらの武芸は軍役として勤めるのではなく、自身のためと思って励むようにとし、次の間に勤務する際には手習または読書等、何でも益になることをするように、としている。ただ勤番として座っているだけでなく、身の修行に励み、重矩の供をした際にも、他出先での作法がよく勤まるように修練することが求められた。この他、小袖の着方、髪の結い方、勤番を終えたあとに町に物見遊山に出かけないこと等、日常生活に至るまで禁欲的な行動が求められた。

勤務では、刀番が近習の重要な任務であった。たとえば、大書院において客に対面する時、客に腰物が見えると不礼なので、腰物は見えないように影に持って控えること、小書院の居間で逢う場合も同様等と細かい作法があった。

なお、近習が表向勤務の者との付き合いを禁じられていたのは、板倉家でも同様であった。寛文八年三月六日に命じられた「覚」には、「惣じて、御近習之者ハ外様之者付合候事無益之由被仰出候、用無之ニ夜おき罷有、御次も明候て夜中ノ時分ニも参候て臥り申候様ニ被聞召候、左様之者兼々ためし候て可申上候、御暇可被下候旨被仰出候」とあり、番が引けたあとに夜中に「外様の者」、即ち表向の者と付き合うような者は暇を与えると厳しい態度で臨んでいる。(11)

以上のように、奥向の表方で主君の近辺に仕える近習は、表向に勤務する者との接触を制限され、隔離された存在であった。また、刀番や給仕といった職務を遂行するための礼儀作法だけでなく、主君を警護するための武芸鍛錬や修身としての文学、主君の供をした際に家中代表としての風格、主君の側近くに仕える者としての禁欲的生活態度が求められていたのである。

第三節　近習の勤務実態とその行動範囲―掛川太田家の江戸屋敷

本節で用いる『幕末掛川藩江戸藩邸日記』は、遠江掛川五万石の太田家に仕えた渡辺嘉彰が、安政五年（一八五八）から慶応三年（一八六七）にかけて記した「公私日記」である。嘉彰は、太田資始《すけもと》、資功《すけかつ》、資美《すけみ》の三代に仕えた。

太田家五代当主の資始は、寛政十一年（一七九九）に近江宮川一万三千石の堀田正穀の三男として生まれ、文化七年（一八一〇）に四代太田家当主資言《すけとき》の養子となり、掛川五万石を継いだ。文政元年（一八一八）十一月に奏者番に就任し、同五年七月に寺社奉行を兼帯、同十一年に大坂城代、従四位下となり、備後守を称した。天保二年（一八三一）には京都所司代、侍従となり、同五年西の丸老中、同八年本丸老中に就任しており、典型的な幕閣の昇進コースをたどった人物である。その後、老中首座水野忠邦と対立し、同十二年六月に引退し、家督を嫡子資功に譲り隠居した。安政五年(一八五八)六月に再び老中となったが、翌年大老井伊直弼と対立して七月に引退し、八月に謹慎を命じられた。文久二年(一八六二)正月に六代資功が三十六歳で没し、子の資美が九歳で遺領を継いだが、幼年のため、実質的には資始が当主としての役割を担っていた。文久三年四月には三度目の老中就任を命じられ、外国御用掛りとなったが、これは十七日後に老年を理由に解任された。資始は病気を理由に登城を止めており、老中退任は自らの強い意向であった模様である。

右のような太田家の動向のなか、渡辺嘉彰は安政五年(一八五八)正月十一日に馬廻見習いに召し出され、「御次勤め」に十八歳で召し出され、慶応三年(一八六七)九月十二日に大目付に任じられた。渡辺家は代々、大目付から用人(側用人)に任じられていたが、嘉彰は明治維新を迎え、太田家の上総芝山への移封に伴って同地に移り、帰農して、明治十六年(一八八三)十月二十五日に没した。

嘉彰の役務である「御次勤め」とは「御附御近習」とも称され、当主(「殿様」)・隠居(「大殿様」)・男子の日常の用務を担当する側近である。以下、日記から主要な項目を抽出して、「御次勤め」の職掌を整理する。なお、万延元年(一八六〇)四月五日に「御次」の年順の調査があった。それによれば、山田賢三郎二十三歳、牧田貞之丞二十二歳、牧野平馬二十一歳、渡辺生五郎二十歳、福島藤太郎十七歳、永井勝之丞二十六歳、佐伯吉太郎十九歳の七人であり、年齢は十七歳から二十六歳までとなっている。また、隔日勤務であった(安政七年三月八日条)。

○対客日

対客とは、老中が江戸城へ出仕する前に大名や旗本と面会する職務のことをいう[12]。老中として再勤した資始は、安政五年（一八五八）十月二十七日に最初の対客日となった。取持（大名家に出入りする旗本）の七人全員が朝六つの開門とともに対客の間に入り、刀は自身で持った。準備ができた旨を近習が資始に告げると、資始が対客の間に麻上下で入った。これが済むと、いったん戻り、また入ることを都合三度ほど繰り返した。全ての対客が済むと、取持は居間書院に入り、二汁五菜の料理を振る舞われて帰った。給仕を担当した近習は平服ではあったが、紋付を着用した。要するに、取持の対客はまず表向の対客の間でおこなわれたが、振舞は奥向の表方の接客の場である居間書院に移っておこなわれ、近習役が給仕を担当した。十一月十一日は二度目（取持五人）、十一月十三日は三度目（取持六人）の対客があり、いずれも初回の通りに応接した。

一方、安政六年正月二十五日も対客日であり、これは諸大名自身が来訪した。日記では、五つ時過に終了したとのみあり、対応した部屋も書かれていない。諸大名の場合は書院や小書院といった表向の儀礼空間で対客がある。振舞がなかったことも一因だろうが、記事の簡略さからは大名の対客は表向の案件であり、基本的には近習が関与するところではなかったことが窺える。

このように、老中の職務として表向の政治行為である対客に近習は直接関与するわけではなかったが、それに付随する当主の出入りや奥向での接客において関与する場面があり、表向・奥向の家中全体で当主の老中職遂行に必要な役務を分担していたといえよう。

○外国人接待

安政五年（一八五八）七月九日には、外国御用掛である太田邸においてロシア全権大使プチャーチンらの応接があり、老中間部詮勝が同席した。既に六月二十一日に日露間の条約締結への合意は済んでおり、七月十一日に正式な日露修好通商条約が調印されるので、この日の会談は儀礼的なものとされている(13)。

来訪の前日(七月八日)、近習には外国奉行の指示に従ってロシア人応接の給仕を担当することに加え、私語厳禁、麻上下着用が命じられた。当日、太田資始が帰邸後、間部詮勝も入邸し、居間書院で談話があったため、近習が煙草盆を出した。間もなくロシア人が来訪し、資始と詮勝は同道して表向の書院の衝立の脇に出向き、少し会話があったあと、下官たちは三の間まで下がって控え、使節二十三人を上の間で応接した。近習二人が刀番に出向き、資始と詮勝の後ろに控えていた。応接は長時間であったが、ロシア人が帰る際には資始と詮勝の二人が見送った。刀は通例により鉄砲の間で返却し、資始の刀も同様であった。嘉彰が刀番を勤めたのかどうかは不明だが、ロシア人の応接は表向の儀礼空間において近習が担当したことがわかる。

七月十日には、引き続き資始の帰宅後に間部詮勝が来訪し、奥向の居間へ入った。海防掛の井上清直・永井尚志、その他の係りや日本通詞も来て居間で会合した。夕刻にイギリス人が来訪し、資始と詮勝が同道して表書院二の間に出迎えに行き、近習二人が刀番として従った。イギリス人は「草履」のままで表書院二の間に入り、上官三人・中官九人が来て挨拶を済ませ、資始・詮勝と上官三人が書院上の間に入り、刀は御床脇の刀掛に懸けた。イギリス人三人は南側、資始・詮勝は北側の椅子に腰かけた。通詞一人と海防掛の二人も同席した。その際に、「御茶御莨盆御煎茶御菓子御挽茶御近習ニ而差上」とあり、近習がこれらの給仕を担当したことがわかる。六つ半時に応接が終わり、二の間まで見送り、資始と詮勝の二人は居間でしばらく相談したのち、五つ時頃に詮勝が帰邸した。翌日も同様にイギリス人が来訪し、同様の応接をした。

安政六年正月十七日は、イギリス人六人を表向の大書院で応接した。外国奉行等も来訪した。「昨年之通御給仕」

をするように頭衆から命じられたとあり、近習たちが昨年と同じように給仕を担当したことがわかる。

以上のように、外国人応接については表向の儀礼空間が利用されたが、その給仕を担当したのは近習たちであった。嘉彰は、主君太田資功と老中間部詮勝を「威風涼々」「大日本国之執権職」、イギリス人使節を「流石英吉利国之使節官」と表現し、その給仕を担当することを常とは違い、名誉に考えていたような印象を得る。こうした表向の空間における近習の給仕は、この応接が老中としての公務ではなく、太田家の主人としての私的な接待を意味するものだったのではないだろうか。

○表書院での親族接待

安政七年(一八六〇)三月六日に、江戸城から登城召しがあり、名代として太田内蔵頭(資始の義理のいとこ、旗本五千石)が登城すると、領知朱印状を交付された。その後、内蔵頭は老中・若年寄宅に礼のための廻勤を済ませ、上屋敷に入った。その後、表書院二の間において内蔵頭に菓子・酒・吸い物・一汁五菜の料理が振る舞われ、給仕を近習が担当した。麻上下着用であった。八日には領地目録の交付があった。これは居間書院の床の間に置かれたので、近習が二日ほど勤番した。

三月二十三日にも登城召しがあり、名代として太田内蔵頭が登城し、出火の節は早々に人数を出して防火するように命じられた。退出後、内蔵頭は上屋敷に入り、表書院で一汁五菜の料理を振る舞われ、近習が平服で給仕を勤めた。

安政六年に大老井伊直弼と対立した太田資始は、七月十七日より「不快」と称して登城を止め、八月二十八日に謹慎を命じられ、老中を退任した。その謹慎が解かれるのは、万延元年(一八六〇)九月七日のことである。それ故、近親者である太田内蔵頭であっても、謹慎中の資始が対面するわけにはいかず、表向の空間における振舞になったが、近親者であるため近習が対応したものと考えられる。

○御頼坊主の給仕

安政七年八月六日には、午後に御城坊主が来訪し、居間で酒と食事を振る舞うことになった。従来はもっぱら「子供」に給仕をさせてきたが、資始も同座するというので、近習も交じって給仕をするようにと小納戸から伝えられた。八つ時過(午後二時頃)に坊主と押合が一緒に錠口を通って「表居間」に入って来た(14)。資始も出座したので、酒と吸物を下された。五つ時に資始が「奥」へ入ったので、それより「大乱之御酒宴」となり、四つ時に終了した。嘉彰たち近習は平服で給仕をした。八月九日も御頼坊主二人が午後に来訪し、振舞は六日の通りであった。嘉彰は「給仕助」を担当した。十日にも御頼坊主二人が来訪し、同様に済ませた。

本来は「子供」が給仕を担当する格下の坊主の接待を近習が対応することになったのは、当主の資功が出座することによるものだろう。主君が出座しない場合は、補助者としてのみ対応した。奥向の表方における饗応であろうと、近習の勤めは主君に近侍するものかどうかが重要な要件にあったことがわかる。

○教育係り

第二節でみたように、近習には文武の素養が求められた。嘉彰も、槍術・剣術・馬術稽古に励み、素読講義にも出席している。そのような素養をもって、「御子様方」の素読を担当している。これは当番・非番にかかわらず、相手をするようにとされた。しかし、これは加役とみなされていたようで、年末に「御子様方御相手」をしたということで金子を拝領している。

以上のように、近習の勤務実態においては、当主に近侍するという職務から、表向の空間に出ることもあったが、表向役人との交流が禁じられていたことは、第十一章第四節で指摘した通りである。

小括

以上をまとめると、次のようになる。

第一に、近習は奥向役人であり、近習番頭(用人・側役)の下に置かれ、小納戸や小姓とともに当主の側に近侍した。

第二に、近習は当主が日常を過ごす居間(寝間)に続く次の間に詰めることが基本であり、居間や居間書院における接客や給仕を担当した。よって、彼らが基本的に勤務する空間は奥向の表方である。

第三に、近習は当主に近侍するという役務から、当主に従って表向の儀礼空間に出て、刀番や給仕等の役務を担当することがあった。

第四に、第三のように空間を越境することがあっても、近習たち側廻りの奥向役人が、表向に勤務する者たちと接触し交流することは禁止されていた。

第五に、近習は文武修練、礼儀作法等の高い素養が求められた。

これまで述べてきたように、江戸屋敷は表向・奥向の表方・奥向の奥方と三つの空間に分けられ、それぞれに錠口や境界が設けられて排他的・独立的に相互の空間が併存していたが、奥向の表方に勤める近習が表向に出て来る場面があった。それが幕末の人手不足によるものなのか、太田家の特殊なあり方なのかは、他の大名家の事例との比較検討を必要とするが、近習は奥向役人でありながら、勤務遂行上の理由から奥向の表方から出て表向で勤務する場合があったのである。これは、空間の支配からみると越境のようにみえるが、そのような勤務実態にありながらも、あくまでも近習は近習番頭の人柄の支配を受ける奥向役人であり、表向の人柄と交わることは許されなかった。この人柄の支配を徹底させる方式によって、近習の勤務実態が境界を超えて表向の空間で営まれるものだったとしても、表向と奥向表方の相互の閉鎖性は担保されていたのである。

(1)「解題」(国立史料館編『史料館叢書三　津軽家御定書』東京大学出版会、一九八一年)。
(2)奈倉有子編『幕末掛川藩江戸藩邸日記—渡辺公彰『公私日記』—』(清文堂出版、一九九五年)。
(3)福田豊彦「近習」(『国史大辞典』四、吉川弘文館、一九八四年)。佐藤進一『日本中世史論集』(岩波書店、一九九〇年)、福田豊彦『室町幕府と国人一揆』(吉川弘文館、一九九四年)。
(4)辻達也『江戸幕府政治史研究』(続群書類従完成会、一九九六年)、高木昭作『日本近世国家史の研究』(岩波書店、一九九〇年)。
(5)小池進『江戸幕府直轄軍団の形成』(吉川弘文館、二〇〇一年)。
(6)深井雅海『徳川将軍政治権力の研究』(吉川弘文館、一九九一年)、福留真紀『徳川将軍側近の研究』(校倉書房、二〇〇六年)。
(7)小姓に関しては、立正大学古文書研究会編『新田岩松家小姓日記—武蔵国播羅郡下奈良村飯塚雅蔵の記録—』(平成十五年度調査報告書、二〇〇三年)があり、文化五年(一八〇八)から同九年までの日記類を翻刻紹介している。
(8)一例を示せば、薩摩島津家では繰り返し法令が出されている。安永五年(一七七六)には側廻りと表方の者は諸稽古の日時を替えて、一切交わらないようにと命じている(「島津家列朝制度」巻三九—二七九八藩法研究会編『藩法集』八鹿児島藩下、一九六九年)。ただし、表向(男)と奥向(男女)の分離政策が近世のどの段階から展開するのかを確定することは、今後の課題とせざるをえない。

（9）国文学研究資料館受託陸奥国福島板倉家文書二三六。

（10）国文学研究資料館受託陸奥国福島板倉家文書二四〇。末尾に「重通公御代　天和壬丑年」とあるが、天和に丑年はないので、天和二壬戌年（一六八二年）と推定した。石高は六万千四十七石五斗とあることも、そう推定する根拠となる。重通の諱は重種として知られ、天和元年二月に下野烏山城から武蔵岩槻城に移り、一万石を加増されて六万石となったが、同二年二月には西の丸老中を解任され、一万石を減知のうえ、信濃坂木五万石に蟄居となった。同三年家督を重寛に譲り、宝永二年九月十九日に没した（『寛政重修諸家譜』）。

（11）表向の家中を「外様」と呼ぶ例は、鳥取池田家でも確認できる。

（12）土屋千浩「江戸幕府老中の対客について」（『皇學館史学』一九、二〇〇四年）。

（13）石井孝『日本開国史』（吉川弘文館、一九七二年）。

（14）御頼坊主とは、江戸城に登城した際に様々な仲介を担当してもらう江戸城奥坊主のことである。押合は不明だが、安政五年七月二十五日条に、「於御居間、年寄衆始御次一同、公用人・案詞奉行・押合一同御蔵米頂戴致候事」とあり、表向における公用方役人の下役ではないかと考えられる。よって、ここでの錠口とは、表向と奥向の表方との間に設けられた錠口を通って奥向の表方の居間に入ったものと考えられる。なお、同条では途中から「大君奥方様御方々様被為入」とあり、資始の本妻以下が奥向の表方の居間に入ってきたことを「恐悦」としている。本妻が錠口を通って奥向表方に出てきて、表向役人以下と対面した事例として興味深い。

終章　奥向の解体と奥向研究の展望

以上、二部十二章にわたって日本近世武家社会の奥向構造について考察してきた。その総体の把握には、これからの研究に委ねなければならない点もあるが、奥向構造の輪郭を描くことはできたのではないかと思う。以下、奥向構造の解体過程を簡単に記したあと、日本近世武家社会の奥向構造の特質をまとめつつ、今後に残された課題を展望することにしたい。

第一節　奥向の解体過程

慶応三年(一八六七)十月の大政奉還、十二月の王政復古、翌四年正月からの戊辰戦争を経て、徳川幕府は瓦解し、近世武家社会も終焉を迎えた。その過程において、奥向構造も解体を余儀なくされた。その動向は幕府瓦解と相前後して始まり、奥向における奥方の縮小として現れる。以下、先行研究に依拠しつつ、その過程を概観する。

まず、長野ひろ子による一橋徳川家の分析(1)によれば、江戸城一橋門内に邸を与えられていた一橋徳川家では、慶応四年三月に邸内から立ち退き、先代慶喜の本妻(一条美賀)は小石川水戸藩邸、五代斉位の後家誠順院(徳川家斉娘、永)

は一橋家の小石川別邸、七代慶寿後家徳信院(伏見宮直子)及び十代当主茂栄とその本妻(丹羽長富の娘、政)は一橋家の永代別邸に居を移した。奥向女中もそれぞれの主人に従い、移り住んだ。その後も邸の移動はあったが、煩雑なので省略する。

慶応四年六月には御守殿誠順院への化粧料及び幕府からの付け人が廃止され、続いて徳信院への年金三千両も廃止となった。幕府瓦解に伴っての結果だが、経済基盤を失ったことは奥向女中の人的削減となって表出する。

明治三年(一八七〇)七月初めには、家職として百三十八人(家令二人、家扶六人、家従百三十人)を残し、千四百人余りが一橋家を去った。一橋家は小石川邸にまとまることになり、分散していた奥向女中たちが揃うことになったが、ここでも「御人減らし」が断行され、幕末期の半分以下に人数が減らされた。職制改革も進められ、年寄・中年寄・若年寄上席・若年寄・中臈頭・中臈・錠口・表使・次・呉服間・末頭・仲居・使番・半下・子供といった多層構造から、「惣御取締」—「御側頭」—「御側」—「御次御取締」—「御次」という側系列に簡略化された構造となった。さらに、改名、下町風への髪形変更、給金減額が命じられた。翌四年にはさらに人数が減らされていった。

明治五年七月になると、さらなる改革により、個人付を廃止して側頭四人指導体制とし、側頭・側並・平側等は身分高下なく女中全員で協力して「御用向」を取り扱うことになった。これは総取締と次女中とを廃止するもので、女中構造の簡略化がさらに進んだ。衣服に関しては、それまで高級絹織物の着用から綿服着用に格式を下げることで、「只の婦女」への変更が進められた。さらに給金の削減も加わり、相次ぐ人減らしのなかで、退職一時金をもらって奉公を辞める者が続いた。明治九年には永年勤続の場合に与えられていた一生扶持が廃止となった。これをもって、一橋徳川家は「旧弊」として遺存していた奥向構造を最終的に打破したとみてよいだろう。

長野は、明治期にも女中の採用は途切れることはなかったが、その地位は「下婢」「下女」という下への平準化が進み、明治末から大正期に私的空間において再び「女中の時代」を迎え、一九六〇年代の「お手伝いさん」へと変質していくと展望している。

次に畑尚子は、尾張徳川家の事例を分析した。(2) それによれば、文久三年(一八六三)の参勤交代制の緩和により、大名妻子の江戸藩邸居住が解かれ、尾張家家族七人が名古屋に移り、奥向女中のほとんどが名古屋に供をした。元治元年(一八六四)十一月になると参勤交代制が復活し、貞慎院(十二代斉荘本妻猶)と釧(斉荘四女)の二人が江戸に戻り、多くの女中も供をして江戸に戻ったが、その間に名古屋で雇われた貞慎院・釧付の女中は解雇された。慶応四年三月には官軍が江戸に進軍したことにより、尾張徳川家の江戸屋敷が宿舎に割り当てられ、貞慎院らは再び名古屋に移り住んだ。その際に暇が出された二十二人の内、尾張藩士の娘は二人のみで、残る二十人は幕臣、一橋徳川家家臣、田安付け人、紀州藩家臣の娘たちに加え、使番以下は四谷周辺の町人や多摩地域の百姓出身者であり、江戸出身の者たちであった。

一橋徳川家の場合は江戸内での屋敷移動であったため、女中の継続雇用をいかに断ち切るかが課題であったが、国元への移動を伴う大名家の場合は、いつ江戸に戻れるとも限らない状況のなかで江戸出身者の解雇が比較的円滑に遂行できたのだろう。よって、尾張名古屋まで供をした奥向女中は、主人との属人的つながりの強い者たちであり、名古屋への供は第九章でみた奥向女中の参勤交代の延長線上にあったとみなせよう。

しかし、尾張名古屋で待っていたのは、幕藩体制の崩壊に伴う奥向構造の解体であった。まず、明治二年から同四年まで給与の半減措置が断行される。これは表向における家中の万石以下五十石五十俵以上の男性家臣の宛行半減に連動するものであった。その間も、人員削減が進められたが、明治三年には大規模な改革が断行され、前年に貞慎院付として上﨟一人・老女一人・若年寄二人・中﨟頭一人・中﨟四人・側一人・側詰一人・表使格呉服之間一人・右筆一人・次以下二十四人の計三十七人いた人員構成は二十九人に減じ、同五年二月の貞慎院死去により残る全員(老女一人・若年寄二人・中臈三人の計六人)が解雇となった。その他の個人付の奥向女中たちの動向はつかめないが、明治十年頃までには「旧弊」としての奥向構造は消滅したと考えられよう。

最後に鳥取池田家の例を示しておく。(3)第十章でも述べたように、鳥取藩では奥向で一局をなすものを「広敷」と称した。安政四年(一八五七)十二月には奥向が改変され、江戸の中奥(広敷居間)は「御奥御休息」と改められ、当主付の奥向女中で構成される江戸の表局は廃されて、女中は全て「御前様付」となり、表局は十二代慶徳の本妻寛の奥方に統合されたとされる。

文久二年(一八六二)には参勤交代制の緩和により、鳥取池田家でも家族を鳥取に帰国させることになった。これにより、鳥取城内に広敷が設けられ、これまで「表局御錠前」が「御広敷御錠前」と改められ、錠番の定員が四人から七人に増加した。年寄の職務は「中将(十二代慶徳)様・御前(寛)様・三智麿(輝和)様御用兼帯」となり、個人付から三人共同での勤務に変化した。翌三年三月七日には宝隆院(十一代慶栄の本妻整)が江戸上屋敷を出発し、四月十二日に鳥取城に到着した。奥向の居間が改築されたが、慶徳は宝隆院が十七歳の若さで寡婦となった不幸を慰めるために、城内の馬場に新館舎を造営し、八月十八日に宝隆院はこの扇御殿に移った。同年には寛(「御前様」)も鳥取に帰国したため、鳥取城内には寛の広敷と扇御殿の広敷の二つがあり、両広敷と呼ばれていた。なお、元治元年(一八六四)には国元の当主付の表局が廃止されて「御前様」の広敷のみとなった。さらに明治二年(一八六九)には「改革」として若年寄が廃止となり、さらに大幅な人減らしとなった。ただし、家臣の知行・俸禄を記録した『御支配帳』をみる限り、奥向の基本的な構造に変化はみられず、表局が本妻の広敷と統合するのは明治二年の「改革」以降である。つまり、右の変化は具体的には空間(部屋)や勤め方の統合であり、属人的な編成をとる基本構造は明治二年まで変化がなかったといえよう。

明治二年（一八六九）の人員削減の様子を『御局女中』からみると、側女中→表使→中臈→若年寄→年寄と勤めた広岡（春江）は、文久三年（一八六三）には病気を理由に退役となったが、勤続五十一年の功により既に格式取立となっていた実家には扶持が加えられ、計四十俵六人扶持となり、残る二人扶持・切米二十六俵と毎年銀五枚を一生扶持として与えられることになった。しかし、明治四年の改革により、一生扶持は当年限りとなり、来年よりは一生のうち、毎年金五百疋を支給されることになった。その際に、「御時節柄無余儀次第」を十分に理解するようにと伝えられた。十代慶行に付いて鳥取池田家に入り、若年寄→老女格→年寄格→年寄となった祝山（千代瀬）は、元治元年（一八六四）に勤労により名跡立てを許された。明治二年には養子小摩蔵の家督相続を願い、これが許可されて三十八俵・四人扶持で取り立てられたが、祝山は人数の都合もあるということで「御雇」となり、老女上席とされた。しかし、明治四年には内願により、解雇となった。

仕事→表使→中臈→若年寄→年寄となった菊浦（菊井）は、元治元年に病身により永の暇を願い、人減らしの節なので許可されたが、勤功によりこれまで同様の俸禄に加え特別に銀十枚を一生扶持として与えられることになった。さらに慶応三年（一八六七）には特別措置により、名跡立てが許され、三十俵・五人扶持で杉浦大二が士列御料理頭に取り立てられた。

若年→年寄となった山﨑（山田）は、明治二年の改革・人減らしにより退役を願い出たが、格別措置として士族への名跡立てを許すので願い出るようにと命じられた。山﨑は「御雇」となり、明治三年には池田慶徳六男国若（徳国）の東京移住に伴い、東京に移った。

宝隆院付の若年寄→年寄となった袖川は、明治二年に士族への名跡立てを許され、養子は幼年ではあったが、三十俵・四人扶持が与えられた。袖川自身は「御雇」となり、老女上席として勤め、明治四年に退役を願い出た。明治七年には宝隆院に従って東京に戻った。

このように主だった年寄は名跡立てを許され、自身の勤功で得た俸禄は養子に家督を継がせ、自身も一生扶持を得る特権を与えられていた。これが継続する限り、武家社会の「旧弊」が払拭されることはなかったといえよう。

また、明治二年の改革では若年寄が廃止されたため、若年寄太田（瀧尾）は永の暇となったが、年限に達していないにもかかわらず、特別に名跡立てを許された。養子は十五歳のため二十五俵四人扶持に減額され、家業は後日沙汰することになった。太田自身は当面は中老として「御雇」となったが、明治四年の人減らしの際に退役を願い出た。宝隆院付中老から若年寄となった広海も明治二年に永の暇となったが、一生扶持として一人扶持を与えられた。この他にも永の暇となった者は、同様に名跡立て、もしくは一生扶持を与えられる優遇を得ている。

明治四年の廃藩置県により、池田家の城内住居は停止となり、同年、慶徳・寛夫妻は東京浜町邸に引越した。宝隆院は鳥取の池田家屋敷で過ごしていたが、明治七年に東京浜町邸に移った。そして、寛は明治四年、宝隆院は同十一年に没した。

要するに、『御支配帳』から奥向女中の名が消えて、人減らしが進んだようにみえても、実際にはそれまで得ていた扶持・切米は名跡立てをした養子に与えられて士分に取り立てられ、残りの扶持が一生扶持として支給されたことに加え、自身も「御雇」の形で仕え続ける者もいた。鳥取から東京移住の際に永の暇を取って奉公を辞める者もいたが、多くの者は主人とともに東京に同行して仕え続けた。しかし、鳥取池田家では本妻と後家が相次いで没したことで、これを契機に「旧弊」としての奥向構造が消滅したことが推定されよう。

さて、華族となった大名家は上流階級としての特権を保持し続け、華族の家制度のもとで屋敷を〈表〉と〈奥〉の空間に分ける生活が続けられた。

徳川慶喜の孫にあたる榊原喜佐子は、小石川小日向第六天町にあった慶喜家に仕える人々について、次のように回想した。(4)

邸には常時およそ五十人の人がいた。

男たちはまず「表」の人。邸内の管理、経理、外交、お出ましのお供が仕事だった。お家のしきたりどおり一年のスケジュールを立てるのも表の仕事だった。その配下である「中ノ口」の書生や運転手たち、「御膳所」にはコック、外には植木屋二、三名、大工、請願巡査、風呂たき爺などもいた。他に軽井沢、葉山には別荘番がいた。

女は、総称「お次」といい、その中に「奥」があり、まず母のお居間に仕える人々。次いで「お方」があり、ここにいる人たちが私たちのお付である。それから御膳所にいる若いお女中たちとごはん炊き婆《ばあ》。外に草とり婆二名がいた。彼女たちはお目見得以下なので、ふだん私たちは顔を見ることはなかった。（中略）女の筆頭は老女。まず慶喜公に長くお仕えし、私の幼児のころに亡くなったすがのあと老女を務めたまきは、ずいぶん腰がまがっていた。

要するに、屋敷は〈表〉と〈奥〉に分かれ、それぞれに人員が雇われていた。〈奥〉の女中は「お次」と総称され、老女を筆頭に娘たちの付人がおり、目見え以下には食事の用意をする女中や草取りをする婆がいた。「小石川・第六天町徳川慶喜邸見取り図」（昭和初期〜二十年ごろ）では、表には表玄関を入った先に表の事務室があり、ここには家令・家扶・家従がいた。廊下を渡ると応接間があり、杉戸を抜けて御客座敷を通過した先に〈奥〉があり、一の方、二の方に続いて、女中部屋があり、そこには「老女部屋」が一つ、「お次部屋」が六つ、「お次浴室」「お次髪結所」「お次食堂」が描かれている。

また、出羽新庄藩主戸沢家の子孫戸沢冨寿とその妻戸沢和子の「聞書」（一九六七年）によれば、表は家令が総指揮に当たり、その下に家扶二人がいて、いつも家令と向き合って座っており、その他には家従にあたる者二人、小使が三人いた。奥は十八人ほどで、老女一人がおり、家族の銘々に一人ずつお付の女中が付いていた。祖母・母・義姉は、裾の「おひきずり」の着物を身に着けていた。女中の髪は全員二十三までは島田、二十四になると丸髷をゆったと説明している。

さらに〈表〉と〈奥〉の厳格さについては、次のように述べている。

戸沢　それは非常にやかましかったですね。家の中の途中に、厚い杉の板戸があります。玄関から入ったところと、もう一ヵ所、入り口がありまして、そこから表の方は、女中は入れない。私のところみたいなヘッポコ大名でも、こんなことをやっていたんですネ。その境目をお錠口《じょうくち》と言っていまして、夜九時ごろには閉めてしまいます。

夫人　表は男ばかりで、女は行ってはいけないのですよ。どうしても行かなければならないときでも、女中がついてゆかなければ、一人では行けない。台所へゆくときまで、女中がついてくるのですよ。逆に男の子の方は、七つになりますと、奥では生活できなくて、表の方に部屋一つをあてがわれて、若い家従見習ぐらいの家職の者が世話をするんです。ただ、食事のときは、奥へ来て皆と一緒にいたします。

夫人の和子は肥前平戸松浦家の出身であり、その記憶によれば、〈表〉は家令・家扶・家従・家丁がおり、その他に小使い・馭者・馬丁・車夫・長屋専門の小使いや園丁がいた。〈奥〉は十五人で、他には台所にお婆さんと下働きの若いお末が三人、コック長が一人で、女三人・男一人の計四人がいた。なお、松浦家ではお付の女中はおらず、家が広いので「お東」と「お西」に分けて仕事を分担していたという。

同じような話は、浅野長武の「聞書」（一九六六年）にもある。

「子供のときはいいですが、大きくなって一人前になれば、表と奥との区別があって、奥から出ます。この表と奥の区別は非常に厳格なもので、その境目に「お錠口」というのがある。錠のかかる入り口という意味で「お錠口」というのですが、そこが男の世界と女の世界の境目で、女はそこから外へ出ることはできない。」

「女中は、そう、二十人以上いましたね。われわれの所の女中には「お目見得」というのがありまして、それが一人前の女中になるまでには相当の日数がかかる。それまでは見習いですから、それらが仕事をしている所へわれわれが行くと、みんな姿をかくしたものです。その見習いの間にいろいろ行儀を習って、卒業しますとはじめてわれわれの側に来て世話をするようになる。そして、私なら私に専属の女中がいるわけです。また弟なら弟、妹なら妹にも、一人ずつ専属の世話係りがいる。

その女中たちは、むろん一生奉公のつもりで来ていますから、休暇をとるなどということは毛頭考えていない。（中略）それで女中の上役が居て、これが女中頭みたいなようなもので、総取り締まりをする。」

以上、断片的ではあるが、華族の家政組織が〈表〉と〈奥〉の厳格な区分のもとに運営されていたことがわかる。[5] 錠口を境に屋敷は男のいる〈表〉と女のいる〈奥〉にジェンダーによって区分されており、一生奉公や目見え以下といった江戸時代を彷彿させる様相も呈している。ただし、近世と近代の決定的な違いは、表向と奥向の分離による区分の消滅であったことを本書の分析を踏まえ指摘したい。近世武家屋敷の表向の空間で営まれていた儀礼・対面・政治といった機能は、官公庁や銀行・企業等の空間として分離・独立し、居屋敷とは別の外の世界で営まれるように変化した。近代の華族屋敷には表側に接客のための外と接する空間を持つとしても、全体をみれば私的な生活空間となり、それを支えるための家政組織によって運営されていた。即ち、表向・奥向という枠組みを失った華族屋敷には、近世武家屋敷にあった奥向の表方と奥方という枠組みのみが残され、これが〈表〉と〈奥〉の関係として把握されるようになっていった。そこには旧幕府時代から継続して勤め続けた者もいただろうが、武士身分としての特権を享受していた奥向役人や奥向女中たちは、奥向構造の解体とともにその特権を失わざるをえなかったのである。(6)

第二節　課題と展望

以上の分析を踏まえて、本節では本書で述べた奥向構造の特質をまとめつつ、今後に残された課題を展望したい。日本近世武家社会の奥向構造と中世におけるそれとの違いは、奥向におけるジェンダー分離が強化されたことにある。序章にも述べたように、奥向の基本的性格を簡潔にまとめるならば、まずそれは表向との対比のなかで把握される。即ち、表向は封建領主たる武家が儀礼・対面・政治を営む非日常(ハレ)の空間であることに対し、奥向は封建領主たる武家が日常(ケ)を過ごす空間である。このような中世以来の区分に対し、近世になると奥向の内部がジェンダーにより表方と奥方に分けられ、その境界を超えることが厳しく制限されるようになる。

その理由はよく指摘されるように、血統主義に基づく世襲制をとる武家にとって、血筋の正統性を保持する必要があり、そのために妻妾のいる奥方の空間を男子禁制とする必要があったというものである。近世初期に秩序化する一夫一妻の原則がこれを後押しすることになるが、なぜ近世になるとジェンダー分離が強化されるのか、といった点には、より近世特有の要因を検討しておく必要があろう。その一つに、儒教政治思想の影響を考えてみたい。

徳川家康、同秀忠が朱子学者林羅山を招き、儒教政治思想を吸収していったことは周知の事実であり、その影響下で儒教を学ぶ諸大名も増えていった(7)。その治者意識のもとで、男女の別を重視し、奥向をジェンダーにより区分することで礼節のある空間を保った可能性は十分に想定できよう。本書第四章で示したように、近世中期以降に儒教思想が広く世間で規範化されることにより、母に対する孝の観念が梃子となって妾の地位向上が果たされた真田家の事例は、儒教の規範性が奥向の秩序形成に与えた影響を示唆するものである。

また一つには、武家の支配者としての権威性をいかに高め、維持するか、という点からの分析が必要と考える。奥向における表方と奥方は、錠口を境界に男女の出入りを厳格に制限していた。従来の研究ではこの側面にのみ注目が集まっていたが、表向と奥向にも厳格な境界があったという点にもっと留意すべきだろう。

江戸城では表向と奥向の境界に錠口があって、相互の行き来は制限されていた。大名の江戸屋敷でも、当主が国元に戻って留守の場合は、表向を締切とする家もあった。従来の研究では、表向から女性が排除されていたと指摘してきたが、排除されたのは女性ではなく、奥向だった。その奥向は、男性が中心に運営する表方と女性が中心に運営する奥方が併存していたから、奥向に仕える者は男女ともに排除されていたのである。では、なぜ表向から奥向を排除せねばならなかったのか。実はこの視点に立って奥向をみることが、奥向の本質的理解を一面的にしてきたと指摘せざるをえない。奥向が表向から政治的に排除された反面、逆に奥向も表向を排除せねばならない主体的な理由があったのである。それは、世俗的な外界と結びついた表向から奥向を隔絶することで、支配者の日常を秘匿することにある。奥向は、支配者の権威を保つ聖なる空間として存立していなければならなかった。誰でもが立ち入ることができ、その暮らしぶりを見聞きできる世俗的空間であってはならなかったのである(8)。

そのことは、役職に就任した際の誓詞提出において、「御前之御沙汰善悪之儀、不依何事、親子・兄弟・知音之好たりといふとも、一切他言仕間敷、尤御隠密かましき儀、見及聞及候とも、他言仕間敷事」という一条を誓約せねばならなかったことに象徴的に示されていよう。表向の者と奥向の者は、勤務中は交流を持ってはならなかった。[9] 支配者の権威性は、奥向に勤務する者たちの禁欲的な生活態度を涵養し、彼らからの情報漏えいを統制することで維持されていたのである。これが、結果的に奥向が閉鎖的な空間としての特質を備えることになる重要な条件であった。奥向の存在意義について、奥向に主軸を置いた評価をしていくことがさらに必要といえよう。

次に、近代との違いを展望しておきたい。支配者階級たる武家の奥向は家政機構として整えられ、その運営・維持に必要な人員が位階制的編成によって制度化したところに構造的特徴があった。各家により一概にまとめられないにしても、表方は用人や側役を筆頭に納戸・小納戸・近習・賄役・膳番等で構成され、奥方は目見え以上の老女（年寄）・側と目見え以下の末という二身分三系列を基本に、当主の個性やその必要に応じた役割分掌により階層が細かく分化していき、ともに職務に応じた給与体系が設定されていた。幕末には奥方を縮小化する動向が顕著となるが、近代の華族の家政組織においても〈表〉と〈奥〉の区分は継承され、〈奥〉では役女（老女）・側（次）と下女（目見え以下）の二身分三系列の構成であり、その点では基本的構造に変化はなかったようにみえる。

ただし、近代化のなかで一夫一妻の倫理観が定着し、国家法で妾を規制する法規が整備されるなかで、妾は配偶者や家族として公認される道を断たれた。旧幕府時代の慣行として存続していた妾の存在は否定され、明治初期の段階で廃妾となって決着した。その歴史過程や廃妾にいたる要因については、森岡清美の研究[10]で詳しく分析されている。ただし、旧幕府時代の娶妾は習俗であったには違いないが、近世武家社会では妾の身分が奥向構造における側女中として制度化されていたのであり、単なる習俗とは言い切れない面がある。近代華族社会における娶妾習俗の崩壊は、奥向構造の解体、言い換えれば、側妻にまで「身上がり」を可能とする妾を側女中として恒常的に召し抱える奥向構造が機能しなくなったところに要因があり、この点において近世武家社会の奥方と近代華族社会の〈奥〉は根本的な違

いがあるとみなされる。(11)

加えて、幕末・明治維新期に進められた奥方改革は階層の平準化と人員削減の二つを骨子として進められたが、その過程でも鳥取藩では名跡立てや一生扶持の特権を与える優遇措置を実際にはとっていた。これは廃藩置県により継続不能に陥り、わずかの家禄に引き換えられ、一生扶持も廃止、もしくはわずかの金額に減額され、当人の死亡により消滅した。これに秩禄処分が最終的な追い打ちをかけたことは、指摘するまでもないだろう。要するに、改革により奥向構造から排除された「旧弊」とは、武士身分が民衆から徴収した貢租を俸禄として得ることにより、集団的に生活が保障される特権であった。華族・士族・卒族といった身分標識は残され、その出身者により〈表〉と〈奥〉が運営されたとしても、彼らは自らの労働により生計を営む点において平民と変わらぬ存在となったのである。つまり、屋敷における〈表〉や〈奥〉の階層構造や勤務実態が類似したとしても、彼らが華族という特権階級に属するのではなく、士・卒族出身者であろうとも労働者として華族屋敷に勤務した点に質的転換があり、その意味において身分制を基礎とする近世武家社会の奥向構造は解体したといえるのである。

これは武士身分特有の精神構造についても、同様のことが指摘できる。元華族の榊原喜佐子は、祖父徳川慶喜の老女（元伽女中）すがのことを回想し、「すがのように、一生お家大事に勤めるような人はもう出ないと思う」と述べている。(12)近世主従制のもとで「御家」存続のために忠誠を尽くすという武士の精神構造が、奥向構造の解体とともに共有されなくなった点は大きな違いといえよう。

これらの点については、近代の〈表〉と〈奥〉に連続する面と非連続の面とを明らかにしつつ、華族の家政組織について分析した内山一幸の研究(13)や主婦や女中の誕生を論じる研究(14)との接続が検討されねばならない。

さて、近世を通じての奥向構造の特質は、その流動性と柔軟性に求められる。表向に対して奥向は閉じた空間であり、かつ内部においては厳格な階層を持つ多層構造ながら、奥向に出入りする人々は身分・階層に縛られない「自由」を内包していたところに武家社会全体の流動性と柔軟性を生み出す条件があった。奥向において小姓から出発して側用人に登りつめた柳沢吉保の例を出すまでもなく、奥向で主君の側近くに仕える奥向役人は出世の機会が数多くあった。また、奥向女中は町人・百姓身分の出身でありながら、武家集団に身を置くことにより「身上がり」の機会があり、その功績が認められて、奥向女中の実家の男性が武士身分に取り立てられたり、女中が男性の養子を迎えて新たな名跡立てにつなげたり、身分・階層を超える取り立てを実現させていた。それ故、主君の恩寵によって出世する奥向の人事が表向に及ばないように、表向と奥向は相互に閉じた関係にあることが望ましかったのである。

いわば、表向は家格や身分制に基づく固定的な儀礼社会であり、奥向での日常生活にこそ武家社会の実態が反映していた。奥向において大名やその家族がどのような生活を送っていたのかについては、いまだに多くの研究蓄積を持っている状況にはない[15]。奥向空間に着目して、そこに出入りが許された宗教者[16]、茶人[17]、芸能者[18]、画家[19]、和歌や俳諧の師匠等[20]の活動や交流についての分析を進め、活力ある武家社会を描くことは、今後に残された大きな検討課題だろう。

また、二〇一三年には日本史研究会大会の近世史部会において、村和明「近世朝廷の制度化と幕府―東福門院和子の御所を中心に―」、石田俊「近世朝廷における意思決定の構造と展開―「表」と「奥」の関係を中心に―」の二報告がなされ、筆者も「女性史やジェンダー史ではなく、近世史という枠組みのなかで奥の問題を真正面から掲げた大会報告は今回が初めてではないか」とのコメントを寄せた[21]。今後、さらに奥向を踏まえた政治史研究が活性化することを期待するものである。

そのなかで石田は、近世の「禁裏奥女中」は、①皇子・皇女の出産・養育、②天皇の身の回りの世話、に加え、江戸城大奥の女中等とは異なり、③奥の財政管理、④天皇の最側近集団として奏上・宣下への関与、⑤朝廷儀式への参加、といった多様な役割を果たしており、表とともに朝廷の意思決定に大きな影響を及ぼしていた可能性が高い、と指摘した(22)。武家社会の奥方が公家社会の影響を受けたことを考えれば、公家の奥向研究の成果を武家のそれに組み入れるとともに、双方の差異にも着目したうえで奥向研究として総合化することが課題となろう(23)。

加えて、女性の名前の問題についてふれておきたい。女性に関する辞書はいくつか出版されているが、女性の名前に関しては角田文衛『日本の女性名　歴史的展望』（国書刊行会、二〇〇六年、初出一九八〇〜一九八八年）があり、第三部中世のなかで1桃山時代、2江戸時代前期、3〜6江戸時代後期（一〜四）と六期に分けて、各階層の女性名を取り上げるだけでなく、女系図が載せられ、簡単な履歴も確認できる。武家に限らず、女性を取り上げる場合にはまず目を通すべき文献である。柴桂子監修・桂文庫編著『江戸期おんな表現者事典』（現代書館、二〇一五年）は、約一万二千人の女性を県別・名前順で取り上げ、参考文献も掲げられている。名前の研究としても利便性が高い。さらに、夫婦別姓／同姓の問題(24)や女性の名前が変化する契機や意味等(25)、女性の身分や格式、ライフスタイルの問題とも絡めて検討すべき課題といえよう。

最後に、本書で十分に検討できなかった点として、奥向の経済構造の問題がある。これについては、女性知行や化粧料の問題としての研究(26)と財政に関わる研究(27)とを持つが、大名財政全体のなかに位置づける研究が必要だろう。

以上は奥向構造の総体を把握するうえで取り組むべき残された研究課題である。その一方で、奥向研究を進めるうえでの歴史学的方法論上の根本的な課題として、一次的な史料から史実を再構築していかねばならないことを強調しておきたい。三田村鳶魚は『御殿女中』のなかで、次のように述べた(28)。

幕府の奥向役人でも大奥の事は知らないので見れば、江戸時代だって大奥女中自身のほかは誰でも知らない境界である。そうして記録に残っているのは大奥法度だけで、探そうにも雲かすみ、手に執りようもありはせぬ。つまり、江戸城大奥に関する史料は、大奥法度の他で記録に残るものはない、と断じている。それ故、三田村は大奥女中の聞き書きを忠実に記録する方法により、江戸城大奥を復元するべく『御殿女中』を執筆した。三田村の努力により、本書によってしか知ることのできない大奥の記事が記録されたことの意義は大きい(29)。

しかし、近年、着実に史料発掘が進みつつある。まず、松尾美恵子が旗本稲生家に伝来する「大奥女中分限帳」を紹介したのを始め(30)、幕末期に大奥広敷を勤めた期間(一八四九〜一八六八)の大奥関係史料が旗本田村家に伝来することが紹介された(31)。また、大奥での奉公を経験した吉野みちの手紙(32)や関口千恵の実家の日記等が分析され(33)、大奥女中の人事等のわかる「女中帳」(国立公文書館蔵)(34)、十四代将軍徳川家茂の生母実成院の部屋日記である「七宝間日記」(徳川宗家文書)(35)や大奥女中の日記等(36)が発掘され(37)、翻刻も進められている(38)。

一方、武家の奥向に関する史料発掘は、柳谷慶子の奥方研究が出た二〇〇一年以降に本格化する。筆者も大名史料群のなかに奥向に関わる史料がどれくらい伝存しているか、という課題を設定し、「近世武家社会における奥向史料に関する基盤的研究」(平成十六年度〜十九年度科学研究費補助金基盤研究C)に取り組んだ。その結果、当初に想定していた以上に奥向に関する史料が残っていることがわかった。

全体的な特徴としては、冠婚葬祭や儀礼といった吉凶関係の史料のなかに奥向に関する史料が多く残されている。今後はそれらの個別分析を通じて、奥向の構造や機能を解明していくことが課題となる。その場合に注意すべき点として、奥向に関わる史料でありながら、それらを作成する主体が必ずしも奥向の役職であるとは限らず、表向の役職において作成され、保管された場合があることである(39)。これらのことは、武家社会において表向と奥向の密接な関わりを示す事柄でもあり、表向との有機的な関連性を考慮しながら史料を分析する必要がある。

一方、奥向に関わる役職のもとで作成された日記については、近世前期における伝存が確認できていない。大名個人が記した日記（『池田光政日記』『大和守（松平直矩）日記』『御自分（酒井忠直）日記』）等を通じて、断片的な奥向の構造や機能を知ることができるに過ぎない。公家社会においては女性自身が記録を書く女房日記の伝統があるが[40]、武家社会において女性自身が記録を作成する主体として登場する時期の特定も視野に入れつつ、織豊期から江戸中期にかけての記録の発掘が不可欠である[41]。中期以降に関しては、『松蔭日記』等女性自身が日記風に記した記録や紀行文がみられるようになるが、それを踏まえても十分とはいえない状況である[42]。

そのなかで、江後迪子が紹介した薩摩島津家の『日記』十二巻（東京大学史料編纂所蔵島津家文書）は、宝暦四年（一七五四）から明和七年（一七七〇）までの十一年間の江戸上屋敷中奥の日記である。原本ではなく、大正十三年（一九二四）に公爵島津家編輯所によって謄写された写本であるが、奥祐筆によって書かれた史料として貴重な奥向の日常生活を伝えている[43]。

他にも近世後期に関しては、松代真田家、萩毛利家、徳山毛利家、彦根井伊家、秋月黒田家は、奥向で作成された日記や記録を多く伝来している。また、奥向に役職を担った家臣の家に伝来した史料群もあわせて、奥向に関する共同研究を進めていくことも検討せねばならないだろう[44]。

要するに、伝存する奥向に関する史料はいずれも十八世紀以降の記録・文書である[45]。十七世紀の伝存状況は良好とはいえず、女性自身が書いた記録をほとんど確認することができない。そこで、十七世紀武家社会の奥向研究を進めるためには、女性自身が書いた書状を積極的に翻刻して共有化し、広く利用していく必要がある[46]。近年、「女筆消息」を活用した研究が出版されるようになったことは喜ぶべきことだが、まだ手つかずとなっている史料群も多い。

たとえば、長門萩の毛利家文庫（山口県文書館）には、初代藩主毛利秀就の本妻・松平みつの夫宛書状百四十八点が伝来する。これは、十七世紀前半に生きた女性個人の書状としては最多数を誇るといってよいだろう。みつの長女土佐（越後高田松平光長の本妻）は九十六点、次女とく（関白鷹司房輔の本妻）は十九点が伝来している。(47) 特に萩毛利家には、近世前期に発給された大名本妻や娘、奥向女中の書状が多く伝来している。近世前期の一次記録が確認できない段階にあっては、これら書状を分析することで史料的空白を埋めていくことは必須の課題といえよう。

その際に、近世女筆学の構築という新たな課題もある。周知のように、仮名消息は難解であることに加え、解読法につき依るべき客観的な手段がない。先人によって解読されている著名な女性の消息文等を参照しても、読み手によって解読文が異なることがあり、正否を判断しようにも個人の経験則しか頼るものがない、というのが現状である。(48) これらの課題を乗り越え、もっと多くの女性の手紙が翻刻紹介されるようになり、これまで物言う存在ではなかった女性たちの生の声が聞けるようになることが研究の進展には必要である。(49)

以上、筆者の問題関心からの課題について述べた。他にもなすべき課題はあると思うが、奥向研究のこれまでの到達点を示したものとして、今後の研究の一里塚になれば幸いである。

（1）長野ひろ子『日本近世ジェンダー論』（吉川弘文館、二〇〇三年）第二部第三章（初出二〇〇二年）。
（2）畑尚子『徳川政権下の大奥と奥女中』（岩波書店、二〇〇九年）第三章第三節（初出二〇〇六年）。
（3）福田千鶴「幕末の池田家と宝隆院」（『特別展女ならでは世は明けぬ―江戸・鳥取の女性たち―』鳥取県立博物館、二〇〇六年）。『鳥取藩史』（一九七〇年）。鳥取県立博物館蔵鳥取藩政資料。
（4）榊原喜佐子『徳川慶喜家の子ども部屋』（草思社、一九九六年）。

（5）戸沢夫妻、浅野長武の話はいずれも、金沢誠・川北洋太郎・湯浅泰雄編『華族―明治百年の側面史』（講談社、一九六八年）による。

（6）このような武家社会の近代化過程については、杉本鉞子・大岩美代訳『武士の娘』（筑摩叢書九七、一九六七年）、山川菊栄『武家の女性』（岩波文庫、一九八三年）。

（7）深谷克己『東アジア法文明圏の中の日本史』（岩波書店、二〇一二年）。儒学を学ぶ近世初期の大名については、福田千鶴『幕藩制的秩序と御家騒動』（校倉書房、一九九九年）。

（8）アン・ウォルソールは、江戸城の障壁画を分析した研究（千野香織「日本の障壁画に見るジェンダーの構造―前近代における中国文化圏の中で」『美術史論壇』四、一九九六年）を引用し、「奥が一般のものが届かない神聖な所として俗な外側のものに勝っている」という考え方の存在に着目している（「大奥―政治とジェンダーの比較史的考察―」桜井由幾・菅野則子・長野ひろ子編『ジェンダーで読み解く江戸時代』三省堂、二〇〇一年）。このような奥向を主体とした視座に立ち、奥向を表向から排除された空間として捉える思考の枠組みからの転換を図ることが、奥向研究の新たなパラダイムを構築することになる。なお、奥の精神構造については、中岡義介『奥座敷は奥にない―日本の住まいを解剖する―』（彰国社、一九八六年）、狩野敏次「住居空間の心身論「奥」の日本文化」（『日本学』二〇、一九九二年）、川本豊「院政期における〈奥〉の精神史的考察―『讃岐典侍日記』（上巻）を中心に―」（『佛教大学大学院紀要』文学研究科篇三八、二〇一〇年）、同「〈奥〉の精神史的考察―『讃岐典侍日記』（下巻）における時間・空間」（『佛教大学大学院紀要』文学研究科篇四〇、二〇一二年）等の研究がある。

（9）『新井白石日記』上（岩波書店、一九五二年、五頁）。千々和到編『起請文と那智参詣曼荼羅』國學院大學貴重書影印叢書五（朝倉書店、二〇一七年）所収の「志摩国鳥羽藩御側坊主等起請文」では、「御前向御沙汰之儀は不及申上、御次御用向等何事ニ不寄見聞仕候儀、縦親子兄弟親類縁者如何様成懇切之雖為中、聊他言仕間敷事」（四〇頁）、「今度表向御奉公被　仰付候付、只今迄相勤候内、取計候御勝手向之儀、何事不寄見聞仕候儀共ニ、他人は不及申、親兄弟妻子親類其外如何様之中たりといふ共聊他言仕間敷候事」（五七頁）等と、奥向において主君の近辺に関して見聞したことを他言しない旨が誓約されている。なお、役職上で得た情報を他に漏らさないことを誓約するのは表向も同じであり（深谷克己「法神集合の近世誓詞」、岡山藩研究会編『藩世界と近世社会』岩田書院、二〇一〇年）、奥向に限ったことではない点に留意せねばならないが、表向と奥向相互の人的交流を禁じなければならなかった点に、その目的が読み取れると考えている。

(10) 森岡清美『華族社会の「家」戦略』（吉川弘文館、二〇〇二年）。

(11) 山口美和「伊達宗城の家庭生活―愛妾和を中心に―」（『霊山歴史館紀要』二一、二〇一三年）によれば、明治期の宇和島伊達家の「家憲」では、家督継承者の妻は華族より娶ることと明記されたため、江戸期のように妾が「側室」になる道は絶たれた。また、江戸期以来の妾は宇和島伊達家の籍に入れられたことで、「雇用されている立場から、限定される面はあるものの一家の一員である生母としての立場が認められると同時に、養われる立場へと変化した」と指摘する。

(12) 前掲榊原喜佐子『徳川慶喜家の子ども部屋』。

(13) 内山一幸『明治期の旧藩主家と社会―華士族と地方の近代化―』（吉川弘文館、二〇一五年）。本書では、筑後柳川立花家を事例に旧大名家の奥組織が家令・家扶・家従制度に整えられていく近代化過程を分析している。

(14) 野本京子「家事労働をめぐる「主婦」と「女中」」（大口勇次郎編『女の社会史』山川出版社、二〇〇一年）、清水美知子『〈女中〉イメージの家庭文化史』（世界思想社、二〇〇四年）、木村涼子『〈主婦〉の誕生　婦人雑誌と女性たちの近代』（吉川弘文館、二〇一〇年）等。

(15) 隠居大名については、氏家幹人『殿様と鼠小僧―老侯・松浦静山の世界―』（中公新書、一九九一年）、江後廸子『隠居大名の江戸暮らし―年中行事と食生活―』（吉川弘文館、一九九九年）。大名家の庶子については、母利美和「彦根藩井伊家庶子の生活と教養形成―近世中後期庶子養育制度の成立と展開―」・宇野田尚哉「彦根藩井伊家庶子の学問受容」（村井康彦編『武家の生活と教養』彦根城博物館叢書六、サンライズ出版、二〇〇五年）、石野友康「加賀藩前田家の庶子と重臣層」（加賀藩研究ネットワーク編『加賀藩武家社会と学問・情報』岩田書院、二〇一五年）。大名家の娘については、関口すみ子『大江戸の姫さま』（角川選書、二〇〇五年）、女性の教養については小和田美智子『地域と女性の社会史』（岩田書院、二〇一二年）第一章「女性と茶の湯―今川時代から幕末まで―」等。

（16）江戸城奥向の女性と宗教の問題に関しては、望月真澄の一連の研究（「江戸城大奥女性の法華信仰―身延山久遠寺の江戸出開帳を中心に―」（『大崎学報』一四六、一九八九年）、「江戸城大奥女性の稲荷信仰―江戸法養寺の熊谷稲荷を中心に―」（『大崎学報』一五〇、一九九四年）、「近世武家の法華信仰―江戸城大奥女性の七面信仰と祈禱との関係を中心に―」（『印度學仏教學研究』四五―一、一九九六年）、「江戸城大奥女性の代参について―鼠山感応寺の事例を中心に―」（『身延論叢』五、二〇〇〇年）、「江戸城大奥「祈禱所」の機能と性格」（『身延論叢』六、二〇〇一年）等、福江充『江戸城大奥と立山信仰』（法蔵館、二〇一一年）等がある。また、畑尚子「寺院が所持する大奥関係資料」（『東京都江戸東京博物館紀要』四、二〇一四年）、江戸東京たてもの園編『特別展大奥女中とゆかりの寺院』（二〇一三年）があり、大奥女性と宗教の関係が深められている。

（17）春日局の北の丸屋敷での饗応の際に、勝手向での饗応を幕府の呉服用達商人で茶人でもある上柳彦兵衛が差配しており、稲葉家に頻繁に出入りをして交流している。また、春日局の屋敷には能楽師の喜多左京や謡唄の笹井九郎右衛門が奥向女中の役者に稽古をつけるために出入りをしていた（福田千鶴『春日局』ミネルヴァ書房、二〇一七年）。断片的な事例ではあるが、奥向における身分・階層を超えた交流は近世前期から存在しており、近世を通じての問題として取り組む必要がある。

（18）『新修鳥取市史』二・近世編（一九八八年、鈴木実執事）によれば、池田光仲の本妻芳心院（紀州徳川頼宣の娘）が操りや歌舞伎を好み、しきりに江戸屋敷で見物を催し、その際には本因坊・算知・算哲・道策らの碁所、宗桂・宗与らの将棋所、狩野派の絵師らが相伴したとする。演劇研究者の武井協三は、こうした大名の江戸屋敷で女性たちが歌舞伎を始めとする芝居を観劇していた点に着目し、座敷芝居は江戸の演劇空間であり、「放下」や「ややこ踊り」等、歌舞伎に限らない芸人が出入りをしていたことを指摘している（『若衆歌舞伎・野郎歌舞伎の研究』八木書店、二〇〇〇年、『歌舞伎とはいかなる演劇か』八木書店、二〇一七年）。

（19）木下はるか「将軍姫君の絵画稽古と御絵師の役割―将軍権威表出の一側面―」（『早稲田大学大学院文学研究科紀要第四分冊』五六、二〇一一年）、同「将軍家「奥」における絵画稽古と御筆画の贈答」（『歴史評論』七四七、二〇一二年）。

（20）横田冬彦編『近世の身分的周縁二　芸能・文化の世界』（吉川弘文館、二〇〇〇年）、大谷俊太「真田幸弘と和歌」（『松代』二一、二〇〇八年）、伊藤善隆「真田幸弘と大名俳諧」（『文人大名真田幸弘とその時代』真田宝物館、二〇一二年）等。

（21）村和明「近世朝廷の制度化と幕府―東福門院和子の御所を中心に―」・石田俊「近世朝廷における意思決定の構造と展開―「表」と「奥」の関係を中心に―」（『日本史研究』六一八、二〇一四年）、「二〇一三年度日本史研究会大会報告批判　近世史部会（福田千鶴）」（『日本史研究』六二〇、二〇一四年）。

（22）『日本史研究』六一三（二〇一三年）。

（23）婚姻関係では、久保貴子「江戸時代における公武婚姻―池田輝子を事例として―」（『岡山地方史研究』六八、一九九二年）、同「武家社会に生きた公家女性」（林玲子編『日本の近世一五　女性の近世』中央公論社、一九九三年）、松澤克行「公武の交流と上昇願望」（深谷克己・堀新編『〈江戸〉の人と身分三　権威と上昇願望』吉川弘文館、二〇一〇年）、許文英「近世後期における隠居大名と公武婚姻―徳島藩蜂須賀重喜を事例として―」（朝幕研究会編『近世の天皇・朝廷研究』六、二〇一五年）。朝幕関係では、久保貴子『徳川和子』（吉川弘文館、二〇〇八年）、石田俊「霊元天皇の奥と東福門院」（『史林』九四―三、二〇一一年）、同「綱吉政権期の江戸城大奥―公家出身女中を中心に―」（『総合女性史研究』三〇、二〇一三年）、村和明『近世の朝廷制度と朝幕関係』（東京大学出版会、二〇一三年）。朝廷関係では、高橋博『近世の朝廷と女官制度』（吉川弘文館、二〇〇九年）、久保貴子「禁裏女房の人事と職務」（総合女性史学会編『女性官僚の歴史』吉川弘文館、二〇一三年）。

（24）植木壽子「幕末から明治初期における妻の氏と夫婦財産制についての考察」（『女性歴史文化研究所紀要』一〇、二〇〇一年）、大藤修『日本人の姓・苗字・名前　人名に刻まれた歴史』（吉川弘文館、二〇一二年）。

（25）堀田幸義『近世武家の「個」と社会―身分格式と名前に見る社会像―』（刀水書房、二〇〇七年、第五章、初出二〇〇一年）、柳谷慶子「女性名―ジェンダーの視点からみる名前の不思議」（鵜飼政志他編『歴史をよむ』東京大学出版会、二

〇〇四年）、大藤修「秋田藩佐竹家子女の人生儀礼と名前―徳川将軍家と比較して―」（『国立歴史民俗博物館研究報告』一四一、二〇〇八年）。

(26) 城島正祥「佐賀藩成立期の内儀方知行」（『社会経済史学』三八―三、一九七二年、のち『佐賀藩の制度と財政』文献出版、一九八〇年所収）、高原三郎「江戸時代の分知と化粧料」（『大分県地方史』八五、一九七七年）、前掲長野ひろ子『日本近世ジェンダー論』、渡辺淳「土佐山内氏豊後国化粧料について」（『大分県地方史』一五九、一九九五年）、柳谷慶子『近世の女性相続と介護』（吉川弘文館、二〇〇七年）、林匡「近世前期の島津氏系譜と武家相続・女子名跡」（『九州史学』一五二、二〇〇九年）等の蓄積がある。

(27) 伊東多三郎「御守殿の生活費」（『日本歴史』二九二、一九七二年）、大野端男『江戸幕府財政史論』（吉川弘文館、一九九六年）、飯島千秋『江戸幕府財政の研究』（吉川弘文館、二〇〇四年）、杉森玲子「江戸二葉町沽券図と大奥女中の町屋敷拝領」（『日本歴史』六七二、二〇〇四年）、氷室史子「大名藩邸における御守殿の構造と機能―綱吉養女松姫を中心に―」（『お茶の水史学』四九、二〇〇五年）、松尾美恵子「将軍家奥向きの経済―御用取次見習の記録から―」（『東京都江戸東京博物館研究報告』一四、二〇〇八年）、長野ひろ子「江戸幕府の財政システムとジェンダー」（『中央大学経済研究所年報』三九、二〇〇八年、のち長野『明治維新とジェンダー―変革期のジェンダー再構築と女性たち―』明石書店、二〇一六年所収）、吉成香澄「将軍姫君の婚礼の変遷と文化期御守殿入用―尾張藩淑姫御守殿を事例として―」（『学習院史学』四七、二〇〇九年）、森本幾子「徳川将軍家と広島藩浅野家―大奥から大名家へ御輿入れ―」（『尾張市立大学地域総合センター叢書』九、二〇一七年）等。なお、大名家の奥向財政については、安澤秀一編『松江藩出入捷覧』（原書房、一九九九年）により明和四年（一七六七）から天保十一年（一八四〇）までを概観できる。

(28) 三田村鳶魚『御殿女中』（青蛙房、一九六四年）を利用。一六頁。

(29) 三田村鳶魚の研究を発展させたものに、由良弥生『大奥よろず草紙』（原書房、二〇〇三年）、山本博文『面白いほどわかる大奥のすべて』（中経出版、二〇〇七年）等がある。

(30) 松尾美恵子「江戸幕府女中分限帳について」（『学習院女子短期大学紀要』三〇、一九九二年）。

(31) 文京ふるさと歴史館編『本郷に生きたサムライの生涯―幕臣・官僚・明治維新―』(文京区教育委員会、一九九七年)。平成元年度に田村家から文京区教育委員会に寄贈され、①将軍の正室・側室等に関するもの、②大奥女中に関するもの、③広敷役人に関するもの、が含まれている。

(32) 青梅市郷土博物館編『御殿女中・吉野みちの手紙』(青梅市史史料集四〇、青梅市教育委員会、一九九一年)。滝沢博による詳しい解説がある。また、増田淑美「吉野みちの生涯―その手紙を通して―」(近世女性史研究会編『江戸時代の女性たち』吉川弘文館、一九九〇年)がある。

(33) 横浜市教育委員会編『関口日記』一～二六、別巻一～三(一九七一～一九八五年)、大口勇次郎『女性のいる近世』(勁草書房、一九九五年)、同『江戸城大奥をめざす村の娘―生麦村関口千恵の生涯―』(山川出版社、二〇一六年)。

(34) この他、田中正弘「名主岡田家姉妹の「御殿奉公」について―大名家奥への見習い奉公から江戸城大奥の部屋方へ―」(同編『岡田親之日記』栃木市教育委員会、二〇一四年)。

(35) 松尾美恵子「〔女中帳〕【解説】」(総合女性史研究会編『史料にみる日本女性のあゆみ』吉川弘文館、二〇〇〇年)、前掲長野ひろ子『明治維新とジェンダー』(明石書店、二〇一六年、第一部第二章、初出二〇〇五年)。

(36) 徳川恒孝監修・徳川記念財団編『企画展徳川将軍家ゆかりの女性』(二〇〇八年、四四～四五頁、七七～八四頁)。同図録には、この他にも大奥関係の史料が多く紹介されている。

(37) 畑尚子「大奥御年寄瀧山日記」上・下(『国史学』二〇六・二〇七・二〇八、二〇一二年)。

(38) 藪田貫は、近世女性史研究の進展のためには、「方法論の活性化と同時に史(資)料の公開が絶対不可欠」とし、緊急の課題として取り組むことを提言している(「近世の女性史とジェンダー」『立教大学日本学研究所年報』六、二〇〇七年)。

(39) 福田千鶴「藩主生母の格式をめぐる意思決定の史料空間―九代藩主真田幸教生母心戒の事例を中心に―」(国文学研究資料館編『近世大名のアーカイブズ資源研究―松代藩・真田家をめぐって―』思文閣出版、二〇一六年)。

(40) 松薗斉「中世女性と日記―「日記の家」の視点から―」(『金沢文庫研究』二八五、一九九〇年)、宮崎荘平『女房日記の論理と構造』(笠間書院、一九九六年)、松薗斉「中世の女房と日記」(『明月記研究』九、二〇〇四年)、北上真生「近世期における女房日記の視点と方法―長橋局による記録を中心として―」(『国文論叢』四〇、神戸大学文学部国語国文学会、二〇〇八年)等。

(41) 門玲子『江戸女流文学の発見』(藤原書店、一九九八年)。讃岐丸亀京極高豊の母養性院の侍読として仕えた井上通が天和二年(一六八二)から三年にかけて書いた『江戸日記』を紹介している。また、前田淑『近世福岡地方女流文芸集』(葦書房、二〇〇一年)は、旅日記四点と野村望東尼『木葉日記』と歌集二点を翻刻紹介している。

(42) 右の他では、女性自身が記した記録として管見の限りでは、首都大学東京図書情報センター所蔵水野家文書に伝来する「浄眼院様御筆覚」四十五冊の成立が早い。七代水野忠辰の「側室」とされる浄眼院の自筆日記で、寛政三年(一七九一)から享和二年(一八〇二)までが伝存するが、内容は贈答記録である。

(43) 江後迪子「武家の江戸屋敷の生活Ⅱ―鹿児島藩島津家中奥日記から―」(『港郷土資料館研究紀要』五、一九九九年)。

(44) 大名家ではないが、加賀金沢前田家の八家の一つ前田土佐守家に伝来する明和四年(一七六七)から同五年の奥向日記が翻刻紹介されている(前田土佐守家資料館叢書四『前田土佐守家奥向日記』前田土佐守家資料館、二〇一〇年)。ただし、表題は仮題であり、前田土佐守家の男性の奥向役人を記主とする日記と推定されている。

(45) 藤田貞一郎「天保期和歌山藩下級武士女房の日記」(同志社大学人文科学研究所編『社会科学』五―一、一九七四年)、同「天保八年下級和歌山藩武士女房の日記」(『同志社商学』二六―一、一九七四年)、『小梅日記』一～三(東洋文庫二五六・二六八・二八四、一九七四年・一九七五年・一九七六年)、原本所蔵鹿島則幸・校注深沢秋男『井関隆子日記』上・中・下(勉誠社、一九七八・一九八〇・一九八一年)、畑尚子「山形藩水野家奥日記」(『東京都江戸東京博物館研究報告』五、二〇〇〇年)、『御殿女中・吉野みちの手紙』(青梅市教育委員会、二〇〇一年)、明治大学博物館編『内藤家文書増補・追加目録八　延岡藩主夫人　内藤充真院繁子道中日記』(二〇〇四年)、井上勲「川路高子『上総日記』解題」・藤實久美子・渋谷葉子「『上総日記』(慶応四年三月～六月)翻刻、―附　川路聖謨・高子史料目録―」(『学習院大学史料館紀要』一三、二〇〇五年)、明治大学博物館編『内藤家文書増補・追加目録九　延岡藩主夫人　内藤充真院繁子著作集一』(二〇〇五年)、福田千鶴「水野家文書の奥向関係史料について　その(一)(二)」(東京都立大学『人文学報』三六八・三八五号、二〇〇六～七年)、丹羽謙治「越前島津家奥祐筆日記について―玉里文庫蔵『誠忠武鑑』裏打ち紙文書―」(『指宿市考古博物館　時遊館COCCOはしむれ年報・紀要』八、二〇〇九年)、久家孝史「史料紹介『蓮乗院日記』(部分)」(『平戸史談』一七、二〇一〇年)、崎山健文「史料紹介　嘉永六年表方御右筆間日記」一・二(『黎明館調査研究報告』二三・二四、二〇一〇・二〇一二年)、岩川拓夫「―史料紹介―天保期磯別邸の祐筆日記(一)(二)」(『尚古集成館紀要』一〇・一一、二〇一一年・二〇一二年)、井手麻衣子「解題」「鳥取藩政資料『女中奉行日記』(文久四～元治元年)」(『日本近世武家社会における奥向構造に関する基礎的研究』平成二十一年度～二十三年度科学研究費補助金基盤研究(C)研究成果報告書、課題番号二一五二〇七〇二、研究代表者福田千鶴、二〇一二年)、高橋あけみ「「御奥方格式」について―美術工芸的アプローチ―」(『仙台市博物館調査研究報告』三二・三三合併号、二〇一三年)、山下奈津子「【資料紹介】幕末維新期の紀州徳川家「女中日記」について」(『和歌山市立博物館研究紀要』二七、二〇一三年)。

また、明治大学博物館「陸奥国仙台藩(伊達氏)文書」十冊(寛政七年二月、天保三年五月、天保十二年二・五・七・八・九・十・十一・十二)が現存し、そのうち天保十二年分は「史料翻刻(仙台藩伊達家奥方日記)」(『近世武家女性のライフサイクルと奥奉公に関する基盤的研究』平成二十三年度～平成二十六年度科学研究費助成事業・学術研究助成基金助成金基盤研究C、課題番号二三五二〇八二五、研究成果報告書、研究代表者菊池慶子、二〇一五年)の成果がある。

(46)　管見に入ったものとして、堂満幸子「島津家女性資料「消息文」について」(『尚古集成館紀要』五、一九九一年)、同「―資料紹介―御内證様関係資料について」(『尚古修成館紀要』六、一九九三年)、久曽神昇『近世仮名書状集』(風間書房、一九九四年)、前田訣子《とし》『近世　女人の書』(淡交社、一九九五年)、畑尚子「水野家奥女中かもりの手紙」(『東京都江戸東京博物館研究報告』十、二〇〇四年)、山本博文「幕府大奥と薩摩藩奥の交際について―「薩摩藩奥女中文書」の考察―」(『東京大学史料編纂所研究紀要』一五、二〇〇五年)、小林輝久彦「吉良義央の事件後評―陽和院書状の分析を中心として―」(『大倉山論集』五一、二〇〇五年)、鳥取近世女性史研究会編『ある勤番侍と妻の書状　語られる生活・家族の絆』(二〇〇六年)、八王子市教育委員会編『荻島家文書(薩摩藩奥女中関係)一・二』(郷土資料館資料シリーズ49・50、二〇一〇年）、妻鹿淳子『武家に嫁いだ女性の手紙　貧乏旗本の江戸暮らし』（吉川弘文館、二〇一一年）、『図録　芳春院まつの書状―その消息にみる人物像―』（前田土佐守資料館、二〇一二年）、妻鹿淳子編『美作小林家文書伊東万喜書簡集〈江戸から実家への手紙〉』（清文堂出版、二〇一三年）等がある。

（47）　福田千鶴「近世初期の「女筆消息」―松平みつの書状―」（福田千鶴編『新発見！　週刊日本の歴史』二九、朝日新聞出版、二〇一四年）。

（48）　わずかに、吉田豊『寺子屋式古文書　女筆入門』（柏書房、二〇〇四年）があるのみである。女筆手本や女訓書については、中野節子『考える女たち―仮名草子から「女大学」』（大空社、一九九七年）、天野晴子『女子消息型往来に関する研究―江戸時代における女子教育史の一環として―』（風間書房、一九九八年）、小泉吉永編『日本書誌学大系80女筆手本解題』（青裳堂書店、一九九八年）、勝又基「近世前期における仮名教訓初の執筆・出版と女性」・小泉吉永「女筆の時代と女性たち」（『民衆史研究』七九、二〇一〇年）等がある。

（49）　女性消息文における女房詞・音韻・語法研究として、諸星美智直『近世武家言葉の研究』（清文堂出版、二〇〇四年）がある。近世武家社会における女性のリテラシー形成の問題として、女筆学とともに研究が深められてよい分野である。

あとがき

私が奥向研究に取り組むようになったのは、二〇〇〇年から活動した彦根藩資料調査研究委員会「武家の生活と教養」研究班に参加したことにある。彦根の女性について検討することが、私に与えられた課題だった。それからというもの、東京都立大学人文学部のゼミでは、彦根の史料のみならず、鳥取池田家の『御局女中』や松代真田家の『御側御納戸日記』を学生と一緒に読み続けた。本書を終えるにあたってまず思うのは、一緒に学んだ学生たちへの感謝である。都立大解体の大変な時期ではあったが、研究室で夜遅くまで鍋を囲んだり、一緒にフィールドワークに出かけたりと、彼らとともに楽しく過ごした時間は、私の大学教員生活のなかで思い出深いものとなっている。

『御側御納戸日記』の解読はまた、大名俳諧研究を進めておられた井上敏幸先生からの依頼でもあった。『近世中・後期松代藩真田家代々の和歌・俳諧・漢詩文及び諸芸に関する研究』（平成十七年度～十九年度科学研究費補助金基盤研究B）のメンバーとして松代に調査に出かけ、定宿としていた国民宿舎松代荘で国文学の方々と語り合った日々も懐かしい。研究の過程では、井伊直幸の側妻智貞院が真田幸専の生母であるという関係がわかり、何か不思議な縁を感じたものである。

二〇〇六年からは上越市立総合博物館における榊原家史料調査専門委員会が始まり、『上越市史』以来関わってきた榊原家史料について本格的に分析する機会を得た。

いずれも右の間は、一人息子の彬を連れての珍道中であり、調査の先々で多くの方々に彬を預かってもらったことにも深謝せねばならない。そのような温かいサポートがなければ、本書のもとになる研究のいくつかは執筆できなかったと思う。

二〇〇八年四月からは生まれ故郷の福岡に戻り、九州産業大学に籍を移し、六年間在籍した。前任の木村忠夫先生からは、蔵書の大半をお譲りいただいたことに、何よりもお礼を申し上げたい。中世史のみならず、民俗学や社会学など幅広い先生の学識に触れられたことは、それまで狭い近世政治史に偏っていた私の視野を広げることになった。

また、在籍中には本書に掲載した三本の論文を大学の紀要に発表した。その一つは、二〇一二年に恩師の丸山雍成先生から、第一回交通史学会大会で報告する機会を与えていただいたもので、本書の第九章にあたる。交通史との接点を探すなかで奥向女中の行動を見直し、参勤交代の事例に気づいたものだが、このような機会がなければ見逃していたと思う。丸山先生からいただいた多大の学恩に感謝申し上げたい。

二〇一四年からは母校の九州大学に移り、基幹教育院に所属することになった。ここは、その名の通り教育が主体の部局であり、教育七割、研究三割と厳命されている。とはいえ、科研申請も絶対条件とされたため、だめもとで二〇一五年秋に文部科学省の基盤研究Aに「日本列島における鷹・鷹場と環境に関する総合的研究」の代表者となって申請した。すると、二〇一六年度から五年間の研究計画が採用されることになった。そこで、鷹の研究に打ち込むためにも、奥向研究をまとめることを思い立った。

ほぼ八割がたの原稿がまとまり、あともうひと頑張りと思っていた二〇一六年八月末。それまでまったく元気だった父省治が食事をとれなくなった。九月六日に病院に連れて行くと、一か月の余命宣告を受けた。自宅での介護となり、宣告からちょうど一か月後の十月七日朝に、父は静かに旅立った。数えの八十九だった。寿命だとは思うが、突然のことでもあり、心の整理がなかなかつかなかった。

とはいえ、それから十二月中旬までは『春日局』(ミネルヴァ書房)の校正が続き、年が明けてからは科研研究会の開催や『鷹・鷹場・環境研究』創刊号の執筆・編集作業も続いた。一度、ぷつんと切れてしまった糸を結び直す気力もおきず、科研の準備で時間をとられるなか、ここで無理して奥向研究をまとめる必要もないだろうとあきらめかけていた。

そのようななか、最初の学術書『幕藩制的秩序と御家騒動』(一九九九年)を刊行していただいた校倉書房の山田晃弘さんは奥向研究をまとめるよう、繰り返し励まし続けてくださった。五月末の歴研大会のあとには、洞圭一さんからもお電話をいただき、原稿を待っていると伝えられるとともに、洞さんが父とそう離れていない年齢だということを知った。まだお元気ではいらっしゃるが、一日も早くまとめねばと思うようになった。

それから構成をもう一度見直し、新稿をいくつか書き加え、脱稿したのは二〇一七年十二月四日の夜十一時だった。原稿を急ぎコンビニに持ち込み、宅急便に乗せた。その前一週間は、卒業論文以来の緊迫した日々を送った。というのも、五日の朝の便で成田に向かい、アラブ首長国連邦の首都アブダビで開催される鷹フェスティバルに向かう予定だった。ここで終わらせなければ、また振り出しに戻る。そんな気持ちだった。

再校を終えた頃、校倉書房の石田亘社長の訃報に接した。まずは、故人のご冥福をお祈り申し上げたい。そして、しばらくして山田さんから、石田社長の逝去もあり刊行が困難になった、との電話をいただいた。奥付を作るところまで進んでいた矢先のことであった。これまで校倉書房からお世話になったことを考えれば、最後まで一緒にという気持ちだった。こうして、本書が校倉書房から私の三冊目の学術書として出版されることは幻となった。

そうしたなかで、本書の出版を吉川弘文館に引き継いでいただけることになった。ご尽力をいただいた関係者の皆さまには、衷心よりの感謝の御礼を申し上げたい。本書を他社に託さざるを得なかった洞さんや山田さんのお気持を思うと言葉がみつからないが、苦渋の決断で、急ぎ吉川弘文館に出版をお願いしていただいたことに、改めて御礼を申し上げたい。

さて、振り返って私が大学で卒業論文を書いていた頃は、女性史が盛んになりつつあった。その動向について、ある先輩から「女性だから女性史をするというのは、どうかと思う」と指摘されたことがある。「女性だからというわけではないのでは？」と反論してみたものの、以来その言葉がひっかかり、女性である私が女性史をすることに強い抵抗があった。本書をまとめるにあたっても、その言葉が常に脳裏にあった。本書の研究史整理を振り返れば、女性研究者のオンパレードの感があり、今では右の指摘を認めざるをえない。とはいえ、本書の始まりとなった彦根の論文は、私が女性でなければ与えられなかった課題だろう。要するに、女性だからこそ出会えたテーマなのだ。そこには必然が存在していたのである。今は、こうして本書をまとめることができたことを素直に喜びたいと思う。

こうして足掛け十九年間、取り組んできた奥向研究からようやく卒業する日を迎えることができた。洞さんや山田さんの励ましがあればこそだと感謝している。本書の成果がどう評価されるかは多少心もとないところもあるが、全力を出し切ったという完全燃焼の思いはある。

なお、本書の研究を進める過程では、平成十六年から二十三年度にかけて、二度にわたり文部科学省科学研究費基盤研究Cをいただいた（課題番号一六五二〇三九二、課題番号二一五二〇七〇二）。また、彦根城博物館（彦根藩資料調査研究委員会）、上越市立総合博物館（榊原家史料調査専門委員会）、真田宝物館、鳥取県立博物館、山口県文書館、国文学研究資料館では、史料閲覧等で大変お世話になった。その他にも、多くの方々から導かれ、計り知れない学恩をいただいた。個々のお名前をあげることは控えさせていただくが、本書は膨大な先行研究の蓄積のうえに成り立っていることを改めて感謝するとともに、この場を借りて御礼を申し上げる失礼をお許しいただきたい。

最後に、二〇一八年三月二十二日に九州大学名誉教授の川添昭二先生が永眠された。昭和二年のお生まれなので、昭二と名付けられたと聞いている。それで、私の父も省治なのかと思っていたら、父は昭和三年生まれだったとは蛇足である。先生からは『福岡県史』福岡藩近世文化編の編集補助を任され、駕輿丁にあるご自宅を訪問する日々が続いた。ある日、お宅に伺うと、先生は大部の『利休大事典』を読まれていた。理由を尋ねると、講演会でお茶の話をするから、「知らないことがあってはいけない」とのことだった。講演会の準備のために、事典一冊をはじからはじまで読み通すという先生の研究姿勢に、成果を出すことばかりを考えて、本のつまみぐいしかしていなかった私は恥じ入るばかりだった。また、膨大な蔵書や文献情報の量に圧倒され、先生の研究スタイルは私の理想像となっていった。その足元にはまったく及ぶべくもないが、先生からいただいた学恩に報いるためにも、その姿勢をこれからも追い続けていきたいと思う。

それでは、日々精進。早速、次の課題に取りかかることにしよう。

二〇一八年四月中旬

短かった今年の桜の季節を思い出しながら

福田千鶴

た行

な行

は行

ま行

や行

ら行

わ行

Ⅱ　人名索引

あ行

か行

さ行

た行

な行

III　地名・屋敷名・寺社地索引

索　引

I　事項索引

著者略歴
一九六一年　福岡県に生まれる
一九九三年　九州大学大学院文学研究科博士課程中退
国文学研究資料館・史料館助手・東京都立大学助教授・九州産業大学教授を経て
現在　九州大学基幹教育院教授

〔主要著書〕
『幕藩制的秩序と御家騒動』（校倉書房、一九九九年）
『淀殿―われ太閤の妻となりて―』（ミネルヴァ書房、二〇〇七年）
『春日局―今日は火宅を遁れぬるかな―』（ミネルヴァ書房、二〇一七年）
『女と男の大奥―大奥法度を読み解く―』（吉川弘文館、二〇二一年）
『大奥を創った女たち』（吉川弘文館、二〇二二年）
『人物叢書　高台院』（吉川弘文館、二〇二四年）

近世武家社会の奥向《おくむき》構造
江戸城・大名武家屋敷の女性と職制

二〇一八年（平成三十）六月一日　第一刷発行
二〇二五年（令和七）五月二十日　第二刷発行

著者　福《ふく》田《だ》千《ち》鶴《づる》

発行者　吉川道郎

発行所　株式会社　吉川弘文館
郵便番号一一三―〇〇三三
東京都文京区本郷七丁目二番八号
電話〇三―三八一三―九一五一（代）
振替口座〇〇一〇〇―五―二四四
https://www.yoshikawa-k.co.jp/

組版＝亜細亜印刷株式会社
印刷・製本＝株式会社　デジタルパブリッシングサービス
装幀＝山崎　登

ISBN978-4-642-03488-3